PROMOTING CHINA'S
GREEN
DEVELOPMENT

迈向
绿色发展之路

翟永平　王　文 ｜ 主编
杨玉峰　莫凌水　苏丽娅 ｜ 执行主编

人民出版社

目　录

第一部分
发展历程与成就

第二部分
专家观点

第三部分
国际视野

序

时值 2020 年，在本书即将完稿之际，全球突发新冠肺炎疫情，令世界政治经济遭遇前所未有的冲击，给工业生产和国际贸易带来灾难性的打击，也对中国未来中长期能源经济发展造成巨大影响。面对疫情所带来的不确定性，重新回顾和审视中国的能源发展与转型之路成为一项亟须重视的议题，如何应对、怎样探索、何处前行等诸多问题也值得思考与探索。

悉数自新中国成立到未来 21 世纪中叶的中国能源经济发展历程，在国民经济建设上，中国走出了一条从"重经济增长、轻环境保护"到"经济增长与环境保护并重"，再到"为以环境质量改善为核心、建设生态安全屏障"的环保转变之路；在能源消费上，中国走出了一条从"以化石能源为主、逐步发展可再生清洁能源"到"多种能源综合开发"，再到"全面开发和利用可再生能源"的低碳绿色之路；在应对世界环境问题与气候变化上，中国走出了一条从"积极参与"到"广泛合作"，再到"全球世界环境治理"的责任担当之路。

1949 年，新中国成立，在历经近 30 年的艰难探索后，中国终于在 1978 年正式进入改革开放阶段，踏入了经济社会发展的高速列车。40 多年来，综合国力日渐强大，人们生活水平显著提高，步入全面建成小康社会。近代西方国家曾经耗时上百年的工业化、城镇化进程，中国仅在短短的三四十年里便已基本完成，创造了世界经济史上的"中国奇迹"。但与此同时，在由能源工业所支撑的国民经济发展过程之中，不可避免地同时存在着工业生产、资源开发、生态环境等多个主体之间难以协调的各种矛盾。在"中国速度"的加持下，这种环境矛盾问题和资源利用问题在当代中国的工业化建设

1

中日益凸显、愈发尖锐。改革开放以来，随着第二产业占比的不断提升，中国对能源的消费需求也在不断升高，而能源消费结构曾一度以煤炭为主，能效水平低，污染化程度深，并不利于国民经济长远健康发展。随着能源绿色转型的呼声日益增多，中国近年来不断推行清洁生产、发展循环经济、开展环境污染防治等，并将经济建设过程中的生态环境保护治理纳入国家治理体系并加以高度重视，在生态文明建设上取得了有目共睹的成就。

2017 年，党的十九大召开，明确提出了"推进能源生产和消费革命，构建清洁低碳、安全高效的能源体系"，并计划到 2035 年"生态环境根本好转，美丽中国目标基本实现"。因此，在保持经济高质量稳定增长的前提下，为应对全球气候变化，大力开展能源的低碳化转型与绿色发展将是未来中国能源工业的前进方向，中国的能源绿色发展之路从此进入了新转型期，不但将与"一带一路"倡议相结合，让"一带一路"沿线国家和地区走向可持续绿色发展道路，发挥带头作用，还将在应对全球气候变化上作出更多的决心与担当。

2030 年，中国即将达到二氧化碳排放峰值，在控制化石能源消费占比、继续履行《联合国气候变化框架公约》与《巴黎协定》义务和完成自主减排承诺上，中国的能源转型之路充满了机遇和挑战。在不远的未来，21 世纪中叶将是中国百年目标实现之日，能源经济的绿色发展是中华民族伟大复兴的重要组成部分，在继续改善能源结构的基础之上，采取进一步的减排行动，真正做到引领世界各国共同应对全球能源、环境与气候问题，为人类命运共同体的生存与发展作出不懈努力。

回顾中国能源发展历程，本书从能源经济的发展历史与未来展望角度出发，对化石能源（煤炭、油气）与可再生能源的发展史进行了系统性的总结，对中国数十年来努力应对环境与气候变化所取得的重要成就进行了全方位的概括，从不同视角下对中国未来的能源规划发展方向作出展望。本书以"一个主题、两大特色、三个部分"贯彻全书：一个主题，是能源的绿色转型，全书围绕着绿色发展之路，全面阐述了中国在这条道路上如何从过去一路走来、现在走到了哪里以及未来该怎么走，这种思考和探索在中国能源转型难得的巨变期发挥了重要的参考作用；两大特色，一是视野性，二是前瞻性，视野性体现在时间上的深度与空间上的广度，前者跨越能源发展的历程，后者涵盖中国在世界范围下的全球治理与国际合作，而前瞻性则体现在将联合国2030年可持续发展目标、中国能源生产和消费革命战略、中国中长期经济增长目标等多种规划相结合，描绘了中国未来能源转型道路的广阔前景；三个部分，分为发展历程与成就、专家观点和国际视野，聚焦中外知名专家的代表性观点，组成本书的具体内容。这"一个主题、两大特色、三个部分"的相互结合，使得本书在能源发展领域的政策制定、政府规划、企业生产、科学研究等方面，成了一份不错的参考。

从1973年第一次全国环境保护会议的召开，到党的十九大"构建清洁低碳、安全高效的能源体系"的提出，中国始终坚持生态环境建设与国民经济建设并重的发展方向，贯彻节约资源和环境保护的基本国策，坚守"绿水青山就是金山银山"的重要理念，不断推行能源改革与转型，迈向绿色发展之路，为求实现中华民族伟大复兴。期待本书能引领和启迪读者对中国的能源发展历史进行一次全面的回顾和了解，对中国的能源绿色低碳转型道路进行一次广阔的预期和展望。

中国人民大学重阳金融研究院执行院长　王文

总报告：中国能源经济发展历程与展望

中国共产党成立以来，领导中国人民经过 28 年艰苦卓绝的斗争，建立了中华人民共和国，实现和巩固了全国范围（除台湾等岛屿以外）的国家统一和各民族团结；创造性地实现了由新民主主义到社会主义的历史性转变，为当代中国发展进步奠定了坚实基础，让中国走上了社会主义道路。

1949 年中华人民共和国成立以来，对中国发展影响较大的关键性时间节点包括 1978 年的改革开放、2001 年加入世界贸易组织（WTO）、2008 年经历的金融危机、2012 年党的十八大，未来两个关键时点是 2030 年将迎来二氧化碳排放峰值以及到 2049 年新中国成立 100 周年时建成富强、民主、文明、和谐的社会主义现代化国家，如图 1 所示。其中，1978 年改革开放前中国的经济社会发展主要经历了艰难的探索期，经济社会发展在历史上较为缓慢，中间一度处于停滞状态。在积累社会主义初级发展阶段大量经验的同时，也有很多教训需要吸取。1978 年后，40 多年的改革开放将中国全方位带入了经济社会发展的快车道，虽然经历了亚洲金融危机和美国次贷危机引发的全球金融危机，但 GDP 年均增长率仍逼近 10%，在世界经济史上创造了奇迹。40 多年来，除了 1981 年 5.1%、1989 年 4.2% 和 1990 年 3.9% 的增长速度较低外，其他年份经济增长都是高速和中高速。但在这一期间，中国能源工业虽然成功支撑了国民经济的快速发展，但也暴露出中国经济增长的质量不高，能源资源、环境、经济发展的协调性不够，生态环境欠账严重等特点。为此，经济向着高质量转型就成为新一轮经济周期性增长的客观要求，2012 年的党的十八大标志着中国全方位进入了高质量增长的新时代，能源的低碳、清洁化绿色转型也就成为经济工作的重中之重。尤其伴随着中

1

国二氧化碳减排的大国责任担当，使得未来中国化石能源消费和碳排放必将迎来峰值，彻底进入绿色发展时代，这也是 2050 年前中国迈入中等发达国家行列的必然趋势。

　　未来由于中国经济社会高质量绿色发展中面临中美贸易摩擦及正在发生的百年一遇新冠肺炎疫情等诸多不确定性和突发事件，我们有必要在系统总结新中国能源经济过去 70 多年发展的同时展望未来对能源及经济转型影响较大的综合因素，尤其要审视未来在实现"两个一百年"目标中，中国将在这样复杂而具有挑战性的全球形势下如何选择绿色发展路径。

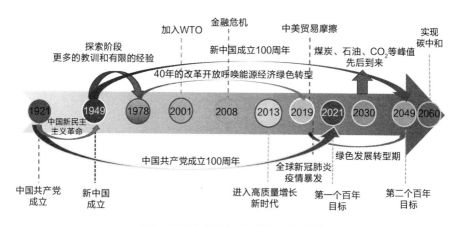

图 1　中国的"两个一百年"发展历程

一、新中国成立后经济社会发展成就令世人瞩目

　　新中国成立时，经济基础极为薄弱，1952 年 GDP 仅为 679 亿元，人均 GDP 为 119 元。在 1978 年前，中国经济经历了"大跃进""三年困难时期""文化大革命"等痛苦的探索过程，这期间经济一度处于崩溃边缘，但在长期的探索实践后，终于迎来了 1978 年的改革开放新时期。1978 年的中国 GDP 为 3679 亿元，仅占世界经济 1.8%，居全球第 11 位。改革开放后，中国经济快速发展，1986 年经济总量突破 1 万亿元，2000 年突破 10 万亿元，超过意大利成为世界第六大经济体；2010 年突破 40 万亿元，超过日本并连年稳居

世界第二位。党的十八大以来，中国综合国力持续提升。2016—2018年的3年里，中国经济总量连续跨越70万亿元、80万亿元和90万亿元大关，2019达到99万亿元，占世界经济比重的16.6%。按不变价计算，2018年GDP比1952年增长175倍，年均增长8.1%。其中，1979—2018年年均增长9.4%，远高于同期世界经济2.9%左右的年均增速，对世界经济增长的年均贡献率为18%左右，经济总量仅次于美国居世界第二位。2019年中国人均国民总收入突破1万美元，高于中等收入国家平均水平。

新中国成立初期，中国农业占比较高，工业和服务业相对薄弱。1952年，第一、二、三产业增加值占GDP的比重分别为50.5%、20.8%和28.7%。20世纪50—70年代，随着工业化建设的推进，第二产业比重不断提升。从新中国成立之初只有采矿业、纺织业和简单加工业逐步建成了较为独立且完整的工业体系，为之后的工业发展打下了宝贵基础。改革开放以来，中国工业发展进入腾飞期，2012年工业增加值比1978年实际增长38.2倍。1978年，第一、二、三产业比重分别为27.7%、47.7%和24.6%。工业化、城镇化快速发展，农业基础巩固加强，工业和服务业发展水平不断提高。2012年，第三产业比重达到45.5%，首次超过第二产业，成为国民经济第一大产业。党的十八大以来，中国农业、工业、服务业协同发展。2019年，第一、二、三产业比重分别为7.1%、39%和53.9%，对经济增长的贡献率分别为3.8%、36.8%和59.4%。目前，中国已成为拥有联合国产业分类中全部工业门类的国家，200多种工业品产量居世界第一位，制造业增加值自2010年起稳居世界首位。2019年，中国原煤产量为37.5亿吨，比1949年增长118倍多；粗钢产量达到9.96亿吨，增长6300倍；水泥产量23.3亿吨，增长3529倍。2013—2019年，中国高技术产业、装备制造业增加值年均分别增长11.3%和9.1%。其中，2019年移动通信手持机和微型计算机设备产量分别达到17.0亿台和3.4亿台，标志着中国工业生产能力日益增强，并逐步向中高端迈进。

新中国成立初期，中国城镇化水平偏低，城镇人口占总人口的比重仅为

10.6%。1978 年年末常住人口城镇化率也仅为 17.9%。改革开放以来，中国城镇化进程明显加快，城镇化水平不断提高。2018 年年末，中国常住人口城镇化率为 60.6%，比 1978 年年末上升 42.7 个百分点。伴随工业化和城镇化进程逐步加速，城市数量持续增加，城镇网络体系不断完善。1949—2018 年，城市数量由 132 个发展到 672 个，其中地级以上城市由 65 个增加到 297 个。

20 世纪 50—70 年代，中国工业化建设中的生产力布局逐步变化，形成了老工业基地过重、东部沿海局部城市相对发达的不平衡区域经济发展布局。改革开放以来，随着西部大开发、中部崛起、东北振兴、东部率先发展等地区协调发展战略的统筹推进，区域发展新空间不断拓展。2019 年，东部地区生产总值占全国的比重达到 51.6%，比 1978 年上升 8.0 个百分点。中西部地区后发优势也不断显现，2018 年，中部、西部地区生产总值占全国的比重分别达到了 22.1% 和 20.7%，分别比 2000 年提高 2.9 和 3.3 个百分点。党的十八大以来，京津冀协同发展、长江经济带、粤港澳大湾区、长三角一体化等一系列重大区域发展战略扎实推进，新的经济增长极正在加快形成。

中国的环境保护经历了从无到有，再到生态文明建设日益加强的过程。中国真正开始重视环保要追溯到 20 世纪 70 年代，主要标志是"三废"（废水、废气、废渣）等污染物的治理。1972 年，中国参加了联合国人类环境会议，之后成立了一批环境保护相关机构。改革开放后，20 世纪 80 年代中国将环境保护列为基本国策，90 年代制定实施可持续发展战略。而党的十八大又将生态文明建设纳入"五位一体"总体布局，"绿水青山就是金山银山"的理念深入人心，大气、水、土壤污染防治攻坚战全面打响，改善环境质量取得突出成效。2019 年，非化石能源水电、核电、风电、太阳能等清洁能源的消费量占能源消费总量的比重达到 23.4%，比 1978 年提高了 16.8 个百分点；全国首批实施《环境空气质量标准》的 74 个城市的细颗粒物（fine particulate matter，直径小于或等于 2.5 微米的颗粒物，简称 PM2.5）平均浓度比 2013 年下降了 43%，二氧化硫平均浓度下降了 73%；十大流域劣 V 类水质断面比例比 2013 年下降 3%。

新中国成立以来参与的国际事务主要集中在苏联及东欧国家。直到 20 世纪 70 年代中国恢复了在联合国的合法地位，与其他国家和国际组织的交往明显扩大。改革开放以来，中国积极融入国际社会，在国际事务中发挥愈加重要的作用。1980 年 4 月和 5 月，中国先后恢复了在国际货币基金组织和世界银行的合法席位，1986 年中国加入了亚洲开发银行；2001 年加入世界贸易组织，以更加积极的姿态参与国际经济合作。2003 年以来，中国在亚洲、大洋洲、拉丁美洲、欧洲等地区先后建设自由贸易区，目前已与 25 个国家和地区达成了 17 个自由贸易协定，促进了中国与世界各国的互利共赢。党的十八大以来，中国积极推动"一带一路"建设，得到了 160 多个国家（地区）和国际组织的积极响应；倡议构建人类命运共同体，积极参与以 WTO 改革为代表的国际经贸规则制定，在全球治理体系变革中正在贡献中国智慧，展现大国担当。

二、70 多年来中国能源在支撑经济快速发展的同时逐步向低碳绿色方向迈进

新中国成立初期，中国能源生产能力不足、水平不高。1949 年，能源生产总量仅为 0.2 亿吨标准煤。经过 70 多年的快速发展，中国能源生产逐步由弱到强，生产能力和水平大幅提升，一跃成为世界能源生产第一大国，基本形成了煤、油、气、可再生能源多轮驱动的能源生产体系，充分发挥了坚实有力的基础性保障作用。2019 年，能源生产总量达 39.7 亿吨标准煤，比 1949 年增长近 200 倍，年均增长 7.6%。主要能源品种生产全面发展。原煤产量 1949 年仅为 0.3 亿吨，2018 年达到 37.5 亿吨，比 1949 年增长 124 倍，年均增长 7.1%；原油产量 1949 年仅为 12.0 万吨，2019 年达到 1.9 亿吨，增长 1574.9 倍，年均增长 11.3%；天然气产量 1949 年仅为 0.1 亿立方米，2019 年达到 1736 亿立方米，增长 24799 倍，年均增长 15.6%；发电量 1949

年仅为 43.0 亿千瓦时，2019 年达到 73253 亿千瓦时，增长 1652.9 倍，年均增长 11.2%。

新中国成立 70 多年来，随着中国经济快速发展，人民生活水平不断提高，能源消费整体呈现较快增长态势。1953 年，中国能源消费总量仅为 0.5 亿吨标准煤，2019 年达到 48.6 亿吨标准煤，比 1953 年增长 84.8 倍，年均增长 7.1%。人均用能水平显著提高。1953 年，中国人均能源消费量仅为 93 千克标准煤，2019 年达到 3471 千克标准煤，比 1953 年增长 36.3 倍，年均增长 5.7%。能源消费弹性系数不断下降。1954 年，中国能源消费弹性系数高达 3.54，2019 年为 0.54，比 1954 年弹性系数低 3，比 1954—2005 年、2006—2017 年平均弹性系数分别低 0.49、0.01。随着中国能源消费总量不断增加和用能方式的快速变化，能源结构持续改善，清洁低碳化进程不断加快。原煤占能源生产总量由新中国成立时的 96.3% 持续下降到 2019 年的 68.6%；天然气、一次电力等清洁能源占比总体持续提高，天然气由 1957 年最低的 0.1% 提高到 2019 年最高的 5.7%，一次电力及其他能源由 1949 年的 3.0% 提高到 2019 年最高的 18.8%。受资源禀赋特点影响，煤炭占中国能源消费总量比重始终保持第一，但总体呈现下降趋势，由 1953 年的 94.4% 下降到 2019 年最低的 57.7%；石油占比在波动中提高，由 1953 年最低的 3.8% 提高到 2019 年的 18.9%；天然气、一次电力及其他清洁能源占比总体持续提高，天然气由 1957 年最低的 0.1% 提高到 2019 年最高的 8.3%，一次电力及其他能源由 1953 年的 1.8% 提高到 2018 年最高的 15.3%。

70 多年来，随着中国能源科技创新能力不断提升，能源技术装备突飞猛进，自动化、智能化、数字化正在推动能源系统不断优化，能效水平也得到显著提升，2019 年单位 GDP 能耗下降到 0.51 吨标准煤 / 万元，比 1953 年降低 44.5%，年均下降 0.9%。从单位 GDP 能耗变动率来看，在改革开放之前波动较大，多数年份为上升，改革开放之后基本保持下降态势。

在政策层面，面对能源资源制约日益加剧、生态环境约束凸显等突出问题，中国坚持节约资源和保护环境的基本国策，积极转变经济发展方式，不断加大节能力度，将单位 GDP 能耗指标作为约束性指标连续写入"十一五""十二五"和"十三五"国民经济和社会发展五年规划纲要，相继出台了能源发展"十一五""十二五""十三五"规划和《能源发展战略行动计划（2014—2020 年）》《能源生产和消费革命战略（2016—2030）》等政策文件，以及《能源技术革命创新行动计划（2016—2030 年）》《可再生能源发展"十三五"规划》等专项文件。党的十八大以来，面对国际能源发展新趋势、能源供需格局新变化，以习近平同志为核心的党中央高瞻远瞩，坚持绿色发展理念，大力推进生态文明建设，提出"能源革命"的战略思想，为中国未来能源向着绿色转型发展明确了方向。

当前，世界能源格局正在深刻调整，应对气候变化已经成为可持续发展的核心工作，这项工作既是中国高质量发展的客观要求，也是能源行业绿色转型的重要推动力，并与污染治理和环境保护工作相协同。在能源治理体系加速重构过程中，新一轮能源革命已蓬勃兴起。随着中国经济发展步入高质量增长新常态，能源绿色转型道路任重道远，传统能源产能结构性过剩问题仍较突出，发展质量和效率亟待提升，节能降耗仍面临阶段性压力，有效控制化石能源消费总量和完成自主减排承诺、实现 2030 年二氧化碳达峰仍任重而道远。

我们在憧憬未来 30 年，实现中国第二个一百年目标，我们需要更多的担当、更高的远见、更加包容的精神面貌奏响新时代最强音——绿色发展。

三、新冠肺炎疫情对中国及全球中长期能源经济影响巨大

自 2008 年全球金融危机爆发以来，全球经济一直萎靡不振。其中一个重要的原因是不断增加的全球生产能力和全球市场空间狭小的矛盾导致越来越严重的贸易保护，其中对世界经济影响巨大的中美贸易摩擦正在威胁已经形成的全球产业链分工和工业制造业体系。而中国的外贸依存度达到了约 33.7% 的水平，风险和成本都在明显加大。而本次新冠肺炎疫情暴发不但直

接恶化了中国及全球经济增长前景，也使医疗及公共卫生安全与能源安全、粮食安全、水安全、网络安全等交织在一起，使世界各国面临的非传统安全形势异常严峻，也间接对全球中长期应对气候变化和清洁能源转型的能力构成新的挑战（尽管由于经济停摆短时间内碳排放有所下降）。在这种情况下，在展望未来能源经济情景时，我们需要就本次疫情对未来中长期能源经济的影响作出判断，以便使我们的情景分析更符合现实。

（一）中长期看，新冠肺炎疫情的影响存在两种不确定性情景，一种是中性有限，另一种是长期持久

本次新冠病毒最大的特点是传染性极强，其核糖核酸（ribonucleic acid, RNA）突变率非常高，会造成病毒对环境极强的适应性。意味着即使对其形成抗体，但抗体的作用也会因 RNA 突变而在一段时间内失效，也就意味着抗体起作用的周期与疫苗研发的周期可能相当，或甚至远远短于疫苗研发周期，那么疫苗研发就必须成为一个常态性工作，永远持续下去，尽可能地帮助人群不断建立抗体，这是非常具有挑战性的。所以，中长期看，乐观的情景是一种有限的中性可控，悲观的情景是它可能伴随人类相当长时间，不排除其对人类生产、生活的长期影响。

（二）疫情进一步恶化了 2008 年金融危机以来全球经济的复苏前景

自 2008 年金融危机爆发以来，世界多数国家进入新一轮经济转型与结构调整中，加上中美贸易摩擦对全球经济的影响，世界经济增长 10 多年来一直缺乏增长引擎。本次新冠肺炎疫情波及了超过 215 个国家和地区（截至 2020 年 9 月），使全球主要经济体的经济活动处于停滞状态，不但对 2020 年 GDP 增长产生了显著影响，也将影响全球各国未来的中长期经济增长。主要国际机构已纷纷开始下调其 GDP 增长预期，意味着 2020 年以前所有机构的预测均已失效，许多经济学家认为此次疫情对全球经济的打击可能超过

20 世纪 30 年代的大萧条。

（三）疫情对全球化打击巨大，对包括能源安全在内的非传统安全观影响深远

WTO 作为全球化的重要机制，在推动世界经济增长和繁荣作出了巨大贡献，但近年来，地缘政治和贸易不平衡等因素导致了逆全球化现象加剧。本次新冠肺炎疫情因国际交通运输及物流受到极大限制而使多国认识到：在爆发特殊公共安全事件时，本土自主的基本国计民生供应能力（产品和服务）显得至关重要，这里涉及的主要是非传统安全领域，包括能源安全、粮食（食物）安全、医药卫生安全、网络信息安全、运输物流安全、水安全、环境安全等。这将直接影响一大批原来依靠全球产业链分工提供物美价廉商品和服务的行业，而且会增加总成本。疫情下持续的本土能源（电力）供应能力因而也显得格外重要。

（四）疫情通过对能源产业的影响给未来全球能源市场增加了不确定性

根据国际能源署（International Energy Agency, IEA）最新研究报告，本次疫情对煤炭、石油、天然气、电力、可再生能源都产生了影响，其中对石油、天然气行业的打击巨大，将极大影响原来相对有序的生产、投资、油气金融体系。尤其是石油需求的迅速下降使全球主要石油生产国沙特阿拉伯、俄罗斯、美国等无法坐下来共同有效应对市场的剧烈波动。即使尝试进行协调管理，许多地区因疫情导致的生产无序关闭对整体油气行业产生恶劣影响，为后续支撑世界经济和石油需求复苏埋下隐忧。疫情对电力和天然气供应安全因其不可中断性而提出更高要求。本次疫情凸显了电力安全在现代经济的核心地位，因为不间断的电力供应是医疗保障系统运行及维护社会福利和在线经济活动的关键，包括远程办公活动的大规模扩展等。而且，疫情对数千家在非洲无法通电的医院和医疗机构威胁更大。在某些情况下，可再生

能源可以发挥其灵活分布式的独特优势，而煤炭由于产业链较短受到的影响相对较小。但总体上，疫情给全球能源市场增加了很大的不确定性。

（五）疫情正在加剧全球应对气候变化挑战，能源转型路径将更为曲折

虽然疫情暂时性地使全球二氧化碳排放量有望达到有史以来最大的年度减少量，但这种前所未有的排放量下降显然是暂时的，没有结构性变化。未来随着经济复苏二氧化碳排放还会反弹，其中一个非常重要的原因是由于许多国家未来增加本国或本地区能源供应安全而会加大本地能源供应能力，包括缺乏清洁能源资源或者清洁能源资源开发成本相对高昂的国家或地区。在一定的时空条件下，这些国家或地区可能出现政策动摇，采取放弃降低包括煤炭在内的化石能源消费比例。这种情况显然不但不利于全球二氧化碳减排，而且会影响各国低碳、绿色、清洁发展，使能源转型道路变得更为复杂和曲折。

（六）疫情正在加速信息通信及互联网技术发展，对以电力为核心的清洁能源供应体系提出更高要求

本次疫情将驱使信息通信及互联网技术进一步加速发展，对物流、在线服务提出了更高要求，最典型的例子是网络会议系统和快递物流配送系统，对人工智能、机器人、大数据、物联网、第五代移动通信技术（5th generation mobile networks 或 5th generation wireless systems, 5G）、增强现实技术（augmented reality, AR）、虚拟现实技术（virtual reality, VR）、无人驾驶等技术需求更为迫切。也将对以电力为核心的智慧能源、智能电网、燃气互联网、物联网系统等提出更高要求，进而对智慧城市与乡镇建设和规划也将产生巨大影响，这也是中国提出加速"新基建"概念的重要原因。由于电气化的趋势是尽量利用清洁的新能源、可再生能源，未来高效清洁的电力安全体系构建将更为严格。

（七）疫情正在导致第三产业形态变化，进而对全球经济及能源需求产生影响

本次疫情的另一个特点是未来服务业将受到极大抑制，人们会压缩非必要的服务业需求，除了医疗、教育等必需的服务需求外，其他都将尽可能压缩。例如，旅游业、餐饮业、院线、商业地产以及其他一切服务业相关行业可能会受到严重波及。在线教育、在线医疗、远程服务、VR、AR 产业将迎来新一波大发展，行业估值的依据和逻辑已经开始发生根本变化。这一特点将使来自旅游、餐饮等领域的经济收入大幅度降低，也因而会大幅减少交通运输需求，将直接抑制石油需求增长。

（八）疫情对全球投资流向将产生较大影响

由于疫情可能在某些特定国家和地区长时间得不到有效控制，故这些国家和地区在吸引实体经济和股票、债券、保险等金融类投资方面将会受到极大影响，公共卫生环境控制能力将是未来国际投资者资金流向重要的考量要素。除非本国政府强制性出台各类禁止对外投资的法令，否则全球投资将转向疫情控制成效显著、产业基础相对完善的国家和地区。

这次百年一遇的大疫情不但正在重创全球经济，而且仍在夺取成千上万的生命。由于疫情的流行性、传染性特征，已经证明任何一个国家都无法独善其身。所以，实际上我们在面对共同的"敌人"——新冠病毒时，我们没有理由不以合作、开放的态度团结世界各国有效应对。在医疗和健康领域技术领先的国家更应积极作为，为世界各国，尤其是为那些缺乏医疗技术装备的欠发达国家和地区提供廉价甚至是免费的公共产品和服务，如基本的防疫医疗设备、疫苗等。应该鼓励各类投资和慈善机构积极参与。另外，也要努力保证包括能源安全在内的各种基础性商品、服务的有序供应。

四、高质量绿色发展之路是中国中长期发展战略的必然选择

当前，中国正处于经济高质量发展、能源清洁化转型的关键时期。经过新中国成立以来 70 多年的艰苦奋斗，特别是历经 40 多年改革开放的成功跨越后，中国已成为一个经济体系和产业链相对完善、摆脱贫穷且整体全面建成小康社会的发展中大国，正在向着更加文明、发达的方向迈进。应该说，百年一遇的疫情必然会对中国经济中长期增长造成时段性影响，但不会改变中国的长远发展目标，包括应对气候变化的长期目标和战略。在新冠肺炎疫情下实现经济复苏和应对气候变化之间不应对立，应走绿色低碳发展之路，实现更高质量的复苏和经济增长。

如前文所述，新中国 70 多年的发展历程在经济社会发展方面取得了令世人瞩目的成就，2019 年，人均 GDP 已突破 1 万美元关口，标志着中国正处于逐渐步入高收入国家行列的关键历史发展阶段。这一阶段对发展质量要求越来越高，绿色、低碳、可持续的发展模式客观上需要中国进一步持续处理好经济社会发展与能源、环境及气候变化的同步协调性问题，使能源、经济、环境政策与战略的着力点与气候行动能够同向发力。特别是因中美贸易摩擦和新冠肺炎疫情给中国及世界经济带来了极大的不确定性，这进一步增加了这一"同向发力"的难度，让中国在维护世界公平贸易、推动全球温室气体减排等国际合作及参与全球治理活动中更具挑战性。

总结起来，"同向发力"的核心工作要处理好三方面的工作。一是要坚持中国经济发展整体上追求经济的高质量，核心是要提高能源资源要素生产率，进一步淘汰低效、高污染、高排放的落后产能，要倒逼经济向着绿色、低碳的方向转型。这是自 2012 年党的十八大以来中国步入发展新时代后中国经济的基本特征，其核心主要是针对如何实现工业产业升级及转型而提质增效。目前即将进入"十四五"规划时期，中国需要用至少 10 年时间完成这一经济高质量转型过程。基于此，本文将"经济高质量转型"设定为基准情景（business as usual, BAU）。二是在完成以工业领域为主导的高质量转型

过程中，要进一步考虑新的能源安全观，并扩大清洁能源的普及和利用。因为能源安全与环境密不可分，能源引起的环境问题已越来越严重，以煤为主的能源结构直接引发了严重的大气环境污染。中国政府已出台了一系列政策，包括"大气十条"已经成为能源资源安全的重要组成部分。所以，在未来情景设计和展望分析中，要考虑在经济高质量转型的基础上，如何加强能源安全并进一步解决能源可及性问题（包括联合国倡导的扩大"厨用清洁燃料比例"等在居民生活领域扩大清洁能源利用），为此，也要在商业及生活领域扩大清洁燃料比例，包括与治理大气污染相关的"控煤、降油、增气"活动，积极推进清洁燃料替代（尤其是中国中西部地区的清洁采暖），大力发展可再生能源，进一步提高清洁能源利用比例。所以，本文第二个情景是在第一个情景的基础上强化"能源安全及能源可及性"。三是虽然美国退出了"巴黎气候协定"，但中国在应对全球气候变化方面愿意在力所能及的条件下积极采取行动，承担大国责任、主动担当，且愿意在温室气体减排方面与国际社会展开多视角、全方位合作，并可以借助"一带一路""金砖国家"等平台发挥带头作用。所以，在温室气体减排方面，尤其是在减少因化石能源利用而导致的温室气体排放方面，中国应该响应联合国政府间气候变化专门委员会（Intergovernmental Panel on Climate Change，IPCC）提出的全球温升控制的"2℃减排目标"。所以，第三个情景是在以上两个情景的基础上考虑采取增强的碳减排行动，力争在 2050 年将二氧化碳排放控制在 40.5 亿吨。40.5 亿吨是在参考了"Climate Action Tracker"有关全球 2℃温控目标中国减排份额后，本文进一步进行了平衡核算后，中国 2050 年可以在满足 2℃温控目标下，最大努力后可以达到的碳排放数值。

为此，我们根据分析，参考主要节能型发达经济体（如日本、欧盟）用能增长规律，对影响未来中国能源经济发展的关键性指标做了预测，并采用这些指标对未来中国能源消费总量、碳排放量以及各个能源品类的消费做了情景分析和预测。在三个情景的设定和分析的同时，还研究了未来"零碳技术"可能为中国能源系统贡献的清洁能源的不确定性，以及碳市场对中国能源发展的影响①。主要的分析内容结果如下。

（一）宏观指标分析与设定：未来中国经济将进入各要素协调增长新阶段

自从 2008 年国际金融危机爆发以来，全球经济进入新一轮深度调整周期。世界绝大多数国家正在面临新一轮结构转型，全球贸易受到极大影响。到 2018 年，10 年时间过去了，全球经济依然处于低迷状态。在这种情况下，美国发起的中美贸易摩擦使本已脆弱的世界经济雪上加霜，加上英国"脱欧"、朝鲜半岛、伊朗及中东问题，等等，这些因素导致全球总需求及其结构出现了新变化，极大增加了市场风险和不确定性，也导致国际投资信心不足，海外资产贬值，股市和债市风险加大等问题。在此背景下，提升全球各经济体经济增长质量，倡导绿色包容性增长，追求更大范围、更深层次创新已成为未来经济增长的新常态。中国作为最大的发展中国家，需求和结构也发生了巨大变化，长期依靠"三驾马车"（投资、需求、出口）支撑的粗放经济增长模式已难以持续，正面临产业结构由比较优势向竞争性优势转变的巨大变革。

此外，中国进入高质量增长阶段将需要更加协调好发展与环境的关系，最大限度提高全要素生产率，提高能源资源利用效率，保护好生态环境，在水资源保护、土地资源高效利用、绿化，以及荒漠化治理、气候治理等方面投入更多。为此，GDP 的产业构成将变得更加平衡，以新一代数字和信息技术为引导的第三产业发展将更快，制造业将进一步升级，人工智能将进一步提升全社会要素生产率。而且，中国 GDP 未来处于中低速发展也符合目前向高收入国家行列渐进迈进的基本逻辑。

---

① 本文依托的分析工具是"中国能源经济发展路径分析系统"（简称"中国能源计算器"），是一个基于平衡预测分析的模型软件平台，包含"数据库版本"和"网络版本"（中英文），其中网络版本是一个开放式平台，用户可以像使用计算器一样，对指标作出自己的选择、生成自己的情景或路径（http://2050pathway.chinaenergyoutlook.org.cn/）。

另外，如前文所述，本次新冠肺炎疫情对中国的中长期经济增长将产生影响，在参考多家机构观点，结合本书分析给出了两种 GDP 可能增长情景，如图 2 所示。其中本书在情景分析中最终选择的是疫情风险中性可控的 GDP 增长情景，为了在预测分析中参照其他发达国家和全球经济增长因素，故选择了美元作为单位，为的是可以进行人均 GDP 比较分析。基本结果是 2020—2030 年中国 GDP 年均增长率为 4.6%，2030—2050 年中国 GDP 年均增长率为 3.5%。①

除了 GDP 外，体现中国高质量增长的其他主要指标包括人口、城镇化率、用电量、用水量、地表水水质、空气质量、森林覆盖等。这些指标作为能源经济相关的最重要的宏观指标，在完成或者达到未来 2030 年、2050 年能源经济发展目标的同时，需要同步实现其各自目标。同时，本书根据能源经济相关指标选择复合生成了可以参与国际对标比较的宏观效率指标，如人均指标、弹性系数、万元产值能耗等宏观效率。

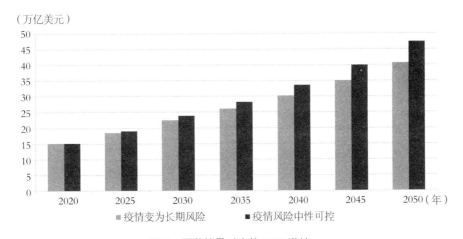

图 2　两种情景对应的 GDP 增长

———————

① 为了情景分析中数据处理方便，这里只考虑两个时段年均 GDP 增长率，没有对应每个年度 GDP 增长率。

（二）三种渐进式情景：未来中国能源经济发展的脉络与碳减排足迹符合中国的既定发展方向

如前所述，三种情景的设计均是考虑了中国能源经济现实发展的需求与可能性，是在回顾分析了中华人民共和国 70 多年能源经济发展历程的基础上，紧密结合了中国当前和今后发展的主要任务而设计的。情景定义如表 1 所示。

表 1　情景定义

情景名称	情景定义
情景一 高质量增长转型情景	该情景是充分考虑到中国当前经济社会发展正在走的"高质量增长与低碳绿色转型"发展道路，故将其作为基准情景。其他情景是在此情景上递进，考虑更进一步的目标或措施
情景二 能源安全与可及性情景	"能源安全与可及性情景"则是在第一个情景的基础上进一步考虑要确保能源安全，而且要实现包括联合国可持续发展目标所规定的"厨用清洁能源利用"目标，即整体要使居民进入清洁能源利用时代，包括清洁供暖
情景三 2℃减排情景	第三个情景则是在第二个情景的基础上考虑进一步加大二氧化碳减排力度，以全球温控 2℃ 为目标，最大限度设定中国减排份额（参照了国际上 Climate Action Tracker 的温控数据）
三个情景的关系	以上三个情景在实际中是不能绝对化分开的，只是每个情景的工作和目标的侧重点不一样。情景一主要是在 2030 年或 2035 年实现工业、交通领域的清洁低碳化；情景二则是在情景一基础上加上在生活领域的清洁化，并进一步确保低碳、清洁的能源安全体系建立起来；情景三则是在情景二的基础上为了进一步实现 2℃ 减排目标的减排情景

为此，三种情景均设计了在未来不同年份能源消费总量达峰的这一假定。但后面也会分析能源消费总量不达峰的情况，主要是利用突破性"零碳技术"实现人均能源消费的持续增长，但存在不确定性，故放到后面做详细

分析。

1. 三个情景的能源消费总量比较

经济高质量转型情景的碳排放在 2030 年达峰，预计二氧化碳排放量为 99.5 亿吨，2050 年二氧化碳排放量预计为 70.2 亿吨。能源消费总量在 2040 年达峰，达到 52.08 亿吨标准煤，2030 年和 2050 年预计分别为 50.6 吨标准煤和 46.9 亿吨标准煤。其中二氧化碳排放达峰早于能源消费总量达标的原因是在 2030 年后煤炭的减少和天然气的快速增长所致，如图 3 所示。

能源安全与可及性情景的碳排放有望在 2025 年达峰，预计二氧化碳排放量为 96.6 亿吨，2050 年二氧化碳排放量预计为 56.1 亿吨。能源消费总量在 2035 年达峰，达到 50.09 亿吨标准煤，2030 年和 2050 年预计分别为 50.04 亿吨标准煤和 42.1 亿吨标准煤。

2℃减排情景的碳排放在 2020 年达峰，二氧化碳排放量约为 99.7 亿吨（根据 BP 统计数据推算），2050 年二氧化碳排放量预计为 40.5 亿吨。能源消费总量在 2030 年达峰（这里暂不考虑未来有突破性技术额外贡献的零碳能源），达到 47.8 亿吨标准煤，2050 年预计为 39.4 亿吨标准煤。

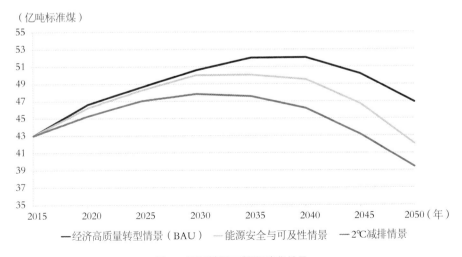

图 3　不同情景下能源消费总量

2. 三个情景的煤炭消费量比较

三个情景的煤炭消费量总体上都呈现下降趋势，如图4所示，在2030年，下降趋势更加明显，实际情况可能因为市场供求关系的变化有所波动，但整体下降趋势是确定的。经济高质量转型情景在2030年和2050年煤炭消费量分别为35.3亿吨和16.7亿吨，主要考虑的是煤炭仍将在电力系统和居民使用中占据一定份额，但在工业领域在2030年前随着淘汰落后产能，煤炭将主要集中在发电领域，相对落后的机组大部分被淘汰。但居民取暖用煤和炊事用煤依然没有明显改变。

能源安全与可及性情景则不但在工业领域淘汰了落后产能的煤炭利用，而且在居民领域完成了推广清洁能源的使用，这一情景在2035年明显见效，预计2035年煤炭消费量下降到30.2亿吨，2050年的煤炭消费量下降为14.36亿吨。

2℃减排情景在经济高质量转型情景和能源安全与可及性情景的基础上进一步加大碳减排的倒逼力度，力争在2030年煤炭消费有更为明显的下降，但考虑到煤炭在中国能源系统中的重要作用，2030年前明显减少煤炭的使用不现实，预计在2030年煤炭消费为32.2亿吨，2050年则下降到不足10亿吨，达到9.8亿吨，主要用于电网调峰和其他高附加值的工业和化工使用。

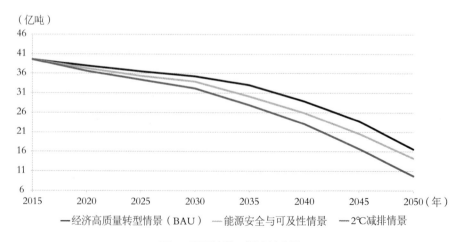

图4　不同情景下煤炭消费量

3. 三个情景的石油消费量比较

三个情景的石油消费量下降至少要发生在 2030 年后，但峰值区域分布在 2030—2035 年。"2℃减排情景"的石油消费下降趋势更明显，说明"2℃减排情景"不但要强力控煤、减煤，而且要大幅度减少石油消费才能达到二氧化碳的减排目标，这一情景在 2035 年开始石油消费急剧下降，到 2050 年石油消费仅为 2.45 亿吨，与高质量情景的 4.56 亿吨相差 2.11 亿吨，主要考虑的是 2035 年后燃油在交通领域迅速被电动替代，电动交通具备在各种应用场景大规模商业化，这也主要得益于人工智能和物联网的进一步应用和普及。而能源安全与可及性情景则介于经济高质量转型情景和 2℃减排情景之间。考虑到在居民领域替代煤炭、控煤的同时，油控也可能提早发生，尤其是发生在大中城市及发达地区。另外，2030 年后的油控不但为减排作出贡献，而且可以加大降低中国的石油依存度，大大降低石油供应所可能造成的能源安全风险。对外依存度力争在 2035—2040 年后开始以类似目前的依存度下降。从图 5 中可以看到，2050 年经济高质量转型情景的石油对外依存度依然大于 50%，所以在能源安全与可及性情景和 2℃减排情景中，石油的对外依存度大大下降，预计到 2045 年这两个情景石油对外依存度都将降到

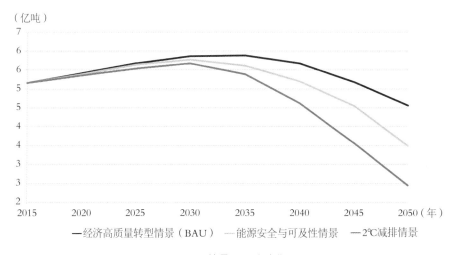

图 5 不同情景下石油消费量

小于 50%。

4.三个情景的天然气消费量比较

在经济高质量转型情景中，因为主要淘汰的是煤炭为主导和部分石油为主导的落后产能和行业，故该情景中天然气的主要角色是替代煤炭和石油，主要是替代煤炭，故该情景下，天然气消费量到 2050 年并没有达峰，将超过 7000 亿立方米。另外，经济高质量转型情景和能源安全与可及性情景在2040 年前的趋势类似，因为这两个情景均要完成煤炭替代，其中天然气将在这两个情景中发挥重要作用。所不同的是能源安全与可及性情景和 2℃减排情景在 2040 年后随着清洁电力的大规模布局，天然气也会被电力替代，天然气在这两个情景都在 2040 年达到峰值，分别为 6219 亿立方米和 5505亿立方米。换句话说，根据 2℃减排情景要求，结合能源平衡分析，要想使2050 年碳排放降低到 40 亿吨左右，综合平衡分析煤炭、石油、天然气在能源需求结构中的作用得到的结论是天然气也需要在 2040 年后达到峰值后下降，如图 6 所示。另外一个重要因素是三种情景下 2030 年后中国天然气的对外依存度均超过了 50%，按照经济高质量转型情景，到 2050 年中国天然气的对外依存度将逼近 60%，尽管全球天然气市场相对宽松，但对中国能

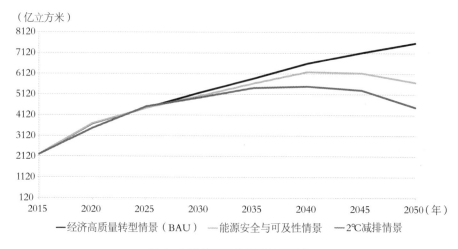

图 6 三种情景下的天然气消费量

20

源安全无疑将构成一定威胁。

5. 三个情景的二氧化碳排放量比较

本书所提及的二氧化碳排放均来源于化石燃料（即煤炭、石油、天然气）利用过程中所产生的二氧化碳，不包括直接排放的温室气体中的碳。本书中经济高质量转型情景和能源安全与可及性情景的二氧化碳排放量均是根据两个情景最终煤炭、石油、天然气三种化石能源消费量而计算所得。2℃减排情景则是根据中国批准的在 2030 年二氧化碳排放达峰的目标，包括 2030 年非化石能源达到 20%，森林蓄积量比 2005 年增加 45 亿立方米；到 2030 年碳强度下降 60%—65%，在 2030 年化石能源达峰且非化石能源比例比 2010 年增加 33%—47%，碳排放强度比 2010 年降低 36%—53%。在参考了 "Climate Action Tracker" 中有关全球 2℃温控目标就中国减排份额后，本书采用了平衡核算的结果为 40.5 亿吨，即中国到 2050 年二氧化碳排放的约束量最大限度约为 40.5 亿吨。据此，本文将此目标放回到能源系统平衡分析中，最终得到的结果，如图 7 所示。三种情景下的二氧化碳排放量在 2030 年分别为 99.5 亿吨、96.4 亿吨、92.7 亿吨，在 2050 年分别为 70.2 亿吨、56.1 亿吨、40.5 亿吨。

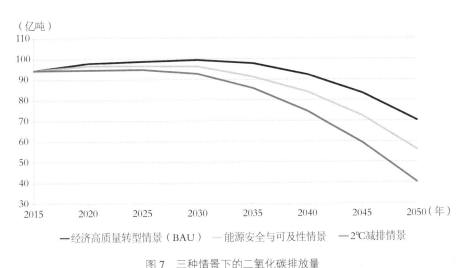

图 7　三种情景下的二氧化碳排放量

在以上三个情景的设定和研究过程中，另外一个需要考虑的问题是"零碳"技术在未来的可能性突破和贡献，如大规模的储能技术应用、具有100%可靠性的高效小型核反应堆技术、氢能、石墨烯技术、部分二氧化碳的高效再利用［碳捕集、利用和封存（carbon capture, utilization and storage, CCUS）］等。这些技术在未来依然具有不确定性，尤其是在能否具备大规模商业化布局方面，不确定性依然非常高，但这些技术正在让我们看到希望，所以，本文针对以上提及的未来"零碳技术"进行了不确定性分析。分析的基点是考虑未来如果有条件大规模商业化布局"零碳技术"，则就有机会让中国能源消费总量不受以化石能源及传统可再生能源产能发展的限制而存在峰值概念的影响，因为根据发达国家人均用能水平的历史轨迹来看，中国人均用能在以上三种情景下仍然非常低，即使未来步入中等发达国家水平，基本上只能接近发达国家的最低下限的水平值。

（三）不确定性分析 1：突破性"零碳技术"有望为中国绿色发展作出关键贡献

以上三种情景的设计对能源技术的考虑主要是基于正常可以商业化、大规模布局且在技术和成本竞争方面存在优势的能源技术。由于技术变化日新月异，发展迅猛，故有些技术暂时无法实现商业化，但未来可能随着技术突破，打破一定约束瓶颈，会有较好的商业化应用前景。故这类技术有可能为未来中国绿色发展直接提供额外能源（如协助提高现有成熟的间歇性可再生能源利用效率的储能技术等）。另外，未来的部分负排放技术也可能依据其碳减排贡献间接计算其等价值能源贡献量。但这些技术目前大部分还处于相对早期。

首先，储电技术是最有希望全面提升电力系统效率，为电网额外增加稳定能源的技术。根据 IEA 报告，到 2050 年，2℃减排情景下，可再生能源将贡献全球 50%的减排份额，故急需储电技术在电网中实现商业化布局。目前的电池技术主要包括锂离子电池化学储能技术和钠硫电池技术，目前锂离子电池在交通领域作为动力支撑，使用已经较为广泛，已经具备一定的经济性，未来这些技术如何在电力系统中大规模商业化布局仍然存在一定的不确定性。目前，较不成熟的电力存储技术有许多，如氧化还原液流电池、熔融盐电池等。

其次，氢能利用近年来一直被越来越多的国家视作未来清洁能源的重要来源。例如，日本正在加速氢能应用和布局，已在交通领域进行布局，建设国际氢气供应链，燃料电池及燃氢发电，力争实现低成本氢气利用，增加可再生能源氢的利用范围。预计到 2030 年，氢能、燃料电池相关市场的规模仅在日本就有 1 万亿日元左右，2050 年将达到 8 万亿日元。在 2050 年日本交通部门达到温室气体排放消减 80％的要求。氢能成本尽管在下降，但什么时候具有商业化竞争力还存在较大不确定性。

最后，核能依然是最具潜力的未来能源之一，其中新型小型核反应堆有望取得重大突破，许多国家非常重视这一技术未来的商业化应用。中国目前的核电技术跟世界先进水平也在保持同步发展，包括已经成熟的第三代技术、第四代技术。对于模块化小堆，中国也在研究下一步基于核聚变的能源。中国的中核集团在中国原子能研究院实验室内，科研人员成功让中国首座铅铋合金零功率反应堆"启明星 III 号"实现了临界状态。这种新型的核反应堆不仅更加安全，而且能量更高，使用周期更长。最为关键的是，铅铋合金零功率反应堆具备发展为移动式小型核反应堆的能力，未来不但可以为一般性分布式系统提供能源，而且可以为坦克、特种装甲车等流动性装备提供动力。

此外，近年来各国都在关注"负排放技术"，希望这些技术对未来能源系统碳减排作出贡献，因而间接地为能源系统增加能源提供空间。主要包括再造林、生态修复、新型建筑材料、土壤固碳、直接空气碳捕捉与封存（direct air carbon capture and storage）、生物质能源碳捕捉与封存［bioenergy + CCS（carbon capture and storage）］、生物质炭（biochar）等。这些技术中再造林成本最低，一直是增加碳汇最为现实的方法。近年来，国际上对直接空气碳捕捉与封存、生物质能源碳捕捉与封存技术热议较多，分别在加拿大、新西兰开始有示范项目，而各类生态修复、土壤固碳、生物质炭等技术也都在实验室探索阶段，科学家们对直接空气碳捕捉与封存和生物质能源碳捕捉与封存的未来前景似乎看好，但目前仍然具有巨大的风险和挑战，规模化、商业化还很遥远，无法承受成本。所以，在 2050 年前负排放技术总体上仍具有较大的不确定性。

另外一个非常重要的领域是"绿色智慧能源系统"，这既是一个各类技术的系统集成，也是一个完整的系统解决方案。绿色智慧能源系统的建设涉及各类先进的软硬件产品，是依托智能制造、大数据、5G、人工智能等技术而产生的一个新一代智能化综合优化系统，总结起来，应该有以下几个主要的特点。

①"绿色智慧能源系统"是原来能源系统优化的升级版。

②大数据、人工智能、5G 技术、物联网、互联网等新一代数字及通信技术为"绿色智慧能源系统"建设提供了可能。

③系统边界设定更加灵活，可以根据实际行政管理需要选择分散式、分布式、集中式。

④因数字技术的发展而打破了信息壁垒和鸿沟，使能源系统在一定空间尺度（大到一个城镇，小到一个园区、科学城、体育中心、休闲广场，甚至一个独立的楼宇）有条件与其他领域融合。例如，在以上提到的空间域内与基础设施（如道路交通系统、给排水系统、管网系统、绿化系统、节能系统、物流系统等）、服务管理系统等融合，综合考虑绿色智能优化问题。

⑤可以极大避免一定空间选择范围（如城镇、园区、科学城、体育中心、休闲广场等）内因重复建设、信息壁垒等导致的能源低效和能源浪费，在大大提高传统节能系统效率的同时，可以使整体系统变得更加节能、低碳、绿色、智慧。

⑥目前中国国家电网公司正在设计建设的"泛在电力物联网"有望为未来中国绿色智慧能源系统建设奠定一定基础。

综上所述，本书给出的基本结论是未来能源系统中随着上述的各类技术的突破。一旦有商业化机会，能源系统中这些"零碳技术"将发挥重要作用。目前来看，储能有望在 2030 年前后开始实际意义上的商业化，氢能的更大范围应用可能要到 2040 年后，而小型化高效的核反应堆技术要到 2050 年后。而其他负排放技术（再造林除外）的商业化可能也将是一个极为缓慢的过程，不排除部分技术可能取得技术突破，但充满了不确定性。基于以上考虑，我们给出了如图 8—图 10 未来中国能源系统的结构，三种情景下，突破性技术额外贡献的"零碳能源"有望在 2030 年分别达到 0.7 亿吨标准煤、超过 1 亿吨标准煤、1.3 亿吨标准煤，到 2050 年，三种情景分别有望超过 12 亿吨标准煤、14 亿吨标准煤、16 亿吨标准煤。如果能够实现"零碳技术"为能源系统贡献额外能源，则中国有条件大幅度增加人均能源消费量，而且这部分增加的额外量是纯绿色、零碳能源，也有条件更好支撑中国经济社会低碳发展同时促进人民生活水平的提高。

（四）不确定性分析 2：碳税与碳交易有望进一步加快中国绿色转型及高质量增长步伐

根据国际碳行动伙伴组织（International Carbon Action Partnership，ICAP）的《全球碳市场进展 2020 年度报告》，截至 2019 年，多个司法管辖区提出碳中和目标。从欧盟到斐济，从英国到美国加利福尼亚州，从新西兰到哥斯达黎加——许多司法管辖区正在掀起全球碳中和倡议浪潮。IPCC 强调，碳价仍然是长远气候政策的必要条件，其他反映强劲碳价信号的政策对于实现具有成本效益的脱碳路径也不可或缺。碳定价对于实现全方位、具有成本效益的减排至关重要，但深度去碳化还需要配合其他政策。例如，推动工业、交通运输和建筑行业减排，需要性能标准、建筑规范和创新支持配套政策的协同作用等。

ICAP 编制的全球碳排放交易体系地图收录了目前正在实施、计划实施或正在考虑实施的碳排放交易体系。目前已有 21 个体系正在实施，覆盖 29

（亿吨标准煤）

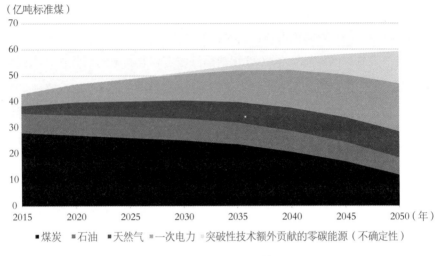

图 8　经济高质量转型情景

（亿吨标准煤）

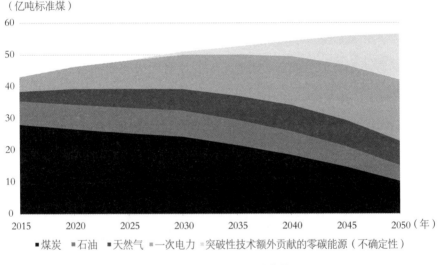

图 9　能源安全与可及性情景

个司法管辖区。另有 9 个司法管辖区正计划未来几年启动碳排放交易体系，其中包括中国、德国和哥伦比亚。除此之外，还有 15 个司法管辖区正在考虑建立碳市场，作为其气候政策的重要组成部分，包括智利、土耳其和巴基斯坦。此外，黑山和菲律宾计划实施和正在考虑实施碳排放交易体系。

　　另外，亚行于 2017 年在项目层面引入了"影子碳价"，定价为每吨 36.3
美元，以 2016 年价格为基准，逐年递增 2%，并提出未来将根据碳的实际
社会成本做进一步调整，体现了对碳的社会成本的高度重视。亚行的具体做
法是在进行环境评估时，对项目可能产生或者减排的温室气体量定价，将其
纳入项目的经济投资回报分析中，通过量化碳排放的外部成本体现项目真正
的经济成本，为投资决策提供参考依据。亚行提出的"影子碳价"实际上是
机构对每单位碳排放影响的内部定价，可以用于政策、企业运营和项目投资
经济性分析中，以提升风险管理效益，降低高污染项目回报率，引导更多资
金投向环境友好型项目。这一方法也为未来各国各地区碳税税率的确定提供
了一种现实的方法学参考。

（亿吨标准煤）

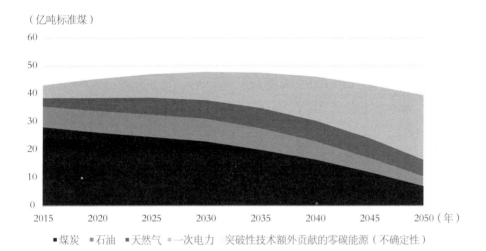

■煤炭 ■石油 ■天然气 ■一次电力 ■突破性技术额外贡献的零碳能源（不确定性）

图 10　2℃减排情景

　　中国正在继续为全面启动全国碳排放交易体系做准备。2019 年，生态
环境部发布了《碳排放权交易管理暂行条例（征求意见稿）》和《全国碳排
放权配额总量设定与分配方案（征求意见稿）》，为碳排放交易体系实施条例
的出台奠定了基础。2020 年 5 月 12 日，生态环境部应对气候变化司委托中
国国际工程咨询有限公司在北京组织召开全国碳排放权注册登记系统和交易

系统（以下简称"两系统"）施工建设方案专家论证会，就两系统施工建设方案重大技术问题进行论证，预计不久会启动模拟交易。

1. 碳定价及配套政策对未来实现净零排放将起关键作用，但实现全球碳交易仍充满挑战

根据《全球碳市场进展 2020 年度报告》，图 11 描绘了如何将碳定价和配套政策结合，以降低各行业的减排成本并鼓励负排放，展示的是"四种符合 1.5℃ 路径的示例性原型"之一，即 IPCC 发布的《全球升温 1.5℃ 特别报告》（IPCC，2018 年）第 2 章中的中间路径。

根据上述信息，尽管全球越来越多的司法管辖地区和国家在积极为碳交易做不同程度的准备，但是，未来全球如果要实施跨国、跨地区碳排放交易，面临的最大不确定性挑战是缺乏联合国统一的碳市场规则。基于这些规则，需要按照行业规定确定技术标准，要在不同地区和国家就工业、电力、建筑、交通等区分部门减排成本。现有各国、各地区已经形成的碳交易体系和正在建立的碳交易体系及其在排放配额总量设定，分配方法，监测、报告和核证（monitoring, reporting and verification, MRV），履约，碳减排成果核算和抵消规则上正在采用各自的不同的方法和标准，这无疑给各国、各地区现有的交易体系互相链接和与《巴黎协定》下建立统一的国际碳市场带来障碍，增加未来国际碳市场合作和国际碳减排成果转让的难度。

2. 因碳税引发的清洁能源替代及对能源系统的连锁影响须提早评估

另一个不确定性是：将来各主要行业碳税税率的高低会直接导致清洁能源的替代。比如，当对燃煤电厂二氧化碳排放实施一定标准的碳税时，电力投资商会计算投资燃煤电厂并支付碳税和投资清洁电力（如风电、太阳能发电等）哪个更划算。所以，开征碳税一定存在一个边际成本。但这里一个很大的不确定性是：当碳税水平达到可以被清洁能源替代的水平时，尤其是当大规模替代潜力出现时，电力系统（能源系统）的供应结构将被改变，这将极大影响原来的电力系统（或能源系统）的安全性。比如，如果大规模出现替代，原来电力负荷中心的支撑性电源及电网安全性很可能需要配备一定规模的储能设施等。所以，碳税和碳交易在推动能源系统清洁化过程中，需要提早评估，并作出配套调整，以便使系统安全性得到保障。

3.中国应充分利用碳税及碳交易助力高质量增长

自 2011 年，中国在北京、天津、上海、湖北、重庆、广东和深圳等 7 个省市启动了地方碳交易试点工作，现已形成了要素完善、运行平稳、成效明显、各具特色的区域碳排放权交易市场。截止到 2019 年 10 月底，中国碳交易试点地区的碳排放配额成交量达 3.47 亿吨二氧化碳当量，交易额约 76.8 亿元人民币。未来，中国伴随着新基础设施建设的推进，在 5G、智能电网、互联网、物联网、储能、绿色供暖、电动及氢能汽车等技术的支撑下，有望加速碳交易和碳税的实施步伐。尤其是在淘汰煤炭、淘汰柴油等化石能源领域、节能节电领域、燃煤电厂 CCUS 领域等前景广阔。如果中国在 2030 年、2050 年碳交易地区碳排放配额成交量分别达到 10 亿吨、40 亿吨二氧化碳当量，那么可以分别为碳减排创造约 500 亿美元、2000 亿美元的资金用于助力中国的能源绿色转型，也有望提早实现中国的高质量发展目标。

（五）不确定性分析 3：全社会实施低碳、零碳行动是中国实现"2060 年碳中和目标"的关键

本部分是在前文 2℃减排情景的基础上所做的进一步延伸分析，将时间轴延长到 2060 年。分析的基本前设条件包括：

二氧化碳排放由能源与非能源部门组成。其中能源部门的二氧化碳排放主要是指化石能源（煤炭、石油、天然气）消费导致的；非能源部门则主要是二氧化碳（或温室气体）源于工业过程、森林砍伐（毁林）、反刍动物排放的甲烷、土壤释放的二氧化碳、垃圾与废水释放的二氧化碳、温升导致冻土层释放的二氧化碳等。由于大部门非能源部门的二氧化碳排放数据统计困难，国际上的基本经验是大约占总量的 15%—30%，不同国家存在较大差异。本分析假设中国的非能源二氧化碳约占总量的 20%。

本部分分析的二氧化碳排放抵消技术和政策主要包括：再造林、负排放技术、强化节能所获得的二氧化碳排放减少量。再造林、负排放技术数据是在参考了清华大学 2020 年 10 月 12 日发布的报告《中国低碳发展战略与转型路径研究》项目成果介绍有关内容的基础上设定的。强化节能措施减少的二氧化碳排放量则是根据中国节能市场现状，在考虑了常规节能政策和措施的条件下，认为中国的节能潜力依然巨大，也参考了欧洲能源转型经验估计（按照欧盟实现 2050 年碳中和目标 50％需要依靠节能完成的基准情景）确定的。

本书分析的基本方法学是利用"中国能源经济发展路径分析系统"（能源计算器）中的有关目标倒推与平衡分析相结合的方法，基于在前文 2℃ 减排情景下，按照路径分析的方法生成 2060 年相关数据后，回推和对接 2℃ 减排情景后得到了分析结果。

基本分析结果是：二氧化碳在 2025 年达峰，能源消费导致的二氧化碳排放量约为 96 亿吨，2050 年能源领域的二氧化碳排放为 41.8 亿吨，在再造

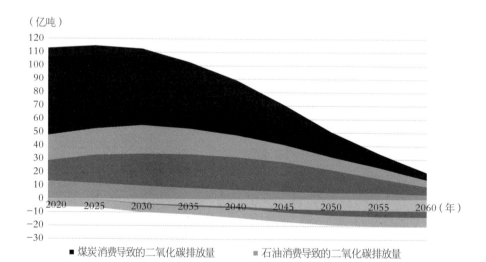

图 11　中国 2060 年实现"碳中和"目标的平衡分析结果

林、负排放技术、强化节能措施抵消后的二氧化碳排放量为 31 亿吨；2060
年能源消费所排放的二氧化碳约为 16.7 亿吨，非能源部门下降到约为 3.5 亿
吨（主要考虑的是工业过程），需要再造林保持 7 亿吨的碳汇贡献，负排放
技术吸收约 5 亿吨，节能减少要达到 8.2 亿吨，如图 11 所示。

"碳中和"是迄今为止中国提出的最富挑战性的自主减排目标。根据中
国能源经济的现实条件，要实现这一目标，需要针对以下极为核心的问题，
尽早做进一步的部署和安排。

**1. "中国 2060 年实现碳中和"是一种积极的目标引领与减排倒逼
方法学**

有关这一雄伟目标，国内外应理性、积极理解和评价。实际上，目标引
领是世界各国在制定规划、政策，预期分析展望中常用的方法学。比如，欧
盟早些年提出的 2020 年实现 3 个 20% 的目标（可再生能源电力占比提高到
20%，能效提高 20%，碳排放量相比 1990 年水平减少 20%），当时国际社
会为之一振，觉得太过雄心勃勃，难以实现，结果欧盟早已提前实现了这一
目标，许多国家远远超过了这个目标。再如，欧盟提出的能源转型目标、欧
盟 2050 年实现"碳中和"目标，英国提出的 2050 年实现净零排放目标，日
本的氢能发展战略目标，等等。所有这些都在牵引着各国经济向着绿色、低
碳方向发展，也成为各国倒逼二氧化碳减排和改善生态环境质量、实现能源
转型和经济高质量增长的有效手段，也非常有利于国际社会团结一道，在应
对气候变化问题上实现合作共赢。

2. 节能是中国实现"碳中和"目标最重要、最经济的战略措施

2020 年 9 月 22 日，习近平主席在第 75 届联合国大会一般性辩论上，
郑重向国际社会宣布，中国将提高国家自主贡献力度，采取更加有力的政策
和措施，二氧化碳排放力争在 2030 年前达到峰值，努力争取 2060 年前实现
碳中和。该重要宣示立即获得了联合国秘书长及主要国家政要、国际舆论的
一致赞誉，被认为是全球气候治理史上的里程碑。努力争取在 2060 年实现
碳中和，意味着从 2020 年到 2060 年这 40 年间，中国各行业温室气体排放

总量从 2018 的每年约 134.4 亿吨二氧化碳当量减少到接近零，无法减排的部分通过包括增加再造林、负排放技术如 CCUS 等在内的各种措施来中和。按照欧盟实现 2050 年碳中和目标 50%需要依靠节能完成的基准情景，节能也将成为我国实现能源领域碳中和目标最重要的手段。与可再生能源、核能，以及 CCUS 等减排技术相比，节能也是最经济的，并且可以在国家能源安全、环境治理、促进就业等方面产生正面效应，形成以减量化服务为目标的节能减排产业新业态、新模式，充分落实国务院办公厅 2020 年 9 月印发的《关于以新业态新模式引领新型消费加快发展的意见》。全社会应充分认识节能工作对实现 2060 年"碳中和"目标的重要性，把节能作为"第一能源"纳入"十四五"能源规划，全面部署节能减排（减碳）工作，形成人人参与节能的良好社会氛围。正如前文所分析，中国一定要在传统节能政策措施的基础上，进一步强化节能，寻求更大范围、更深度、跨领域的节能效用，这方面的潜力依然巨大。另外，随着中国、欧盟以及更多国家宣布"碳中和"目标，"节能减碳"有可能代替能源资源成为国际能源合作的主要领域和重点方向。基于我国在节能减排技术研发、产品生产、解决方案设计、工程建设等方面积累的优势，可以将"节能减碳"和可再生能源装备一起，列为能源走出去的重要领域，利用我国的比较优势，为世界其他各国的减排工作作出贡献，同时提升软实力。

3. 加速构建以"绿色电力负荷中心网"为核心的能源系统是实现能源电力转型和"碳中和"目标的关键

当前，国内外有关机构和部分专家、媒体针对中国提出的"2060 年实现碳中和"目标有着不同的解读，总体上评价是积极的，但其中有关中国近年来仍在增加煤电装机投资引起部分专家的担忧。实际上，在中国能源（或电力）转型过程中，一个极为重要的问题是如何实现电力负荷中心电源由"煤电基荷"为主转变为可再生能源电力加上适当的储能为主的"绿色电力负荷中心"电源。而且，这些绿色电力负荷中心（如省级、区域级负荷中心）应该连成网，形成最高安全等级的绿色电网系统。这可能是未来中国能源系统升级改造最为庞大和具有挑战性、最为专业化的能源工作。

然而，目前的技术进步已经让我们看到了希望，甚至已经有条件对未来以电力为主导的能源系统进行重新规划布局。未来随着数字化技术和各类先进绿色能源技术的不断成熟和越来越低的成本优势，能源系统将主要由循环经济、氢能、数字化、储能技术、零碳发电技术、终端消费电气化等领域的技术进步决定。根据洛基山研究所与能源转型委员会的相关研究，各领域相关技术中，对未来电力系统灵活性起至关重要的技术（如核电、风电、光伏、电力系统运营优化技术、锂电池、高耗能行业的产品再生技术、废弃物的能源化利用技术、碳铅电池等）已经进入产业成熟期或稳步复苏期。

另外，氢燃料电池技术、电动车技术、绿氢技术、电力系统优化技术、动力电池回收技术等都有较高的市场期望度，意味着这些领域的投资将是热点，必将推动这些领域技术的快速发展并走向成熟。所以，未来这些技术在数字化、人工智能等技术的进一步推动下，"绿色电力负荷中心"替代当前的"煤电为主的负荷中心"一定会及早到来。当前，根据彭博新能源财经相关数据，风电、光伏太阳能等各类可再生能源成本仍在大幅下降，已经具备了足够的竞争力，通过电气化实现的能源利用效率在急剧提升，锂电池为代表的储能成本和电动车动力电池成本也在急速下降，特斯拉为代表的电动汽车市场的竞争力已经非常大。而且，电解水制氢设备成本的潜在大幅下降，零碳电力和设备成本的快速下降将大大提升电解水制氢的成本效益，当零碳电价低于 30 美元 / 兆瓦时、电解槽价格低于 470 美元 / 千瓦时，电解水制氢具备成本竞争力。所有这些因素为中国在电网中布局高比例可再生电力提供了足够的灵活性和积极性。相关研究指出，中国 2030 年前无须新增煤电装机，即可满足电力系统灵活性要求。

另外，在电网加速转型过程中，利用数字技术、信息技术、互联网技术、人工智能、大型计算等现代技术，推动能源与电力结构转向高比例可再生能源，推动能源模式向分布式能源发展，推动不同品质能源系统之间融合发展与综合能源服务，推动中国中东部能源和电力负荷较重的地区开发更多基于本地分布式、可再生能源的供应格局。

4. 碳价（或碳税）将是包括 CCS 与 CCUS 在内的若干负排放技术布局的最大变量

从能否产生经济附加值看，二氧化碳的地质封存形式可以分成两类，一类是"非增值型封存"，对气候变化产生正效益而不产生经济附加值，比如将二氧化碳注入到深部咸水层，这就是典型的 CCS 技术；另一类是"增值型封存"，例如，在现有油气田中注入二氧化碳以提高石油采收率，在不可开采煤层中注入二氧化碳提高煤层甲烷气的开采率等，这些都会产生附加的经济效益。然而，这些技术已经至少有 40 年的历史了，进展极为缓慢。油气领域的 CCS 项目因可以提高油气采收率而较其他领域的 CCS 项目更具商业积极性，但每个个体项目都受到地理、地质、运距等与经济性、安全性直接相关因素的影响。虽然，长期以来，全球在碳减排情景分析中的技术选择、CCS 规划与示范等的兴趣一直在不断升温，但是全球范围的 CCS 项目屈指可数，一直难以找到其经济性和市场竞争力。后续科学家们也把热情转移到了所谓的各类 CCUS（其实利用二氧化碳驱油增产就是最早的 CCUS 项目）上，但依然受到各种无法商业化因素的影响，如地质地理条件、运距、市场需求、可行的商业模式、公众接受度、项目无法复制等。目前，正如前文所述，正在研究和示范的 CCUS 负排放技术很多，如直接空气碳捕集与封存、生物质能源碳捕集与封存、生物质炭等。但这些技术离商业化依然遥不可及。

未来，一个非常重要的不确定性变量将是碳价（或碳税），一旦碳排放交易普及，尤其是在跨国、跨区域开展时，给碳定价将是必然的事情。或者对碳排放实行碳税制度，这时碳排放将真正变为一个国家、地区、省（州）、企业、集体、甚至每个人的责任。只有当以上情况出现，才能认定"碳排放"是存在成本的。当碳价（或碳税）高到一定程度时，或出现两种情况：一种是选择负排放技术减碳，如各类 CCS 和 CCUS；另一种情况是放弃末端减排（即所谓的"管道末端法"），改用清洁零碳能源，如投资可再生能源电力替代传统的煤炭发电系统，这是典型的前端方法。所以，未来一部分，甚至一大部分碳排放可以在碳价（或碳税）倒逼的条件下改为可再生能源或其他零碳能源。随着储能技术的发展，加上碳价（或碳税）的实施，实现100%零碳能源非常可能。但各国，尤其是跨国、跨地区的碳税、碳交易（体现碳减排的价值）是否能够达成一致将是一个非常不确定的变量。这个变量从国际合作的角度直接影响着中国及全球实现"碳中和"的进程。

五、结论与政策建议

（1）1949—1978 年，中国经历了约 30 年探索发展期，基本特点是经济增长缓慢甚至出现过停滞，社会发展属于新中国成立后百废待兴，制度上急需改革，以便提高当时极低的劳动生产率。但这一时期也建立了一定的工业基础，煤炭、油气、电力、水利水电等能源产业都得到初步发展，为后续工业与经济快速发展奠定了一定基础。

（2）1978 年的改革开放极大解放了全社会劳动生产力，使中国真正迈入发展的快车道。直到 2012 年党的十八大召开之际，GDP 以年均 9.5% 的速度增长，创造了世界历史经济增长的奇迹。但这一时期的快速发展也暴露出能源、环境、经济的协调性不够，许多地区环境污染严重，给生态环境带来了巨大压力，成为党的十八大后中国提出"进入高质量发展新时代"的主要原因。

（3）党的十八大后，中国的经济与能源同时、同步开始向着绿色、低碳、可持续方向转型，而全球经济、贸易、能源也因复杂的世界地缘政治和经济形势而进入新一轮结构调整期，新冠肺炎疫情、中美贸易摩擦、英国脱欧、伊核朝核等问题加剧了这一转型过程的复杂性、艰巨性。

（4）在新中国成立 70 多年以来，中国能源在许多方面取得了巨大成就，包括超临界、超超临界、风能、太阳能、核能等大型能源装备制造能力得到极大提升，能源工业对经济社会发展提供了持续保障；而且，可再生能源得到了长足发展，形成了具有国际竞争力的风能、太阳能等可再生及清洁能源生产能力，能源结构不断得到优化，节能一直被视作"第一能源"全方位得到重视。

（5）在能源环境与气候变化方面，中国积极响应联合国千年发展目标，积极倡导"基于自然的解决方案"，在努力解决本土环境污染的同时，勇于在气候变化方面承担与自身国力相匹配的大国责任，已于 2015 年提前完成了所承诺的碳排放强度指标。另外，中国也在继续积极参与全球能源治理和全球气候治理，不断通过"南南合作""一带一路"建设、"金砖国家"等全球和地区性合作机制在能源经济和碳减排方面发挥着越来越重要的作用。另外，中国已经提出了"2060 年实现碳中和"的自主减排目标，进一步彰显了负责任大国的形象。实现这一目标最核心的工作包括：应该进一步强化节能，把节能作为实现"碳中和"目标最重要、最经济的战略措施；应加速构建以"绿色电力负荷中心网"为核心的能源系统，这是实现能源电力转型和"碳中和"目标的关键。另外，碳价（或碳税）将是包括 CCS 与 CCUS 在内的若干负排放技术布局的最大变量，我国应该在发展包括 CCUS 技术在内的负排放技术过程中要重视碳价（或碳税）对系统的颠覆性影响。

（6）尽管面临复杂的全球政治经济形势和严峻的新冠肺炎疫情，但经济的高质量增长和能源的低碳绿色转型仍是中国当前发展的基本政策支点。在努力完成 2050 年百年目标的同时，需要花大力气继续淘汰污染严重、碳排放贡献大的落后产能，降低煤炭、石油为主的不合理化石能源消费量，力争提前完成 2030 年二氧化碳排放达峰目标。初步估算，化石能源消费引起的二氧化碳峰值最大不超过 100 亿吨。

（7）中国政府应进一步筑牢能源安全的堤坝并扩大清洁能源在包括居民在内的应用领域，把能源安全与环境质量改善、清洁能源普及结合起来强化各类清洁能源替代政策措施，力争在完成 2030 年二氧化碳达峰目标的基础上，进一步降低化石能源消费比例，增加非化石能源，特别是增加可再生能源比例。力争到 2030 年、2050 年非化石能源比例分别达到 25%、60%。

（8）中国在力争完成2030年二氧化碳达峰目标和强化能源安全与能源可及性的基础上，还可以考虑将IPCC的2℃减排目标作为解决经济社会发展的倒逼机制进一步强力实现全社会高质量增长，确保最大限度改善生态环境质量，并坚持"绿水青山就是金山银山"发展理念，成为全球气候变化的领导者，为广大的发展中国家做榜样。

（9）尽管存在不确定性，但未来突破性"零碳技术"必将为中国能源系统增加绿色能源作出贡献，也将为中国经济贡献不可小视的作用。故中国应该积极利用巨大的市场优势，提早在研发、试点、市场化、商业化等方面全方位布局，鼓励各类技术创新。尤其应重视在政策层面鼓励、引导相对成熟的储能、氢能发展，加快高效、安全小型化核反应堆的建设步伐。

（10）中国应重视"负排放技术"的可能性突破，尽管包括各类CCUS在内的技术距离实际应用还非常遥远，而且应用条件要求苛刻。但中国在再造林、生物质能源碳捕集封存等领域具有巨大潜力。尤其当未来全球碳定价、碳交易相对成熟时，碳税可能成为全球减排的政策工具，比如，当碳价达到每吨50美元以上时，CCUS、氢能及其他负排放技术的商业化步伐就会加快，那时中国庞大的碳市场将发挥决定性作用。

（11）未来中国高质量增长和绿色低碳转型将成为常态，因而绿色金融将会彻底颠覆原有的金融体系，绿色投融资将渗透到所有投融资行为中。换句话说，传统的非绿色投融资行为将被从金融体系中剔除。为此，中国应积极展开国际合作，全方位研究建立符合国际标准的绿色金融体系。

（12）中国应依托智能制造、大数据、5G、人工智能、物联网、互联网等技术，加快组织研发针对城市、乡镇、园区、科学城、体育城、大学城、单体独立建筑物等各种尺度的"绿色智慧能源系统"，以便升级优化原有碎片化、分散式的节能系统、智能交通、给排水系统、智能供暖系统、城市绿化系统等。鼓励诸如"泛在电力物联网系统的研发"，智慧能源系统的建设可以考虑以电力系统为核心逐步分步扩建。

表 2　中国主要历史节点核心能源经济指标回顾与展望

指标	单位	1949 年	1978 年	2019 年	2030 年	2050 年
GDP 总量	亿元	679	3678.7	990865	1600179[⑦]	3184018[⑦]
人口	亿人	5.4167	9.6259	14.0005	14.6434[⑧]	14.0240[⑧]
城镇化率	%	10.64	17.92	60.60	69.50	>80
能源生产总量	亿吨标准煤	0.200	6.277	39.700	38.470[⑨]	34.400[⑨]
原煤	%	96.3	70.3	68.6	58.5	27.9
原油	%	0.7	23.7	6.9	7.0	6.5
天然气	%	0.4	2.9	5.7	8.2	12.4
一次电力	%	3.0	3.1	18.8	26.3	53.3
全口径发电量	亿千瓦时	43.0	2563.2	73253.0	91635.0[⑨]	123420.0[⑨]
清洁能源发电	亿千瓦时	6.8	446.0	23972.0	46818.0[⑨]	80698.0[⑨]
能源消费总量	亿吨标准煤	0.50[①]	5.71	48.60	50.60[⑨]	46.90[⑨]
煤炭	%	94.4[①]	70.7	57.7	49.8	25.4
石油	%	3.8[①]	22.7	18.9	16.6	13.9
天然气	%	0.00015	3.2	8.1	13.7	21.5
非化石能源	%	1.8[①]	3.4	15.3	19.9	39.2

续表

指标	单位	1949 年	1978 年	2019 年	2030 年	2050 年
石油对外依存度	%	—	—	70.8	67.9	65.7
天然气对外依存度	%	—	0.37	43.40	54.50	57.70
全社会用电量	亿千瓦时	34.6	2498	72255	89802[9]	120951[9]
二氧化碳排放量	亿吨	1.23	14.03	—	99.50[9]	70.20[9]
人均GDP	元/人	119	382	70892	109276	227041
人均能源消费	千克标准煤	93.1[1]	593.2	3471.0	3455.0	3344.0
人均用电量	千瓦时	8	261	5161	6133	8625
人均生活用电	千瓦时	<1	100[2]	732	1520	2620
能源消费弹性系数	—	3.54[3]	>1.00	0.54	<0	<0
万元GDP能耗	吨标准煤/万元	7.360	15.500	0.507	0.320	0.150
农村通电率	%	0.58[4]	61.05	100.00[10]	100.00	100.00
厨用清洁燃料比例	%	—	—	64[11]	100	100
用水总量	亿立方米	<1000.0	4745.6	6021.2	<7000.0[12]	<7000.0
地表水好于Ⅲ类水质占比	%	—	66.0[4]	74.9	85.0	100.0

续表

指标	单位	1949 年	1978 年	2019 年	2030 年	2050 年
338 个地级及以上城市空气质量优良天数	%	—	76.7④	82.0	90	100
森林覆盖率	%	9.00	12.00	22.96	35.00	50.00

注：历史数据主要来源于国家统计局并参考有关"新中国 70 年辉煌成就经济社会发展统计系列图表"。① 为 1953 年数据；② 为 1997 年数据；③ 为 1954 年数据；④⑤ 来源于"光明之路——新中国成立 60 周年农村电力发展综述"，见 http://www.gov. cn/jrzg/2009-10/03/content_1432181.html，其中④ 是根据农村年用电量与全社会用电量比值而得；⑥ 为 2015 年数据；⑦ 参考多家机构的 GDP 预测数据；⑧ 参考 WorldOMeters；⑨ 本文"经济高质量转型情景"（BAU）；⑩ 2015 年已达 100%；⑪ 为 2017 年数据；⑫ 源于 2014 年国务院新闻办发布的官方数据。其他数据为展望预期数据。

作者：翟永平，亚洲开发银行能源总监；杨玉峰，亚洲开发银行能源政策顾问、帝国理工学院葛量洪研究所（气候变化与环境研究所）荣誉研究员

第一部分

发展历程与成就

中国经济社会发展历程与成就

　　中国共产党自 1921 年成立以来，已经走过一百年的光辉奋斗历程。近百年来，中国共产党领导中国人民进行了波澜壮阔、艰难曲折的伟大斗争，取得了中国史上从未有过和世界史上罕见的辉煌成就，使中国发生了沧桑巨变，对世界产生了重大影响。

　　新中国成立前，中国人民在中国共产党领导下经过 28 年艰苦卓绝的斗争，推翻了帝国主义、封建主义和官僚资本主义在中国的反动统治，建立了人民民主专政的国家政权，开辟了人民当家作主的崭新时代，结束了旧中国四分五裂的局面，实现和巩固了全国范围（除台湾等岛屿以外）的国家统一和各民族大团结；并创造性地实现了由新民主主义到社会主义的历史性转变，为当代中国发展进步创造了根本前提。从此，中国人民开始了在社会主义道路上实现中华民族伟大复兴的历史征程，取得了社会主义建设的巨大成就和宝贵经验。党的十一届三中全会后，中国共产党把工作中心转移到经济建设上来，实行改革开放，从中国实际出发，确立了党在社会主义初级阶段的基本理论、基本路线、基本方略，开辟了中国特色社会主义道路。党的十八大以来，党和国家各项事业取得了举世瞩目的历史性变革和历史性成就，中国特色社会主义进入新时代，中华民族迎来了从站起来、富起来到强起来的伟大飞跃，迎来了实现中华民族伟大复兴的光明前景。

一、新中国成立前经济社会发展历程概述

（一）中国曾经是站在世界前列的国家

中国是世界上最古老的文明国度之一，经历了极其独特的历史变迁。中国在很长的一段历史时期中，曾经是经济文化发达、站在世界前列的国家。根据麦迪森数据，从公元元年到19世纪初，中国经济总量占世界的比重一直在20%以上，居世界首位。其中，从公元元年到1500年，中国的经济总量远远领先于其他经济体，占世界经济的比重在1/4左右（1—1000年），随后也在23%左右（1000—1500年）。在这一历史时期，中国也是综合国力最强的国家，经济、政治、文化、艺术都居于世界前列。

（二）中国因没有抓住工业化机遇而被西欧超越

1500年以后的300年是世界工业化的起步阶段，由于中国经济社会制度和结构等原因，中国失去了与世界工业化同时起步的战略机遇，因此，这一阶段西欧追上并赶超中国。1500年之前，西欧经济总量从未达到中国经济总量的一半。从1500年左右起，西欧开始对中国经济迅速追赶。到18世纪初，西欧经济规模第一次赶上了中国的水平。19世纪初，日渐衰落的中国传统农业经济得到了一次复苏，经济总量占世界的比重于1820年一度达到了33%的最高纪录。而后中国经济一落千丈，西欧也在同中国相持100年左右之后最终远远地超过了中国。

（三）近代中国再一次错过了世界经济加速工业化的历史机遇

自1820年到1949年，是世界加速工业化的黄金时期。由于帝国主义列强的侵略，中国的传统农业社会破产，而工业经济发展受到遏制。1840年的鸦片战争拉开了中国近代历史的大幕，成为中国社会发展的一个重要转折点，中国从此一步步沦入半殖民地半封建社会的苦难深渊。中国再次失去工

业化的历史机遇。中国经济由此进入了彻底衰落的阶段，中国经济占世界的比例 1913 年降到只有 8.9%。而美国经济总量占世界的比重 1820 年仅为 1.8%，1913 年已上升为 19.1%。

自 1840 年鸦片战争后，争取民族独立和人民解放，实现国家繁荣富强和人民共同富裕，就成为中华民族面对的两大历史任务。从太平天国运动、戊戌变法、义和团运动到辛亥革命，不屈不挠的中国人民奋起抗争，苦苦探索救国救民的道路，但一次次都失败了。严酷的现实表明，需要新的社会力量来寻找先进理论、开辟前进道路。

（四）中国共产党成立标志着中国进入社会发展的正确轨道

直到 1921 年，代表中国社会发展正确方向、代表无产阶级和中国人民根本利益的中国共产党应运而生，给中国人民带来了光明和希望。中国共产党自成立之日起，就自觉地把中国的前途命运同人类社会的发展进步联系起来，在推动中国革命事业发展的同时推动人类正义事业的前进。在第二次世界大战中，中国共产党高举抗日民族统一战线大旗，带领全国人民浴血奋战，成为抗日战争的民族先锋和中流砥柱，为世界反法西斯战争的胜利作出了重大贡献。新民主主义革命的胜利和中华人民共和国的成立，大大加强了世界和平民主力量，改变了世界政治力量对比，有力推动了世界被压迫民族和人民争取解放的斗争。

1949 年，人民的解放、国家的独立使得中国能够启动工业化和现代化的历史进程，从而根本改变 1840 年以来中国在世界历史舞台上不断衰落的历史。共和国成立初期，中国的 GDP 仅占全球的约 4.5%。中国共产党正是在这样的历史起点上开启了领导中国人民建设社会主义的新征程。

二、中华人民共和国成立后经济社会发展成就

在一个贫穷落后的大国，实现工业化、城镇化、现代化，解决占世界

1/5 人口的吃饭、穿衣、住行、教育、医疗问题，解决七八亿贫困人口的脱贫问题，解决五六亿农民向城镇转移问题，解决两亿多老龄人口养老和城镇每年 1000 多万人新增就业问题，无一不是史无前例的世界级难题。新中国成立以来，在中国共产党坚强领导下，全国各族人民团结奋斗，坚持走中国自己的建设社会主义道路，克服无数艰难险阻，找到了成功破解这些难题的钥匙，创造了一个又一个人间奇迹，经济社会发展的伟大成就为实现"两个一百年"奋斗目标和中华民族伟大复兴奠定了坚实基础。

（一）国民经济持续快速发展

新中国经济建设，是在经历长期战争破坏、百孔千疮的烂摊子上起步的。1840 年英国挑起对华鸦片战争之后，帝国主义列强又多次发动战争，迫使清政府签订数十个割地赔款、丧权辱国的不平等条约，从中国掠夺了数不清的国民财富。辛亥革命后又经历军阀混战、日本 14 年侵华战争、国民党发动的内战，长期战乱使国民经济受到极其严重的破坏。据联合国亚洲及太平洋经济社会委员会统计，1949 年，中国人均国民收入仅有 27 美元，不足整个亚洲平均 44 美元的 2/3，不足印度 57 美元的一半。经过多年努力，1978 年我国 GDP 从 1952 年的 679 亿元增加到 3679 亿元，仅占世界经济总量的 1.8%，居世界第 11 位。改革开放以来，我国经济快速发展，2019 年 GDP 达到 99 万亿元，按不变价计算比 1952 年增长 194 倍，年均增长 8.1%，折合 14.4 万亿美元，占世界经济总量的近 16%，稳居世界第 2 位。在长达 60 多年的时间里，保持这么高的年均增长速度，是世界发展史上从未有过的奇迹。还要看到，经济总量达到 10 万亿美元以上的国家，经济增长率仍能保持在 6% 以上的中高速，迄今为止只有中国能做到。由于作为增长基数的 GDP 总量越来越大，相应地每增长 1 个百分点的 GDP 增量也越来越多。因此，虽然近几年我国 GDP 增速在放缓，但是每年 GDP 增量却在扩大。比较看，我国 GDP 总量分别在 2006 年和 2010 年超过英国和日本，而现在已经是英国的 4.8 倍和日本的 2.7 倍。现在我国每 3 年增长一个百分点的 GDP

增量就相当于英国的 GDP 总量，每 6 年的 GDP 增量就相当于日本的 GDP 总量。由于中国经济增长率比美国高 1 倍以上，国际研究机构普遍预测，中国经济总量将在 10 年后超过美国。

即使拿人均国民收入增速同东亚一些国家比较，我国发展奇迹也毫不逊色。以日本、韩国为例。按世界银行数据推算，日本在 20 世纪 50 年代初已达到中低收入国家标准，1975 年达到高收入国家标准，约用 24 年时间跨越中等收入阶段。韩国 1972 年达到中低收入国家标准，1993 年达到高收入国家标准，前后用了 21 年。我国 1998 年达到中低收入国家标准，2010 年进入中高收入国家行列。2019 年我国人均国民总收入 10234 美元，距离高收入国家人均收入标准下限 12535 美元，还差 2301 美元。根据对我国未来经济增长速度的预测，并考虑世界银行对高收入国家人均收入标准调高等因素，我国人均国民总收入至多再用 10 年就可以达到高收入国家标准。虽然跨越中等收入阶段的时间比日本、韩国长一些，但是日本人口 1.27 亿人，不到中国的 1/10，韩国人口 5100 万人，仅为中国的 1/27。现在全球高收入国家人口总数约为 12.5 亿人，而拥有 14 亿人口的中国用 30 年左右时间跨越了中等收入阶段。

（二）对外经济跨越式发展

新中国成立后，西方发达国家长期对我国实行经济封锁，我国经济处于封闭半封闭状态。1978 年，我国货物进出口总额仅为 206 亿美元，占全球份额 0.8%，居世界第 29 位。

党的十一届三中全会后，从创办 4 个经济特区开始，我国对外开放不断扩大，逐步形成全方位、多层次、宽领域的对外开放格局。2001 年我国加入 WTO 后，对外经济贸易进一步加快发展。2019 年，货物进出口总额达到 4.6 万亿美元，比 1978 年增长 231 倍，连续两年居世界第一位。服务进出口总额 7434 亿美元，比 1982 年增长 159 倍，居世界第二位。我国实际使用非金融类外商直接投资 1106 亿美元，比 1983 年增长 120 倍，连续三年成为全球第二大外资流入国。1979—2019 年，累计吸引非金融类外商直接投资 21724 亿美元。2019 年，我国非金融类对外直接投资 1106 亿美元，比 2003 年增长 37.9 倍。2019 年年末，我国外汇储备余额为 31079 亿美元，连续 14 年稳居世界第一位。

党的十八大以来，我国加快推进高水平对外开放，提出共建"一带一路"倡议，推出一系列扩大对外开放政策，积极推进贸易投资自由化、便利化，进一步推动出口和进口市场多元化，扩展外商直接投资领域，因而在美国挑起中美经贸摩擦、国际经济环境变差的情况下，仍保持我国进出口贸易、实际使用外商直接投资和对外投资的增长。特别是我国与"一带一路"沿线 56 个国家和地区的货物进出口和非金融类对外直接投资继续较快增长。改革开放以来我国对外经贸的跨越式发展，对促进国内改革和经济社会发展发挥了重大作用。

（三）成功解决 14 亿人口吃饭问题

新中国成立之初，农村人口占总人口的近 90%，农业生产十分落后。1949 年粮食产量仅有 2264 亿斤。当时美国国务卿艾奇逊说："中国人口在十八、十九世纪里增加了一倍，因此使土地受到不堪负担的压力。人民的吃饭问题是每个中国政府必然碰到的第一个问题。一直到现在没有一个中国政府使这个问题得到解决。"在他看来，中国共产党也解决不了人民的吃饭问题，中国将永远是天下大乱。毛泽东当即加以驳斥，指出："世间一切事物中，人是第一个可宝贵的。在共产党领导下，只要有了人，什么人间奇迹也可以造出来。""我们相信革命能改变一切，一个人口众多、物产丰盛、生活优裕、文化昌盛的新中国，不要很久就可以到来，一切悲观论调是完全没有根据的。"[1]

历史事实已经证明，毛泽东的论断是完全正确的。在中国共产党领导

---

[1] 《毛泽东选集》第四卷，人民出版社 1991 年版，第 1512 页。

下，经过长期艰苦探索和不懈努力，我国找到了解放和发展农业生产力的正确道路，依靠充分发挥广大农民生产积极性、农业科技进步、增加对"三农"投入，促进农业生产持续发展，在 20 世纪 80 年代末基本解决了全国人民温饱问题，之后逐步迈向小康。从 2004 年起，粮食总产量实现十二年连续增长，2012 年达 12245 亿斤，2015 年突破 1.3 万亿斤，2019 年达到 13277 亿斤，创历史最高水平，比 1949 年增长 4.9 倍，年均增长 2.6%，全国 14 亿人人均 948 斤，超过世界平均水平。水稻、小麦、玉米三大谷物自给率保持在 98% 以上，有力地保障了国家粮食安全。

与此同时，农林牧渔业全面发展。2019 年棉花、油料、糖料产量分别比 1949 年增长 12.3 倍、12.6 倍和 42 倍。畜产品、水产品快速增长。2019 年猪牛羊肉总产量达到 5410 万吨，比 1952 年的 339 万吨增长 15 倍，年均增长 4.1%。禽蛋产量达到 3309 万吨，比 1982 年增长 10.7 倍，年均增长 6.9%。牛奶产量达到 3201 万吨，比 1980 年增长 27 倍，年均增长 9%。水产品产量达到 6450 万吨，比 1949 年增长 143 倍，年均增长 7.5%。

农业生产的巨大发展，不仅解决了全国人民的吃饭问题，而且为从温饱到小康、从吃得饱到吃得好转变提供了保障。对此，联合国粮农组织前任总干事达席尔瓦给予高度评价："中国用仅占世界 9% 的可耕地和 6.4% 的淡水资源，养活了世界近 1/5 人口"，"为全球'减贫减饥'作出了突出贡献"。

（四）国家工业化取得巨大进步

旧中国积贫积弱、饱受坚船利炮的帝国主义侵略和欺凌，原因之一是个贫穷落后的农业国，和已经实现工业化的发达国家相比，国力悬殊太大。1949 年的中国，工农业总产值中，工业仅占 17%，只能生产纱、布、火柴、肥皂、面粉等少数生活消费品；汽车、拖拉机、坦克、飞机都不能造。因此，党中央提出要集中主要力量发展重工业，建立国家工业化和国防现代化的基础。后来进一步提出：国民经济发展的目标，第一步是建立一个独立的比较完整的工业和国民经济体系；第二步是全面实现农业、工业、国防和科

49

学技术的现代化，使中国经济走在世界前列。

经过 70 多年坚持不懈的奋斗，中国工业化取得巨大进展，工业由小到大、由弱到强，已经从落后的农业国成长为位居世界第一的工业制造大国。工业增加值从 1952 年的 120 亿元增加到 2019 年的 317109 亿元，按不变价格计算增长 1008.6 倍。据世界银行数据，按现价美元测算，2010 年中国制造业增加值首次超过美国，之后一直保持世界第一位。2017 年中国制造业增加值占全球的份额达 27%，是全球唯一拥有联合国产业分类中全部工业门类的国家。目前已拥有 41 个工业大类、191 个中类、525 个小类，形成了独立完整、行业齐全的工业体系。在世界 500 种主要工业品中，中国有 200 多种产品产量位居世界第一位。2019 年，粗钢产量 10 亿吨，比 1949 年增长 6234 倍；钢材产量 12.05 亿吨，增长 9198 倍；原煤产量 37.5 亿吨，增长 116 倍；水泥产量 23.3 亿吨，增长 3530 倍；化肥产量 5624.9 万吨，增长 9374 倍；纱产量 2892.1 万吨，增长 87.4 倍；发电量 73253 亿千瓦时，增长 1704 倍。在全球 233 个国家和地区中，是唯一在拥有 14 亿人口中实现全民通电的国家。2019 年中国汽车产量达 2572.1 万辆，连续多年蝉联全球第一。手机、计算机、彩色电视机产量分别达 18 亿部、3.1 亿台、1.9 亿台，占全球总产量比重在 70% 至 90% 之间。此外，冰箱、空调、洗衣机、钟表、自行车、缝纫机、家具、服装、鞋帽、加工机械等 100 多种电器、轻工产品产量均居世界前列，在满足出口需求的同时，充分满足了中国城乡居民的生活需要。

进入 21 世纪特别是党的十八大以来，中国大力发展高技术产业、先进制造业和新兴产业，工业化和信息化深度融合进程加快，制造业数字化网络化智能化水平持续提升，"互联网＋制造业"新模式不断涌现，推动制造业持续迈向中高端。C919 大型客机、高档数控机床、大型船舶制造、掘进装备等正在赶超国际先进水平。所有这一切在旧中国是完全不可想象的，没有在中国共产党领导下实现国家的独立、统一和强大，中国就不可能形成独立完整、门类齐全的工业体系。

（五）城镇化持续快速推进

新中国成立 70 多年来，城镇化的规模和速度，不仅在中国是空前的，在世界也是罕见的。2019 年年末中国常住人口城镇化率达到 60.6%，比 1949 年年末的 10.64%，提高了 49.96 个百分点。

新中国成立之初，中国是个典型的农业国。1952 年，农业增加值占 GDP 的 50.5%，农业吸纳了 83.5% 的就业人口。农村人多耕地少，农业剩余劳动力向城镇转移，是农业生产集约化、提高农业劳动生产率、增加农民收入的必由之路，也才能为城镇发展第二、三产业持续提供劳动力和广大市场，因而是工业化的重要条件和必然结果。

70 多年来，中国工业化和城镇化同步发展、互相促进，成为中国产业结构优化升级和经济持续快速增长的重要动力。2019 年，第一、二、三产业增加值的比重，分别为 7.1%、39.0%、53.9%；三次产业的就业比重分别为 26.1%、27.6%、46.3%。农村从农业合作化到家庭联产承包，从建设社会主义新农村到实施城乡一体化、乡村振兴战略，面貌日新月异，在 70 多年中发生了巨大变化。农业现代化步伐加快，如今主要粮食作物耕种收综合机械化率超过 80%，农业科技进步贡献率达到 59.2%。农村用电量由 1952 年的 0.5 亿千瓦时增加到 2018 年的 9359 亿千瓦时；截至 2019 年年末，所有具备条件的乡镇和建制村通了硬化路；全国行政村 4G 覆盖率达 98%，贫困村宽带覆盖率达 96%，"互联网 +"在农村广泛应用。

伴随工业化、城镇化的推进，城市面貌更是发生了沧桑巨变。中国已形成以 19 个城市群为主体、大中小城市和小城镇协同发展的格局。1949 年至 2019 年年末，城市数量由 132 个增加到 672 个。户籍人口 50 万及以上的城市由 12 个增加到 249 个（其中户籍人口超过 500 万的城市 14 个，300 万—500 万的城市 16 个，50 万—300 万的城市 219 个）。城市已成为现代制造业、现代服务业和现代文明的主要载体，产生了全国绝大部分 GDP。城市各类设施和住宅建设快速发展。2017 年城镇住宅投资 8.1 万亿元，比 1995 年增加 7.7 万亿元。据统计，中国百米以上超高层建筑 6000 多幢，居世界第一位。旧中国城市交通及公共设施极为落后，市容市貌破败不堪。如今已有 30 多个城市建成轨道交通，运营线路 171 条，运营里程 5295 千米。高铁、高速公路、航空等交通网四通八达。2018 年，城市公交客运量达 1279.17 亿人次，公交专用车道长度达 14951.7 千米。城市供水、燃气及集中供暖条件大幅改善。2018 年供水普及率达 98.4%，燃气普及率 96.7%。城市让生活更美好。绿色城市、智慧城市、人文城市建设正在快速推进，全国城市公园 15633 个，人均公园绿地面积 14.1 平方米。

（六）区域经济发展"你追我赶"，总体趋向协调

由于自然、地理和历史等原因，中国东部和西部地区的人口分布和经济发展很不平衡。1935 年地理学家胡焕庸提出，从黑龙江省爱珲（现黑河）到云南省腾冲划一条倾斜 45 度的直线，线东南方的 36% 国土居住着 96% 的人口；线西北方的 64% 土地仅供养 4% 的人口，二者人口密度比例为 42.6：1。旧中国地区经济差距很大，仅有一点近代工业集中在上海、天津、广州、青岛、大连等沿海城市。

新中国成立后，开始调整生产力布局。毛泽东在 1956 年提出正确处理沿海和内地关系，1964 年提出加强"三线"建设，工业布局逐步发生变化。改革开放后，东部地区率先开放，经济发展显著加快，区域经济差距呈扩大趋势。20 世纪 90 年代末党中央提出实施西部大开发战略，增加对西部地区的投资和政策支持。21 世纪头 10 年先后作出东北振兴和中部崛起等促进区域经济协调发展的决策。1979—2019 年，东部、中部、西部、东北地区生产总值分别年均增长 11.2%、10.2%、10.2%、8.8%。2019 年，东部地区生产总值占全国的比重为 51.6%，比 1978 年上升 8 个百分点，体现东部地区保持着率先发展的优势。中西部地区在党中央区域协调发展战略指引和有关政策支持下，发挥后发优势，各区域经济总体保持较快增速。2019 年，中部、西部地区生产总值占全国的比重分别为 21.1% 和 20.1%，分别比 2000 年提

高 2.9 个百分点和 3.3 个百分点。

党的十八大以来，以习近平同志为核心的党中央，在大力推进区域发展总体战略的同时，提出了京津冀协同发展、长江经济带保护发展、建设粤港澳大湾区、长三角一体化等重大决策。中国区域经济发展呈现各自发挥比较优势、彼此你追我赶、总体趋向协调的良好态势。

（七）基础设施建设突飞猛进

交通通信等基础设施建设滞后，曾经是严重制约经济社会发展的瓶颈。经过 70 多年特别是 40 多年来的加快发展，基础设施建设实现了历史性跨越，在一些重要领域已走到世界前列。

1996—2019 年，中国交通运输业投资年均增长 16.1%，在原有基础上形成了以铁路为骨干，公路、水运、航空等多种运输方式组成的综合交通运输网络。2019 年年末，全国公路总里程达 501.25 万千米，比 1949 年增长 62 倍。全国第一条高速公路 1988 年通车，仅过了 30 年，2019 年年末高速公路通车里程已达 15 万千米，居世界第一位。2019 年年末，全国铁路营业里程达 13.9 万千米，比 1949 年增长 5.3 倍。仅用 10 多年时间就基本建成"四纵四横"的高铁运营网，营业里程达 3.5 万千米，占世界高铁总里程的 2/3。不仅建设速度和总里程居世界第一位，也是全球唯一高铁成网运行的国家。2019 年年末，全国港口拥有生产用码头泊位 22893 个，是 1949 年的 142.2 倍，其中万吨级及以上泊位由 1957 年的 38 个增至 2520 个。2019 年，中国港口在全球港口集装箱吞吐量排名前 10 名的港口中占了 7 个。定期航班航线 5521 条，航线里程 948.22 万千米，比 1950 年年末增长 832 倍。国内定期航班通航城市 1950 年只有 7 个，2019 年增至 234 个。建成通车的港珠澳大桥，全长 55 千米，是世界最长的跨海大桥。全球最长、建设难度最大的桥、隧道、高速公路、高速铁路也都在中国。神奇的建设规模、建设速度被外媒誉为"基建狂魔"。

曾经比发达国家晚几十年起步的中国通信，急起直追，后来居上。现在中国 4G 基站占全球总量的 64%。华为已成为 5G 的领军者，在全球获得了 50 多个建设 5G 商业合同。我国上网人数、网上购物、支付,均居世界第一位。

(八)生态文明建设发生深刻变化

中国生态环境总体上比较脆弱,又经历长期战乱,过去根本谈不上保护和建设。20 世纪 50 年代开始的工业化,是时间压缩型的工业化,即用几十年时间走完西方国家一二百年的路程,因而显著提高了资源投入和污染排放的强度,对生态环境造成很大压力。改革开放后,中国把环境保护作为基本国策,实施可持续发展战略,推动"两型社会"建设。党的十八大以来,党中央把绿色发展作为新发展理念的重要内容,把生态文明建设作为"五位一体"总体布局的重要方面,把污染防治作为三大攻坚战之一的重大政治任务。2019 年,水电、核电、风电、太阳能等清洁能源消费量占能源消费总量的比重为 23.4%,比 1978 年提高 16.8 个百分点。2019 年,全国首批实施"环境空气质量标准"的 74 个城市 PM2.5 的平均浓度比 2013 年下降 43%,二氧化硫平均浓度下降 73%,十大流域劣 V 类水质断面比例比 2013 年下降 3.0%。大气、水、土壤污染防治和环境质量改善取得显著成效。

(九)科技创新成绩斐然

旧中国科学技术极为落后,同发达国家差距很大。在基础差、起步晚的条件下,经过 70 多年的持续努力特别是改革开放以来的急起直追,取得了历史性突破。2019 年研发经费投入达 21737 亿元,是 1991 年的 153 倍。研发经费投入占 GDP 比重 2014 年首次突破 2%,2019 年提高到 2.19%,超过欧盟 15 国的平均水平,从 2013 年起在美国之后居世界第二位。我国研发人员总量在 2013 年超过美国,已连续 6 年稳居世界第一位。2018 年,国外三大检索工具分别收录我国科研论文 41.8 万篇、26.6 万篇和 5.9 万篇,分别居世界第二、第一和第二位;科学论文被引用次数排名居世界第二位。2019 年,中国专利申请数和授权数分别为 438.1 万件和 259.2 万件,分别是 1991

年的 87 倍和 103 倍。其中，发明专利申请数达 140.07 万件，占专利申请数的 32%，比重较 1991 年提高 9.2 个百分点。世界知识产权组织发布的全球创新指数，在 129 个国家中，中国的创新质量连续 8 年居中等收入国家首位。

70 多年来，中国不断涌现追赶世界水平的重大科技成果。1958 年中国第一台电子管计算机试制成功；1959 年李四光等人提出"陆相生油"理论；1964 年我国第一颗原子弹爆炸成功，第一枚自行设计制造的运载火箭发射成功；1967 年第一颗氢弹空爆成功；1970 年"东方红一号"人造地球卫星发射成功。

改革开放特别是党的十八大以来，在"科学技术是第一生产力""创新是发展的第一动力"的理论指引下，重大科技创新不断取得新突破。载人航天和探月工程取得成功，神舟飞船与天宫空间实验室在太空交会翱翔；北斗导航卫星实现全球组网；"神威太湖之光"超级计算机多次蝉联全球超算 500 强榜首；"蛟龙号"载人潜水器、"海斗号"无人潜水器创造最大深潜纪录；赶超国际先进水平的第四代隐形战斗机和大型水面舰艇相继服役。中国在量子科学、暗物质粒子探测卫星、多潜能干细胞（CiPS 细胞）等基础研究领域取得重大突破。在人工智能、生物科学、第五代移动通信技术，以及高速铁路、三代核电等领域正在赶上或处于世界领先水平。

科技创新重大成果，对促进中国高技术产业发展和制造业、服务业转型升级，催生新产业、新业态、新模式，提升国民经济整体素质和效率，都发挥了重大作用。

（十）各级各类教育快速发展

旧中国教育极其落后，人口文化素质低下。新中国成立初期，学龄儿童入学率只有 20% 左右，全国 5.5 亿人口中 80% 以上是文盲。20 世纪 50—70 年代，中国多次开展大规模扫盲运动，大力加强基础教育。1978 年基本普及小学教育，学龄儿童入学率达到 95.5%，1982 年文盲率降到 22.8%。改革开放尤其是党的十八大以来，中国教育进入全面发展时期，九年义务教育持续完善，普通高中，中等、高等职业教育，高等教育，以及学前教育、特殊教育、终身教育、网络教育等全面加强、加快发展，国民受教育程度不断提高。

据联合国教科文组织 2014 年 1 月发布报告，中国成年人文盲率减少了 1.3 亿人，下降了 70%。2019 年，各级各类学历教育在校生 2.82 亿人。其中，小学在校生 10561.24 万人，初中在校生 4827.14 万人。九年义务教育巩固率达到 94.8%。普通高中在校生 2414.31 万人。中等职业学校在校生 1576.47 万人。普通高校 2688 所，普通本专科在校生 3031.53 万人。高等教育毛入学率达到 51.6%。15 岁及以上人口平均受教育年限由 1982 年的 5.3 年提高到 9.6 年。1949 年，普通本专科毕业生、毕业研究生分别只有 2.1 万人和 107 人；2019 年分别达到 758.53 万人和 63.97 万人。中国在 1993 年提出财政性教育经费占 GDP 4% 的目标，经过持续努力，2012 年首次达标，之后连续 7 年超过 4%。2019 年财政性教育经费为 31396.25 亿元，占 GDP 的 4.22%。

中国教育总体水平已进入世界中上行列，正在从教育第一大国向教育强国迈进。教育事业的全面快速发展，显著提升了全民族科技文化素质，为社会主义现代化建设培养了一批又一批高素质人才。

（十一）文化、医疗卫生和体育事业繁荣发展

旧中国文化、医疗卫生和体育事业基本空白，中国人曾被称为"东亚病夫"。新中国文化建设在"一穷二白"基础上起步，经过 70 多年的不懈努力，现在已经发生了根本性变化。文学艺术、新闻出版、广播影视新媒体、医疗卫生、体育旅游以及图书馆、博物馆等各项事业和产业繁荣发展，人民群众的思想道德、文化知识和身体健康的水平不断提高。

2018 年，全国有公共图书馆 3173 个，比 1949 年增长 57.7 倍。电视节目综合人口覆盖率达到 99.25%。全年出版图书 95 亿册（张），比 1950 年增长 34 倍。2018 年年末，全国有医疗卫生机构 99.7 万个，比 1949 年年末增长 271 倍；卫生技术人员 952 万人，增长 17.8 倍。居民预期寿命由 70 年前

的 35 岁提高到 2019 年的 77.3 岁；婴儿死亡率由 200‰ 下降到 6.1‰。群众性体育活动持续广泛开展，目前有近 4 亿人经常参加体育健身活动，人民的健康水平不断提高。现在中国居民健康水平总体上优于中高收入国家的平均水平。竞技体育不断取得优异成绩，1949—2018 年，中国运动员共获得世界冠军 3458 个。群众性体育活动和竞技体育互相促进，不断提升我国的体育和健康水平。

（十二）民生改善和保障水平持续提升

就业是民生之本。新中国成立 70 多年来，全国就业规模从 1949 年的 1.8 亿人增加到 2019 年的 7.7 亿人，其中，城镇就业达到 4.34 亿人，比 1949 年增长 27.3 倍。由于长期战乱、经济萎缩，1949 年城镇失业率高达 23.6%，党和政府通过恢复和发展经济并采取多种方式扩大就业，到 1957 年城镇失业率降至 5.9%。后来由于 20 世纪 50 年代"婴儿潮"和"文化大革命"对经济的冲击，1979 年城镇待业人员累计达到 1500 万人。改革开放以来，党中央、国务院始终高度重视就业工作，在保持经济快速发展的同时，充分发挥非公有制经济对吸纳就业的主渠道作用，使城镇登记失业率从 1979 年的 5.4% 降到 1984 年的 1.9%，之后长期保持了就业形势的总体稳定。党的十八大以来，实施就业优先战略，推动大众创业、万众创新，城镇新增就业连续 6 年超过 1300 万人，失业率保持在较低水平。

城乡居民收入持续增长是民生改善之源。新中国成立 70 多年来，城乡居民收入总体上保持了快速增长。2019 年中国居民人均可支配收入扣除物价因素，比 1949 年实际增长 62.7 倍，年均实际增长 6.1%。居民人均消费支出扣除物价因素，比 1956 年实际增长 30.1 倍，年均实际增长 5.6%。2019 年，城镇居民和农村居民的恩格尔系数分别为 27.6% 和 30.0%，比 1978 年大幅下降 29.9 个百分点和 37.7 个百分点。居民粮、油、肉、蛋、奶、水产品等食品供应从匮乏到富足，人均消费量成数倍增长。衣着消费支出比重上升，日益追求多样化、时尚化、品牌化。耐用消费品升级换代加快。冰箱、洗衣机、彩色电视机已在城乡居民家庭普及。城镇居民和农村居民平均每百户分别拥有：汽车 41 辆和 22.3 辆；空调 142.2 台和 65.2 台；热水器 97.2 台和 68.7 台，计算机 73.1 台和 26.9 台；移动电话 243.1 部和 257 部。2019 年，城镇居民人均住房建筑面积达到 39.8 平方米，比 1956 年增加 34.1 平方米，增长近 6 倍。农村居民人均住房建筑面积达到 48.9 平方米，比 1978 年增加 39.2 平方米，增长 5 倍，城乡住房质量也都大为改善。

社会保障是民生安全网。70 多年来，中国社会保障制度从无到有、逐步建立，覆盖面持续扩大，保障水平稳步提升，现在已建成世界上最庞大的社会保障体系。2019 年年末，全国参加城镇职工基本养老保险人数达到 43482 万人；参加失业保险人数达到 20543 万人；参加工伤保险人数达到 25474 万人。全国基本养老保险参保人数达 9.5 亿人，基本医疗保险覆盖人数达 13.5 亿人，基本实现全民医保。

最受全球赞誉的是中国减少贫困人口取得的巨大成就。1978 年年末，我国农村贫困人口 7.7 亿人（按 2010 年农村贫困标准），经过 40 多年坚持不懈的努力，2019 年年末，农村贫困人口减少到 551 万人，比 1978 年年末累计减少 7.6 亿多人。党的十八大以来，大力推进精准脱贫攻坚战，过去 7 年累计减少农村贫困人口 9346 万人，贫困发生率 7 年下降 9.6 个百分点，下降至 0.6%。中国在 2020 年实现贫困人口全部脱贫，成为首个实现联合国减贫目标的发展中国家，对全球减贫贡献率超过 70%。

共和国 70 多年来经济社会发展取得的伟大成就，显著提升了中国的国际地位和影响力，彰显了科学中国特色社会主义在新中国焕发出的强大生机活力，使中国实现了从站起来、富起来到强起来的伟大飞跃，迎来了中华民族伟大复兴前所未有的光明前景。中国在以习近平同志为核心的党中央英明领导下，为到 21 世纪中叶建成富强民主文明和谐美丽的社会主义现代化强国而继续努力奋斗。

作者：林兆木，宏观经济研究院研究员

中国煤炭发展历程与成就

我国煤炭资源丰富、煤种齐全，且分布广泛，是世界上发现和利用煤炭最早的国家之一。煤炭的发现和利用，有力地推动了经济社会的发展和进步。煤炭工业的发展需要资本积累，需要稳定的社会环境。近代中国社会充满了动荡和灾难，外敌频繁入侵，内乱纷扰不止。煤炭工业在帝国主义和封建势力的压迫下艰难而缓慢地发展。中华人民共和国成立后，在党中央、国务院的正确领导下，我国煤炭工业发生了翻天覆地的巨变，特别是党的十一届三中全会以来，煤炭工业坚持改革开放，推动科技进步，推进结构调整，逐步构建生态环境好、安全有保障、科技水平高、效率效益好、全面协调的现代化煤炭工业体系，促进绿色发展、安全发展、创新发展、高效发展、协调发展，实现高质量发展，有力支撑国民经济和社会长周期持续健康发展，走过了不平凡历程。

一、中华人民共和国成立前的煤炭行业

（一）煤炭利用历史悠久，晚清艰难起步

考古资料证明中国至少有六七千年的煤炭利用历史。中国至少在 1800 年以前就已经开始矿井开采了。煤炭最初被雕刻成装饰物进入人们的生活，从汉代起用于冶炼，宋代开始大量用作生活燃料代替薪柴。到了清朝前期，煤炭的消费以家庭和部分手工业燃料为主，需求量有限，并且大多煤矿运输距离有限，煤炭贸易总体规模不大，缺乏机械化规模化的动力，仍依靠手工

开采。中国的近代煤矿①是鸦片战争之后才出现的。

19世纪70年代晚清洋务派兴办企业开展军事活动，对煤炭的需求激增，旧式的手工煤窑已经不能满足，只能依靠进口。为保能源安全以及通过采煤增加收入，也是受到西方文明的冲击，政府开始引进西方的技术设备，截至1895年以官办、官督商办以及官商合办的形式共建成了16处近代煤矿，开采方法大多是土新法结合，真正的近代煤矿是台湾基隆和直隶开平煤矿。前者是中国第一座新式煤矿，1878年投产，年产煤炭3万—5万吨，后被日本控制；后者发展最快也最成功，1894年日产煤炭最高达到2000吨，后来被英国占领。这些煤矿虽然大多经营管理不善，甚至有些投产不久就停产，但是实现了蒸汽机采矿从无到有的突破，为中国近代煤矿发展奠定了基础。

（二）西方列强大肆开办煤矿，掠夺资源

近代煤炭行业一个显著的特点就是外资入侵。鸦片战争后中国被迫开放，西方列强在香港、广州、上海等通商口岸城市开展贸易、航运和制造业务，急需在本地获得廉价的能源。煤炭作为当时的第一能源，被外国势力觊觎已久。19世纪中期在没有矿权的情况下西方列强已开始到各地勘察煤矿资源。1895年甲午战争后西方列强对华经济渗透加深，从战前的获取燃料转向获利，开始了对开采权的激烈争夺，范围涉及十几个省，基本上控制了中国的煤矿业。1895—1936年，外资在华开办了32家煤矿，大部分名义上是中外合资或合办，但实际上受外方控制，产量占到全国煤炭产量的1/3—1/2。效益好的煤矿包括辽宁抚顺、辽宁本溪湖、直隶开滦、河南焦作、山东临城等，大多是中国人已经进行新法开采，后被外国人攫取。

各国当中日本对中国煤矿侵占最多，统治时间最长，首先侵占了东北主要煤矿，包括抚顺和本溪湖煤矿。七七事变后，日本加大了对华北地区、华

---

① 近代煤矿或者中国新式煤矿的两个标志：（1）提升、排水、通风等生产环节采用蒸汽机为动力的机械；（2）生产和管理等采用资本主义经营管理方式。

中地区等沦陷区的煤矿侵占。全国煤炭产量变化与日本侵略行为密切相关，在 1942 年达到 1949 年以前的最高水平 6568.6 万吨，其中日占煤矿产量达 90%。据初步统计，从 1931 年到 1945 年日本霸占了 200 多处煤矿，掠夺了 4.2 亿多吨煤炭。这不仅满足了日本国内需求，而且服务于日本不断扩大的对华侵略。日占煤矿大多采取只采厚煤层而不采薄煤层，只取煤块而不要煤末的掠夺性开采方式，致使煤田受到严重破坏，造成数以百万计的中国矿工伤亡，对当地地质结构和生态环境带来了严重的破坏。

（三）民族资本参与投资煤矿

19 世纪末到 20 世纪初面对西方列强攫取煤矿资源，民族资本发起"收回矿权"的运动，高价收回了小部分矿权，但重要大矿仍然被外国资本控制。同时期，政府和民间倡导实业救国，新开办了 20 个煤矿，包括 1 座官办的广西贺县西湾煤矿，4 座官商合办煤矿和 15 座商办煤矿。辛亥革命后，民族资本经营的煤矿得到了较大发展，到 1918 年民资煤矿产量占到全国煤炭总产量的 24%，截至 1936 年，民资煤矿共有 52 座。虽然由于资金不足，技术力量薄弱，这些煤矿竞争力差，亏损较多，但在生产方面引进了现代化设备，培养了一批高级技术工人，并在组织形式方面开始尝试公司制和股份制，解决了当时数万个供热家庭的温饱问题。

（四）国民政府重视发展煤炭工业，但是发展缓慢

民国初期煤炭工业发展不足，运输不畅，加上进口煤倾销，国产煤销售困难，虽然当时探明的煤炭储量达到 2000 亿吨以上，仍需依赖进口，且经常断供。1927 年南京国民政府成立后确定了以煤矿为经济规划核心，制定多项法规规范煤炭产运销，不断扩大能源领域的参与，并成立专门委员会和中央规划机构直接管理煤矿，希望保障铁路运输，组织协调采矿机械化，官办的煤矿数量不断增加。抗战期间，国民政府为了满足战时军事、工业和民用的需求，给予资金和器材资助鼓励私人开矿，并成立冶金研究所，促进洗

煤炼焦的发展，支持抗战和后方经济。据统计，1937—1945年，后方地区的煤炭产量从470万吨增长到532.8万吨，尤其是国民政府主办的大型煤矿有效提升了产量。解放区也开办了小煤窑，日产煤矿达到2739吨。1946年抗战胜利后国民政府接收大批新式煤矿，进行修复，在煤矿组织形式和制度建设上取得了较大发展，成立了煤业总局，下属企业实行公司化。虽然国民政府出台多项政策法规管理煤炭行业，但时局动荡，得不到很好的执行，仍然管理混乱。加上政府对煤业征收多项税费，致使不少煤矿撤销关停。另外，资金短缺限制了机械、开采技术和规模的发展，运输经常中断，导致供应短缺频发，削弱了煤炭和其他行业的发展。

总体来讲，新中国成立之前社会动荡，外敌入侵，煤炭工业涌现了外资、合资、国家资本、民营资本多种形式的煤矿。一方面，中外资本大量投入煤炭行业促进了一定程度上的发展，产量提升。1907—1949年平均年产煤炭2672万吨。机械化水平不断提升，新的组织形式涌现，还带动了冶金、火力发电、交通运输行业的发展，尤其是中国铁路的布局和发展，推动了中国向工业社会转型。

另一方面，煤炭行业在帝国主义和封建势力压迫排挤下难以顺利发展。煤炭行业的发展模式、管理水平落后，政府对企业的干预有必要，但是弊端也很多，管理人才缺乏，还依赖外国矿师。技术落后，煤矿生产大多是机器和手工并用，只在提升、通风和排水等方面使用蒸汽动力机械，同时手工开采的小煤窑仍大量存在，一直到新中国成立才有所减少，更不用说自己制造装备能力。另外，多数煤矿安全设施滞后，事故频发，工作条件和待遇恶劣，1912—1949年，因事故死亡人数17089人。总的来看，旧中国的煤炭工业发展基础十分薄弱。

二、新中国成立后的煤炭行业

新中国成立后，在党中央、国务院的正确领导下，中国煤炭工业发生了翻天覆地的巨变。煤炭产量由新中国成立之初的 0.32 亿吨，增至 2018 年的 37.5 亿吨，净增 117 倍，煤炭供给由严重短缺转变为产能总体富余、供需基本平衡。具体的发展过程可以总结为以下六个阶段。

（一）第一阶段（1949—1957 年）：从恢复到初步建立煤炭工业体系阶段

1. 煤炭工业恢复、建设和改革相结合，全面恢复生产

1949 年新中国成立，各地人民政府从旧中国接收了约 40 个煤矿企业，200 处矿井和少数几个露天矿。除开滦、抚顺、淮南、焦作、阳泉、淄博和枣庄等少数几处之外，规模很小、设备简单、技术落后，加上长期的战争破坏，接收之时绝大多数煤矿处于停产或半停产状态。这是旧中国煤炭工业的主要部分，也是新中国煤矿发展的起步基础。

当时，新成立的燃料工业部确定，在两三年内，即在国民经济恢复时期，以全面恢复为主，部分新建则以东北为重点。在此期间，对旧煤矿进行民主改革和生产改革，废除封建把头制度，实行民主管理，进行生产方法改革，推行安全生产，同时，在东北地区重点建设一批社会主义的新煤矿。经过三年时间，煤炭生产全面恢复，煤炭产量和生产能力超过历史最好水平，到 1952 年年底，生产煤炭 6649 万吨，比 1949 年的 3243 万吨增加 1 倍，超过 1942 年的历史最高年产量。

2. 初步建立社会主义煤炭工业体系

1953 年，中国开始了第一个五年计划的经济建设。按照党的过渡时期总路线的要求，集中主要力量发展重工业，以建立国家社会主义工业化的初步基础。要求煤炭工业为国民经济的发展和人民生活的需要提供必需的煤炭燃料，并保证钢铁工业对炼焦洗精煤的需要；同时，要求逐步改善煤炭工业布局，煤矿建设重点逐步推向华北和华东，以适应全国逐步解决工业偏集于北方和沿海的不合理状态。

根据上述要求，煤炭工业一方面集中力量进行大规模基本建设，另一

方面对生产矿井进行全面生产改革，同时逐步建立煤炭工业的计划经济的管理体制，并进行煤炭地质、选煤、机械、设计、科研、教育、情报和出版等配套建设。到 1957 年，煤炭工业布局有所改善，煤炭产量达到 13073 万吨，超额完成"一五"计划的预定指标。同 1952 年相比，全国国营煤矿生产能力增加 7206 万吨 / 年，增长了 1 倍。此时，中国已能独立地进行大型矿区的勘探、设计、施工建设和生产管理全部工作，初步建立了煤炭工业体系，为以后的发展奠定了坚实的基础。

（二）第二阶段（1958—1965 年）：中国煤炭工业调整巩固阶段

1."大跃进"给煤炭工业带来巨大冲击

1958—1960 年的"大跃进"运动，导致国民经济全面失调，工农业生产大幅下降。同样，"大跃进"也打乱了煤炭工业"二五"计划的进程，对中国煤炭工业的健康发展造成了冲击：煤炭工业布局没有重点，煤矿建设遍地开花，为急于扭转南方缺煤的形势，在地质资料不够翔实的情况下，提出建设江南 17 个基地，结果因资源不可靠，大多数矿井未能建成，致使全国煤炭产量由 1959 年的 3.68 亿吨下降到 1965 年的 2.3 亿吨；采掘失调、巷道和设备失修、矿井生产安全状况严重恶化。"大跃进"对煤炭工业的冲击，严重影响了国民经济的正常运转，也给国家造成重大损失，经过三年调整才得到恢复。"大跃进"虽是中国探索社会主义工业化道路过程中的一次重大失误，但煤炭工业战线上的干部职工仍然发挥了高度的社会主义积极性，在生产建设中进行了艰苦卓绝的努力并取得了巨大成就，为国民经济的发展作出了积极贡献。

2.煤炭工业的调整和改革

为纠正"大跃进"的失误，克服国民经济发展中的困难，1961 年 1 月，中共中央正式确定国民经济实行"调整、巩固、充实、提高"的"八字方针"。在"八字方针"指导下，煤炭工业进行了基本建设调整：大力压缩建设规模，缩短基本建设战线；压缩、停建了大批基本建设项目，集中力量进行老矿井的开拓延深和简易投产矿井的填平补齐工作。地质勘探部门复审了 1958—1960 年提交的 474 件地质报告，核实了储量。各设计单位加强设计管理，提高了设计文件的质量，对"大跃进"期间提交的设计文件，进行了大量的修改和补充。在缩短基本建设战线的同时，煤炭工业部调整了基本建设队伍，精减了直属建设单位 113400 人，裁并了大量地质、设计和施工机构，为提高劳动生产率创造了条件。

在进行生产调整的同时，煤炭行业开展了劳动工资的调整和改革。通过调整，煤炭工业职工人数大量减少，直属煤矿原煤效率大幅提高。在此阶段，中国调整了煤炭工业科技工作，制定了《煤炭科研工作二十条》，加强科研管理，推动了行业技术进步。坚持合理的采煤方法，采用经济合理的开采程序、开拓方式和采煤方法，提高煤炭资源采出率，不断提高采煤工作面装备水平，并成套推广了岩巷掘进先进经验，改革了煤矿支护方式，执行质量标准化，推行全矿井正规循环作业，煤炭生产效率和质量均有大幅提高。

（三）第三阶段（1966—1977 年）：中国煤炭工业在动乱中艰难前进阶段

在"三五"计划开始的 1966 年，我国开始了无产阶级"文化大革命"运动，国家各项事业经历了一场浩劫，煤炭工业遭到严重破坏。1967、1968 两年，煤炭行业陷入混乱，煤炭产量连续两年大幅下滑。直至 1970 年，煤炭工业才扭转了混乱局面，恢复了生产，在困境中超额实现了"三五"计划指标。在煤矿建设方面，"三五"时期，进行了西南、西北"三线"建设，煤矿建设的重点由沿海转向内地。

1971—1974 年，在燃料工业部的领导下，继续排除"左"倾路线的干扰，克服资金短缺困难，采取对老矿技术改造挖潜、改造发展小煤矿、狠抓开拓延深和设备维修等措施，使原部属及 1970 年下放煤矿始终维持在 2.4 亿吨左右产量水平，加上地方煤矿，四年平均原煤产量 4.08 亿吨。"四五"时期，在"扭转北煤南运"和"实现大区、省区自给"的思想指导下，煤矿建设重点由西南、西北第二次转向江南九省，对促进这一地区经济发展起到了很大作用。1973 年，由于北部省区煤炭产量比重逐年下降，煤炭供应日趋紧张，从煤炭资源分布的实际情况出发，煤矿建设的重点又从南方转向北方。在改建、扩建一批老矿井的同时，重点建设邯邢、兖州、枣滕、两淮、铁法、红阳、古交等煤炭基地和霍林河、伊敏河等露天煤矿。华北、华东、东北地区建设规模、产量比重显著增加。1975—1977 年，中国煤炭工业坚持进行整顿，力求加快发展，为其后煤炭工业的发展打下了坚实的基础。

（四）第四阶段（1978—1992 年）：中国煤炭工业改革开放发展阶段

1978 年 12 月，中共中央召开十一届三中全会，标志着中国进入了一个新的发展时期。煤炭工业按照"发挥中央和地方两个积极性，大中小一起上"精神，扩大煤矿生产建设规模，发展综合机械化采煤技术，大力建设现代化大型矿井，扩大露天建设规模，发展地方煤矿，缓解了煤炭供求紧张局面。在此期间，煤炭工业集中实施调整，引进 100 套大型综采机械化装备，开工建设中外合资安太堡露天煤矿，全面开展企业整顿，恢复健全了各项规章制度。

1982 年党的十二大召开后，为实现"煤炭一番保两番"的战略目标，积极探索发展煤炭工业的新路子，在生产经营、基本建设、工资分配、劳动用工、煤炭销售等方面进行了改革探索，1985 年起，国家上划主要产煤省（区）一批骨干煤炭企业，全行业实施六年投入产出总承包和两年延续承包。配合总承包工作，实施了简政放权措施，赋予了企业一些经营自主权，实行多层次煤炭价格、提高维简费提取标准、降低煤炭产品税率和"农转非"、实行班中餐、提高井下工人入井津贴等政策，明确了煤炭生产、基本建设、多种经营三个主体，狠抓了安全、效率、现代化矿井建设"三件大事"，开展了质量标准化、企业升级等管理基础工作。同时，配套改革不断推进，企业转换经营机制，开展劳动、人事、分配三项制度改革。1992 年7 月，国家取消了计划外煤价限制，放开指导性计划煤炭及定向煤、超产煤的价格限制，出口煤、协作煤、集资煤全部实行市场调节，市场煤所占比重接近一半。在生产开发布局方面，"六五"计划提出，煤炭工业生产开发布局总的思路是"稳住东部，战略西进"，即东部地区煤炭生产在长期稳定的基础上，力求有一定幅度的增长；中西部地区以山西、陕西和内蒙古西部为重点，通过扩大开发山西，并以山西为基地向西推进，"开发重点战略西移"这一思路一直延续至今。

这一阶段，是探索煤炭工业发展新路子的改革发展期，基本完成了煤炭工业调整和整顿任务，改革由单项、局部推进转入全面推行企业承包经营责任制，发展乡镇煤矿，建设大型行业联合经营企业和各种企业兴办的多种经营，为提高煤炭生产力、全面改革发展奠定了基础。

（五）第五阶段（1993—2011 年）：中国煤炭工业转向市场经济、实现健康可持续发展阶段

1. 向市场经济过渡的改革

邓小平南方谈话和党的十四大以后，国务院作出了逐步放开煤价、取消补贴、把煤炭企业推向市场的重大决策，并出台了一系列扶持政策。围绕建立社会主义市场经济体制，国家改革了税收、投资、外贸、价格体制等，初步确立了企业的市场主体地位。煤炭工业坚持以经济效益为中心、以扭亏增盈为目标，进一步落实企业自主权，建立现代企业制度；实施以产定人减员增效、下岗分流，转换企业经营机制；发放"三产贴息贷款"130 亿元，支持发展多种经营；推进煤矿质量标准化，加快高产高效矿井建设；大力发扬艰苦奋斗精神，加强职工队伍建设，提高企业管理水平；颁布实施了《煤炭法》，推进行业社会保险制度和住房制度改革。随着煤炭产量增加、供大于求，煤炭行业一些深层次矛盾开始显现。

1993 年，国家放开了部分行业、部分地区的煤炭价格，市场调节比重达到 70% 左右。1994 年 1 月，国家取消了统一的煤炭计划价格，除电煤实行政府指导价外，其他煤炭全部放开，由企业根据市场需要自主定价，煤炭

价格的进一步开放，使得煤炭企业参与市场的程度更为深入，价格的调节作用进一步增强，对激励煤炭企业生产积极性起到重要作用。1995 年，煤炭业开始企业化改制试点。兖州、邢台、郑州、盘江、平顶山矿务局以及平朔煤矿等列入 100 个试点单位，中国煤炭企业开始了建立现代化企业制度的探索，为现代化煤炭企业的建立、为煤炭企业更好地参与市场化创造了条件。

2. 煤炭工业改革脱困

1997 年受亚洲金融危机和国内外市场变化的影响，煤炭市场严重供大于求，全行业陷入困境，煤炭企业经营十分困难。1998 年国务院改革煤炭管理体制，下放原煤炭部直接管理的国有重点煤矿，推进政企分开，加快煤炭行业改革和结构调整，相继实施关井压产、减人提效、改革改制，以及支持企业上市融资，对非法开采、不具备基本安全生产条件的小煤矿予以关闭，对国有重点煤炭企业实施债转股，基本养老保险省级统筹，保障下岗职工基本生活，对资源枯竭、扭亏无望、资不抵债的矿井实施政策性破产，推行煤炭销售"三不政策"，扩大煤炭出口，改革煤矿安全监察管理体制等政策措施。自 2001 年下半年起，煤炭市场供求基本平衡，煤炭经济出现转机。这一阶段改革的重点是注重制度创新、机制转换，解决结构性矛盾等深层次问题。全国小煤矿数量由 1998 年的 8 万多个减少到 2001 年的 2.2 万个左右，累计关闭小煤矿数量占总数的 73%，提高了产业集中度，在一定程度上缓解了当时煤炭供大于求的矛盾。2001 年，全国原煤产量开始回升，当年完成产量 13.06 亿吨，较 1993 年增加 1.65 亿吨，增长 12.6%。

3. 构建新型煤炭工业体系

为贯彻落实党的十六届三中全会《中共中央关于完善社会主义市场经济体制若干问题的决定》，国家进一步改革煤炭投资体制，煤矿审批制改为核准制，建立和完善国有资产监管体制，推行资源有偿使用制度，改革煤炭订货会制度，实施煤电价格联动，市场配置资源的基础性作用逐步发挥。2004年，全国煤电油运出现紧张局面，煤炭需求大幅增加，煤炭产能快速增长。2005 年颁布了《国务院关于促进煤炭工业健康发展的若干意见》。煤炭工贯彻落实该意见和党的十七大精神，努力构建新型煤炭工业体系，转变经济发展方式，全面加强煤炭资源管理，推进矿业权制度改革，规范资源开发秩序。加快资源整合步伐，推进大型煤炭基地和大型煤炭企业集团建设，煤矿企业公司制改造、上市融资和资产重组步伐加快，资源开发主体趋于多元化。实施企业办社会职能分离、主辅分离和辅业改制，推进企业内部改革，完善法人治理结构和自我约束机制，企业管理不断加强。全面开展瓦斯治理和整顿关闭两个攻坚战，加快产业结构调整，促进煤炭安全生产形势好转。积极推进科技进步，逐步建立自主创新体系，一大批重大关键技术取得突破。大力发展与煤相关产业，推进节能减排，发展循环经济。开展山西煤炭工业可持续发展试点，逐步完善煤炭法规政策体系。建设和谐矿区，关注矿工生活，全面提高企业素质。战胜自然灾害，努力确保煤炭安全供应。组建国家能源局，进一步加强行业管理。

这一阶段改革的重点是推进传统煤炭工业向现代煤炭工业的转变，推进煤炭经济发展方式的转变。在国家推进煤炭市场化的相关政策措施指导下，煤炭市场价格大幅上升，有力地促进了全国煤炭采选业固定资产投资总额的快速增加。全国煤炭采选业固定资产投资总额从 2002 年的 301 亿元，快速增长到 2011 年的 4907.26 亿元。全国煤炭产量由 2002 年的 14.15 亿吨快速增加到 2011 年的 38.9 亿吨，年均增长 11.9%，是历史上增长最快产的时期。期间，在稳定生产规模布局思路指导下，晋、陕、内蒙古、宁产量增长最快，煤炭生产开发布局加速西移。随着煤炭需求的快速增长，中国由煤炭净出口国变为净进口国，到 2011 年年底，全国煤炭净进口量达到 1.68 亿吨。在煤矿安全生产方面，全国煤矿百万吨死亡率由 2002 年的 4.64，大幅下降到 2011 年的 0.564，下降了 87.8%，全国煤矿死亡人数首次控制在 2000 人以内，为实现煤炭工业持续发展、和谐发展奠定了基础。

（六）第六阶段（2012 年至今）：中国煤炭工业迈向高质量发展阶段

党的十八大以来，各地区各部门以推进供给侧结构性改革为主线，全力落实去产能、去库存、去杠杆、降成本、补短板五大任务，着力提升供给体系质量，供给侧结构性改革取得实质性进展，市场供求关系明显改善，中国煤炭工业向高质量发展阶段转变。

1.进一步完善煤炭市场化发展机制

2012 年 12 月发布了《国务院办公厅关于深化电煤市场化改革的指导意见》，取消了重点合同，实现了电煤价格并轨。2013 年 3 月，《国务院机构改革和职能转变方案》将原国家能源局、国家电力监管委员会的职责整合，重新组建国家能源局，由国家发展改革委管理。2013 年 5 月和 9 月，炼焦煤和动力煤期货合约分别在大连商品交易所和郑州商品交易所成功上市交易，市场配置资源的基础性作用进一步发挥。2014 年国家发展改革委印发《关于深入推进煤炭交易市场体系建设的指导意见》，进一步推进煤炭市场化改革。

2.深入推进煤炭去产能

2016 年 2 月 1 日，《国务院关于煤炭行业化解过剩产能实现脱困发展的意见》提出，从 2016 年开始，用 3—5 年的时间，再退出产能 5 亿吨左右、减量重组 5 亿吨左右，较大幅度压缩煤炭产能，适度减少煤矿数量，煤炭行业过剩产能得到有效化解，市场供需基本平衡，产业结构得到优化，转型升级取得实质性进展。截至目前，全国煤矿数量由 2015 年年底的 1.2 万处左右，减少到不足 5700 处，煤炭产业集中度大大提高，实现由多、小、散、乱向大基地、大集团、大煤矿的历史性跨越。

3.煤炭工业迈向高质量发展

2017 年 10 月 18 日，党的十九大召开宣告中国特色社会主义进入了新时代。煤炭工业坚持以习近平新时代中国特色社会主义思想为指引，以供给侧结构性改革为主线，贯彻创新、协调、绿色、开放、共享的新发展理念，落实能源安全新战略要求，围绕煤炭发展质量变革、效率变革和动力变革，坚持以科技创新、管理创新、模式创新和高素质人才支撑为发展动力，推动集约化、市场化高效发展，促进煤炭产品升级、产业升级、管理升级和技术升级，逐步构建现代化煤炭工业体系，推动煤炭绿色、安全、智能、高效发展。

截至 2019 年年底，全国煤炭产量从 2013 年峰值 39.6 亿吨下降到 37.5 亿吨。绿色矿山建设取得新进展，全国原煤入选率、煤矸石综合利用率、矿井水利用率、土地复垦率分别达到 73.2%、71%、75.8%、52%，分别比 2012 年提高 17、8.5、13.8 和 10 个百分点。燃煤发电基本实现了超低排放；煤炭深加工得到普遍推广，煤炭清洁高效集约化利用水平大幅提升；全国煤矿百万吨死亡率为 0.083，2018 年开始下降到 0.1 以下，比 2012 年下降 77% 以上，创历史最好水平。全国煤矿采煤机械化程度已达 78.5%，其中大型煤矿达到 96.1%，比 2012 年提高了 16 个百分点。目前，全国已建成超过 200 个智能化采煤工作面，年产 1000 万吨的综采设备、采煤机、液压支架和运输机等成套装备达到世界先进水平，8.8 米超大采高智能综采工作面成功应用。

三、未来中国煤炭行业应做好应对百年巨变的各种准备

新中国成立以来，历届党和国家领导人十分关心煤炭工业的发展，他们多次到煤矿进行考察并指导工作。毛泽东还亲自为煤矿工人题写了"特别能战斗"五个鎏金大字。"特别能吃苦、特别能战斗"的煤炭精神激励了一代又一代煤炭人，他们在千米地层下，时刻面临着水、火、瓦斯、煤尘、顶板的威胁，在生与死的边缘，用鲜血和汗水为人类开采着光和热，助推着国家经济持续、健康和稳定发展。站在新的历史方位，迈向新的时代征程，煤炭人要锐意进取、开拓创新，努力开创煤炭高质量发展新局面，为实现伟大的"中国梦"、迎接中国巨龙腾飞做好战略准备。

（一）煤炭作为中国主体能源的地位难以改变

根据《能源生产和消费革命战略（2016—2030）》，到 2030 年我国 80%

的能源消费仍将由化石能源提供。截至 2019 年年底，中国能源消费总量为 48.6 亿吨标准煤，石油和天然气净进口量分别为 5 亿吨和 1373 亿立方米，石油和天然气对外依存度高达 70.8% 和 43.4%，未来中国能源安全，特别是石油和天然气的稳定、经济供应问题将日益突出。煤炭不仅可转化为清洁的电力，还可以生产出清洁的气、液体燃料和化学品，符合中国多元化石油替代战略，煤炭的开发利用将继续为国家能源安全提供重要保障。展望未来，2035 年前中国煤炭需求都将处于峰值平台期。到 2050 年，虽然我国煤炭消费占比下降，但一次能源消费总量持续增长，根据中国工程院《中国能源中长期（2030、2050）发展战略研究》报告预测，2050 年煤炭消费量将保持在 25 亿—30 亿吨。长期来看，煤炭仍将是我国能源消费的支柱。

（二）能源结构持续调整压缩煤炭需求空间

由于资源禀赋原因，长期以来，中国能源结构不尽合理，过度依赖煤炭，能源消费多样化不足，造成了严重的环境问题。为积极应对气候变化，中国主动控制碳排放，坚决控制化石能源总量，优化能源结构。"十三五"规划以来，中国煤炭、石油消费比例逐步下降，可再生能源与清洁能源发展迅猛，天然气消费比例提高，核能、风能健康稳步发展，光伏行业发展改善，水电发电量继续增长，能源结构持续向低碳化发展。根据《能源生产和消费革命战略（2016—2030）》，2021—2030 年非化石能源占能源消费总量比重达到 20% 左右，天然气占比达到 15% 左右，新增能源需求主要依靠清洁能源满足。党的十九大报告指出，要"推进能源生产和消费革命，构建清洁低碳、安全高效的能源体系"。因此，从长远来看，控制煤炭消费总量是未来中国能源发展的必然趋势。

（三）科技创新飞速发展推动煤炭科技革命

现阶段，中国正处于信息通信技术变革实现新突破的发轫阶段，信息化代表的新的生产力和新的发展方向已经成为引领创新和驱动转型的先导力量。截至 2019 年年底，全国已经建成智能化采煤工作面 200 余个，很多矿井主要生产系统实现了地面远程集中控制，井下无人值守的机电岗位是 2016 年的 2.4 倍。在现代智能化技术飞速发展的推动下，煤炭行业在未来将推动智能无人化开采，实现煤炭开采方法、煤矿安全管理的科技革命。在煤炭清洁利用与转化方面，目前，经过超低排放改造的燃煤电厂烟尘、二氧化硫、氮氧化物浓度均低于天然气电厂的排放标准，高效煤粉型锅炉技术的排放指标相当于天然气锅炉标准；煤制油、煤制甲醇、煤制二甲醚、煤制烯烃、煤制乙二醇、煤制乙烯等已实现规模化量产。随着现代煤化工、高效转化利用、煤炭新原料转化、CCUS 技术等煤炭清洁高效利用技术的进一步突破，未来煤炭行业将实现又一次革命。

（四）煤炭行业发展面临资源约束不断强化

中国煤炭资源总量虽然相对丰富，但经过多年粗放式开采，探明可采储量不容乐观，根据自然资源部和《BP 世界能源统计年鉴》数据，截至 2017 年年底，中国煤炭资源总量为 5.9 万亿吨，预测资源量 3.88 万亿吨，查明资源储量 1.60 万亿吨，保有技术可采储量 1388 亿吨，按 2018 年开采规模 36.8 亿吨，储采比不到 40 年。另外，我国煤炭资源普遍埋藏较深，煤田地质构造相对复杂，大型整装煤田少，可供建设大型现代化煤矿的资源少。煤炭资源与区域经济发展程度、与水资源呈逆向分布，"西多东少、北多南少"，煤炭远距离输配面临巨大挑战。煤炭资源禀赋条件差，自然灾害多，"水、火、瓦斯、冲击地压、地热"等灾害俱全，实现煤矿安全生产难度大。面对不断强化的资源约束，煤炭行业应充分利用两个市场、两种资源，全方位实施对外开放与合作战略，有效利用国外煤炭资源，形成长期可靠、安全稳定的供应渠道。抓住"一带一路"建设重大机遇，发挥资本优势，推动国外煤炭资源开发，积极参与全球能源治理。

作者：贺佑国，煤炭信息研究院院长

中国油气发展历程与成就

从鸦片战争开始到 1949 年新中国成立前，中国社会主要经历了辛亥革命、北洋军阀、抗日战争以及国内战争。大部分时段处于社会动荡、国库空虚、民不聊生的状态。因油气勘探开发投资大，在没有足够资金和稳定政府政策支持的条件下，油气工业虽然出现过短暂的时段性发展（如抗日战争前后，中国的石油地质理论有了一定的发展。中国的地质专家在石油地质调查和理论研究上陆续发表了一些论文，为后续找油工作奠定了一定基础；民国时期在石油勘探、钻井、采油、炼油等技术和装备方面也取得过一些进展等），但整体发展非常有限，石油几乎完全依赖外国进口的局面一直未能有所改变，而天然气工业发展更是几乎可以被忽略。

一、中国古代油气开发有成就也有局限性

（一）中国钻凿了世界上最早的采油井

中国钻凿了世界上最早的油井，使中国成为世界石油开发史上先进的国家之一。早在北宋时期，陕北延长、延川、宜君等地的人们就开始掘井开采地下的石油。明朝时期，四川地区也出现了采油井。中国出现采油井的时间，远远早于世界上其他的国家。中国在石油的炼制、利用方面的技术和水平，在当时世界上也是屈指可数的。北宋时期陕北的"延丰库"和京城中的"猛火油作"则是世界上最早的油库和炼油车间。

（二）世界上最早投入开发的气田是中国四川的自流井气田

在自流井气田上，出现了世界上最早的千米气井——磨子井。中国发明了独特的采气工艺，在自流井气田上，还建起了世界上最早的输气管道。

（三）发明了古代顿钻钻井技术

中国古代在油气开发方面取得的突出成就是发明、创造了领先于世界的古代顿钻钻井技术。从北宋时期开始，中国就运用顿钻技术钻凿小口深井，这种技术在明清时期发展到比较成熟阶段。顿钻技术传入欧洲和美洲后，促进了当地钻井技术的提高和油气开发的顺利进行。

总体上讲，中国古代石油事业的发展还是水平较低，速度较慢。比如，在石油开采方面，古代中国开采石油的地区仅有陕北和四川地区，石油的产量也很少。已经挖掘采油井的地区，始终没有钻成具有工业性开采价值的油井。在石油的炼制、储运方面，基本上还处于原始的起步阶段。对天然气的利用也只局限于作煮卤熬盐的燃料。中国古代油气开发速度较慢的主要原因是腐朽的封建剥削制度严重阻碍了中国古代石油事业的进一步发展。落后的封建经济也同样严重制约着中国古代石油事业的发展。总之，在封建制度的制约下，中国古代油气开发事业举步维艰，到了 19 世纪中期，中国在油气开发领域中逐渐丧失了居于世界前列的地位。随着中国封建社会一步步沦为半殖民地半封建社会，中国的石油事业也同中国其他的经济部门一样遭到了外国侵略势力和本国封建势力的双重摧残，逐渐同世界石油工业的发展步伐拉大了距离。

二、中国近现代石油工业发展缓慢

（一）中国近代石油工业长期处于徘徊阶段

近代石油工业始于清朝晚期，1878 年，几经曲折，直到 1911 年清王朝被推翻的 33 年间，用近代钻机在台湾钻过 7 口井（其中 1 口井半途而废），在延长钻过 3 口井，在新疆钻过 1 口井，全国共钻了 11 口井，其中仅有 5 口井出油，另有两个炼油炉。油井由于井浅、产量低，没有形成一定的工业生产能力。清朝晚期的近代石油工业，从 1878 年在台湾苗栗用近代钻机钻成第一口油井开始，到 1911 年清朝政府被推翻为止的 33 年中，近代石油工业长期处于徘徊的阶段，没有大的突破，也没有形成相当的生产规模。

（二）民国时期现代石油工业尚处于起步和奠基阶段

民国时期的石油工业，经过地质勘探、钻井、采油（气）、原油炼制、页岩油提炼、煤炼油等生产或设计能力等阶段。民国时期的勘探力量和天然原油生产能力相对比较弱，但积累一定的原油加工和页岩原油炼油设计能力，为日后石油工业的发展打下了一定的基础。

资源委员会，前身是国防设计委员会（1932 年 11 月 1 日正式成立），资源委员会主张"工业化"进行经济建设，对旧中国重工业发展起一定的作用，尤其在石油工业方面为新中国石油工业发展奠定了基础。

总体上，民国时期石油工业发展缓慢。主要原因包括：

一是洋油的倾销。清朝晚期，当台湾苗栗、甘肃玉门及新疆一些地区的人民，进行土法开采之际，西方一些国家已开始用近代方法大规模地开采石油，这些国家生产的原油，在本国市场出现了剩余，开发商们便想法向国外的市场倾销。中国便是倾销的市场之一。随着美国石油产量的不断增长，中国成为美国石油的倾销市场，美国的煤油源源不断地输入中国，形成了对中国煤油的垄断地位。煤油的输入，破坏了中国原有的油品市场。中国传统的动物油、植物油灯盏被煤油灯逐渐取代了，豆油、菜籽油、棉籽油、花生油等销量也受到了很大的影响，农民的生计、大量的相关产业都遭到严重的冲击。

二是民国时期受石油进口影响大。民国时期，大中城市逐步使用电灯，煤油灯逐渐被取代。然而小城镇和广大农村仍主要使用煤油灯照明，因此，国外煤油和清朝晚期一样畅销于市，其进口数量仍然很大。清朝晚期主要输入煤油，煤油几乎全部用于照明。民国时期煤油除大部分用于照明外，一小部分煤油和其余石油产品，如各种汽油、柴油、润滑油，以至燃料油、原油，主要是用于现代工业、交通运输业和农业，一旦输入量减少，市场上就会出现供求紧张的矛盾。由于民国时期现代石油工业尚处于起步和奠基阶段，天然原油的生产能力不大。抗战胜利后虽页岩油、煤炼油工业有了相当的规模，但未能及时恢复和改造，生产规模与实际产量相去甚远，因而国产石油产品和石油代用品远远满足不了市场的需要。

三是长期的社会动荡和混乱的政局没有使石油工业得到持续健康发展。1840—1949年，中国经历了鸦片战争、辛亥革命、北洋军阀统治时期，抗日战争时期以及国内战争时期。1840—1911年，晚清政府对外要应付帝国主义发动的一次次侵略战争，对内要镇压农民革命。国库空虚，大量的白银用于赔付战争赔款尚且不够，还要增加人民的税赋，民不聊生。对于石油这样投资大、见效慢的工业，根本没有足够的资金支持。北洋军阀统治时期，光总理就走马灯似的更换，国家政令也是朝令夕改，对于石油产业这种需要长期规划，系统的工业建设，无疑是灭顶之灾。民国时期，经过北伐战争，政局尚且稳定，达到了形式上的统一。但是各地军阀只是在形式上听命于中央政府，为的只是从中央政府获得军费，独霸一方，当地政府对于如何发展经济，也没有切实可行的办法。石油工业更不会是当地政府发展经济的首选。抗日战争时期，由于日本封锁了大量海口，外国石油无法输入中国，这个时期的中国石油才出现了短暂的发展，但是还是主要依赖外国进口，国产石油并未达到可以供给国内民生以及战争所需的产量。抗日战争所耗人力财力，已经没有足够资金用来搞石油生产。抗战胜利后，蒋介石政府，主要依赖美国的经济援助来打内战，虽然成立了中国石油公司，有心发展本国石油工业，但是受国际国内的形势所限，最终仍然没有摆脱石油工业落后的局面。

四是石油科学技术落后、科技人才匮乏直接导致石油工业的落后。落后的生产技术是造成中国石油工业发展缓慢的又一原因。中国近代石油工业产生后，就面临着极端缺乏石油科技人才的不利局面。在这样的情况下，中国石油工业的发展只好依靠外国技师和"土法上马"。在外国技师的专横要挟下，中国石油工业的发展大受影响。而"土法上马"，又在很大程度上影响了石油工业发展的速度和质量。民国时期，石油员工队伍的来源一为从其他行业调入。从这一渠道来的主要是企业领导或技术骨干。二为个别雇佣，从这一渠道来的多为一般职员。三为招收大中专学校应届毕业生。从这一渠道来的多为初、中级技术人员。国内的技术人才非常少，以至于有时是需要向国外聘用少数钻井、采油和炼油技术人员。工人主要来源于农民，当时的农民阶级只是忙于生计，很少有受过教育，更别提对于石油的专业技术，员工素质对于当时的石油发展也有一定的制约。而当时国内也没有一所石油专业的大专院校，所有大专院校也没开设石油专业课程，到外国参观油矿、学习石油工程的人数也极少。

五是没有专门石油工业管理机构。中国近代石油工业管理方式落后，也迟滞了石油工业发展的步伐。近代中国，历届政府都缺乏统筹石油工业全面发展的机构与计划。在石油的开发、炼制等具体生产中也缺乏周密的计划、科学的论证以及充分的物质准备。在生产过程中不注意积累、保存石油开采方面的资料。总之，落后的石油工业管理方式，造成了中国石油工业耗资多、收益少、费力多、工效低的局面。中国发现利用石油天然气至少已有3000多年的历史。由于中国近代石油工业的不发达，没有一个经营石油的国家公司。从1863年开始，外国商人向中国输入石油产品，数年后进入大规模倾销阶段。其经营亦长期控制在外国公司手中。1914年3月，北洋军阀政府成立了筹办全国煤油矿事宜处，这是一个国家行政机构，不久被裁撤。此后，石油工业由国家行政机构兼管，直到中国石油有限公司成立，这种状况才开始得到转变。总之，到新中国成立以前，中国的石油工业发展仍然十分落后，仍要依靠外国的石油进口，才能满足本国人民的生活需要。虽然相较于晚清，有了一定的进步，但是与世界上先进的石油大国，还是有很大的差距，没有可比拟性。

三、新中国成立后油气工业发展为保障我国能源安全奠定了坚实基础

新中国成立后，在中国共产党的正确领导下，中国油气工业总体上取得了突飞猛进的发展，原油产量从1949年的12万吨增长至2019年约1.91亿吨，成品油产量从1949年约4.3万吨增长至2019年约3.82亿吨，天然气产量从1949年的0.112亿立方米增长至2018年约1738亿立方米。尤其是改革开放后，我国的国际化步伐进一步加快，奠定了中国油气工业的基础，也为保障中国能源安全作出了巨大贡献。应该说，中国油气工业在共和国成立后，走过了辉煌的历程，无论是一线工人，还是领导干部、科学家，"铁人精神"成了他们"自力更生、奋发图强"的精神支柱，一代又一代的"油气人"谱写了中国油气工业史上的一个个壮丽篇章。

（一）第一阶段（1949—1978年）：中国油气工业探索起步创业期

1949—1977年的28年间中国油气产业从无到有，得到恢复和初步发展。1949—1959年是中国石油工业探索起步期。这一期间，一方面，通过组建了中苏石油股份公司（1950年），全面恢复新疆独山子油矿，培养了石油技术与管理人才；另一方面，积极在全国有重点地开展了石油勘探工作。石油勘探工作很快在西北地区取得成效。1955年，克拉玛依第一口井克1井喷油；1957年玉门成为中国第一个包括地质勘探、钻井工程、油田开发、原油炼制在内的石油工业基地；1958年，青海石油勘探局在冷湖打出日产800吨高产油井。此外，在四川发现了南充、桂花等七个油田。到20世纪50年代末，全国已初步形成玉门、新疆、青海、四川四个石油天然气基地。1959年9月，大庆松基3井喷油，标志着中国石油工业发展探索起步期的结束。1960—1978年，值得纪念的是中国大型油田的发现和炼油技术的进步。

1. 中国石油工业发展的一个突破性标志是大庆油田的发现

大庆油田的发现是中国石油工业发展的历史性转折点，它是我国第一次

发现世界级大油田，大庆工人仅用一年零三个月时间，就探明了含油面积达860多平方千米，地质储量达22.6亿吨的大油田。仅用三年半时间，就开发建设了面积达146平方千米、年产能力达600万吨的原油生产基地，为国家累计生产原油1166.2万吨，占同期全国原油总产量的51.3%，对实现石油基本自给起了决定性作用，大大加快了我国石油工业发展进程。中国石油产量从1960年的520万吨很快增长到1965年的1132万吨，结束了对石油进口的依赖。大庆石油会战推动了中国石油地质理论的发展和勘探开发技术的进步。它丰富了中国的陆相生油理论，用事实证明了陆相地层同样可以生成大油田，从而使人们的认识从陆相贫油的束缚中解放出来，大大改变了对中国石油资源的评价和看法。"中国贫油"的说法，从此成为历史的陈迹。

2. 石油工业在"文化大革命"中继续前进

经过1966—1978年的艰苦努力，13年来原油生产以平均每年递增18.6%的速度增长，1978年原油年产量突破1亿吨，使中国成为当时世界上第八个产油大国。从1973年起，大庆油田区域的萨尔图和杏树岗油田的原油年产量开始回升，1975年达3527万吨，比1971年增加了858万吨。另外，1972年10月组成喇嘛甸油田开发方案研究攻关队，用四个月时间，编制了喇嘛甸油田开发方案，方案规划钻井1000口，年产原油800万吨。经过1973年、1974年两年的开发、建设，喇嘛甸油田于1975年全面投入了生产，原油年产量达1099.2万吨。另外，1966—1978年，胜利、大港、克拉玛依和吉林这四个油田的原油年产量从276.1万吨提高到2783.67万吨，增长了9倍多。

3. "文化大革命"开始前中国炼油工艺技术初次实现了重大飞跃

1963年年初，石油工业部提出，在成品油品种和数量上要"三年过关，五年立足于国内"，在"三五"计划期间实现成品油的全部自给。根据上述指导思想和规划目标，在炼油厂新技术核心领导小组的具体组织下，全国各炼油科研、设计、生产、施工、机械制造、科技情报和教育等单位实行大协作，对工艺研究、装备设计、材料供应、设备制造、建设施工和生产准备，以及仪表自动化、分析测试方法等各个环节，都做了明确分工。制订了进度计划，开展了炼油技术大攻关，并得到各地方、各有关工业部门和高等院校的大力协作配合。各级领导干部、工程技术人员和广大职工以"为国争光，为民争光"的英雄气概和强烈的责任感，在当时十分困难的物质条件下艰苦奋斗，创造出很高的工作效率，解决了一系列问题。终于在1965年前后攻克了技术难关，并陆续建成工业装置，顺利投入工业化生产。炼油技术的开发和实现工业化，使中国炼油工艺技术实现了重大飞跃，大大缩小了与当时国外炼油技术水平的差距，既为我国石油产品立足于国内作出了重要贡献，又为以后炼油技术的进一步发展奠定了基础。经过六年艰苦奋斗，到1965年年底，全国炼油年加工能力达到1423万吨，相当于1959年的2.5倍；当年实际加工原油1083万吨，相当于1959年的2.7倍；汽油、煤油、柴油、润滑油等四大类产品产量达到617万吨，相当于1959年的2.7倍；石油产品品种达到494种，比1959年增加了185种；按当时消费水平统计计算的石油产品自给率，由1959年的40.6%提高到1965年的100%。结束了中国人民使用"洋油"的历史，提前实现了"三年过关，五年立足于国内"的目标。

4."文化大革命"到改革开放前炼油工业得到了进一步发展

尽管受到了"文化大革命"的一定影响，但到1978年，原油加工量比1965年增加了5倍多，生产各种油品6500万吨。原油和成品油的生产发展，不仅保证了国家的基本需要，而且从1966年到1978年提供工业燃料用油2.49亿吨。1966年以后根据国内对成品油需求量大量增加的实际情况，各个老厂均进行了改造扩建，在全国新增加了一批大中型炼油厂和地方或油田小炼厂。到1978年，使炼油加工能力达到9291万吨，相当于1965年的6.5倍。1978年实际加工原油7069.1万吨，为1965年的6.5倍。生产汽油、煤油、柴油、润滑油等四大类产品3352.23万吨，为1965年的5.4倍。石油产品品种达到656种，比1965年增加162种。

5.天然气勘探开发取得了明显进展

1965年和1966年，在川东和川西地区勘探发现了10个气田，天然气储量得到新的增长，建成了威远气田至成都，长垣坝气田至纳溪和东溪气田至石油沟气田的输气管道，共生产天然气 21 亿立方米，保证了重庆、泸州、自贡和成都等城市的工业用气。从 1971 年起，随着形势转变，逐步在川南、川西北和川东恢复勘探，同时进行了大规模的气田和输气管道建设。到 1978 年止，新发现了川西北中坝气田和川南、川西南的 19 个气田。特别是在川东地区发现了石炭系天然气藏，为四川天然气勘探打开了新的领域。1966—1978 年，在四川发现多个气田，天然气储量有了大幅增长，天然气产量由 1965 年的 8.9 亿立方米增加到 1978 年的 60.8 亿立方米。四川盆地的产气区域，由川南、川东、川西南发展到川西北、泸州、自贡、成都，扩大了供气范围，同时为在四川、云南、贵州建设大化肥厂提供了资源条件。加上辽河等油气田的发现，到 1978 年，天然气产量达 138 亿立方米。

（二）第二阶段（1978—1990 年）：中国油气工业改革开放发展期

1978 年 12 月中国共产党十一届三中全会召开，标志中国正式进入了改革开放新时代。通过改革与开放改变发展模式，吸收先进生产要素，为油气行业发展注入了巨大活力。随着 1978 年原油产量突破 1 亿吨，中国跻身世界产油大国行列。进入 20 世纪 80 年代，勘探资金不足导致勘探开发工作量一度出现下降。1979 年国家地质总局成立了石油普查勘探局和海洋地质司，中美建交，邓小平就海洋石油对外合作问题作出批示："我赞成，并主张加速进行"；这是海洋石油开始对外开放的一个里程碑，多家跨国石油公司进入中国油气上游市场。1980 年康世恩提出了石油大包干设想，1981 年国务院批准实施。为此，中央作出石油全行业实施 1 亿吨原油产量包干的重大决策，即石油工业在完成年产 1 亿吨原油任务后，可将超产、节约自用和降低损耗的原油出口，所得资金绝大部分作为石油勘探、开发基金。1981 年经国务院批准，中日合作在鄂尔多斯盆地进行了石油天然气地质普查，这是最早的陆上石油对外合作。1982 年推广家庭联产承包责任制开始后，地质部改名为地质矿产部，同年颁布了《中华人民共和国对外合作开采海洋石油资源条例》及相关法规，中国海洋石油总公司正式成立，统一对外合作开发海洋石油，中国进入了开发海上油气资源的新时期。1984年地质矿产部西北石油地质局在塔里木北部施工"沙参2井"，发现了优质高产工业油气流，拉开了塔里木盆地石油开发大幕。1985年2月13日，国务院批转石油工业部关于对外合作开采陆上石油资源的请示报告，并通知各地区、各部门贯彻执行，确定陆上石油对外合作勘探开发只限在中央、国务院已批准的江苏、浙江、安徽、福建、湖南、江西、云南、贵州、广西、广东等十个省、自治区以及内蒙古二连浩特地区进行，由石油工业部作为对外合作开采陆上石油资源的政府主管部门，由中国石油开发公司负责经营对外合作开采陆上石油的业务。1986年全民所有制企业改革，《矿产资源法》出台，实行探矿权、采矿权登记制度。"承包制"在石油领域成功实施后，1987年在全国实行了天然气商品量常数包干，超产部分按高价销售，差价收入作为天然气勘探开发专项基金。文件规定天然气商品量每年包干基数定为67.5亿立方米（时间段定为1987年至1990年）。之后，1988年国务院机构改革，撤销了石油部，成立了能源部、中国石油天然气总公司。1990年中国股市诞生，康世恩向中央建议西部地区塔里木盆地对外开放，由此陆上扩大了对外开放。

自从1978年中央作出重大决策，允许中国海洋石油工业采取多种方式引进国外先进技术和国内一时不能生产的先进装备，并可向国外贷款后，油气工业积极、稳妥地探索利用外国资金与技术，加快了中国油气工业的发展。1981—1988年，通过1亿吨原油产量包干，共筹集勘探开发基金294亿元，大大缓解了原油勘探过程中的资金紧张问题；共雇用国外40个专业队，投入28亿多美元引进技术和设备，使队伍的装备水平和技术水平都有很大提高。在开发资金的支持下、政策举措的激励下，经历了1981年的低谷后，中国石油产量年年攀升，1990年石油产量已接近1.4亿吨，相比1978年改革开放之初增长近30%。油气行业发展为中国改革初期的整体经济复苏起着重要的支撑作用，支撑着改革开放在其他行业中的飞速蔓延与发展。

（三）第三阶段（1991—2019 年）：中国油气工业快速国际化阶段

1.改革开放的成功实践成就了油气工业的国际化道路

1992 年，邓小平南方谈话进一步坚定了改革开放，党的十四大提出了建立社会主义市场经济体制。与此同时，随着我国经济快速发展，石油需求快速增长，1993 年中国从石油净出口国变为石油净进口国。伴随着形势的突变，中国石油工业的发展模式作出了重大调整。1993 年，中央提出"走出去"战略，为石油工业制定了"国内为主、国外补充""两种资源、两个市场"的发展方针。在此形势下，1992 年原隶属于中国石油集团的中原油田石油工程队伍率先走出去开辟国际市场，之后三大石油公司开始了海外油气勘探开发业务，经过多年的努力，三大石油公司业务已经遍及全球，海外作业规模、权益油产量实现了快速增长，"走出去"战略为石油公司之后的国际化经营奠定了良好基础。另外，国务院同时出台了《对外合作开采陆上石油资源条例》，并批准塔里木等盆地对外合作开放。据不完全统计，自1998 年，国务院机构改革，推进政企分开，油气资源由国土资源部统一管理以来，截止到 1998 年年底，中国在海域通过双边谈判和四轮招标招商活动，与 18 个国家和地区的 68 家公司签订了 137 个石油合同和协议，合作海域总面积累计达 97 万平方千米；落实完成地震 75 万千米、钻探井 287 口工作量，外商累计直接投资达 59 亿美元；通过对外合作发现油田 20 个，含油构造 22 个，探明石油地质储量 4.6 亿吨，累计产油 6300 多万吨。此后，海外权益油产量进一步取得重大突破，以权益油为例，2001 年三大石油公司获得权益油近 1000 万吨，2006 年突破了 4000 万吨，到 2010 年达到 7500 万吨的水平。到 2012 年，中国已在全球 33 个国家执行了 100 多个国际油气合作项目，建成了 5 大国际油气合作区。到 2019 年中国的权益油在这 5 大油气区已达到 2.1 亿吨，对缓解中国约 70% 的石油对外依存度所带来的能源安全风险作出了巨大贡献。以"三大油"为代表的石油企业"走出去"战略得到成功实施。

2.进一步市场化改革使中国油气产业更具国际化标准

2001 年中国加入 WTO，承诺 15 年内建立完全的市场经济机制，这也为油气行业发展迎来了历史机遇期。经过 10 多年上游、中游、下游市场的进一步改革，使中国石油行业更为成熟，发展进入一个良性通道。上游方面，从 2012 年到 2014 年，中国原油进口权分别向特定企业和民营企业开放。2015 年 7 月，国土资源部发布新疆石油天然气勘察区块招标公告，标志着以新疆为试点的油气资源上游领域改革正式拉开序幕。2017 年 4 月，国务院印发《矿产资源权益金制度改革方案》，建立矿产资源国家权益金制度。2017 年 6 月，中共中央办公厅、国务院办公厅印发《矿业权出让制度改革方案》，改革和完善矿业权竞争性出让制度，对有效解决在矿业权配置管理过程中因市场化程度不高和自由裁量权过大而引发的一系列问题具有重要意义。其中，非常重要的是在页岩气开发过程中首次鼓励民营经济参与。中游方面，2014 年 2 月，国家能源局印发《油气管网设施公平开放监管办法（试行）》，国家发展改革委公布《天然气基础设施建设与运营管理办法》，制定了油气管网基础设施向第三方开发的相关细则。在管道运输价格、成本监审、信息公开等配套政策的支撑下，油气输配体制改革和第三方准入机制逐步完善。2017 年 5 月，国家发展改革委、国家能源局印发《中长期油气管网规划》，提出构建"衔接上下游、沟通东西部、贯通南北方"的油气管网体系，计划到 2025 年，全国油气管网规模达到 24 万千米。下游方面，随着 2015 年原油进口权和使用权的逐步放开，下游市场竞争主体增多。截至 2020 年 1 月，累计 42 家民营地炼企业获批 2020 年第一批原油非国营进口量 8950 万吨，占第一批非国营贸易进口配额（10383 万吨）的 86.2%。2018 年 6 月，国家发展改革委、商务部发布《外商投资准入特别管理措施（负面清单）（2018 年版）》，取消了对外资加油站建设、经营的数量与股比限制。另外，2017 年 5 月，中共中央、国务院印发了油气改革纲领性文件《关于深化石油天然气体制改革的若干意见》，提出还原能源的商品属性，充分发挥市场配置资源的决定性作用和更好发挥政府作用，完成油气改革的顶层设计。所有这些改革措施都使得我国油气工业更为成熟，向国际化标准一步步逼近。

3."一带一路"倡议将中国油气产业带入国际合作的快车道

党的十八大以来，中国积极参与全球能源治理，逐渐从全球能源治理体系的域外走向域内，从跟随参与到积极有为发挥重要影响力，中国在能源领域的国际话语权和影响力正在不断提升。包括不断深入参与既有框架下能源治理合作、锐意创新搭建能源治理平台并积极主动引领气候治理国际合作。所有这些都使中国油气产业的国际化水平进入了更为快速的发展。中国多年的油气工业"走出去"也反过来为推动我国与"一带一路"沿线国家和地区合作积累了巨大能量。中国已经在全球 33 个国家执行着 100 多个国际油气合作项目，建成了中亚俄罗斯、中东、非洲、美洲和亚太等五大国际油气合作区，获得了相当规模的权益油气资源。尤其在当前中国积极推进"一带一路"建设的背景之下，中国开展国际油气合作的深度和广度都得到了进一步的拓展，包括在油气勘探与开发、油气贸易、油气过境运输等重要领域。其中，丝绸之路经济带确定了中蒙俄、新亚欧大陆桥、中国—中亚—西亚、中国—中南半岛、中巴、孟中印缅六大经济走廊，基本覆盖了中国能源进口的主要通道。其中，中国中亚天然气管道的 A、B、C 三线都已投入运行，对接国内"西气东输"管线，D 线处于建设之中。中国中亚天然气管线气源取自土库曼斯坦，A、B、C 三线途经哈萨克斯坦，D 线绕行塔吉克斯坦和乌兹别克斯坦。其中，中国—蒙古国—俄罗斯的新建管道将增加中国从俄罗斯的天然气进口，中国—中亚—西亚经济走廊将重点关注中国与中亚国家的天然气管道运输，并进一步密切与伊朗和中东等国的能源贸易联系，新开辟的中国—巴基斯坦通道将减少中国海上油气进口对于马六甲海峡的依赖。油气管线的建设将是六大经济走廊的重点合作内容，将有利于提高能源陆上运输的便捷性，降低运输成本，全面提升运输效率。

四、未来中国油气行业应做好应对百年巨变的各种准备

回顾和总结近100年油气工业走过的光辉历程，我们不禁感叹一代又一代坚守在油气行业的人们，为支撑祖国的现代化建设作出了巨大贡献。他们无论是一线工人，还是科学家、领导干部，有的可能在茫茫的荒漠戈壁被沙尘暴卷走，有的可能牺牲在动荡而充满战争血腥的海外油气基地。这些都体现了中国油气行业长期积累的文化遗产——"铁人精神"或"石油精神"，值得我们永远铭记。面对新形势、迎接新挑战，未来油气人仍将任重道远，我们必须瞄准前沿、励精图治，不但要为未来30年实现国家第二个一百年目标的"中国梦"继续前行，而且要为更长远做好战略准备。

（1）"能效"是中国的"第一能源"，中国在工业、交通、建筑、生活等行业节能潜力依然巨大，油气在支撑上述行业中要在全产业链中首要考虑节能。另外，未来30年，电动取代燃油、燃气动力的比例将大大增加，尤其在交通领域，燃油、燃气动力与电动的主辅地位将完成互换，燃油驱动交通工具将成为辅助交通工具。到2050年，中国石油需求增速曲线将随着中国城镇化完成呈现明显下降趋势，到下一个一百年，中国石油和天然气在一次能源中的比例均将维持在10%左右的水平。

（2）2050年之前，中国陆上和海上风能、太阳能、生物质能、地热能等新能源、可再生能源伴随着储能、节能等技术的成熟和成本的不断下降仍将快速增长，到2050年，非化石能源的比例有望达到60%。但天然气在2050年以前对改善我国各地能源结构、缓解大气污染的作用至关重要，其作用几乎无法替代，主要需求点包括清洁能源替代需求的城镇和新一轮城镇化和土地改革过程中催生的新需求市场。到2050年，海上非常规天然气资源的开发技术将更为成熟，成本将更低，有望对部分陆上天然气资源不足有所补存。

（3）未来单币种结算形成的全球能源安全体系和油气地缘供需格局将随更多币种（人民币将有望挤进）有机会在一定程度、特定市场上结算应用而

变化，未来中国在油气行业的竞争格局将随之改变。贸易摩擦与全球经济重新洗牌将在 2050 年后彻底重塑世界新的多极化格局。为此，有两方面的能力将显得尤为重要，一是国家参与全球能源治理的深度、广度及全球领导力；二是石油公司国际化勘探开发与全球化油气贸易一体化能力。这实际上是国家能源安全的重要基础和保障，也是中国未来国际能源合作和参与全球治理的新概念、新任务。

（4）目前，新一轮以数字信息为主导的技术变革已经开始，5G、人工智能、大数据等将对油气行业产生巨大影响，油气上游、中游、下游的生产力、生产关系将进一步重塑。到 2050 年，中国将完成能源转型全过程，在那个时候全行业将重新核算人力和技术成本，全新技术为主的新一轮国际化竞争将在油气行业加剧。为此，油气行业要提早谋划，更加重视复合型、学科交叉型、掌握现代信息技术的人才培养问题，注重打造"生态型企业"，以全新的开放合作思维解决跨界技术难题。

（5）随着"一带一路"建设的推进，到 2050 年后，沿线国家和地区的能源安全形势和经济社会发展将明显改善，全球原有的地缘政治格局将进一步发生变化，金砖国家联盟、上海合作组织、亚洲基础设施建设银行等中国主导的国际组织都将进一步壮大，油气作为"一带一路"沿线国家和地区能源供应安全的纽带作用将更为突出，中国需要提早主导更新包括《能源宪章条约》在内的国际性规则。

作者：孙贤胜，国际能源论坛秘书长；杨玉峰，亚洲开发银行能源政策顾问、帝国理工学院葛量洪研究所（气候变化与环境研究所）荣誉研究员

中国电力发展历程与成就

电力工业是经济社会发展的基础性产业，也是国民经济发展的先行官。中国电力工业的发展历程，印证了中国经济发展的巨变和社会的进步。

1882年7月26日，英国商人的上海电气公司通过建成的12千瓦发电厂、6.4千米的线路点亮了上海滩的15盏弧光灯，标志着中国大地诞生了第一家电力企业，开启了中国有电的历史。辛亥革命后，中国电力出现了一个短暂增长期，但是在随后的抗日战争和解放战争期间，中国电力工业遭受严重损失。1949年新中国成立时，中国电力工业基础仍然极其薄弱，整个大陆的发电装机总容量是184.9万千瓦，小于现在的两台百万级火电机组容量；年发电量43亿千瓦时，仅相当于现在一个中等发达县的年用电量，发电装机和发电量分别居世界第21位和第25位。除了华北的平津唐77千伏的电网以及当时唯一拥有220千伏和154千伏输电线的跨三省电网——东北电网，全国的电网格局基本上还主要是分散孤立的城市电网。全国35千伏及以上线路仅有6475千米，变电容量346万千瓦，不及现在的4‰，大部分中小城市和广大农村不通电。

经历风风雨雨，特别是新中国成立后艰苦创业、探索，以及改革开放40多年的快速发展，中国电力工业已进入世界先进行列，建成了世界上覆盖范围最广、电压等级最高、运行控制水平最先进、能源资源配置能力最强大的全国联合电网，多项指标创造世界第一。截至2019年年底，全国全口径发电装机20.1亿千瓦，发电量7.3万亿千瓦时，双双稳居世界第一位；已投产运行的超临界百万千瓦级燃煤机组达到111台，超过其他国家总和，可再生能源发电装机容量和发电量保持世界领先；建成了八交十四直特高压输电线路，最高电压等级达到 1100 千伏。在特高压输电、核能发电、清洁煤电、可再生能源并网等多个技术领域居世界领先水平。

回首中国电力工业的发展历程，大致可以分为新中国成立前和新中国成立后两个大的发展时期。

一、新中国成立前的电力工业发展

（一）1882—1911 年：电力工业起源时期

1882 年 7 月 26 日，英国商人在上海建了一个 12 千瓦的发电厂，开始正式供电，这是中国的第一个火电厂，也开始了中国的火电建设历史，这与 1875 年在法国建成的世界第一座火电厂相距仅 7 年，和美国的第一座火电厂相距 3 年，而与英国的第一座电厂于同一年建成，比日本东京电灯公司早 5 年，这说明我国电力工业起步与世界强国差距不大。

此后一段时间，中国的电力工业进展非常缓慢。英、法、德、俄、日等国家相继在沿海港口城市如香港、天津、青岛、大连、旅顺等地建了一些发电厂，而中国自己则在内地如宁波、汉口、重庆、北京、上海、福州、杭州等通商口岸也建了一些发电厂，但规模都不大。到 1911 年辛亥革命前夕，全国拥有火电厂 61 座，总发电能力仅为 2.7 万千瓦，其中内资经营电厂设备总容量为 1.2 万千瓦，而外资电厂设备总容量达 1.5 万千瓦以上。1882—1911 年，发电容量平均每年只增加 930 千瓦。这一期间的水电发展是空白。

（二）民国时期（1912—1949 年）：在战争中缓慢发展

民国时期（1912—1949 年）的电力发展分为三个阶段：北洋政府时期（1912—1927 年）、南京政府时期（1928—1936 年）、全面抗日战争和解放战争时期（1937—1949 年）。民国时期的 37 年里，由于国内动乱、战争不断，电力工业发展缓慢。

1.1912—1927年：电力工业起步、外资电厂占据主导地位

辛亥革命结束了中国两千多年的封建制度，建立了中国历史上第一个资产阶级共和国政府，为民族资本主义的发展创造了条件。中华民国建立以后，政府设立了推动经济发展的机构，并鼓励发展实业。全国兴起了办实业的高潮，在国内纷纷成立了很多实业集团，使资本主义工商业有了较快的发展。在这一背景下，中国的民族电力工业发展开始有了起色。

在民国初期的北京政府时代，电力工业分属交通部管理。这一时期，纺织、机械等行业快速增长带动了电力工业的发展。到1927年，发电装机容量从1911年的2.7万千瓦增加至40多万千瓦，其中关内发电设备容量为27万千瓦，关外（东北地区）为15.8万千瓦，装机容量平均每年增加2.5万千瓦。电厂也从1911年的44家增加到231家。

民族资本（内资）和外资电厂开始发展。外资电厂占据主导地位，外资电厂的发电容量超过了28万千瓦，占总发电能力的66%。

内资电厂中几个装机规模较大的电厂也在这一时期建成。如北平华商电灯公司于1919年建设的石景山电厂安装了一台2000千瓦的机组，于1922年投产发电。该电厂在1924年扩建，发电容量增加到7000千瓦。上海华商电气公司1922年安装了一台4000千瓦的发电机组，1924—1926年扩建，总的发电规模增至2万千瓦。江苏的振华电厂（戚墅堰电厂的前身）在1924年建成投产，总容量为6400千瓦。该电厂建成时为全国八大电厂之一，其供电范围西至武进，东至无锡，33千伏线路约长38千米。该厂自1925年开办电力灌溉业务，是第一个给农业灌溉供电的电厂。

几个较大的著名的外资电厂也在这个时期建设或投产。外资电厂中上海电力公司的杨树浦电厂于1911年开工建设，1913年正式投产，安装两台2000千瓦的汽轮发电机组。随后经过几次扩建，到1927年，其发电规模达到了12.1万千瓦，成为当时远东最大的发电厂。上海法商电车电灯公司的卢家湾蒸汽机发电厂取代了原有的柴油机发电，于1922年安装了一台3200千瓦的汽轮发电机组，1924—1927年扩建又安装了两台3200千瓦的汽轮发

电机组。胶澳电气股份有限公司（其前身为青岛电灯厂，后改为青岛发电厂）所经营的电厂经过多次改扩建，到1927年，总的发电容量为5000千瓦。

中国第一座水电站——石龙坝水电站在1912年5月投产发电，初期电站安装两台240千瓦水轮发电机组，用22千伏输电线向昆明市供电，其送出工程是当时中国最高电压等级的输变电工程。

外资电厂主要分布在上海、天津、汉口、青岛等租界城市。内资电厂主要分布在江苏、浙江、河北、广东、山东、湖北、福建、东北三省等沿海和工业集中的省市。以江苏电厂最多，占了电厂总数的1/4。

这一时期，内资电厂规模都很小，外资电厂规模都比较大。至1927年关内本国经营的90家电厂统计，总规模仅为11.7万千瓦。外资电厂中，美商上海电力公司经营的杨树浦电厂的发电容量达12.1万千瓦，上海法商电车电灯公司经营的电厂为1.5万千瓦，天津比商电灯公司为1.77万千瓦，三家发电设备容量共计15.4万千瓦，超过了华商经营的90家电厂的规模。东北地区的发电设备容量为15.8万千瓦，其中日本人经营的电厂规模为12.4万千瓦。

中国人自行设计、施工的第一座水电站——四川省洞窝水电站则于1925年建成，初期电站安装一台140千瓦机组。之后还建了几个比较小的水电站。但是这一时期，军阀混战、灾荒频繁，政府无力进行水电开发，同时人们对水电的认识还停留在"我国水力资源贫乏，不足重视，且对其开发，毫无信心"的阶段。因此，这一时期中国的水电建设规模极小，技术力量薄弱，仅在全国零星几个地方出现。

2. 1928—1936年：电力工业稳定发展时期、内资电厂快速扩张

1927年国民政府迁都南京后到1936年的这段时间，是民国时期电力发展比较稳定的阶段。这一时期，南京政府在建设委员会下设立了电气事业指导委员会，专门管理电力发展。政府在管理上出台了相关的管理法规和技术条例监督管理规定、相应的经济措施促进电力事业的发展。

1929年，政府出台了《民营公用事业监督条例》，规定除特殊公用事业

（如航空运输业），其他各事业包括电气事业均受中央和地方双重监督。电厂由地方政府直接监督，但同时必须受中央政府的监管。所有关于制立规章与修订价格等措施均由地方监督机关出具意见，报中央核批。民营公用事业之一切技术标准、会计制度程式，均依据中央主管机关公布之各种规程办理。在电气事业上采取民营与国营并重的发展政策，使全国电力事业得到一定的发展。此外还出台了《电气事业条例》。

在技术规范方面，政府出台了《电气事业装置规则》《电气事业电度电表校验规则》《电气事业控制设备装置规则》《电气事业汽压汽温选定规则》《架空电信及供电线路平行交叉并置》五个规则。

政府采取了一些积极的经济措施促进电力事业发展。电气事业指导委员会曾先后于 1930 年及 1933 年发行 1000 万元电气事业公债，用于电力事业的建设，开创了利用附加电费筹集发展资金的先例。1930 年，广东省政府批准广州电厂利用附加电费扩股集资，即自 1931 年 1 月起，两年内用户每用电 1 千瓦时，带收附股银 1 角，如付足股银 7 元，核给股票 1 股（10 元 / 股），新的持股者与旧股东同等待遇。这样的方式一方面可筹集股资，另一方面以用户投资的方式将投资与消费结合起来，调动消费者的积极性。两年时间里，广州电厂可募集资金 400 万元。

在这些管理、技术规范和经济政策下，中国电力发展进入一个较为稳定增长的时期，也是新中国成立前电力工业增长最快的阶段，平均每年新增发电能力为 7.65 万千瓦。1936 年，全国发电容量增加到 104.2 万千瓦，其中关内为 63 万千瓦，东北三省为 41.2 万千瓦。发电容量平均每年增加将近 8 万千瓦，是北洋政府时期的 3 倍。从 1932 年至 1936 年五年时间里，关内的发电投资增长了 10%，发电设备增长了 32%，发电量增长了 44%。内资电厂有了较快的发展，在数量和发电容量上超过了外资电厂。到 1936 年，全国电厂数量为 461 个，其中外资电厂仅为 10 个。几个规模较大的内资电厂如上海闸北电厂（2 台 1 万千瓦和 1 台 0.5 万千瓦）、杭州的闸口电站（2 台 0.5 万千瓦）、南京下关电厂（2 台 0.5 万千瓦和 2 台 1 万千瓦）、重庆大溪沟发电厂（3 台 0.1 万千瓦）建成投产。部分原有的电厂也不断扩建，石景山发电厂扩建后规模增至 3.2 万千瓦，戚墅堰电厂装机容量也增至 9600 千瓦。外资电厂基本是在原有的基础上扩建。上海电力公司的杨树浦电厂的发电容量已经扩大到 18.3 万千瓦。1932 年，全国电厂容量中外资占 50.6%，1936年下降到 43.5%。外资电厂虽然数量少，但规模都比较大，仅上海电力公司的发电容量就达 18.3 万千瓦，占全国发电容量的 29%，外资电厂的发电量在 1936 年仍然占全国总发电量的 55.2%。

电厂仍然是分布在工业发达的中东部少数几个省，主要分布在江苏、浙江、广东、福建、湖北、山东、河北，这几个省电厂数量占全国的 75%，发电容量占了全国的 94%。

这一时期的发展主要是火电为主导，水力发电几乎没有进展，水电建设规模极小，仅在全国零星出现，水电建设主体以民间力量为主，发电容量及电量占比都不到 1%。

1931 年九一八事变后，东北被日本侵占，国人开办的 6 个主要电厂如奉天、长春、吉林、安东、哈尔滨等电厂，被强行与日商经营的南满、北满、营口 3 个电气株式会社合并组成"满洲电业株式会社"。至 1936 年，东北地区发电设备约 41.2 万千瓦。

3. 1937—1949 年：电力工业受到重创，发展转向内地

1937 年 7 月 7 日，抗日战争全面爆发，中国沿海各省相继沦陷，由于战前中国的电力工业企业大都位于沿海发达地区，战争爆发后，大多数电力企业损失惨重。国民政府向内地后撤，沦陷区的电厂被日伪接管，新增发电能力主要在西南、西北和东北地区。

抗战期间，国民政府一方面将部分发电设备内迁，同时也不得不把发展电业的重点转移到电力工业短缺的大西南、大西北。电力发展上一是重视内地的发展，二是注重水利发展。

国民党统治区管理的电厂发电容量骤减。1938 年后方各省电厂总容量仅为 3.55 万千瓦，比战前 1936 年减少了 94%，发电量减少了 96%。从

1938 年到 1945 年，国民政府在后方新增发电能力仅为 3.8 万千瓦，其中水电为 1.11 万千瓦，占了 29% 的新增发电能力。到 1945 年，国民政府管理的发电能力仅为 7.36 万千瓦，新增的发电厂基本位于西南、西北地区。

西南和西北地区的水电资源也在这时候得到了重视和相应的开发，水电建设迎来了一个短暂的繁荣时期。国民政府在川、黔、滇等地兴建了多个水电站，水电建设由民间转向政府主导，电站数量增加了 26 个，新增装机容量 1.1 万千瓦。电站虽然规模小，但也出现了千瓦级的水电站，如四川的下硐水电站（装机容量 2990 千瓦）。小型水电站的主要机械设备出现了国内自产自用的现象，不再完全依赖国外设备。

日伪管理了全国绝大部分的发电容量，其中华北地区约 34 万千瓦，华中地区约 37 万千瓦。东北地区在 1941 年的发电容量曾经达到 178.2 万千瓦，但 1945 年苏军进入东北，将丰满、水丰、抚顺、阜新、鞍山、本溪等已经运行的较先进的发电设备约 97.3 万千瓦拆运回国，到 1945 年年底抗战结束，东北地区仅剩下 80.9 万千瓦发电设备。

包括国民政府管理和沦陷区日伪管理的发电容量，抗日战争结束时，1945 年全国总的发电能力约为 159.26 万千瓦。这一期间，全国实际新增发电容量为 55 万千瓦，其中东北地区新增 39.7 万千瓦。

抗日战争结束后，国民党接管原日伪管理的发电厂。解放战争期间，整个电力工业几乎处于停滞状态，加上战争中受损，到 1949 年全国解放，全国发电设备容量仅为 184.86 万千瓦，发电量为 43 亿千瓦时。

（三）电力工业与其世界强国的差距逐步拉大

中国电力事业虽然起步不晚，但之后国内战乱频繁、战争不断，社会不安定使电力工业的发展很快就与其他强国拉开了差距。1882—1949 年的 67 年里，发电容量从零增加到约 185 万千瓦，但这个发展速度远低于其他世界强国。虽然在民国时期，国内电力工业有所发展，但发展速度缓慢，1929—1949 年，平均每年增加的发电量为 2 亿千瓦时，也远低于其他世界强国的发展速度。

1929 年，中国的发电量为 22 亿千瓦时，高于印度（12 亿千瓦时）。但是到了1949 年，印度的发电量为49 亿千瓦时，已经超过中国(43 亿千瓦时)。与中国同一年起步的英国，1949 年发电量已经是中国的 12 倍，比中国晚五年起步的日本的发电量是中国的 10 倍，起步只比中国早三年的美国的发电量是中国的 68 倍，远远地将中国甩在后面。

二、新中国成立后的电力工业发展

（一）第一阶段（1949—1978 年）：艰苦创业、探索起步期

在 1949—1978 年的 30 年间，中国电力工业蹒跚起步、自强不息，初步建立起了独立自主的电力工业体系。电力工业发展主要围绕国家工业体系建设的需要进行基础项目投资和建设，在电力装备制造、电网建设等方面实现独立自主，形成多个区域性电网。由于电力建设滞后，这一发展阶段总体上是处于电力供需紧张、供应能力严重短缺的时代。

1.第一个五年计划开启了新中国电力工业发展

1953 年，中国启动第一个五年计划，虽然基础薄弱，中国电力人硬是啃起了这块硬骨头。在苏联援建的帮助下，中国新建、扩建了一批发电设施。1952 年 9 月，新中国成立后建设的第一台发电机组——阜新电厂扩建项目的首台 2.5 万千瓦苏联进口机组投产发电。当时，机组几乎完全靠人工操作来运行，电厂自动化近乎空白。1953 年 7 月 20 日，中国第一条自己设计、施工的横跨辽宁、吉林两省的 220 千伏的松东李（丰满—虎石台—石寨）高压输电线路破土动工，并于 1954 年 1 月 27 日建成并网送电。220 千伏是当时国际上高压输电线路实际应用中的最高电压等级，只有美国、苏联等少数几个国家具有独立设计、建设的能力。中国工程技术人员发扬自力更生、艰苦奋斗精神，从无到有、一步步摸索工程设计方法，主要靠人力完成了线路

施工。松东李线的建设满足了丰满电厂水电外送需要，确保了辽南地区经济恢复和发展工业的用电，也拉开了电网建设快速发展的序幕。

1955 年 7 月 30 日，电力工业部成立。1956 年，以国产第一台 6000 千瓦火电机组在上海电机厂顺利通过了耐压试验并在淮南电厂投运为标志，开启了中国自行制造成套火力发电设备的历史，电力生产跨入现代机器大工业时代。1957 年 4 月，浙江省新安江水电站开工建设，1960 年投产，这是中国自行设计、自制设备、自主建设的第一座大型水电站，也是我国第一座百米高的混凝土重力坝，为国家建设大型水电站积累了宝贵经验。

随着一批输电线路的建设，全国各地纷纷建立或健全了各自的电网。到1958 年，全国初步形成了东北、京津唐、晋中、南（南京）锡（无锡）常（常州）、闽北、上海、鲁中、郑州、赣南等地区电网，陕西、甘肃、四川、云南等省份也围绕主要城市开始了电网建设。

2. 电力设备制造及工程项目建设能力取得实质性提升

"一五"计划之后的 20 年间，中国在电力设备制造、电网建设等方面取得了一系列令人瞩目的成就。1959 年 10 月，中国第一座自行制造设备、自行设计、自行安装建设的大型高温高压热电厂在哈尔滨建成，安装四台 2.5万千瓦机组。1969 年，中国首座百万千瓦级水电站——甘肃刘家峡水电站的第一台机组投产，成为中国水电史上的重要里程碑，此后中国又陆续建成了一批百万千瓦级的水电站。1972 年，刘家峡电厂水电外送的刘（家峡）天（水）关（中）线投入运行，这是中国第一条交流电压为 330 千伏输电线路，也是改革开放前电压等级最高的线路。

到 1978 年年底，中国发电装机容量 5712 万千瓦，年发电量 2566 亿千瓦时，分别位居世界第八位和第七位，分别较新中国成立时增长了 30.9 倍、59.7 倍。220 千伏及以上输电线路长度 2.3 万千米，220 千伏及以上变电容量2528 万千伏安。

尽管电力工业在新中国成立后的 30 年里得到较快发展，仍赶不上国民经济发展需要。根据有关资料，1978 年全国发电装机缺口达 1000 万—1400

万千瓦，占总电力需求的 15%—20%，电量缺口达 400 亿—450 亿千瓦时，占总电量需求的 13%—15%。1978 年全国人均用电量仅为 268 千瓦时／人，是 1949 年的 33.5 倍，但依然远低于同时期的世界平均水平 1523 千瓦时／人，人均用电量只有全球平均水平的 17.6%。

（二）第二阶段（1979—2000 年）：改革开放、快速发展期

1978 年 12 月 18 日，中国共产党召开十一届三中全会，开启了改革开放和社会主义现代化的伟大征程，电力工业也随之进入了一个全新的发展阶段。

"六五"计划（1981—1985 年）至"九五"计划（1996—2000 年）时期，是中国从传统计划经济体制向社会主义市场经济体制转变的时期。这个时期电力工业进入高速发展轨道，但仍然赶不上国民经济快速发展的需要，电力供需矛盾突出，缺电十分严重，东部沿海地区工厂甚至出现了每周生产"停三开四"的严重局面。通过改革开放，千方百计解决资金、设备、技术的"瓶颈"问题，力图使电力工业的发展与国民经济发展相适应，成为这个时期电力工业发展面临的首要问题。加快电力投资体制改革，解决电力建设的资金问题，促进电力设备的国产化，提高电力工程管理和施工水平是这一时期的当务之急。

经过这四个五年计划，电力供需形势从全国缺电转变为在低水平用电条件下达到相对平衡且部分地区略有盈余，缓解了电力工业对国民经济和社会发展的"瓶颈"制约。到 2000 年年底，中国发电装机达到 31932 万千瓦，年发电量 13684 亿千瓦时，均跃升至世界第二位，分别较 1978 年增长了 5.6 倍、5.3 倍。220 千伏及以上输电线路长度 15.7 万千米，较 1978 年增长 6.8 倍。2000 年人均用电量达到 977 千瓦时／人，较 1978 年提升了 3.6 倍，但仍然不到世界平均水平 2324 千瓦时／人的一半。

1. 积极探索多元化筹资渠道，推动电力投资体制改革

电力投资体制改革是电力工业改革开放的重要组成部分，也是改革开放

的巨大成就之一。1980年，中央和地方财政实现分级管理后，电力建设资金开始按企业隶属关系分别安排，中央直属企业由中央安排投资，地方企业由地方财政安排。1982年，山东烟台地区用股票集资方式向县、市、企业、乡镇企业集资和山东省电力局合资建设龙口电厂，调动了各方办电的积极性，推动了集资办电的发展。1984年，中央提出了"电厂大家办，电网国家管"的方针，以后明确为"政企分开，省为实体，联合电网，统一调度，集资办电"和"因地、因网制宜"的电力改革与发展方针。12月国务院确定组建华能国际电力开发公司，利用外资办电，加快电力建设。1984年，中国利用世界银行1.2亿美元贷款兴建云南鲁布革水电站，以后世界银行每年的电力贷款成为电力建设资金的一个重要渠道。

以投融资体制改革为先导，电力工业开始电价机制的改革。1985年国务院出台《关于鼓励集资办电和实行多种电价的暂行规定》，明确实现多种电价，独立经营的集资电厂，其售电价格允许浮动。为满足快速增长的经济社会发展对电力的需求、激发电力工业发展活力，1988年8月国务院印发《电力工业管理体制改革方案》（国发〔1988〕72号），批准全国范围内对所有企业用电每千瓦时征收两分钱的地方电力建设资金，充实了各地集资办电的资金，并明确由省一级政府担负办电的主要责任。地方、企业以及外资建设的电厂随之逐渐增多，以广东、华东地区为代表的市场经济活跃地区的电力发展得到有效的保障，有力支撑了当地经济社会发展需要。

改革开放至2000年，电力行业通过集资办电、投融资改革等探索创新，结束了长期以来的电力供应短缺局面，成为拉动中国经济高速列车的重要引擎，也为后续电力市场化改革奠定了良好基础。

2. 推进电力建设管理体制改革、启动电力法制化管理进程

电力建设管理体制改革也是电力工业改革开放的重要组成部分。鲁布革水电站是国家选定作为水电建设管理体制改革和对外开放建设的试点项目，首次实行项目法人制和施工监理制。1984年7月14日，日本大成公司以低于标价43%的8463万元中标鲁布革水电站三大工程之一的引水系统，成为第一个在中国承建工程的外国企业。鲁布革工程指挥部在借鉴国外的管理经验、推行新的管理办法后，取得了投资省、工期短、质量好的良好效果。1987 年 9 月，国务院召开全国施工工作会议，推广"鲁布革经验"。鲁布革水电站的成功建设，加速了代表着先进项目管理水平的"五制"(法人责任制、招投标制、工程监理制、合同管理制、资本金制)的推广，对电力建设乃至整个中国建设行业形成了"鲁布革冲击"。

为了保障和促进电力事业的发展，维护电力投资者、经营者和使用者的合法权益，保障电力安全运行，第八届全国人民代表大会常务委员会第十七次会议通过《中华人民共和国电力法》并于 1996 年 4 月 1 日起正式实施，电力事业发展进入法制化管理阶段。1997 年 1 月，国家电力公司正式挂牌，随后电力工业部于 1998 年 3 月撤销。国家电力公司于 1998 年 8 月向国家经贸委上报《实行网厂分开建立发电侧电力市场的实施方案框架（试行）》并获得通过。随后，"厂网分开、竞价上网"试点在上海、浙江、山东、辽宁、吉林和黑龙江等六省市开始推行。受限于当时的体制环境，以及后期再次出现的电力供应紧张，试点工作的效果不及预期。

3. 引进消化吸收再自主创新，促进电力装备国产化和技术迈上新台阶

从 20 世纪 80 年代初期开始，中国从国外引进了大量先进的电力装备和技术，通过消化吸收再自主创新，使我国的电力装备技术迈上了一个新的台阶。

1981 年通过全套购买国外的设备和技术，中国建成了第一条 500 千伏交流输电线路，从河南平顶山到湖北武昌，使中国成为当时世界上第八个拥有交流 500 千伏超高压输电线路的国家，中国的超高压输电技术达到了一个新的水平。此后，中国陆续建成了基本覆盖全国的 500 千伏超高压主网。1989 年，中国第一条 ±500 千伏直流输电线路——葛洲坝至上海的葛沪直流输电线路建成投入使用，这条线路的装备和技术都是全套购买自国外公司的产品。中国工程技术人员消化吸收相关技术，在此基础上通过自主研发、自

主创新，掌握了 ±500 千伏特高压直流输变电核心技术。

经过吸收消化先进技术，中国的发电设备制造技术达到了一个新的高度。80 年代初期，哈尔滨电站设备集团公司与美国西屋公司、美国燃烧工程公司签订了 30 万千瓦和 60 万千瓦亚临界汽轮机、汽轮发电机和电站锅炉的制造技术的转让合同。1995 年年底，上海电气（集团）总公司与美国西屋公司组建合资公司，研制成功引进型 30 万千瓦、60 万千瓦火力发电机组，标志着中国大型火力发电成套设备的研制工作开始进入独立自主的新阶段。通过与国外厂商合作及自主研发，中国企业全面掌握了 70 万千瓦级大型水电机组的研制技术，用五六年时间跨越了与国外 30 年的差距，部分自主攻关的关键技术达到国际领先水平。

核电产业实现了从无到有的飞跃。1985 年 3 月，中国大陆自行设计的第一座 30 万千瓦级压水堆核电站——秦山核电站开工建设。1991 年 12 月，秦山核电站建成发电，结束了中国大陆地区无核电的历史。通过引进法国核电技术，中外合资的大亚湾核电站于 1987 年开工建设，1994 年 5 月正式投入商业运行。大亚湾核电站的建成投产，实现了我国大陆大型商用核电站零的突破。随后建设的秦山二期工程通过自主设计、建设，创立了我国第一个具有自主知识产权的商用核电品牌 CP600，使我国完成了由自主建设小型原型堆核电站到自主建设大型商用核电站的跨越。

4. 开工建设三峡水电工程，推动全国电网互联

三峡水电工程是中国有史以来建设的最大的综合性水利水电工程项目，也是当今世界上规模最大的水电站。总装机容量 2256 万千瓦，年设计发电量 882 亿千瓦时，相当于一个大城市一年的用电量。1994 年 12 月，长江三峡水利枢纽工程正式开工；2003 年首批 6 台 70 万千瓦机组并网发电，2012 年全部机组建成投产。三峡工程是一项庞大的系统工程，配套的交流输变电工程有 88 项，线路总长度达 6500 千米，变电容量 2275 万千伏安；同时建设了三（峡）常（州）、三（峡）广（东）、三（峡）沪（上海）3 项直流工程。三峡工程具有发电、防洪、航运和环境等综合效益，其中发电效益在综合效益中所占比例最大，达到 70%。

三峡输变电工程横贯东西、联通南北，在全国电网互联格局中处于中心位置，其建设实施直接形成了华中—川渝、华中—华东、华中—南方的联合电网，并促进华中—西北和华中—华北的电网互联，形成了一个仅次于北美联合电网、与欧洲联合电网规模相当的世界级特大型电力系统。电网的互联、大电网的形成为大范围的能源资源优化配置提供了平台，可以充分挖掘地区电网之间潜在的巨大错峰效益、水电站群补偿调节效益以及水火互补容量效益。同时也为进一步推动全国范围的电力市场建设和电力交易、构建更加开放共赢的电力市场体系创造了条件。

（三）第三阶段（2001 年至今）：市场化体制机制建设、助推能源转型发展期

跨入 21 世纪后，中国进入全面建设小康社会、加快推进社会主义现代化的新发展阶段。中国综合国力突飞猛进，人民生活水平日益提高，国际地位不断上升。电力工业也发生了日新月异的变化，在优化资源配置、节能减排、电力体制改革、扩大国际合作方面有了明显的进步，发电装机、总发电量分别于 2012 年和 2011 年跃居世界第一位。

党的十八大以来，电力工业坚持高质量发展，不断满足经济社会发展和人民美好生活用电需求。截至 2019 年年底，全国发电装机 20.1 亿千瓦，年发电量 7.3 万亿千瓦时，均是世界第二名（美国）的 1.8 倍，也分别较中华人民共和国成立时增长了 1087.4 倍和 1696.6 倍，较改革开放前提升了 33.3 倍和 27.3 倍。2019 年全国人均用电量为 5161 千瓦时 / 人，远超全球平均水平，较新中国成立时、改革开放前分别增长了 645.1 倍和 19.3 倍。

1. 加强全国资源优化配置，提升能源整体利用效率

中国煤炭、油气、水力资源主要位于经济相对落后的西部地区，而经济发达的东部地区能源资源匮乏，用电负荷相对集中。中国早在 20 世纪 60 年代就提出"西电东送"的构想，改变这种不均衡的能源开发利用格局，进而

实现全国资源优化配置。1999 年，党中央、国务院作出了西部大开发的重大决策，为"西电东送"的大规模实施提供了历史机遇。2000 年，国家发展计划委员会主持召开了"西电东送"发展战略研讨会，并向国务院提出了加快"西电东送"工程建设的建议，获国务院同意。同年，贵州、云南的第一批"西电东送"电力项目开工建设，标志着我国"西电东送"工程全面启动。"西电东送"工程是西部大开发的标志性工程，也是人类历史上跨度最大的能源转移工程。"西电东送"工程规划了北部、中部、南部三条跨区输电通道，将西部地区丰富的能源资源送往东中部地区消纳。当前，"西电东送"规模达到 2.4 亿千瓦，形成了全国优化配置能源资源的良好格局。

特高压输电技术为提高电网优化配置资源能力提供了一种高效、可行的技术方案。特高压输电具有输送容量大、远距离输电、损耗低、占地少等优势，代表了当今世界电网技术发展的最高水平。2009 年 1 月 6 日，晋东南—荆门的 1000 千伏交流输电示范工程正式投入运行，标志着中国特高压交流输电技术提升到世界领先水平，并拥有自主知识产权。2019 年 9 月，昌吉—古泉 ±1100 千伏特高压直流输电线路正式投运，这是目前世界上电压等级最高、输送容量最大、输电距离最远、技术水平最先进的特高压直流输电工程。截至 2020 年 3 月，中国已建成"十交十五直"共 25 个特高压工程，在建"四交三直"7 个特高压工程，已投运和正在建设的特高压线路长度达到 4 万千米、变电（换流）容量达到 4 亿千伏安，是当之无愧的特高压技术及相关设备制造的"引领者"。

2. 大力推动可再生能源发展，能源转型初见成效

减少化石能源消耗、大力发展可再生能源是当今世界各国的共识。2004 年，中国水电装机容量超越美国跃居世界第一位。2006 年 1 月 1 日，中国开始实施《可再生能源法》。这是我国首次通过立法的形式推动可再生能源的开发利用，为促进我国可再生能源发展提供了法律保障。自《可再生能源法》颁布实施以来，中国可再生能源持续快速发展，尤其是非水可再生能源发电取得了举世瞩目的成就。

一是可再生能源市场规模不断壮大，可再生能源在能源结构中占比不断提升。截至 2019 年年底，全国水电、风电、太阳能发电等可再生能源发电装机容量达到 7.94 亿千瓦，占全部电力装机的 39.5%，其中非水可再生能源发电装机占比达到 21.8%。2019 年，全国可再生能源发电量 2.04 万亿千瓦时，占全部发电量的 27.9%，其中非水可再生能源发电量占比达到 10.1%。能源结构朝着清洁化、优质化方向发展，为中国经济绿色低碳发展提供了重要保障。

二是科技水平持续进步，可再生能源发电成本显著下降。2005—2018 年，中国风电发电效率提高了 20%—30%，单位千瓦发电量提升了 2%—5%。陆上风电项目平均单位千瓦造价由 2005 年的 1 万元左右降至 2018 年的 7100元，部分地区已低于 6000 元，经济性明显提升。陆上风电一类资源区上网电价已由 2009 年的 0.51 元 / 千瓦时降至 2017 年的 0.4 元 / 千瓦时。光伏电池技术创新能力也大幅提升，中国自主研发的单晶电池转换效率多次刷新世界纪录，2018 年第三批光伏领跑基地入选项目中，光伏电池转换效率最高达到 23.85%。随着光伏发电技术持续进步，光伏组件、系统和逆变器的市场价格均下降了 90% 以上，从而使当前光伏系统成本较 2006 年下降了 90%以上。

三是能源转型初见成效，社会效益日趋显著。自 2006 年《可再生能源法》实施以来，可再生能源的快速发展对减轻大气污染和减少温室气体排放发挥了重要作用。2005—2019 年，单位 GDP 能耗从 1.22 吨标准煤 / 万元下降到 0.507 吨标准煤 / 万元，降低了 58.5%。煤炭消费占比由 67% 降低到57.7%，下降了 9.3 个百分点，而可再生能源消费占比提升 7 个百分点，填补了煤炭下降率的 75%。在发电量方面，2019 年我国煤电占比 60.8%，较2005 年下降了 17.2 个百分点，可再生能源电力由 16.1% 上升到 27.9%，贡献 11.8 个百分点。多能源品种的可再生能源，降低了化石能源的比重，对于保障国家能源安全、应对气候变化发挥了重要作用。

3.加强技术与管理创新，节能减排取得显著成效

电力行业持续推进节能升级改造，不断创新管理机制，大力淘汰落后产能，在以下几个方面取得了显著成效。

一是污染物排放量大幅下降。电力行业积极落实国家各项环保政策要求，减少电力大气污染物排放，提高环境保护水平，为减少酸雨、雾霾等大气污染灾害作出了突出贡献。受酸雨影响的国土面积已由20世纪90年代的30%下降到8.8%。

2000—2019年，燃煤发电量增加4倍多，但烟尘、二氧化硫、氮氧化物的排放总量比其峰值水平均下降了90%以上。全国燃煤电厂100%安装了除尘及脱硫设备，其中96%为烟气脱硫。电厂排放二氧化硫由2006年1335万吨的峰值下降为2019年的89万吨。98.4%的燃煤机组安装了烟气脱硝装置，电力氮氧化物由2011年1100万吨的峰值下降为2019年的93万吨。电力烟尘排放量从2006年370万吨的峰值下降为2019年的18万吨。

二是能效水平大幅提高，线损率、厂用电率等指标都持续下降。通过提升电压等级、优化电网结构和配电网改造来加强线损管理，2019年全国电网线损率为5.9%，较2005年下降了1.3个百分点。采用设备改造、优化设备运行方式等手段，提高火电厂运行效率，2019年火电厂厂用电率为6.0%，较2005年下降0.8个百分点。2018年6000千瓦及以上火电厂供电标准煤耗为306.4克/千瓦时，较2005年下降67.6克/千瓦时。得益于技术进步、设备国产化水平提升和"五制"等先进电力项目管理方法的推广，火电单位千瓦造价从20世纪90年代的5500元/千瓦下降到2018年的3500元/千瓦。

三是电力低碳化转型稳步推进。清洁煤电技术的应用、可再生能源的迅猛发展和电网运行管理水平的提高促使电力行业碳排放水平持续优化。2018年，全国单位发电量二氧化碳排放约577克/千瓦时，比2005年下降31.9%。2018年全国主要可再生能源发电量相当于节约5.75亿吨标准煤，减少二氧化碳排放约15.3亿吨。

4. 电力市场化改革步入制度建设轨道

进入新世纪后，以市场化为导向的电力体制改革步入实施轨道。2002年，国务院印发《电力体制改革方案》，启动了以"厂网分开、主辅分离、输配分开、竞价上网"为主要内容的改革。2002年12月，国家电力公司拆分为五大发电集团（华能集团、华电、国电集团、大唐集团、中电投）、两大电网公司（国家电网公司、南方电网公司）和四大辅助集团（电力工程顾问集团、水电工程顾问集团、葛洲坝集团、水利水电建设集团）。2003年3月，国家电力监管委员会挂牌履行电力监管职能。2003年7月国务院印发《电价改革方案》，确定电价改革的目标、原则和主要改革措施，这一事件标志着电力工业市场化进程正式拉开序幕。电力行业从根本上改变了指令性计划体制并实现了从政企分开到厂网分开，发电侧初步形成了电力市场多元化主体竞争格局，促进了我国电力工业的快速发展。

时隔13年后，新一轮电力体制改革再次起航。2015年3月印发的《中共中央国务院关于进一步深化电力体制改革的若干意见》明确了建立健全电力行业市场机制、理顺价格形成机制、逐步打破垄断、有序放开竞争性业务、实现供应多元化等任务。新一轮电改已经取得初步成效。截至2019年8月，首轮输配电价改革已经完成，正开展第二轮输配电成本监审工作；为推动电力市场化交易，全国已建立北京、广州两个区域电力交易中心和33个省（区、市）电力交易中心；全国电力市场交易电量2.07万亿千瓦时，占全社会用电量的比重达到30%；电力现货市场建设试点全部启动；国家发展改革委、国家能源局分四批批复了404个增量配电业务改革试点项目。

5. 电力国际合作进入新纪元

2000年以来，经过市场化改革和关键技术自主创新后，电力企业加快国际合作的步伐，国际化水平得到明显提升，电力国际合作无论从规模上、深度上还是理念上都有了空前发展和质的飞跃，总体上实现了从"引进来"到"走出去"的华丽转身。特别是2013年，中国提出"一带一路"国家合作倡议后，电力对外投资呈现出爆发式增长态势。通过并购运营、电力工程总承包、电力设备出口，以及开展电力国际贸易、参与国际电力标准制定与区域性电力规划等多种方式，积极参与国际合作，电力对外合作规模不断扩大，合作区域更加广泛，合作领域日趋多元。

国家电网公司、南方电网公司围绕"一带一路"建设，积极推进中国与周边国家和地区电力互联互通，目前已建成中俄、中蒙、中吉、中越、中缅、中老等多条跨国输电线路，正在稳步推进中国—尼泊尔、中国—韩国跨国联网等与周边国家新的互联互通项目。2017年，中国、老挝、越南三国四方初步达成2021—2025年中国经老挝向越南送电500万—600万千瓦的协议。这是中国第一个跨境第三国的电网互联互通项目。

国家电网公司在菲律宾、印度尼西亚、巴西等国家建设和运行的电力项目是双赢的典范，既有力地促进了当地经济和社会的发展，还获得了可观的经济效益，更展示了良好的国家和中国电力企业形象。在增强中国电力企业国际竞争力的同时，使我国电力发展成果惠及更多国家和人民。由国家电网公司投资并建设的巴西美丽山水电 ±800 千伏特高压直流送出一期工程于2017年建成投运，这是中国首个在海外的特高压直流项目。以这一项目为契机，中国特高压迈向世界，为全世界提供了一个大容量、远距离清洁能源接入的中国方案。

中国的核电技术跻身世界先进行列。2013年，由中核集团和中广核集团共同开发，拥有自主知识产权的三代核电技术"华龙一号"诞生，标志着中国核电从"中国制造"向"中国创造"的重大转变。作为"国家名片"，"华龙一号"已经走出国门，开启了海外之旅。目前"华龙一号"海外示范工程——巴基斯坦卡拉奇核电2号、3号机组工程进展顺利。2016年9月29日，中广核与法国电力集团、英国政府签署了英国新建核电项目一揽子协议，实现了我国核电走出去的历史性突破。英国核电项目包括欣克利角C、赛兹韦尔C、布拉德韦尔B三大项目，其中布拉德韦尔B项目将拟采用中国自主三代技术"华龙一号"。

在可再生能源发电领域，中国拥有最为完整的设备制造产业链以及最大的发电设备制造能力。2019年，在全球风机制造商前十五强中，2018年，在新增装机容量全球排名前十五的风电整机制造商中，有八家来自中国，共占有全球市场的37.6%。2019年，光伏各环节产品产量均居世界首位，中国硅料、硅片、电池片、组件的产量占全球的比重分别为67%、98%、83%、77%。

（四）面向未来的发展趋势与重大问题

党的十九大提出了分两步走全面建设社会主义现代化国家的宏伟蓝图，中国经济和社会还有很大的发展潜力，电力工业也还有很大的发展空间。同时，也面临着全球能源转型、应对气候变化等诸多挑战。中国电力工业必须加大技术创新力度，加快转型升级步伐，完善市场化运作机制，建设一个安全可靠、经济高效、绿色智慧、开放共享的电力系统，以满足经济社会高质量发展和人民美好生活的需要。

1. 未来电力需求仍有较大的增长空间

党的十九大报告明确提出，中国经济已经由高速增长阶段转向高质量发展阶段；到本世纪中叶建成富强民主文明和谐美丽的社会主义现代化强国。在工业化、信息化、城镇化、农业现代化的拉动下，电力需求还会保持较快增长；另外，在清洁能源快速发展和电能替代力度不断加大的影响下，我国电气化水平将明显提高，从而增加对电力的需求。据有关预测，2050年中国人均电力需求还将比现在翻一番。未来的电力供应如何更好地满足需求，实现电力工业与经济、社会、环境的可持续发展，这是中国面临的重大课题。

2. 电力转型是新一轮能源转型的核心

以清洁低碳为主旋律的新一轮能源转型是当今世界各国的共同选择。电力转型在新一轮能源转型中居于中心地位，决定了能源转型的成效乃至成败。风电、光伏等新能源将会加快发展成为主力电源，其随机性、波动性给电力系统的安全稳定运行带来了诸多挑战；用户侧电动汽车、分布式储能、需求响应等新型主动负荷的出现也对系统运行增加了难度。如何充分发挥源、网、荷、储等各环节的作用，建设一个安全可靠、经济高效、绿色智慧、开放共享的电力系统，以满足大规模新能源的接入，成为当务之急。

3. 技术创新决定了电力转型的潜力

技术创新决定了电力转型的潜力，必须加大技术创新力度，着力提高电力工业的技术水平。在可再生能源发电技术领域，重点研究大型风电机组关键技术、高效太阳能电池的产业化关键技术、大型光热发电站高效集热和系统集成等技术；在高比例可再生能源并网和传输领域，重点突破大量分布式可再生能源并网的调度控制技术、含高比例可再生能源并网的电力系统的规划运行等技术；在新型用电领域，重点攻关大容量储能技术、能源互联网技术、交互式智能用电与需求侧响应等技术。

4. 市场化改革重构电力行业生态

电力市场是电力系统的"效率倍增器"。通过市场化改革来重构行业生态已经成为电力行业发展的重要特征。电力市场化改革就是要还原电力商品属性，在充分考虑电力商品特性前提下，发挥市场配置电力资源的基础性作用，推动形成灵活高效的电力体制机制，助力能源体制革命。从实施路径看，电力市场化改革应坚持从我国基本国情出发，通过长期探索，走出一条具有中国特色的电力市场化改革道路。要坚持《中共中央国务院关于进一步深化电力体制改革的若干意见》确定的总体框架，推动改革取得实质性成效，形成有利于高质量发展的电价机制，实现电力交易机构规范运行，形成多主体参与的高效市场竞争格局，建成高效开放的电力市场体系。

5. 电力系统向能源互联网演进

在"互联网+"时代，互联网逐步成为价值再造的核心要素与经济发展的新动能。"大云物智移链"等新技术有望实现电力产业价值链的生产、交易、融资、流通等环节的升级改造，有助于电力行业开辟新产业、打造新业态、开拓新模式、培育新的增长动能。能源互联网是互联网和能源生产、传输、存储、消费，以及能源市场深度融合的能源产业发展新形态。它以电为中心，通过深度融合先进能源技术、现代信息通信技术和控制技术，实现多能互补、智能互动、泛在互联，最终实现能源生态圈的智能自治、平等开放、绿色低碳、安全高效和可持续发展。目前，国家电网公司提出了"具有中国特色国际领先的能源互联网企业"的战略，南方电网公司提出了"数字南网"的建设目标，都为推动传统电力系统向能源互联网转型升级做了有益的探索。

作者：蒋莉萍，国网能源研究院有限公司副院长；
单葆国，国网能源研究院有限公司副总经济师；
姚力，国网能源研究院有限公司研究员

中国核能发展历程与成就

核能作为一种清洁低碳、安全高效、可大规模利用的非化石能源，是我国清洁能源体系的重要组成部分。新中国成立以来，我国核能发电从无到有、从小到大，快速发展，取得了举世瞩目的成就，为保障国家能源安全、优化能源结构、减少温室气体排放、推进绿色发展、服务"一带一路"建设发挥了重要作用。

一、核能发展历史

1938年，德国科学家哈恩用中子轰击铀原子核，发现了核裂变现象。20世纪40年代，美国科学家费米和他的团队以建立原子反应堆为课题进行研究，于1942年12月2日在美国芝加哥大学成功启动了世界上第一座反应堆。1954年6月27日，苏联对外宣布建成了世界上第一座核电站——奥布灵斯克核电站，揭开核能用于发电的序幕，人类进入了和平利用核能的时代。60多年来，世界核电经历了20世纪60年代的起步阶段、70—80年代的快速发展阶段、80年代末一直到21世纪初的缓慢发展阶段，以及21世纪以来的复苏阶段。

中国核能事业始于新中国成立以后。1955年1月15日，毛泽东在中共中央书记处扩大会议上，作出发展原子能事业的战略决策。随后，成立了第二机械工业部（核工业部），标志着中国核工业建设开始起步。迄今，中国核工业已走过60余年发展历程。在党中央、国务院和中央军委的亲切关怀和正确领导下，成功研制出原子弹、氢弹和核潜艇，改写了中国大陆没有核电的历史，建立了完整的核科技工业体系，发展了核电、核燃料、核技术应用三大产业，使我国步入核大国行列，打破了超级大国的核垄断，大大增强了中国国防实力，并为国民经济和社会发展作出了重要贡献。

二、中国核电发展历程

1970 年 2 月 8 日，周恩来在听取上海市工作汇报时指出：从长远来看，要解决上海和华东地区用电问题，要靠核电。但是，由于历史原因，中国核电的实际起步是在改革开放后的 20 世纪 80 年代，迄今走过了起步、适度发展、积极发展和安全高效发展四个阶段。

（一）起步阶段

1985 年 3 月 20 日，中国自主设计建造的第一座 30 万千瓦压水堆核电站在浙江秦山开工建设，1991 年 12 月 15 日成功并网发电，结束了中国大陆无核电的历史，被誉为"国之光荣"。1987 年 8 月 7 日引进法国技术建设的广东大亚湾核电站开工建设，1994 年 5 月 6 日两台百万千瓦压水堆核电机组全部投入商业运行，开创了引进国外技术、利用外资建设大型商用核电站的新路子。实践证明，在核电起步阶段，以秦山一期和大亚湾核电站为代表的两条道路都取得了成功，为中国核电后续发展积累了十分宝贵的经验。

（二）适度发展阶段

20 世纪 90 年代中后期，国家确立了"适度发展核电"的方针，先后批准了浙江秦山二期、广东岭澳一期、浙江秦山三期和江苏田湾一期共 8 台核电机组的建设，把中国核电发展推上小批量建设的新台阶。其中，浙江秦山二期是在消化吸收法国 M310 技术基础上中国自主设计建造的 60 万千瓦压水堆核电站，广东岭澳一期采用了大亚湾核电站技术翻版加改进的方案，浙江秦山三期是引进加拿大技术的重水堆核电站，江苏田湾一期是引进俄罗斯技术的 VVER 压水堆核电站。

（三）积极发展阶段

2005 年 10 月，根据中共中央关于"十一五"规划的建议，中国核电的发展方针由"适度发展"转变为"积极发展"。同年 12 月 15 号，广东岭澳二期核电站正式开工建设。2006 年 12 月，中国在继续建设二代改进型核电机组的同时，作出了引进世界先进第三代核电技术的重大决策，开启了三代核电自主化进程。通过公开招标，国家最终作出引进美国西屋公司 AP1000 技术的决定，并开工建设 4 台 AP1000 机组（浙江三门一期 2 台、山东海阳一期 2 台）作为自主化依托项目。此后，又从法国引进建设 2 台 EPR 技术核电机组（广东台山核电厂）。2007 年 3 月，审议并原则通过《核电中长期发展规划（2005—2020 年）》，确定了到 2020 年核电发展目标（建成 4000 万千瓦、在建 1800 万千瓦），这是中国首个核电中长期发展规划。在"积极发展核电"方针的指引下，2005—2010 年新开工核电机组累计达到 30 台。

（四）安全高效发展阶段

2010 年 10 月，中共中央在关于"十二五"规划的建议中提出了"在确保安全的基础上高效发展核电"的方针。2011 年 3 月 11 日，日本福岛核电站发生严重泄漏事故后，国务院常务会议决定：立即组织对中国核设施进行全面安全检查，切实加强正在运行核设施的安全管理，同时对新上核电项目要严格审批，在核电安全规划批准之前不上新的核电项目。经过 9 个月的核安全大检查，2012 年 5 月国务院常务会议听取了安全大检查情况的汇报，认为：中国核设施选址对地震、洪水等外部事件进行了充分论证，核电厂设计、制造、建设、运行各环节均进行了有效管理，总体质量受控。运行和在建核电厂能够满足中国核安全法规和国际原子能机构（International Atomic Energy Agency, IAEA）最新标准的要求，具备一定的严重事故预防与缓解能力，风险受控，安全有保障。检查中也发现个别核电厂防洪能力不足、严重事故预防与缓解规程不完善、对海啸风险评估能力不足等问题。2012年6月，国家核安全局发布《福岛核事故后核电厂改进行动通用技术要求（试行）》，分别对运行核电厂和在建核电厂提出安全改进要求，各项改进行动顺利实施。同年10月24日，国务院常务会议审议并通过《核电安全规划（2011—2020年）》和《核电中长期发展规划（2011—2020年）》，对当前和今后一个时期的核电建设作出部署，要求稳妥恢复正常建设，合理把握建设节奏，稳步有序推进。调整后的《核电中长期发展规划（2011—2020年）》将发展目标调整为：到2020年，运行核电装机达到5800万千瓦，在建3000万千瓦左右。在"安全高效发展"方针的指引下，2011—2019年6月我国新开工核电机组累计达到17台。

三、中国核电发展现状

经过30多年的不懈努力，中国不仅跻身世界核电大国行列，成功地实现了由"二代"向"三代"的技术跨越，而且形成了涵盖铀资源开发、核燃料供应、工程设计与研发、工程管理、设备制造、建设安装、运行维护和放射性废物处理处置等完整先进的核电产业链和保障能力，为中国核电安全高效发展打下了坚实基础。

（一）在运核电安全运行，在建核电稳步推进

截至2019年6月底，中国商运核电机组47台，分布在浙江、广东、福建、江苏、辽宁、山东、广西、海南等沿海8个省区、13个核电基地，总装机容量4873.1万千瓦，仅次于美国、法国，位列世界第三。中国核电始终保持着良好的运行纪录，从未发生过国际核事件分级（INES）二级及以上的运行事件，与世界核电运营者协会（WANO）规定的性能指标对照，中国运行机组80%的指标优于中值水平，70%达到先进值。

中国三代核电建设取得突破性进展。采用AP1000技术的三代核电自主

化依托项目三门核电厂 1、2 号机组和海阳核电厂 1、2 号机组，以及采用 EPR 技术的台山核电厂 1、2 号机组在 2018 年、2019 年先后建成并投入商运，其中，三门核电厂 1 号机组、台山核电厂 1 号机组分别是 AP1000 全球首堆和 EPR 全球首堆。

截至 2019 年 6 月底，中国在建核电机组 11 台，总装机容量 1147.9 万千瓦，已经多年保持世界第一。在建核电工程整体上稳步推进，各在建核电项目安全、质量得到有效控制。自主三代核电技术"华龙一号"首堆工程建设进展顺利，有望在 2020 年投入商运。

（二）创新驱动，自主核电技术取得突破

在国家创新驱动发展战略的指引下，通过自主创新和引进、消化、吸收、再创新，我国较快地掌握了世界先进核电技术，具备了 10 万、30 万、60 万、100 万、150 万千瓦级核电技术开发能力，成功地实现了由"二代"向"三代"的技术跨越。以"华龙一号"和"国和一号"（CAP1400）成功研发为标志，我国已成为继美国、法国、俄罗斯等核电强国之后，少数几个掌握自主三代核电技术的国家之一。

20 世纪 80 年代，我国引进法国 M310 技术成功建设了大亚湾核电站。在积极学习国外技术、消化吸收再创新的基础上，按照更高安全要求对 M310 技术持续改进。中国广核集团和中国核工业集团分别研发成功 CPR1000、CP1000 二代改进型堆型，并实现了批量化建设。中国正在运行的核电机组中绝大多数采用的是这种堆型，为中国核电的快速发展作出了重要贡献。

2006 年，国务院将"大型先进压水堆核电站和高温气冷堆核电站"列入国家科技重大专项，旨在瞄准世界核电技术前沿，突击关键共性技术、现代工程技术，为建设核电强国提供支撑。2008 年，国务院批准了核电重大专项总体实施方案，专项实施 10 多年来，中国核电自主创新能力显著提升。"国和一号"是在国家科技重大专项的支持下，由国家电力投资集团（国家

核电技术公司）牵头实施、国内 100 多家单位联合开发，在 AP1000 核电技术引进消化吸收基础上进行集成创新与再创新所形成的具有自主知识产权的大型先进压水堆型号。在国家科技重大专项的支持下，中国自主攻克了具有四代安全特征的高温气冷堆技术，其示范工程山东石岛湾高温气冷核电厂已于 2012 年年底开工建设。

日本福岛核事故后，中国核工业集团和中国广核集团充分汲取福岛核事故的经验反馈，借鉴国际三代核电技术先进理念，在各自研发的 ACP1000 堆型和 ACPR1000+ 堆型基础上，融合研发出满足当今国际最高安全标准的"华龙一号"技术。"华龙一号"示范工程福清核电站 5、6 号机组和防城港核电站 3、4 号机组已于 2015 年、2016 年先后开工建设。

（三）产业链全面覆盖，国产化、自主化水平不断提高

在核燃料供应方面，中国已经建立了国内生产、海外开发、国际贸易、战略储备"四位一体"的天然铀保障体系。中国北方地区可地浸砂岩盆地的铀矿地质勘查工作取得重大突破，新发现探明一批大型和特大型铀矿床。天然铀产业转型升级步伐加快，新疆伊犁首个千吨级绿色铀矿山基地建设正式投产。铀纯化转化、铀浓缩、压水堆核燃料组件生产能力大幅提升，全球首条高温气冷堆核燃料生产线实现规模化生产，国内首条 AP1000 元件生产线正式进入生产阶段，采用 N36 包壳材料的 CF3 自主燃料元件研发取得重大进展，乏燃料后处理中间试验工程热调试取得圆满成功。目前，中国核燃料产能已跻身世界第一阵营，可以满足国内核电和核电"走出去"对各种型号燃料的需求。

在装备制造和关键材料研制方面，百万千瓦级核电机组关键设备自主化、国产化水平稳步提高，国内核电装备制造业产品供应链全面覆盖，三代核电站反应堆压力容器、蒸汽发生器、主管道、爆破阀、屏蔽电机主泵等一大批关键设备实现了国产化；超大型锻件、690 合金管、压力容器密封件、核级锆材、核级焊材等关键材料加工制造技术取得质的突破。百万千瓦级三

代核电机组关键设备和材料国产化率已达 85% 以上，形成了每年开工建设 8—10 台核电机组的核电主设备供货能力，能够完全满足国内规模化建设以及 "走出去" 的需要。

作为世界上唯一一个 30 多年不间断建设核电的国家，中国核电工程建设管理能力和总承包能力不断提升，成功地实现了多项目、多基地同步建设，全面掌握了压水堆、重水堆、高温气冷堆、快堆等多种堆型，30 万、60 万、100 万、170 万千瓦等不同功率的核电建造技术，拥有国际一流的先进核电建设经验和能力，在建核电项目质量得到有效控制，可以满足同时开工 30 台以上核电机组的需求。

（四）人才强核，培养造就高素质人才队伍

自我国核电事业起步以来，核电领域高度重视人才培养工作，以 "人才兴核" "人才强企" 等战略为指引，围绕国家科技创新重点领域和发展方向，围绕人才引进、培养、相关体制机制的创新和优化，积极探索并建立了各具特色的人才培养体系，为核电事业安全、健康、可持续发展发挥了重要的推动和保障作用。在政府、高校以及企业通力合作下，中国核电领域培养造就了一支高素质、高水平的人才队伍，涵盖了核电研发、设计、工程建设、生产运营、核安全等各环节，已经成为世界核电人才的大国。据不完全统计，中国核电领域（不含核燃料循环及设备制造）共有 15 万余从业人员，其中，35 岁以下员工占比达 48%，具有高级以上技术职称或高级技师以上职业资格的人员超过 2.2 万人，核相关专业的高校毕业生每年达到 2000 余人。

（五）积极推动核电 "走出去"，打造新时代 "国家名片"

中国核电 "走出去" 起步于 20 世纪 90 年代。1991 年 12 月 31 日，在秦山核电站并网发电的当月，中国与巴基斯坦签订了向巴基斯坦出口 30 万千瓦核电站的合同。1993 年 8 月 1 日，中国出口巴基斯坦的恰希玛核电站 1 号机组开工建设。2017 年 9 月 8 日，恰希玛核电站 4 号机组竣工，标志着

恰希玛核电一期工程4台压水堆机组全面建成，总装机容量超过130万千瓦。恰希玛核电项目的成功，为我国核电"走出去"树立了良好信誉，奠定了良好基础。

随着中国核电规模化发展，核电"走出去"上升为国家战略。近年来，国家领导人在出访时，多次将核电作为我国高技术产业的名片向世界推介。在核电"走出去"战略和"一带一路"倡议的推动下，中国核电国际合作稳步推进。采用"华龙一号"技术的巴基斯坦卡拉奇 K2、K3 项目于 2015 年、2016 年先后开工，现已全面进入安装阶段。2017 年 11 月，恰希玛核电 C5 项目正式签署商务合同，标志着第 3 台"华龙一号"项目正式落地巴基斯坦，也是中国向巴基斯坦出口的第 7 台核电机组。2016 年 9 月，中法签署了英国新建核电项目一揽子合作协议，由中法共同投资建设的欣克利角 C 项目实质性启动；"华龙一号"在英国的通用设计审查（generic design assessment, GDA）获得英国政府受理，现已正式进入第三阶段；拟采用"华龙一号"技术的布拉德维尔 B 项目进入厂址勘查阶段。

此外，中国还与阿根廷、土耳其、罗马尼亚、南非、沙特、约旦等国分别签署有关协议，积极推进核电和相关领域合作。

四、核电发展形势与展望

核能作为中国现代能源体系的重要组成部分，在助力生态文明建设、推动可持续发展、确保国家能源安全、实现中国能源转型、提升经济发展质量效益、提升中国在全球能源治理中的话语权等方面具有重要的作用与地位。

（一）我国清洁能源产业稳步壮大，核能在能源转型中的作用不断提高

随着国际社会对保障能源安全、保护生态环境、应对气候变化等发展问题的日益重视，加快能源的清洁化、低碳化发展，已成为世界各国的普遍共识和一致行动。认真贯彻党的十九大精神，加快能源转型和结构调整，扩

大清洁能源开发利用，推动绿色发展，已成为中国新时代能源革命的重要任务。

中国已经成为全球第一大能源生产国和消费国，也是当前乃至未来全球能源清洁化、低碳化转型的最大贡献者。核电作为清洁能源发电中的重要一员，在我国能源转型中地位不断提高。2019年中国核电发电量为3481.31亿千瓦时，比2018年上升了18.09%，约占全国累计发电量的4.88%，在非化石能源发电量中的占比达到14.54%。考虑到风电、光伏发电等可再生能源的间歇性、波动性，核电在维持电力系统安全稳定、加强能源多元化保障方面也发挥着重要作用。

2030年前是中国实现碳排放达峰目标的关键期。根据《能源生产和消费革命战略（2016—2030）》，到2020年中国单位GDP二氧化碳排放比2015年将下降18%，非化石能源占一次能源消费的比重将达到15%；到2030年单位GDP二氧化碳排放比2005年将下降60%—65%，非化石能源占一次能源消费比重将达到20%左右，二氧化碳排放将在2030年左右达到峰值并争取尽早达峰。核能在推进我国能源结构向清洁低碳转型、努力实现上述目标方面将发挥不可或缺的作用。

（二）中国电力需求仍将不断增长，核电仍有很大发展空间

今后十余年是中国全面建成小康社会和实现现代化目标的关键阶段。一方面，我国经济总量将持续扩大，人均能源消费水平将不断提高，继续工业化、新型城镇化、"一带一路"建设、京津冀协同发展、长江经济带发展等对能源保障提出了更高的要求，能源刚性需求将长期存在。另一方面，中国经济发展进入新常态，经济结构不断优化，新旧增长动力加快转换，粗放式能源消费将发生根本转变，中国能源发展将进入从总量扩张向提质增效转变、由传统化石能源向非化石清洁能源转型的新阶段，加快推进能源革命将是中国一项长期战略任务。

清洁替代和电能替代是能源变革的必由之路。随着工业、建筑、交通等

各部门的电气化、自动化、智能化发展，清洁电力的优势将逐步显现，电能在终端用能结构中的占比将持续提升。根据相关研究，电能在终端用能结构中的占比将从 2015 年的 21% 提高至 2035 年的 32%—38%，2050 年有望增至 47% 左右。到 2035 年，全社会用电量预期目标为 11.4 万亿千瓦时，其中，非化石能源发电在总发电量的比重将由 2015 年的 26.65% 提高到 50%。

核电具有清洁低碳、能量密度大、换料周期长、高负荷因子、供给可靠性高等特点，在"两个替代"和能源生产与消费革命的转型中具有突出优势。作为目前唯一可以大规模替代化石能源的稳定低碳能源，核电将与风电、光伏发电等清洁能源形成互为补充、协同发展的局面。

（三）安全保障性消纳政策需要进一步落实，开放竞争的电力市场对核电提出新的要求

核电按基本负荷实现安全保障性消纳，有利于最大程度发挥核电环保减排的优势，促进清洁能源利用。近年来，包括核电在内的清洁能源消纳问题受到国家高度重视。国家发展改革委、国家能源局先后印发了《保障核电安全消纳暂行办法》《清洁能源消纳行动计划（2018—2020 年）》。在一系列措施下，2019 年中国核电设备平均利用小时数为 7346.22 小时，设备平均利用率为 83.86%，继 2017 年、2018 年连续两年增长后有所回落。与《清洁能源消纳行动计划（2018—2020 年）》提出的 2019 年"全国核电基本实现安全保障性消纳"、2020 年"全国核电实现安全保障性消纳"的要求相比，部分省区还要付出更大的努力。

2015 年新一轮电力体制改革以来，中国电力市场化改革逐步加快，在增量配电改革、电力现货市场建设、交易机构股份制改革等方面都取得了积极进展。2019 年全年市场化电量达到 2.8 万亿千瓦时，在全社会用电量中占比 39.2%，比 2018 年提高 9 个百分点。随着改革推进，市场化因素将在电力系统中占据更重要的地位，核电参与市场化交易的进程也将加快。依据《关于有序放开发用电计划的实施意见》，国家鼓励核电参与电力市场竞

争和开展辅助服务交易，核电上网电价将面临更为直接的市场竞争。在争取落实国家保障核电安全消纳政策、保障核电上网电量的同时，核电企业需要加快适应进一步开放竞争的电力市场的新要求，主动降本增效，从技术改造更新、优化项目建设管理、有效降低财务成本、加强备品备件管理、提高安全运行能力、合理降低燃料成本、建立健全激励机制等各方面积极采取应对措施。

（四）三代核电的批量化、规模化建设，将推动核电经济性持续提升

2018—2019 年，中国首批三代核电项目（三门核电、海阳核电、台山核电）陆续建成并投入商运，其中三门核电 1 号机组、台山核电 1 号机组分别是 AP1000 全球首堆和 EPR 全球首堆。为了满足更高的安全标准和 60 年设计寿命的要求，三代核电采用了更高性能的设备、材料和更高安全水平的系统设计，同时，由于首堆工程的一系列技术引进费用、研发费用以及工程建设中的设计变更、工期延误等因素，导致工程费用大幅增加，三代核电首批依托项目单位造价明显高于二代改进型核电。

随着三代核电首批项目建成，系统设计、关键设备制造、施工建造、调试等各阶段的技术、工艺流程均得到验证和固化，后续三代核电的关键设备国产化、标准化具备了良好的基础；同时国内外 6 台"华龙一号"机组工程建设经验持续反馈，后续工程设计不断优化，近期批量化建设的三代核电项目造价可大幅降低，远期规模化建设的三代核电项目在单位造价和上网电价上能够逐步接近二代改进型核电的水平。

（五）自主掌握核心技术对中国更为关键，核能发展仍需大力投入和协同创新

与发达国家相比，中国核电发展起步较晚，但通过自主创新和引进、消化、吸收、再创新，较快地掌握了世界先进核电技术。自主三代"华龙一

号""国和一号"的研发成功，标志着中国在由"二代技术"向"三代技术"的跨越中取得了重大进展。与此同时，中国高温气冷堆示范工程已进入全面安装阶段，预计 2020 年投入运行；快堆示范工程已开工建设；小型模块化反应堆、四代反应堆和聚变堆研发领域都取得了重要进展。中国核电自主创新能力迈上了新台阶，但是中国核电科技创新能力还不能满足全面自主发展的要求。与核电强国相比，核级泵阀、数字化仪控系统、关键零部件和基础材料等核心技术依然存在短板，受制于人的局面尚未得到根本改变；在先进核能系统的研发上，多为跟随模仿，原始性、前瞻性创新少。当前，全球经济与贸易环境发生剧烈变化，将对中国核电国际合作带来新的挑战。

核领域关键核心技术是要不来、买不来、换不来的。世界核能技术正在持续快速发展，在核能技术水平上我国仍有待进一步提高。中国应发挥后发优势，瞄准世界核能科技前沿，加大投入，通力合作，加强创新体系建设，强化基础研究，突出关键技术、核心技术的自主创新，为实现核电强国的目标提供有力支撑。

（六）核电全产业链稳步发展，但部分环节亟须加快推进

经过 30 多年的发展，中国已成为拥有自主三代核电技术并形成全产业链比较优势的国家。在核燃料供应方面，中国核燃料产能已跻身世界第一阵营，可以满足国内核电发展和核电"走出去"战略对各种型号燃料的需求；在核电装备制造方面，形成了每年新开工建设 8—10 台核电机组的主设备制造能力，百万千瓦级三代核电机组关键设备和材料的国产化率已达 85% 以上；在核电工程建设方面，全面掌握了压水堆等多种堆型的核电建造技术，具备同时开工 30 台核电机组的建设能力。在核电发展的带动下，中国核电全产业链保障能力持续提升。但受国内外市场环境的影响，中国核燃料产业、核电装备制造、核电工程建设领域都面临许多挑战。其中，核燃料循环后段、放射性废物处置能力不足，亟须加快改进。

核燃料产业是高科技战略性产业，是核工业发展的基石，是核电发展

的"粮仓"。经过 60 多年的发展，中国已经建立起只有少数几个国家才拥有的比较完整的核燃料循环体系，保障了核燃料的可靠供应。但是，随着核电的快速发展，乏燃料产生量、放射性废物产生量持续增加，对核燃料循环后段、放射性废物处置能力提出了新的更高的要求。国家对乏燃料后处理、放射性废物处置高度重视，有关政府部门正在积极协调沟通，紧锣密鼓地开展工作，加强规划和政策引导，推动重大项目实施；有关企业正在加强创新，协同发展，加快产业科技攻关，推进产业高水平发展，补齐产业链发展短板，努力实现核能产业全面、协调、可持续发展。

（七）核能与地方经济融合发展成为核能发展新常态，核科普宣传与公众沟通尤为重要

从北到南，中国已建成辽宁红沿河、山东海阳、山东荣成、江苏田湾、浙江海盐、浙江三门、福建宁德、福建福清、广东大亚湾、广东台山、广东阳江、海南昌江、广西防城港等 13 个核电基地。在核电厂所在的地区，核电不但成为地方经济的重要组成部分，为提升当地经济实力、推动经济高质量发展作出了突出贡献，而且带动了当地科技、产业、社会、人文、旅游、商业与服务业等各方面的进步与发展，得到了当地社会公众的广泛认可和支持。这些核电基地与当地经济社会深度融合发展，已经成为创造共同繁荣、共同进步、共享利益的命运共同体。

随着中国生态文明建设的深入推进，公众对于"绿水青山就是金山银山"的认识逐步增强。而福岛核事故导致公众对核电安全的疑虑有所增加，公众接受度逐渐成为核电发展必须面对的重要问题。因此，核电企业必须更加重视核安全，重视信息公开与公众沟通，并积极承担社会责任，重视与地方经济的融合发展，以获得公众的理解和支持。实现与地方利益共享、融合发展，是今后核电发展的必然要求。如何结合周边发展规划与地方协同实现产业共融，如何保护当地公众切身利益实现对群众利益的合理补偿，如何尽可能提供就业机会和服务需求让周边公众与核电发展共赢共享等，成为今后核

电发展中必须妥善解决的问题。

融合发展与良好的公众沟通密不可分。核电作为一种高度复杂的现代科技，具有事故概率极低、一旦发生事故危害巨大的特点。由于核知识的专业性和复杂性，公众对核电的安全性不易理解，容易产生疑虑和误解。基于此，核电的公众沟通必须首先在科普宣传上下功夫，提高社会公众对核安全的认知。同时，作为国家战略性新兴产业，核电是建设美丽中国的重要措施之一，也希望在各级政府积极支持下，各方通力合作，不断提高公众沟通工作水平，建立起有利于核电发展的良好社会环境。新中国成立 70 多年来，我国核能发电取得了历史性的突破，谱写了核能和平利用的辉煌篇章。展望 2035 年，中国核能发电量将超过美国和其他国家，核电在中国发电量中的占比将从 2018 年的 4.2% 上升到 10% 左右。核能必将在中国优化能源结构、保障能源供应安全，改善空气质量、助推美丽中国建设，优化电源布局、缓解能源输送，促进经济发展、带动科技进步等方面发挥更大的作用。

作者：郑玉辉，中国核能行业协会专家委员会委员；
刘玮，中国核能行业协会战略研究部主任助理

中国可再生能源发展历程与成就

广义范围上来讲，19 世纪中叶煤炭发展之前人类使用的所有能源都是可再生的。本文所涉及的可再生能源，可以归类为现代可再生能源，或商品化的可再生能源。现代的可再生能源技术按照国际能源署 2007 年报告，按照技术成熟的时间可分为三代：最早的一代技术包括水电、生物质商品能源（如木炭等）、地热发电和供热，大概出现在 19 世纪末工业革命后；第二代包含风电、光伏、太阳能的制冷和热利用以及现代生物质能利用（气化、液化和成型燃料等）等技术，在 20 世纪 70 年代第一次石油危机之后开始逐步进入市场；第三代技术包括海洋能、干热岩、空气能等技术，目前刚刚开始尝试。跟随西方国家的脚步，在 20 世纪初水电和现代沼气利用作为新的能源利用方式进入中国的经济领域，同时木炭作为使用历史悠久的传统生物质能源，仍发挥着重要作用。新中国成立后尤其是改革开放 40 多年来，中国的可再生能源事业形成了跨越式发展，成为"可再生能源第一大国"，无论是在投资、应用和装备制造方面都引领全球。但是，可再生能源取代化石能源的道路仍十分漫长，包括中国在内的全球可再生能源发展任重而道远。

一、新中国成立前的可再生能源利用

（一）水电开发起步于清末民初

从 1905 年我国的台湾省（当时在日本殖民统治下）建成第一座水电站

算起，到新中国成立的 44 年里我国的水电事业发展十分缓慢，其发展历程大体上经历了三个发展阶段。这个时期我国水电事业发展缓慢、技术落后、规模小，与国外规模相差甚远，但仍然为煤炭资源匮乏或者开采难度大的地区提供廉价可靠电力，抗战期间在电力工业遭受严重打击下，支持大后方和敌后根据地经济建设，同时还培养了一大批技术和管理人才，积累了水利水文资料，为新中国水电发展奠定了重要的基础。

第一阶段从 1905 年的清朝末年开始到抗战初期。1905 年中国台湾省建成第一座水电之后，1912 年 5 月，中国大陆第一座水电站云南省的石龙坝水电站两台 240 千瓦水轮发电机组投产，拉开了中国水力发电的序幕。其配套的外送昆明的 22 千伏高压线路是当时国内最高电压等级输变电工程。该水电站采用德国技术和设备。石龙坝水电站之后各地陆续建成了 17 个水电项目。这一阶段水电站以几十千瓦小型引水式电站为主，均为商办民营，后期出现官商合办或扩建电站，位置集中在南方和西部边疆地区，以解决城市照明用电为主也满足少量工业用电需求，所以选址临近城市，大多引进欧美设备，规模小技术落后。政府在水电开放领域尚没有大的作为，对长江等部分水系做了初步勘测。截至 1936 年，中国水电的装机容量约为 2726 千瓦，不足全国的 1%。

第二阶段为全面抗战时期。为了支持大后方建设，各个方面大量兴建水电项目，出现短暂繁荣。水电项目的开发主体由民间力量转向政府为主，地方政府也积极参与，地域上主要集中在四川、贵州、云南和福建，电站仍以小型引水式为主，也开始出现兆瓦级别装机容量的水电站。这一时期新增装机容量达到 1.1 万千瓦（不包含台湾和东北三省），总容量占到全国的 15%。国产设备暂时满足了一大部分小水电站的需求，并且开发技术得到缓慢进步，能够自主勘测设计和施工。当时的国民政府还组织开展了全国水力资源勘察，尤其是对三峡地区的勘测，积累了经验和河流情况资料，虽然结果不十分完善，但是改变了中国水力资源贫乏不堪利用的认识，为进一步开发利用水电打下基础。

日本自甲午海战占据台湾后也大力开发水电站，1905 年建成龟山水电站，成为第一座在中国领土上建设的水电站。截至 1945 年，台湾的水电装机容量达到 26.7 万千瓦，占当地全部容量的 86%。20 世纪初日本先后侵占我国东北地区和海南岛后，为了掠夺资源，支持其侵略战争，也非常重视水电开发，兴建的水电站装机容量曾经超过 90 万千瓦，规模和技术都远超当时国内水平。抗战期间日本在东北实施"水主火总"的策略，加速掠夺水利资源，截至抗战结束东北水电站设备容量达到 61.9 万千瓦，占到其年发电量的 59%。其中，丰满水电站是当时亚洲最大的水电站，装机容量 18 万千瓦，建设期间劳工被残酷压迫，死亡超过 6000 人，后大部分机组主件被拆走运到苏联，又经重建，直到 2019 年爆破。

第三阶段是抗战胜利后到解放前。抗战时期的国民政府十分重视水电开发，谋求在全国建设大型水电项目，并成立了第一个全国性水电建设机构，对水电建设统筹安排，展开雄心勃勃的水电规划设计，采取公办大中型水电站，鼓励民营资本参与小水电的策略。然而受到内战和经济影响，大部分项目被搁浅，部分项目新中国成立后恢复建设。在这个时期，第一座红色水电站沕沕水发电站 1948 年在解放区的平山县建成，完全是边区自主勘测设计和兴建，装机容量 200 千瓦，支持附近兵工厂生产，后通过专线送电到西柏坡。截至 1948 年，全国投产水电装机 93.5 万千瓦，其中日伪时期所建电站由日本负责建设的水电站约占 98%，国内自主建设的容量仅为 1.57 万千瓦，不到 2%。

（二）生物质的利用

自古开门七件事，柴米油盐酱醋茶，柴是人民生活第一位的资源。木炭曾在商品化的燃料中占有极重要的地位。所谓木炭，就是木质原料经不完全燃烧或隔绝空气条件下热解后留下的深褐色或黑色燃料。中国早在商周之际就有了成熟的制木炭的历史，直到冶铜业兴起后开始大量使用。木炭因为具有易燃、热值高、耐烧、洁净、灰分少和方便储运等特点成为古代宫廷和上流社会取暖以及铜铁冶炼的燃料，也用于防腐、医疗、火药等方面。古代下层社会因为木炭昂贵多直接烧柴取暖。宋代以后煤炭逐渐取代木炭用于炼铁。民国时期和解放初期仍是城镇市民重要的取暖商品，最常见的是铁盆里烧木炭，也有手炉和足炉等，南方也有竹编的烘笼放木炭取暖。20 世纪 30 年代因为进口燃油的短缺和高价，还出现过油改木炭的汽车。到 20 世纪中期以后，随着化石能源供应的增加木炭工业用途变窄，民用木炭比例增加，但其总的用量呈下降趋势。另外，薪炭用材对林木造成巨大压力，造成薪柴资源缺乏，北魏的《齐民要术》已有薪炭林的记载。

除了木炭外，沼气是民国时期另一种得到商业化应用的生物质燃料。沼气是有机质在厌氧环境下通过微生物分解代谢产生的可燃混合气体，主要成分是甲烷。沼气利用除了开发新能源，也带来了生态、环境和经济效益。按照来源，沼气可分为天然沼气和人工沼气两种。中国对天然沼气利用的历史很久，公元前 1 世纪西汉时期钻凿的临邛火井被认为是人类历史上最早开凿的天然气井，用于熬制食盐和炼铁；简单的人工制取沼气是从 19 世纪末开始在广东出现，中国现代沼气事业开始于 20 世纪 20 年代。1921 年罗国瑞在广东潮梅地区研制出中国第一个比较完备的压水式瓦斯库，经反复试验示范于 1929 年创办了中国第一个沼气技术推广机构——汕头市国瑞瓦斯汽灯公司，首次将沼气应用到经济领域。后来罗国瑞在上海成立中华国瑞瓦斯全国总行，通过支行在 15 个省市推广建设了 200 多个沼气池，用于炊事和代替进口煤油提供照明，并设计有一定的工艺程序和材料规格。其 1936 年在宁波承建的 125 立方米的沼气工程是中国第一个大中型沼气工程，工程质量高。罗国瑞特别重视技术推广和人才培训，他编著了《中华国瑞天然瓦斯库实习讲义》，各地分行也开展培训，共计培养了数以千计的技术人员。1942 年中华国瑞瓦斯全国总行被日本侵略军破坏关闭，从此中国沼气发展基本陷入停顿。这标志着解放前沼气推广的终结，但罗国瑞的一番事业为今后沼气发展奠定了技术和人才基础，其重视科技教育，通过公司和分行的管理体制也具有现实意义。尽管技术落后，但中国因此成为推广利用沼气比较早的国家。

二、新中国成立后可再生能源发展一直受党和政府高度重视

新中国的可再生能源发展始于为解决电力供应的水电发展和解决农村能源供应的沼气、薪炭林和太阳能利用。1973 年石油危机后，中国的能源工作者开始追随世界的潮流，探索研究应对后石油时代的可再生能源。2002 年约翰内斯堡世界可持续发展首脑会议之后，全球的可再生能源进入规模化发展阶段，中国的可再生能源也开始进入规模化发展起步阶段。随着《可再生能源法》的出台，中国的可再生能源也进入了规模化发展的阶段，经过十几年的积淀，目前进入平价上网的新阶段，有步骤地取代化石能源，并开始在推动全球应对气候变化和可持续发展、实现人人享有可持续能源的目标方面引领世界。

（一）解决电力供应和农村能源问题，推动可再生能源发展的起步

能源问题一直是困扰中国农村生产和生活的大问题，在农村发展可再生能源、解决农村生产生活能源短缺问题，一直是中国政府的一件大事。新中国成立初期，农村能源主要是小水电、沼气和薪炭林等。我国政府曾多次组织推广沼气技术。沼气至今在许多农村地区仍然发挥着重要的作用。

20 世纪 80 年代初，国务院成立农村能源领导小组，统一协调当时的农业部、国家计委、国家经委、国家科委、水利电力部、林业部等部门，利用可再生能源解决农村能源供应问题，提出了有效解决农村能源问题的"因地制宜、多能互补、综合利用、讲求效益"的方针，这一提法至今仍具有指导意义。

推动可再生能源发展的另一个巨大动力是保障电力供应的需要。解放初期，我国总的发电装机只有 180 多万千瓦，年发电量只有 43 亿千瓦时，人均用电量不到 8 千瓦时，因此加快发展水电、实行"水火并举"是国家能源建设，特别是电力建设的重要任务之一。

（二）应对石油危机和气候变化，推动可再生能源发展走向前台

1973 年的全球石油危机，让人们意识到化石能源总有一天是可以耗尽的，人类需要未雨绸缪，早做准备。中国在追随世界的步伐，1980 年前后，国务院先后批准组建了中国科学院能源研究所（现国家发展改革委能源研究所）、成都沼气科研所、广州能源研究所等中央政府直接管理的能源研究机构，以及北京能源研究所、甘肃太阳能研究所和辽宁能源研究所等地方政府支持的能源研究机构，支持可再生能源研究，并在中央政府的综合部门国家计委专门设立了可再生能源处，开始全面研究和部署可再生能源发展问题。"七五"规划期间，农村能源列入国家发展计划纲要，确立了 100 个农村综合能源规划建设试点，并着手组织进行了基于小水电的农村电气化试点县建设。

中国政府公布的《中国 21 世纪议程》将可再生能源发展内容纳入其中。"八五"规划期间，国家"973""863"、科技攻关计划亦包含可再生能源研究项目，可再生能源单独编制计划，国家开始有计划地实施可再生能源开发。1997 年，国家三部委首次颁布国家可再生能源发展计划。国家计委启动"乘风计划"和"光明工程"，国家经贸委启动"双加工程"，分别支持风电和光伏示范项目，电力部（国家电力总公司）也启动了相关项目，利用光伏发电解决西藏无电县城的供电问题，通过项目计划支持了一批风电和光伏发电企业。

2002 年，中国政府核准了《京都议定书》，承诺通过提高能源效率、发展可再生能源、植树造林等措施，减缓和适应气候变化。"九五"计划期间，国家开始有计划地规模化发展可再生能源，国家计委（现国家发展改革委）启动了送电到乡工程，利用可再生能源解决无电地区的供电问题，国家科技部设立了后续能源专项，对风电、太阳能和生物质能以及氢能进行研究，联合国家计委设立重大专项，支持可再生能源关键设备的产业化。

（三）制定《可再生能源法》，推动非水可再生能源进入规模化发展新阶段

在 2004 年的波恩国际可再生能源大会上，中国代表团向世界承诺将制定法律和发展规划，支持可再生能源的规模化发展。2005 年 2 月颁布、2006 年 1 月实施的《可再生能源法》推动了中国非水可再生能源的快速发展。到 2018 年年底，非水可再生能源发电装机容量已经超过水电，成为我国第二大发电电源。2019 年非水可再生能源的发电量已经占全社会发电量的 10%以上。

自《可再生能源法》实施以来，中国进入了可再生能源快速发展时期，市场规模不断壮大。可再生能源开发利用取得明显成效，水电、风电、光伏发电等能源种类累计装机规模均居世界首位。可再生能源在能源结构中占比不断提升，能源结构朝着清洁化、优质化方向发展，为中国经济快速发展提供了重要保障。

截至 2019 年年底，全国主要可再生能源发电装机容量 7.94 亿千瓦，占全部电力装机的 39.5%，相比 2005 年提高了 16.2 个百分点，其中，非水可再生能源发电装机占比由 2005 年的 0.6%提高到 2019 年的 21.8%。2019 年，全部商品化可再生能源利用折合 6.4 亿吨标准煤，占全国一次能源消费量的 13.3%，相比 2005 年提高约 7 个百分点。其中，可再生能源发电量 2.04 万亿千瓦时，占全部发电量的 27.9%，相比 2005 年提高 11.8 个百分点，非水可再生能源发电量占比由 2005 年的 0.1%提高到 2019 年的 10.1%。

可再生能源从《可再生能源法》实施初期的"可有可无"到今天的"举足轻重"，已经成为我国能源，特别是清洁能源供应的重要组成部分。

（四）提出打赢蓝天保卫战和二氧化碳达峰的目标，为可再生能源发展提出新任务

党的十八大以后，生态文明建设成为中国"五位一体"发展战略的重要内容之一，2013 年国务院颁布"大气十条"，把调整能源结构、减少煤炭消

费和增加清洁能源供应作为控制大气污染的重要措施。2015年中国与世界各国一起促成了《巴黎协定》的达成和生效，并向全球承诺，2030年单位国内生产总值二氧化碳排放比2005年下降60%—65%，非化石能源占一次能源消费比重达到20%左右，森林蓄积量比2005年增加45亿立方米，二氧化碳排放2030年左右达到峰值并争取尽早达峰。这些都为可再生能源的发展提出了新的目标和任务。为此各级政府和企业都在进行积极的准备。国家发展改革委和国家能源局制定的《能源生产和消费革命战略（2016—2030）》提出，"展望2050年，能源消费总量基本稳定，非化石能源占比超过一半"。山西争做能源革命的排头兵，浙江、青海争做清洁能源示范省，全国近100座城市制定的二氧化碳2025年前达峰的计划，都把开发利用可再生能源作为重要的措施之一。国家电网在青海连续三年进行了100%可再生能源供电的实验，为100%可再生能源供电进行技术储备。

三、水电仍是中国可再生能源发展的基石

水能是清洁、绿色能源，是中国重要的可再生能源资源。中国水能资源技术可开发装机容量达6.61亿千瓦，是世界水能资源最丰富的国家。伴随着水能资源的开发利用，我国水能产业蓬勃发展，水电技术日益成熟，形成了涵盖勘察、规划、设计、施工、制造、输送、运营等在内的全产业链。水电具有经济开发价值，开发技术成熟，调度运行灵活，还兼有电量效益和容量效益、储能作用、水资源综合利用功能等，在促进地方经济社会发展和移民脱贫致富、优化能源结构、保证电网安全、节能减排及环境保护等方面发挥着重要的作用，社会、经济、环境等综合效益显著。回顾中国水电事业的发展，大体上经历了两个阶段：

（一）改革开放前的艰苦起步阶段

新中国成立伊始，百废待兴。对于水电发展，党和政府领导全国水电

工作者自力更生、艰苦奋斗，开启了水电创业新征程。开展了龙溪河、古田溪、永定河、以礼河等中小河流的开发规划；设计建设了狮子滩、古田一级、黄坛口、上犹江、流溪河、官厅、大伙房、佛子岭、梅山、响洪甸等一批中型水电站，以及新疆乌拉泊、西藏拉萨和海南东方等小型水电站。1957年4月开工的新安江水电站，是中国自行设计、自制设备、自主建设的第一座大型水电站，也是中国第一座百米高的混凝土重力坝。1958年9月，中国首座百万千瓦级水电站——刘家峡水电站在黄河上游开工建设，同时，下游的盐锅峡、八盘峡水电站也相继开工兴建。1975年，总装机容量122.5万千瓦的刘家峡水电站建成，成为中国水电史上的重要里程碑。此后，中国又陆续建成了一批百万千瓦级水电站，并进行了大规模的小水电开发利用。截至1979年，中国水电装机容量达到1911万千瓦，年发电量500亿千瓦时，在全国发电量中占比超过18%，为这一时期的国家经济发展作出了应有的贡献。

（二）改革开放后的快速发展阶段

党的十一届三中全会以后，国家确立了以经济建设为中心的发展方针，全面实行改革开放政策。在经济体制、电力体制改革的大背景下，水电也开展了建设体制改革的探索。水电建设经历了工程概算总承包责任制、项目业主责任制和项目法人责任制三个阶段。体制改革解放了生产力，对外开放注入了新活力。二者相互促进，极大地提高了生产效率。2000年以后，随着中国改革开放的进一步扩大，中国水电投资领域引入竞争机制，投资主体多元化，梯级开发流域化。现代企业管理的制度创新，加快了水电开发建设的步伐。特别是国家实施西部大开发战略和西电东送，为西部地区水电开发带来了难得的机遇。雅砻江、大渡河、澜沧江、金沙江、乌江等水能富矿基地按照流域规划有序开发，龙滩、小湾、溪洛渡、向家坝、锦屏一二级、瀑布沟、拉西瓦等一批水电站在国家西部大开发和"西电东送"战略实施之后开工并相继投产。截至2019年年底，中国水电总装机容量3.56亿千瓦，年发电量 1.3 万亿千瓦时，稳居世界第一位。水电装机容量和年发电量占全国总量的近五分之一。水电仅次于火电，就发电量而言，稳居中国第二大电源的位置，为国家经济建设和人民生活提供了清洁低碳的电力供应。

四、非水可再生能源成为中国清洁能源供应的新生力量

自 2006 年《可再生能源法》实施以来，中国进入了可再生能源快速发展时期，市场规模不断壮大。可再生能源开发利用取得明显成效，水电、风电、光伏发电等能源种类累计装机规模均居世界首位。可再生能源在能源结构中占比不断提升，能源结构朝着清洁化、优质化方向发展，为中国经济快速发展提供了重要保障。截至 2019 年年底，中国非水可再生能源发电装机占比由 2005 年的 0.6% 提高到 2019 年的 21.8%，非水可再生能源发电量占比由 2005 年的 0.1% 提高到 2019 年的 10.1%。非水可再生能源从《可再生能源法》实施初期的"可有可无"到今天的"举足轻重"，已经成为中国能源，特别是清洁能源供应的中坚力量。

（一）风电市场快速发展

2005 年年底，除台湾地区外，全国已建成 61 个风电场，累计风电装机 1864 台，装机规模达到 126.6 万千瓦，占全国电力装机容量的 0.24%。已建风电项目均为陆上风电项目，分布在 15 个省（自治区、直辖市、特别行政区），其中装机容量最大的项目为宁夏青铜峡邵岗风电场，装机容量为 11.2 万千瓦。2005 年风电总发电量为 16 亿千瓦时，占全国总发电量的 0.06%。自 2006 年《可再生能源法》实施以来，中国风电年装机容量与年发电量快速增长。截至 2019 年年底，全国风电累计并网容量达 2.1 亿千瓦，占全部电源总装机容量的 10.4%，连续十年位居全球第一。其中，海上风电累计并网容量达到 593 万千瓦，呈现加速发展态势。2019 年，全国风电年总发电量 4057 亿千瓦时，首次突破 4000 亿千万时，较 2005 年增长了近 254 倍，

占全部电源总发电量的比重提高到 5.5%，增长了近 92 倍。

（二）光伏发电发展引领全球

2005 年以前，中国光伏行业处于成长起步阶段，技术和市场均在国外。到 2005 年年底，中国光伏发电装机只有 7 万千瓦，当年全国光伏发电量约 7300 万千瓦时，占全部发电量的 0.03‰，在能源总量中的比重为 0.02‰。自 2006 年《可再生能源法》实施以来，中国光伏行业经历了产业化发展阶段，目前已进入规模化发展阶段，通过国际合作和技术创新，取得了举世瞩目的成就。自 2015 年起，中国光伏年新增和累计装机容量连续位居世界首位。截至 2019 年，全国光伏发电累计装机容量达到 2.04 亿千瓦，约占电源总装机容量的 10.2%，较 2005 年提高了约 2913 倍；2019 年，全国光伏发电量达到 2243 亿千瓦时，较 2005 年提高了约 3070 倍，占全部电源总发电量的 3.1%，是 2005 年的 800 多倍。中国光伏发电产业从装备制造到市场规模均处于全球领先水平。

（三）其他可再生能源亦有长足的进步

首先是生物质能发展成绩斐然。中国生物质资源丰富，理论资源总量每年约 4.6 亿吨标准煤。截至 2019 年，生物质能利用量约 6000 万吨标准煤，其中，生物质发电约 3000 万吨标准煤，生物质固体燃料 1000 万吨标准煤、生物液体燃料 500 万吨标准煤，沼气和生物天然气 1500 万吨标准煤。地热和海洋能等其他技术也有长足的进步。浅层地热利用技术日趋完善，中深层地热利用不断发展，干热岩地热利用技术也进入实验阶段。海洋能领域的潮汐能、洋流能以及波浪能等利用技术也有不同程度的进展。特别是在舟山建成的中国第一座洋流能电站，填补了中国洋流能发电的空白。

可再生能源成为全球能源转型和气候治理的亮丽名片。截至 2019 年，中国非化石能源占一次能源消费比重达 15.3%，其中可再生能源占一次能源消费比重达 13.1%，占非化石能源比重达 85%。2005—2019 年，中国煤炭消费占比由 67% 降低到 57.7%，下降了 9.3 个百分点，而可再生能源消费占比提升了 7 个百分点，填补了煤炭下降率的 75%。在发电量方面，2019 年中国煤电占比 60.8%，较 2005 年下降了 17.2 个百分点，可再生能源电力由 16.1% 上升到 27.9%，提高了 11.8 个百分点，非水可再生能源的贡献率高达 85%。

发展可再生能源成为落实能源安全新战略、构建清洁低碳安全高效能源体系的重要内容，成为推动能源转型、实现经济高质量发展的重要贡献力量，同时也是中国作为应对气候变化国际合作的参与者、贡献者、引领者的亮丽名片。

五、可再生能源发展仍任重道远

习近平总书记在党的十九大明确提出"推进能源生产和消费革命，构建清洁低碳、安全高效的能源体系"，同时提出"建立健全绿色低碳循环发展的经济体系""倡导简约适度、绿色低碳的生活方式"，到 2035 年"基本实现社会主义现代化""生态环境根本好转，美丽中国目标基本实现"。到 2050 年"把中国建成富强民主文明和谐美丽的社会主义现代化强国。到那时，中国物质文明、政治文明、精神文明、社会文明、生态文明将全面提升，实现国家治理体系和治理能力现代化，成为综合国力和国际影响力领先的国家，全体人民共同富裕基本实现，中国人民将享有更加幸福安康的生活，中华民族将以更加昂扬的姿态屹立于世界民族之林"。①

中国发展阶段和发展水平的改变，对中国能源体系提出明确要求。一是 2035 年生态环境根本好转，其中一个指标是 PM2.5 必须明显低于 35ppm，2050 年 PM2.5 要向领先的发达国家看齐，即达到 10ppm 左右。二是达到与发达国家地位相适应的温室气体排放水平，引领全球气候治理和生态文明建设。

---

① 习近平：《决胜全面建成小康社会　夺取新时代中国特色社会主义伟大胜利——在中国共产党第十九次全国代表大会上的报告》，《人民日报》2017 年 10 月 18 日。

按照这些要求，到 2035 年左右非化石能源占比要不低于 25%，2050 年至少不低于 50%。按照可再生能源占其中的 85% 计算，2035 年和 2050 年，可再生能源占比需要从目前的 13% 左右提高到 17% 和 40% 以上，平均每年需要增加至少 1 个百分点。发展可再生能源可能的步骤是：一是从现在开始到 2035 年，通过大气质量和温室气体排放的系统控制，对中国能源质量提出明确要求，即新增能源需求基本上由可再生能源来满足，并在部分地区和行业开始存量替代，推动中国温室气体排放早日达峰。二是从 2035 年中国初步实现现代化之日开始，在新增能源需求基本上由可再生能源满足的同时，开始存量的实质性替代，满足中国 2050 年以后温室气体排放大幅度下降的客观要求。三是从 2050 年开始中国与世界各国一道（乃至引领全球）完成由化石能源向非化石能源的过渡，迎接清洁低碳和人人可享有的可持续能源时代的来临。

总之，习近平总书记在党的十九大提出的"构建清洁低碳、安全高效的能源体系"，以及 2035 年、2050 年发展目标都对能源高质量发展转型提出了新的要求，国际形势变化赋予了国家能源安全新的内涵，期待可再生能源作出更大的贡献。

同时，经过多年的发展，可再生能源开始具备平价上网的技术条件和产业基础。众多研究机构认为，通过一段时间的发展，非水可再生能源发电有可能成为最具竞争力的发电电源，为能源转型作出更大的贡献。关键问题是要认识可再生能源发展的新形势和新局面，解决可再生能源的战略定位问题，以及可再生能源高比例融入能源体系所需的新的机制和制度安排问题，在中国乃至全球的能源系统从资源依赖走向技术依赖、从化石能源过渡到非化石能源的过程中，让可再生能源发挥更大的作用。

作者：李俊峰，国家气候变化战略与国际合作中心首任主任

中国生态环境保护发展历程与成就[①]

中国共产党自 1921 年成立以来，走过了近 100 年的光辉奋斗历程。自建党以来，伴随着中国经济社会发展，中国生态环境保护也走过了艰难的历程，一步步取得了辉煌成就。新中国成立前，中国生态环境总体上非常脆弱，加上长期战乱，几乎谈不上环境保护和建设。20 世纪 50 年代以来，中国在逐步工业化过程中显著提高了资源投入和污染排放强度，对生态环境造成很大压力。改革开放后，中国把环境保护作为基本国策，实施可持续发展战略，推动"两型社会"建设。尤其是党的十八大以来，党中央把绿色发展作为新发展理念的重要内容，把生态文明建设作为"五位一体"总体布局的重要方面，把污染防治作为三大攻坚战之一的重大政治任务。而且，将应对气候变化纳入生态环境保护体系中，从机构和管理两方面完成了气候与生态环境问题的协同机制构建。

纵观中国生态环境发展史，是从新中国成立前后环境保护几乎处于无意识、空白状态，发展到了今天以生态文明建设引领、较为完善的生态环境保

---

① 本文写作过程对时段的划分和判断主要基于以下文献资料作出。有关"孕育阶段"（1949 年前）和"萌芽阶段"（1949—1971 年）的资料主要来源于石丽华的《简论中国近现代环境保护政策的发展》；有关"起步阶段"（1972—1982 年）、"开拓阶段"（1983—1991 年）、"创新阶段"（1992—2000 年）的资料主要来源于刘天齐主编的《环境保护通论》和《环境保护（第二版）》；"攻坚阶段"（2001—2012 年）、"生态环境保护新阶段"（2013 年后）的资料主要来源于王金南等发表在《环境科学研究》2019 年第 9 期的文章《中国环境保护战略政策 70 年历史变迁与改革方向》和谢振华发表在《中国环境管理》2019 年第 4 期的文章《中国改革开放 40 年生态环境保护的历史变革——从"三废"治理走向生态文明建设》。对这些文献的作者表示感谢，详见后附的参考文献。

护体系及生态环境与应对气候变化协同，标志着中国环境保护进入了一个崭新的时代。

一、孕育阶段（1949 年前）：早期的环保意识

1911—1949 年的新民主主义革命时期，中国经历了军阀混战、抗日战争、解放战争几个阶段，中国大地上战火不断，加上严重的自然灾害，极其落后的生产力以及外敌入侵，这一时期自然资源与生态环境遭到严重破坏。至解放前夕，黄河中游地区 58 万千米，水土流失区域达到 43 万平方千米。到处沟壑纵横，农牧业面积不断减少，土壤也越来越贫瘠，且水旱灾害与虫灾频繁，地方病（如结核病、鼠疫等）常导致高死亡率。1921 年中国共产党成立后，在共产党的领导下，随着革命根据地的建立，一些保护自然资源的法令法规首先在根据地颁布并实施，对当时根据地的自然生态和资源保护起到了重要作用，也为新中国成立后中国的生态环境保护工作开展积累了一定基础和经验，也标志着中国生态环境保护处于孕育期。

（一）国民党政府虽制定了部分自然资源保护相关法规，但未得到有效实施

国民党政府统治时期制定的有关自然资源保护法律主要有：1930 年国民政府公布《矿业法》；1932 年 8 月 20 日国民党立法院修正通过《森林法》，9 月 15 日公布。另外还有《渔业法》（1929 年）、《土地法》（1930 年）、《狩猎法》（1932 年）、《水利法》（1942 年）等。这些法规中对森林、动物、鱼类等自然资源做了保护规定，提出了奖惩条例。对河川、农田水利等方面也有了一些立法。虽然许多法规已比封建社会的法规有很大进步，但由于国民党统治时期连年战乱、军阀割据，加上政治上腐败，这些法规未能得到较好实施。所以，这一时期森林仍被破坏，资源得不到保护，环境持续恶化。

（二）根据地的相关自然资源保护法规及其成功实施孕育了中国共产党领导下的早期环保意识

在中国共产党领导下的革命根据地对自然资源保护极为重视，曾颁布并实施过多项关于自然保护的法规。1932 年中央工农民主政府颁布的《经济财政问题决策》中提出"要宣传群众保护森林、栽植森林以调节气候，保持水气而利生产"。1943 年 2 月 19 日晋察冀抗日根据地颁布了《晋察冀边区兴修农田水利条例》，对土地占用、费用负担、水量分配、水渠管理等作了明确规定。这是一部典型的中国较为早期有关水资源管理、分配、保护的法规。1948 年 3 月 30 日晋察冀解放区颁布了《北岳区护林植树奖励办法》，为培植、保护公私林木，供应建设木材，增加人民收入，并防止风沙、水旱灾害起到了重要作用。1949 年 4 月 14 日，陕甘宁边区政府颁布了《陕甘宁边区森林砍伐税征收办法》。其他法规还有《闽西苏区山林法令》（1930 年）、《晋察冀边区垦荒单行条例》（1938 年）、《晋察冀边区禁山办法》（1939 年）、《陕甘宁边区森林保护条例》（1941 年）、《东北解放区森林保护暂行条例》（1949 年）等。在频繁的革命战争时期，这些法规有效地保护了当时革命根据地的自然资源，对于根据地的经济建设起了积极作用。

（三）相关学科人才培养为中国后续环境科学孕育和环保事业发展起到了重要作用

19 世纪下半叶，随着经济社会的发展，环境问题已开始受到社会的重视，地学、生物学、物理学、医学和一些工程技术等学科的学者分别从本学科角度开始对环境问题进行探索和研究。德国植物学家 C. N. 弗拉斯在 1847 年出版的《各个时代的气候和植物界》一书中论述了人类活动影响到植物界和气候的变化。英国生物学家 C. R. 达尔文在 1859 年出版的《物种起源》一书中，以无可辩驳的材料论证了生物是进化而来的，生物的进化同环境的变化有很大关系，生物只有适应环境才能生存，他把生物和环境的各种复杂关

系叫适者生存。美国学者 G. P. 马什在 1864 年出版的《人和自然》一书中从
全球观点出发论述了人类活动对地理环境的影响，特别是对森林、水、土壤
和野生动植物的影响，呼吁开展保护运动。德国地理学家 K. 里特尔和 F. 拉
策尔探讨了地理环境对种族和民族分布、人口分布、密度和迁移，以及人
类聚落形式和分布等方面的影响。1869 年德国生物学家 E. H. 海克尔提出了
物种变异是适应和遗传两个因素相互作用的结果，创立了生态学的概念。从
20 世纪初开始，声、光、热、电等对人类生活和工作的影响开始显现。公
共卫生学从 20 世纪 20 年代以来逐渐由注意传染病进而注意环境污染对人群
健康的危害。1935 年英国植物生态学家 A. G. 坦斯利提出了生态系统的概念。
在工程技术方面，给水排水工程是一个历史悠久的技术部门。1897 年英国
建立了污水处理厂。1850 年人们开始用化学消毒法杀灭饮水中的病菌，防
止以水为媒介的传染病流行。消烟除尘技术在 19 世纪后期已有所发展，20
世纪初开始采用布袋除尘器和旋风除尘器。

中国环境科学主要是 20 世纪 50 年代随着环境问题成为全球性重大问题
后开始的。当时 1949 年新中国成立前出生的许多科学家，包括生物学家、
化学家、地理学家、医学家、工程学家、物理学家和社会科学家等对环境问
题共同进行了调查和研究。他们在这一时期在各环境相关领域得到相对好的
教育，包括部分科学家在海外留学后回国报效祖国，在各学科基础上，运用
原有学科的理论和方法研究环境问题，后续在新中国成立后逐渐在中国形成
了一些新的分支学科，例如环境工程学（陶葆楷等）、环境地学（刘陪桐等）、
环境生态学（马世骏等）、环境化学（唐孝炎等）、环境系统分析（工程）（傅
国伟等）、环境管理学（刘天齐等），等等①，在这些分支学科的基础上孕育
产生了中国早期的环境科学体系，为中国后续环境保护科技发展和环境保护

---

① 这里列举了在环境科学分支领域部分有代表性、较早成长起来的一批学者、科学家，
他们是中华人民共和国成立以来各学科分支的开拓者、奠基人代表。实际各学科分支
的开拓者、奠基人在不同时代有许多，有的学科还有进一步的细分领域，篇幅所限，
这里不再一一列举，特作此说明。

工作开展起到了重要作用。

二、萌芽阶段（1949—1971 年）：探索发展时期的环保政策措施

新中国成立初期，百废待兴，中国国民经济和社会发展整体处于探索阶段，这一时期经历了三年困难时期和"大跃进"，并且发生了"文化大革命"，使国民经济发展受到严重影响，经济发展主要是集中发展重工业，一方面，带来一定的生态环境污染问题，但同时也积极地出台和实施了一些环保政策和法规，反映了新中国成立初期环保工作处于探索发展的萌芽阶段。

（一）新中国成立初期经济建设中生态环境保护意识不强

新中国成立后，党和政府主要任务是采取有效措施恢复国民经济，搞经济建设，发展生产，保障供给。1949 年中国工农业总产值中，工业仅占17%，只能生产纱、布、火柴、肥皂、面粉等少数生活消费品；汽车、拖拉机、坦克、飞机都不能造。因此，党中央提出要集中主要力量发展重工业，建立国家工业化和国防现代化的基础。后来进一步提出：国民经济发展的目标，第一步是建立一个独立的比较完整的工业和国民经济体系。尤其是在第一个五年计划期间，中国在国民经济和社会发展方面都取得了一定成就。但因当时还没有生态环境保护意识，大面积的资源开发、大规模兴建工矿企业及多地开展的农林渔牧业生产导致资源环境破坏，为后续环境问题的出现埋下了隐患。

（二）"大跃进"与"文化大革命"加剧了中国生态环境恶化

1958 年开始因夸大了主观意志和主观能动的作用，对形势做了错误的估计，对待经济发展采取了"大跃进"的态度，提出了许多不切实际的口号和目标，实行一种急于求成的冒进战略。"共产风"为主要标志的"左"倾

错误在全国严重地泛滥开来，使国民经济产生了严重困难，国家和人民遭受到了重大损失，并且造成了一定程度的环境污染和比较严重的生态破坏。在"大炼钢铁"和"大搞群众运动"的方针指导下，各地动员进行大炼钢铁和大办工业。在工业布局上，不顾环境保护要求，工业"三废"的排放处于放任状态，使环境污染迅速蔓延，许多地方出现了烟雾弥漫、污水横流、渣滓遍地的局面。对矿产资源滥挖滥采，不仅造成了惊人的浪费，更使自然资源遭到严重破坏，森林过伐和斜坡开荒导致水土流失量严重。1966 年到 1972 年前，由于受到开始阶段"文化大革命"的影响，工业布局不合理，造成局部污染，在城市当中建立重污染企业，基础建设跟不上，使城市环境污染问题突出。农业以粮为纲，提出"种田种到山顶，插秧插到湖心"的错误口号，大量开荒，围湖造田，毁林毁牧严重破坏了生态平衡。这一时期生态环境恶化的局面不但没有得到扭转，反而更加严重。

（三）处于萌芽期的环保政策措施对后续生态环境改善起到了积极作用

新中国成立到 1972 年前，虽然实际上也做了一些环境管理工作，但尚未建立明确的环境管理概念，也没有普遍设立机构。这个时期在法规建设方面还没有环境保护的专门法规，在一些相关法规中，包含了一些环境保护的要求，推动了环境方面的建设，因此可称为环保政策的萌芽阶段。这些相关的法规主要包括：卫生部门对部分地区大气污染、水污染所进行的检测与控制，曾颁布了《工业企业设计卫生标准》（1963 年 4 月 1 日起实行）。1949—1957 年，经济建设是按照有计划、按比例的原则进行发展，比较正确地处理了重工业、轻工业和农业之间的关系，注意了经济建设与改善人民生活的关系。某些地区工业建设中注意了工业区与市区之间的隔离带（比如，重工业基地之一的钢城包头市，其三大区是中国较为典型的注重了工业区与市区之间的隔离带规划建设，为后续乃至今日的城市发展打下了良好的基础），以及其他一些防治措施，都对保护和改善生活环境起到积极的作用。在全国

143

开展了除害灭病，改善环境卫生为主要内容的爱国卫生运动等。在农村开展了大规模的农田水利基本建设，进行了淮河、黄河、海河、长江等的大型水利工程的建设，加强了植树造林和水土保持工作，从而改善了农业生产条件，并增加了农业抗御自然灾害的能力。国务院颁布了《森林保护条例》（1963 年）和《矿产资源保护试行条例》（1965 年），对不合理的工业布局进行了调整，环境污染得到了一定的控制。

三、起步阶段（1972—1982 年）：以"人类环境会议"与"改革开放"为工作"引擎"

1972 年，中国政府根据周恩来的指示，决定派出一个较大的中国环境代表团参加在斯德哥尔摩召开的联合国"人类环境会议"，第一次提出了"全面规划、合理布局、综合利用、化害为利、依靠群众、大家动手、保护环境、造福人民"的 32 字环境保护工作方计。1973 年 8 月 5—20 日，在北京召开了第一次全国环境保护会议，国务院批准国家计委《关于全国环境保护会议情况的报告》（国发〔1973〕158 号）及其附件《关于保护和改善环境的若干规定（试行草案）》，不但对"全面规划、合理布局、综合利用、化害为利、依靠群众、大家动手、保护环境、造福人民"的环境保护 32 字方针作出明确规定，而且对"三同时"等环境管理制度和环境保护机构的设置也做了明确规定，促进了环境管理工作和各地区、各部门，以及全国环境保护机构的建设。

（一）第一次全国环境保护会议对中国生态环境保护具有里程碑的意义和贡献

这次会议虽然是在特殊的历史背景下召开的，但它标志着中国环境保护事业的开端，为中国环保事业作出了历史性贡献。主要表现在：一是向全国人民及全世界表明了中国不仅认识到存在环境污染，且已到了比较严重的程度，而且有决心去治理污染。会议作出了环境问题"现在就抓，为时不晚"的明确结论；二是会议审议通过了"全面规划、合理布局，综合利用、化害为利，依靠群众、大家动手，保护环境、造福人民"的32字环境保护方针；三是会议审议通过了中国第一个全国性环境保护文件《关于保护和改善环境的若干规定（试行草案）》，后经国务院以"国发〔1973〕158号"文批转全国。

《关于保护和改善环境的若干规定（试行草案）》（以下简称《规定》），是中国历史上第一个由国务院批转的具有法规性质的环保文件。对加强工业合理布局、老城市环境改善、水源保护、污染防治；加强土壤和植被的保护；加强水系和海域的管理；植树造林，绿化祖国；开展环保科研和宣传教育；环境监测工作，环保投资、设备和材料的落实等都做了具体规定。

另外，在"国发〔1973〕158号"文国务院的批示中提出："各地区、各部门要设立精干的环境保护机构，给他们以监督、检查的职权"。根据文件规定，在全国范围内各地区、各部门陆续建立起环境保护机构。1974年10月，经国务院批准正式成立国务院环境保护领导小组。由国家计委、工业、农业、交通、水利、卫生等有关部委领导人组成，余秋里任组长，谷牧任副组长，下设办公室负责处理日常工作。

（二）逐步形成环境规划与管理制度，制定了"三废"排放标准

自1974年国务院环境保护领导小组成立后，为了尽快控制环境恶化，改善环境质量，1974—1976年连续下发了三个制定环境保护规划的通知，并提出了"5年控制，10年解决"的长远规划目标。从此，标志着中国环境保护工作开始有章有序、有计划，开始有了早期的环境规划与管理意识。1973年"三同时"制度逐步形成并要求企事业单位执行；1973年8月国家计委在上报国务院的《关于全国环境保护会议情况的报告》中明确提出：对污染严重的城镇、工业企业、江河湖泊和海湾，要一个一个地提出具体措施，限期治好。为了加强对工业企业污染管理，做到有章可循，1973年11月17日，由国家计委、国家建委、卫生部联合颁布了中国第一个环境标准——《工业

"三废"排放试行标准》（GBJ 4—1973）。1978 年由国家计委、国家经委、国务院环境保护领导小组联合提出了一批限期治理的严重污染环境的企业名单，并于当年 10 月下达。

（三）十一届三中全会推进了中国环境保护与管理工作向法制化突破

党的十一届三中全会以来，随着全党工作重点转移到社会主义现代化建设上来，党向全国提出所有干部都要学经济、学科学、学管理，首次把管理提高到同经济和科学技术同等重要的地位，环境管理也逐渐被列入重要议事日程，党和国家采取了一系列政策措施并颁布了一些环境保护法律法规。包括：1978 年 12 月 31 日，党中央批转了国务院环境保护领导小组《关于环境保护工作汇报要点》，这是以党中央的名义第一次、也是在历史转折的紧要关头，对环境保护工作所作的方针性规定，对推动中国环保事业有着重大的意义；1979 年 9 月 13 日，经第五届全国人民代表大会常务委员会第十一次会议审议通过，并在全国颁布实施《中华人民共和国环境保护法（试行）》，从此，环境保护不再是一般的号召、教育和行政管理，而是有了法律的保障，进入了法制管理阶段；1980 年 3 月和 1981 年 3 月国务院和有关部门先后两次批准开展了环境保护宣传月活动，推动环境管理工作的开展；1981 年 2 月 24 日，国务院作出《关于在国民经济调整时期加强环境保护工作的决定》；1982 年 2 月 5 日，国务院发出通知，规定在全国范围内实行征收排污费的制度，并对征收排污费的标准、资金来源以及排污费的使用等作了具体的规定。这是国家运用经济杠杆，促进环境管理和治理的重要手段。其中，最为重要的是公布了《中华人民共和国环境保护法（试行）》，明确规定了环境保护机构和职责。"省、自治区、直辖市人民政府设立环境保护局……"各省、自治区、直辖市，认真执行《环境保护法》，逐步调整加强了环境保护机构。国务院环境保护机构也在 1982 年的国家机构改革中得到了初步解决，为环境保护与管理工作的进一步发展奠定了基础，标志着中国环境保护与管理工作的正式起步。

四、开拓阶段（1983—1991 年）：把环境保护作为中国的"基本国策"

这一阶段最为重要的是中国召开了第二、第三次全国环境保护会议，通过这两次会议及随后的制度建设和完善，中国环境保护的战略地位、制度框架、政策措施等都得到全方位巩固和发展，在全国范围初步形成了一个比较完整的环境保护行业体系，这一阶段是中国环境保护得以开拓发展的重要时期，奠定了之后中国环境保护的制度和政策框架。

（一）第二次全国环境保护会议是中国环境保护工作的一个重要转折点

1983 年 12 月 31 日至 1984 年 1 月 7 日，国务院在北京召开了第二次全国环境保护会议。李鹏在会议上明确提出了要把加强环境管理作为环境保护工作的中心环节，深入阐述了"把自然资源的合理开发和充分利用作为环境保护的基本政策"。明确指出：中国环境保护的一条基本经验，就是不仅着眼于污染的治理，而且更重要的着眼于保护环境和保护资源的统一。本次会议为中国的环境保护事业作出了重要的历史贡献。主要包括：一是将环境保护确立为国家的一项基本国策，确定了环境保护在社会主义现代化建设中的重要地位；二是提出了"三同步""三统一"的战略方针，即"经济建设、城乡建设和环境建设同步规划、同步实施、同步发展"，实现"经济效益、社会效益与环境效益的统一"；三是确定了符合国情的三大环境政策，即"预防为主、防治结合、综合治理""谁污染谁治理""强化环境管理"；四是提出了到 20 世纪末的环境保护战略目标，为环保工作指明了方向，有利于调动广大干部和人民群众的积极性。

（二）开展了卓有成效的城市环境综合整治工作

1984 年《中共中央关于经济体制改革的决定》提出城市政府要进行城市环境综合整治。1985 年 10 月，在河南省洛阳市召开了全国城市环境保护会议，重点讨论了城市环境综合整治问题，并明确指出"治理四害"是城市环境综合整治的重点，贯彻综合整治精神制定城市环境规划是贯彻"三同步"方针的良好途径。提出了这一工作的核心是以城市生态理论为指导，防治污染、改善生态结构、促进生态良性循环；运用系统分析的方法，从城市整体出发使各部门的各类经济、社会活动以最佳方式利用环境资源，以最小的劳动消耗为城市居民创造清洁、卫生、舒适、优美的生活和劳动环境。提出了合理开发利用城市环境资源，综合防治污染；改善生态结构，促进生态良性循环；打破传统观念，建立以市长、市政府为决策系统的环境管理体制，许多城市都以综合整治思想为指导，陆续制定了各自城市环境规划，体现了这一阶段的工作特点，为后续促进经济与环境协调发展奠定了理论和实践基础。

（三）第三次全国环境保护会议为开拓有中国特色的环境保护道路作出重要贡献

20 世纪 80 年代末，酸雨、臭氧层破坏、温室效应等环境问题在全球蔓延开来，成为举世瞩目的重大问题。第三次全国环境保护会议明确提出："努力开拓有中国特色的环境保护道路"。本次会议总结确定了八项有中国特色的环境管理制度。包括：促进经济与环境协调发展的两项制度，即环境影响评价制度、"三同步"制度；控制污染、以管促治的四项制度，即排污收费制度、排污申报登记及排污许可证制度、污染集中控制制度，以及限期治理制度；责任与考核制度两项，即环境目标责任制、城市环境综合整治定量考核。这些管理制度把不同的管理目标、不同的控制层面和不同的操作方式组成一个比较完整的体系，基本上把主要的环境问题置于这个管理体系的覆盖之下，努力建立一个充满活力而又灵活有效的环境管理机制。1990 年颁布了新的《环境保护法》，这部法比过去的试行法完善得多。这个基本法的颁布实施也是把环境保护作为基本国策的重要体现，充分体现了中国开拓中国特色环境保护制度与道路的成功实践。

五、创新阶段（1992—2000 年）："可持续发展"成为处理环境与发展问题的新理念

1992 年 6 月 3 日，联合国环境与发展大会在巴西里约热内卢召开。大会通过了《里约环境与发展宣言》《21 世纪议程》《关于森林问题的原则声明》，签署了《联合国气候变化框架公约》和《生物多样性公约》等文件。《21 世纪议程》要求各国制定并组织实施相应的可持续发展战略、计划和政策，迎接人类社会面临的共同挑战，这一战略思想被世界各国所接受。这次会议的重大成果是第一次将环境与经济、社会发展有机结合在一起，号召世界各国走可持续发展道路，实现了人类认识环境保护的第二次飞越。1992年 8 月，在联合国环境与发展大会不久，党中央、国务院根据可持续发展思想，于 1993 年发布了"环境与发展十大对策"。1996 年 3 月，第八届全国人民代表大会第四次会议审议通过的《关于国民经济和社会发展"九五"计划和 2010 年远景目标纲要》，确定了跨世纪的环境保护目标，强调实施科教兴国战略和可持续发展战略，把"加强环境、生态保护，合理开发利用资源"提高到战略高度。1996 年 7 月中，李鹏在第四次全国环境保护会议开幕式的讲话中指出，环境保护工作任重而道远，我们要努力工作，确保实现跨世纪的环保目标。为了确保实现跨世纪的环保目标，第四次全国环境保护会议提出了《"九五"期间全国主要污染物排放总量控制计划》和《中国跨世纪绿色工程规划》两项重大举措，为环境管理跨世纪的新发展指明了方向。"十大对策"吸取了国际社会的新经验，总结了中国环保工作多年的实践经验，集中影响和反映了后续中国的环境保护政策。自从"里约大会"之后，中国

的环境保护进入了以"可持续发展"为重要指导思想的一个创新发展阶段。

（一）中国环境管理实现了三大转变

1992 年 6 月联合国环境与发展大会后，国家环境保护局和国家经贸委在上海召开了第二次全国工业污染防治会议，系统地提出了三个转变，标志着中国环境保护总体思路在"可持续发展"的影响下的重大转变。这三个转变是：一是环境管理由末端环境管理过渡到全过程环境管理；二是由以浓度控制为基础的环境管理过渡到以总量控制为基础的环境管理；三是由以行政管理为主，走向法制化、制度化、程序化，依法进行环境管理。

（二）"环境与发展十大对策"成为中国解决环境与发展问题的战略性措施

"环境与发展十大对策"第一条是"实行可持续发展战略"，是其核心；第二至第五条是"采取有效措施，防治工业污染"，"深入开展城市环境综合整治，认真治理城市'四害'"；"提高能源利用效率，改善能源结构"；"推广生态农业，坚持不懈地植树造林，切实加强生物多样性保护"，明确了环境保护的战略重点。第六至第九条是"大力推进科技进步，加强环境科学研究，积极发展环保产业"；"运用经济手段保护环境"；"加强环境教育，提高全民族的环境意识"；"健全环境法制，强化环境管理"，这四条是四项重大战略措施。第十条"参照大会精神，制定中国行动计划"。中国这一阶段制定并发布的有：《中国 21 世纪议程》《中国环境保护行动计划》，以及生物多样性保护等一系列的行动计划。

（三）第四次全国环境保护会议提出的两项重大举措为环境管理跨世纪发展指明了方向

1996 年 7 月中，李鹏在第四次全国环境保护会议开幕式的讲话中指出，环境保护工作任重而道远，我们要努力工作，确保实现跨世纪的环境保护目标。^①江泽民在会议期间所作的重要讲话，从战略高度指出："在社会主义现代化建设中，必须把贯彻实施可持续发展战略始终作为一件大事来抓"。"经济发展，必须与人口、资源、环境统筹考虑，不仅要安排好当前的发展，还要为子孙后代着想，为未来的发展创造更好的条件，决不能走浪费资源和先污染后治理的路子，更不能吃祖宗饭、断子孙路。"^②为了确保实现跨世纪的环保目标，第四次全国环境保护会议提出了《"九五"期间全国主要污染物排放总量控制计划》和《中国跨世纪绿色工程规划》两项重大举措。这是一次跨世纪的重要环保会议，为环境管理跨世纪的新发展指明了方向。

六、攻坚阶段（2001—2012 年）：建设"资源节约型、环境友好型"社会

至 20 世纪末，中国的生态环境保护政策、法律、标准和管理制度初步形成体系，环境保护已经融入可持续发展战略之中，国家在政策、制度上跟上了时代的要求，通过多年的努力，城市、重点地区和重点流域的污染防治工作初见成效，生态环境保护工作逐步得到了加强。某些地区环境污染加剧的趋势开始得到基本控制，部分城市和地区的环境质量有所改善。2005 年 3 月 12 日，胡锦涛在中央人口资源环境工作座谈会上提出，要"努力建设资源节约型、环境友好型社会"。党的十六届五中全会指出，要加快建设资源节约型、环境友好型社会，并首次把建设资源节约型和环境友好型社会确定为国民经济与社会发展中长期规划的一项战略任务。2006 年 4 月召开的第六次全国环境保护会议上提出了"三个转变"的战略思想。2011 年 12 月召开的第七次全国环境保护大会，李克强讲话，提出在发展中保护、在保护中发展，经济转型发展是否有成效要看环境是否改善。

---

① 《十四大以来重要文献选编》下，人民出版社 1999 年版，第 1985 页。
② 《江泽民文选》第一卷，人民出版社 2006 年版，第 532 页。

这一时期由于恰逢中国经济处于高速增长期，重化工业发展迅猛，使中国生态与环境保护的形势异常严峻，主要表现在：一是污染物排放总量很大；二是生态恶化加剧的趋势尚未得到有效遏制，部分地区生态破坏的程度还在加剧；三是重特大环境事故发生。环境污染和生态破坏已成为危害人民健康、制约经济和社会发展的一个重要因素。2002—2004 年开展了国家环境安全战略研究，判断 21 世纪初到 2020 年是中国环境安全面临压力最大的时期，也是环境保护的重要战略机遇期。在 2005 年上半年发布的《国家环境安全战略报告》指出"环境安全是一个大问题，社会应引起广泛重视"。这一时期作为环保攻坚的新阶段，主要有两个方面的重要工作突破。

（一）环境保护管理机构和监管体系走向成熟

2012 年党的十八大以前，中国的环保管理机构不断完善、制度体系不断成型。2008 年中国正式将原来的国家环境保护总局升级为正部级，成立了环境保护部，组建了华东、华南、西北、西南、东北、华北六大区域环境保护督察中心；并在实行总量控制、定量考核、严格问责的同时，多种政策综合调控开始受到重视，从主要用行政办法保护环境转变为综合运用法律、经济、技术和必要的行政办法解决环境问题。总量控制、定量考核非常严格，城市污染治理大规模展开，特别是污水处理厂和垃圾处理厂的建设大都从这时开始。"十一五"规划期间对环保的投入等于过去 20 多年对环保的总投入。

（二）环境保护政策和法规体系更加系统、完整

这一时期，为了适应新形势要求，《大气污染防治法》《水污染防治法》等法律法规得到了进一步修订。《放射性污染防治法》《环境影响评价法》《清洁生产促进法》《循环经济促进法》相继出台；2006 年中央财政预算账户首次设立"211 环境保护"科目，排污权交易、生态补偿、绿色信贷、绿色保险、绿色证券等环境经济政策试点启动并逐步实施；2008 年，国家卫星环境应用

中心建设开始启动，环境与灾害监测小卫星成功发射，标志着环境监测预警体系进入了从"平面"向"立体"发展的新阶段。2005 年 2 月 16 日，《联合国气候变化框架公约》缔约国签订的《京都议定书》正式生效，《中国应对气候变化国家方案》出台。中国积极参加多边环境谈判，以更加开放的姿态和务实合作的精神参与全球环境治理。

七、生态环境保护新阶段（党的十八大后）：全方位走向生态文明建设与协同应对气候变化新时代

党的十八大以来，以习近平同志为核心的党中央高度重视生态文明建设和生态环境保护工作，将生态文明建设摆在了治国理政的突出位置，把生态环境保护放在政治文明、经济文明、社会文明、文化文明、生态文明"五位一体"的总体布局中统筹考虑，把坚持人与自然和谐共生作为新时代坚持和发展中国特色社会主义基本方略之一，把绿色发展作为新发展理念。党的十八大通过的《中国共产党章程（修正案）》，把"中国共产党领导人民建设社会主义生态文明"首次写入《党章》，这是国际上第一次将生态文明建设纳入一个执政党的行动纲领中。同时，通过机构职能调整将应对气候变化与生态环境保护从制度上协同起来，标志着自党的十八大以来中国正式进入了生态文明发展与应对气候变化新阶段。

（一）提出了构建系统完整的生态文明制度体系

2015 年 4 月，《中共中央国务院关于加快推进生态文明建设的意见》对生态文明建设进行全面部署；2015 年 9 月，中共中央、国务院印发《生态文明体制改革总体方案》，提出到 2020 年构建系统完整的生态文明制度体系。2018 年 3 月，第十三届全国人民代表大会第一次会议通过了《中华人民共和国宪法修正案》，把生态文明和"美丽中国"写入《宪法》，这就为生态文明建设提供了国家根本大法遵循。特别是在 2018 年 5 月召开的全国第八次

生态环境保护大会上，正式确立了习近平生态文明思想，这是在中国生态环境保护历史上具有里程碑意义的重大理论成果，为环境战略政策改革与创新提供了思想指引和实践指南。习近平生态文明思想已经成为指导全国生态文明、绿色发展和"美丽中国"建设的指导思想，在国际层面也提升了世界可持续发展战略思想。

（二）环境保护相关法律得到系统完善，应对气候立法得到高度重视

党的十八大以来，以习近平同志为核心的党中央高度重视生态文明建设和生态环境保护工作，将生态文明建设纳入"五位一体"总体布局，把坚持人与自然和谐共生作为新时代坚持和发展中国特色社会主义基本方略之一，把绿色发展作为一大新发展理念，坚决向污染宣战，出台实施了大气、水、土壤"三个十条"，出台了《生态文明体制改革总体方案》，建立了中央环保督察等一系列重大制度。根据生态文明建设的新要求，对《环境保护法》《大气污染防治法》《水污染防治法》《固体废物污染环境防治法》《海洋环境保护法》等一系列法律进行了重大修改；特别是 2014 年修订的《环境保护法》，被称为"长出牙齿"的法律，大大提高了立法质量和法律威慑力；随着 2018 年全国人民代表大会通过了《土壤污染防治法》，中国基本形成了较为完整的生态环境保护法律体系。中国开始成为世界生态文明建设的引领者。2014 年 4 月中国修订完成了《环境保护法》，被称为"史上最严"的环保法。随后，《大气污染防治法》《水污染防治法》等相继完成修订；新出台的《环境保护税法》《土壤污染防治法》等也开始实施。

另外，全国人民代表大会常务委员会在抓紧制定和完善中国特色社会主义法律体系过程中，重视应对气候变化相关立法，在党的十八大前后，制定并颁布实施了以保护生态系统为目标，涉及能源、资源、生态环境等方面多部与气候变化相关的法规。例如，《可再生能源法》《节约能源法》等是能源单行法律，《清洁生产促进法》《循环经济促进法》等是从决策的源头上采取防治碳排放的法律，《森林法》《草原法》等致力于通过保护生态、增加碳汇能力，吸收温室气体，减轻温室气体对气候环境破坏的法律。同时，国务院先后颁布了涉及气候变化领域的行政法规和部门行政规章，地方性法规和地方政府规章中也加入了控制温室气体排放的法律规范。

（三）建立了史上最严格的环境监管制度，把气候相关指标作为强约束列入五年规划

2015 年 10 月召开的党的十八届五中全会明确提出实行省级以下环保机构监测监察执法垂直管理制度，这有望大幅度提升中国生态环境监管能力。2018 年 3 月 17 日，第十三届全国人民代表大会一次会议批准《国务院机构改革方案》，组建了生态环境部，统一实行生态环境保护执法。随着污染治理进入攻坚阶段，中央深入实施大气、水、土壤污染防治三大行动计划，部署污染防治攻坚战，建立并实施了中央环境保护督察制度，以中央名义对地方党委政府进行督察，如此高规格、高强度的环境执法监管史无前例。另外，自"十二五"规划以来，国家把单位 GDP 二氧化碳排放降低率和非化石能源占一次能源的比重列为应对气候变化的约束性指标，在"十三五"规划期间对约束力度进一步加码，使中国于 2017 年提前 3 年超过了 2020 年碳强度下降 40%—45% 的目标。

（四）市场和经济政策工具在环境与气候领域得到了成功应用和试点

明确了建立市场化、多元化生态补偿机制改革方向，补偿范围由单领域补偿延伸至综合补偿，跨界水质生态补偿机制基本建立；全国共有 28 个省（自治区、直辖市）开展排污权有偿使用和交易试点；出台了国际上第一个专门以环境保护为主要政策目标的环境保护税，也意味着自 1982 年开始在全国实施的排污收费政策退出历史舞台；加快推进建设绿色金融体系，由中国主导完成的《2018 年 G20 可持续金融综合报告》得到了世界各国的认同。

这一时期，国家发布了《国家应对气候变化规划（2014—2020年）》《国家适应气候变化战略》等重大政策文件指导部门和地方开展了应对气候变化工作，成功推进了低碳城市试点示范和碳市场试点建设。并且于2017年正式启动了国家碳市场建设。

（五）提出了2060年"碳中和"目标，积极而建设性地参与全球气候治理

2020年9月22日，习近平总书记在第七十五届联合国大会一般性辩论上发表重要讲话，指出"人类需要一场自我革命，加快形成绿色发展方式和生活方式，建设生态文明和美丽地球。人类不能再忽视大自然一次又一次的警告，沿着只讲索取不讲投入、只讲发展不讲保护、只讲利用不讲修复的老路走下去。应对气候变化《巴黎协定》代表了全球绿色低碳转型的大方向，是保护地球家园需要采取的最低限度行动，各国必须迈出决定性步伐。中国将提高国家自主贡献力度，采取更加有力的政策和措施，二氧化碳排放力争于2030年前达到峰值，努力争取2060年前实现碳中和。各国要树立创新、协调、绿色、开放、共享的新发展理念，抓住新一轮科技革命和产业变革的历史性机遇，推动疫情后世界经济'绿色复苏'，汇聚起可持续发展的强大合力"[1]。这充分显示了中国作为负责任大国，引领构建人类命运共同体，推动各国树立创新、协调、绿色、开放、共享的新发展理念，建设全球生态文明，凝聚全球可持续发展强大合力的大国担当，为各国携手应对全球性挑战作出贡献的决心。

作者：杨玉峰，亚洲开发银行能源政策顾问、帝国理工学院葛量洪研究所（气候变化与环境研究所）荣誉研究员

---

[1] 习近平：《在第七十五届联合国大会一般性辩论上的讲话》，载《习近平在联合国成立75周年系列高级别会议上的讲话》，人民出版社2020年版，第10页。

中国气候行动发展历程与成就

随着全球性环境问题的出现，气候变化问题长期以来一直是国际社会越来越关注的重要全球性议题。联合国和国际社会花了大约两代人的时间才认识到气候问题的重要性。早期人类对气候问题的认识受到很多局限，主要与环境问题伴生。直到 1988 年 11 月，世界气象组织和联合国环境规划署联合成立了一个气候变化的专门组织——政府间气候变化专门委员会（IPCC），组织全球科学界对气候变化的科学、影响与适应、减排及相关的经济和社会问题展开评估，并为联合国及各国际组织提供科学和技术咨询意见后，全球气候行动才真正进入了实质性阶段。IPCC 于 1990 年发布了其第一次气候变化科学评估报告。1990 年 12 月，第 45 届联合国大会通过了第 45/212 号决议，决定成立由联合国全体会员国参加的气候变化"政府间谈判委员会"（INC），立即开始联合国气候变化条约的谈判。联合国气候变化谈判进程由此正式启动。自此以后，气候变化成为国际关系的重要议题。

中国较早实质性参与气候变化工作主要包括参与国际交流和联合国条约谈判，由外交部、国家计委（现国家发展改革委）、国家科委（现科技部）、国家气象局（现中国气象局）、国家环保局（现生态环境部）、电力部（能源部，现能源局）等根据各自职能分工负责等。随着应对气候变化深入各行各业，越来越多的专业部门加入应对气候变化行列，至今几乎所有部门都参与到这项工作中。

中国应对气候变化工作按工作内容特征划分为五个阶段：早期（1990 年前），气候行动孕育阶段；初期（1990—1998 年），"捍卫国家发展权益、促进发达国家率先减排"阶段；中期（1998—2008 年），深度参与全球气候变化合作阶段；近期(2009—2013 年)，全面参与应对气候变化阶段；当前(2014年后)，引领全球应对气候变化阶段。

一、早期（1990 年前）：气候行动在环境保护中孕育

气候变化作为严重环境问题被人类意识、认知和应对并采取行动是相对较新的现象。1824 年法国的吉恩·傅里叶（Joseph Fourier）首先发现了温室气体的影响，1858 年英国的约翰·廷德尔（John Tyndall）首次通过实验证实了温室气体的影响；1896 年瑞典的斯万特·阿伦尼乌斯（Svante Arrhenius）首次定量化报道了温室气体的影响。三位科学家验证的基本事实是：（1）大气层对于维持地球表面温度至关重要；（2）二氧化碳和甲烷可以吸收太阳辐射的作用；（3）工业活动释放的二氧化碳具有导致全球温度升高的潜力。

此后，联合国和国际社会花了大约两代人的时间才认识到气候问题的重要性和严重性。1949 年，联合国资源保护和利用科学大会（1949 年 8 月 17日—9 月 6 日在纽约成功湖举行）是提及地球资源枯竭及使用的第一个联合国机构。但重点主要是从管理的角度探讨如何利用资源和环境为经济和社会发展服务，而不是从保护的角度。直到 1968 年，环境问题才受到联合国所有主要机构的严重关注。联合国经济及社会理事会于 1968 年 5 月 29 日首次将这些问题作为一个具体项目列入其议程，并决定（后来得到大会核准）举行第一届联合国人类环境会议。

1972 年 6 月 5—16 日在瑞典斯德哥尔摩举行的联合国科学会议（又称为"第一次地球峰会"）通过了一项宣言，提出了维护和改善人类环境的原则及行动计划，其中包含了有关环境行动。该宣言在关于识别和控制具有广泛国际意义的污染物一节中，首次提出了气候变化问题，警告各国政府注意可能导致气候变化的活动，并评估气候影响的可能性和严重性。

联合国科学会议还提议建立监测站，以监测可能引起气象特性（包括气候变化）的大气成分和特性的长期趋势。世界气象组织（WMO）将协调这

些计划，以帮助国际社会更好了解大气和气候变化的原因，无论是自然的还是人类活动的影响。会议还呼吁召开第二次环境会议，并设立了联合国环境规划署（UNEP）理事会（其秘书处设在肯尼亚内罗毕）、环境基金和环境协调委员会。但是，气候变化并没有成为这些机构的核心任务。水资源、海洋哺乳动物、可再生能源、荒漠化、森林、环境法律框架以及环境与发展问题则成为中心议题。

在接下来的 20 年里，作为执行 1972 年决定和努力的一部分，对大气和全球气候的关注逐渐引起国际社会关注并采取行动。1979 年，联合国环境规划署理事会要求其执行主任在"地球观察"计划下，监测和评估空气污染物的远距离运输及第一项国际气候文书《远程越境空气污染公约》，该公约随后被采用，并缔结了《越境空气污染公约》议定书，该议定书旨在将硫的排放量减少 30%。联合国环境规划署在 1980 年将理事会的工作水平提高到另一个水平，当时理事会对臭氧层的破坏表示关注，并建议采取措施限制氯氟烃 F—11 和 F—12 的生产和使用。这导致 1985 年谈判并通过了《保护臭氧层维也纳公约》。同时，欧洲和北美地区的酸雨现象开始显现出由于空气污染引起的气候变化的明显证据，致使联合国环境规划署和世界气象组织采取了各种控制方案。

1987 年，联合国大会通过的《2000 年及以后的环境展望》（*Environmental Perspective to the Year 2000 and Beyond*）进一步推动了全球环境行动，旨在指导国家行动和国际合作以实现无害环境政策和计划的实施。该《展望》强调了环境与发展之间的关系，并首次提出了可持续发展概念。但这份政策文件虽然认识到需要清洁空气技术和控制空气污染，却没有将气候变化作为中心问题，而是将其归入与能源有关的政策指令之下。

1988 年，全球变暖和臭氧层消耗在国际公众辩论和政治议程中变得越来越突出。联合国环境规划署在 1988 年 1 月组织了一次内部研讨会，以确定可能对气候变化敏感的环境部门。1988 年 11 月，联合国环境规划署和世界气象组织联合成立了 IPCC，为全球提供关于气候变化方面的科学认知、评估和行动建议。1989 年为全球应对气候变化的分水岭，这一年联合国首次作出重大决定推进解决气候变化问题：在 1989 年召开的联合国第 44 届大会上，确认气候变化是一个具体而紧迫的问题，要求世界气象组织和联合国环境规划署就气候变化进行全面审查并提出建议，包括可能的应对策略，以延缓、限制或减轻气候变化的影响。会议所通过的第 44/207 号"为今世后代保护全球气候"的决议，要求联合国环境规划署和世界气象组织开始就制定气候变化框架公约进行谈判筹备工作。此外，1989 年还通过了《保护臭氧层赫尔辛基宣言》，同年《关于消耗臭氧层物质的蒙特利尔议定书》生效。

这一时期，中国积极参加了联合国举行的所有涉及保护环境、臭氧层和气候变化的活动，尤其是联合国环境规划署组织的活动。限于人类对全球气候变化的认识和应对行动、组织能力都有很大的局限性，1989 年之前可看作全球应对气候变化的孕育阶段。这一时期，中国在这些领域的科学家也积极参与了国际上这些领域的科学组织和科学论坛活动。但因为国内在这方面的科学研究非常薄弱，甚至是空白，因此，这段时间，中国学者主要是以跟踪、了解、学习、提高、培养队伍为主。

二、初期（1990—1998 年）：捍卫国家发展权益，促进发达国家率先减排

1990 年 10 月 29 日—11 月 7 日举行的第二届世界气候大会进一步提高了人们对气候变化影响的认识。大会在部长宣言中指出，气候变化是一个独特的全球性问题，为此需要全球响应。呼吁立即就气候变化框架公约进行谈判，不要再拖延。由于迫切需要采取更强有力的国际行动，以应对包括气候变化在内的环境问题，大会决定于 1992 年在巴西里约热内卢召开联合国环境与发展大会。

1990 年联合国大会通过了的第 45/212 号决议，决定成立由联合国全体会员国参加的气候变化"政府间谈判委员会"（Intergovernmental Negotiating

Committee, INC），于 1990 年 2 月开始起草联合国气候变化条约的谈判。由外交部条约法律司牵头，当时的国家计委、国家科委、电力部（能源部）、国家环保局、国家气象局的代表组成的中国代表团参加了会议。历经五轮 INC 会议，于 1992 年 5 月 9 日在纽约达成了联合国气候变化框架公约（以下简称"气候公约"）。气候公约的目标是"将大气中温室气体的浓度稳定在防止气候系统受到危险的人为干扰的水平上"。

依据气候公约第一次缔约方会议作出的第一号决定（又称"柏林授权"），关于审查发达国家在气候公约下承担的温室气体减排义务是否充分以及需要制定议定书和后续行动的决定，成立了关于柏林授权谈判特设工作组，启动发达国家减排温室气体指标的谈判。经过 1996 年和 1997 年前后 6 轮谈判，于 1997 年 12 月在日本京都召开的气候公约第三次缔约方会议上达成了"京都议定书"。这次会议的最后阶段连续进行了 3 天 2 夜共 54 小时。可见其艰难程度。《京都议定书》是联合国历史上第一次把保护环境作为具有法律约束力的义务纳入联合国条约中，并制定了遵约机制，规定了缔约方不遵约需要承担的法律后果，是第一部具有法律约束力和法律后果的联合国环境法规。议定书规定发达国家缔约方在第一承诺期（2008—2012 年）内应在 1990 年水平基础上减少温室气体排放量 5.2%，并具体规定了各发达国家或发达国家集团的国别减排指标，具有里程碑意义。

同一时期，IPCC 在 1990 年发布了第一次气候变化评估报告，对气候变化的成因进行了科学评估，分析评估了气候变化的影响，以及对气候变化的响应等，第一次全面评估了气候变化，是一项开创性的工作。1992 年，IPCC 发布了气候变化评估补充报告，对气候变化的科学和影响评估做了进一步的补充。第一次评估报告确认了气候变化问题的科学基础，指出人类活动引起的温室气体排放正在显著增加大气中温室气体的浓度；它为联合国大会作出制定《联合国气候变化框架公约》的决定发挥了重大作用。1995 年，IPCC 发布了气候变化第二次评估报告，包括三个方面的内容：气候变化科学，气候变化影响、适应和减缓的科学和技术分析，以及气候变化的经济和社会分析评估。第二次评估报告提出人为气候变化是可辨别的，气候变化的社会经济影响被确定为新的主题。第二次评估报告对谈判制定《京都议定书》发挥了重要作用。

需要强调的是，IPCC 本身并不组织气候变化问题的研究，而只是依据世界各国科学家已有的研究结果，进行综合评估。由于气候变化涉及面广，影响气候变化的因素很多很复杂，科学家在研究气候变化科学问题时，只能在给定条件下得出某些结论。因此，任何一个研究机构都很难独自研究气候变化在全球范围内的成因、影响、适应及减排等问题并给出令人信服的结果。IPCC 利用联合国组织体系组织全世界的科学家评估气候变化问题，制定了一系列的评估标准和程序，以及确定评估结论的程序，是目前科学界最权威的气候变化科学评估机构。因此，IPCC 评估报告的结论是国际科学界对保护气候的一大贡献，成为国际组织和各国政府采取应对气候变化政策和措施的主要科学依据。也正因为 IPCC 报告影响越来越显著，各国参与程度也越来越高，IPCC 在开展评估报告编写和批准过程中，政治色彩越来越浓。

中国在这一阶段参与保护气候变化的主要目标，是在推进全球保护气候的进程中确保自身和发展中国家整体的发展权益不受损害。而发达国家要求所有国家都要承担相应的减排义务。因此，在谈判过程中，发展中国家时时处处提防发达国家可能布设的温室气体减排"陷阱"。最终，在气候变化框架公约的原则中明确规定了发达国家和发展中国家之间对气候变化负有"共同但有区别的责任"这一基本指导原则。中国在确定这一原则的过程中发挥了主导作用。这一原则成为中国和其他发展中国家维护自身发展权的基石。其基本含义是："共同"的责任：各国都负有保护全球气候的责任，要根据各自的能力采取措施保护气候；"有区别"的责任：发达国家在其发展过程中已经排放了大量的温室气体，当前仍然是全球温室气体排放的主要贡献者，因而对全球气候变化负有历史责任和主要责任，有责任有义务率先采取减排温室气体行动，使其本国的温室气体排放水平在 2000 年时恢复到 1990 年的排放水平，并向发展中国家提供官方发展援助以外的技术和资金支持以帮助发展中国家采取应对气候变化的政策和行动；发展中国家要制定和执行减缓和适应气候变化的国家计划，向联合国提交国家应对气候变化的信息通报，发展中国家履行这些义务的程度取决于发达国家履行资金和技术转让的程度。这一原则及达成的《京都议定书》，确保了中国和其他发展中国家在 2012 年以前不必承担具有法律约束力的减排或限排义务，确保了发展过程中仍然有所需要的温室气体排放空间。

这一期间国内应对气候变化的具体行动，主要体现在制定相关的政策和计划、开展科学技术研究、开展机构和人员能力建设等方面。国家科技计划开始把气候变化纳入科技攻关计划并在基础研究、部门科技计划、国际合作计划中支持了一系列专门的研究，包括气候变化的成因与模拟、气候变化的影响与适应、温室气体排放清单编制、减排温室气体的技术经济方案、未来温室气体排放情景模拟、大气温室气体本底监测等。其中，亚洲开发银行援助的两个项目"应对气候变化国家战略""减排温室气体最低成本方案"，以及世界银行援助项目"工业部门温室气体排放清单"、美国援助的"气候变化国别研究"、挪威援助的"共同执行活动"等项目，对提升中国气候变化研究能力和水平起到了重要推动作用。通过实施这些计划和项目，很快培养造就了一批老中青结合的专家，这些专家成为当时参与国际交流与合作、为政府制定政策提供科学支持的骨干力量，当时的青年专家现在也已成为应对气候变化各方面的领军人物。1995 年国务院批准把包括应对气候变化在内的可持续发展作为国家发展战略，是最早把气候变化纳入中央政府政策框架的文件。

这一时期中国能源以解决能源短缺、保障供给、节约能源、提高能源效率为发展主线，同时推进新能源和可再生能源发展。

三、中期（1998—2008 年）：深度参与全球气候变化合作

1997 年制定《京都议定书》后，联合国气候变化谈判的重心转移到制

定《京都议定书》的实施细则上。《京都议定书》有两个生效条件：一是要有 55 个缔约方批准《京都议定书》；二是批准《京都议定书》的发达国家缔约方，其 1990 年的温室气体排放量要占到所有发达国家缔约方的 55%以上。第一个生效条件很容易满足，在《京都议定书》通过不久就有很多国家提交了批准文书。但满足第二个生效条件却非常不易。发达国家缔约方 1990 年的温室气体排放量构成中，美国约占 36%，俄罗斯约占 17%。如果美国和俄罗斯联手不批准《京都议定书》，则《京都议定书》将永远无法生效。实际上，在谈判过程中，美国曾经要求更高比例的生效条件，使美国拥有一个国家就可以否决《京都议定书》的特权。2001 年 3 月，美国政府以"减少温室气体排放将会影响美国经济发展"和"发展中国家也应该承担减排和限排温室气体义务"为借口，宣布拒绝批准《京都议定书》。在全球绝大多数国家的积极努力下，2005 年全世界共有 180 多个国家签署了《京都议定书》。经各方对俄罗斯的艰苦游说和做工作，俄罗斯立法机构也终于在 2004 年年底批准了《京都议定书》。最终，《京都议定书》于 2005 年 2 月 17 日生效，成为在没有美国参与下也能够处理重大全球环境问题的一个联合国专门条约。

从 1998 年开始的《京都议定书》实施细则谈判成为旷日持久的马拉松式谈判。《京都议定书》的条款很原则，需要谈判确定具体实施细则。实施细则将决定实施《京都议定书》的效率和有效程度，也将对各国的经济和社会发展带来深刻影响。这些细则归纳起来包括四个部分：一是涉及遵约的实施规则，包括发达国家如何报告目标年的温室气体排放；什么机构采用何种标准来审查发达国家履行义务的程度；发达国家可以用何种手段来履行义务；如果一个发达国家没有能够完成规定的义务，哪些机构负责评估和裁决；发达国家应该承担什么后果；等等。二是关于发达国家利用境外机制完成温室气体减排义务的谈判，即《京都议定书》第六条规定的"联合履行"、第十二条规定的"清洁发展机制"（clean development mechanism, CDM）和第十七条规定的"排放贸易"规则的谈判，通常称"三机制谈判"。三是资金机制、技术转让和能力建设方面的谈判，这部分重点是要建立发达国家履行向发展中国家提供资金、技术转让和能力建设义务的具体规定。四是关于温室气体排放核算方法及核定发达国家基准年温室气体排放量等技术性问题谈判，其中最重要的是土地利用、土地利用变化及林业（land use, land-use change, and forestry, LULUCF）在发达国家减排温室气体义务中如何处理的问题。LULUCF 的核心是其在一个国家的温室气体排放或吸收中，既可能是巨大的排放源，也可能是巨大的吸收汇。这往往与一个国家的具体国情相关，还与具体国家选择的基准年和目标年密切相关。一些发达国家想利用林业和土地对二氧化碳的天然吸收能力来抵消需要花费巨大努力和较高成本才能够实现减排的能源领域的排放量，希望通过这种"数学计算"的"算账方式"，就把联合国规定的国际义务轻轻松松地完成了。另外，还有一些其他问题，例如，发达国家的国际航空和国际航海排放的计算和减排、最大限度减少发达国家履行减排义务时对发展中国家的经济和社会发展的不利影响〔这是石油输出国组织（Organization of the Petroleum Exporting Countries, OPEC）国家最积极推动的议题，因为发达国家的减排政策将可能导致大幅度减少油气进口，从而严重影响 OPEC 国家的收入〕等。

原计划 2000 年在荷兰海牙举办的第六次缔约方会议上完成《京都议定书》实施规则的谈判，形成一揽子实施《京都议定书》的协议，促进各国批准《京都议定书》的进程。为确保海牙会议取得成功，荷兰政府曾经组建了强大的班子协调推进谈判，其时任环境部部长扬·普龙克（Jan Pronk）和环境部国际司司长伊弗·德布尔（Yvo de Boer）（2006—2010 年出任联合国气候变化框架公约秘书处执行秘书）亲自到主要国家包括中国游说，了解各国最关心的问题、不可妥协的问题等，以提出一揽子妥协方案。第六次缔约方会议期间，虽然各方作出了最大努力，很多参加最后阶段辩论的部长甚至直接参加了技术性很强的细则的谈判，例如，时任日本环境大臣川口顺子作为日本政府代表团团长，曾经直接作为三机制谈判的联合主席，推动未决问题的谈判，以在三机制议题上达成协议。但最终由于以美国为首的伞形集团

（包括美国、日本、加拿大、澳大利亚、俄罗斯等）、欧盟及"七十七国集团＋中国"在几个重要问题上无法达成妥协，原计划出台的一揽子协议——"海牙协议"胎死腹中，会议无果而终，同时决定在次年召开续会，继续谈判解决未决问题。2001 年 6 月在德国波恩召开的第六次缔约方会议续会上，Jan Pronk 抛出了新的《京都议定书》实施细则的一揽子政治协议，经过两周艰苦的讨价还价，达成了"波恩政治协议"，为随后于 2001 年年底在摩洛哥马拉喀什召开的第七次缔约方会议达成"马拉喀什协议"铺平了道路。达成波恩政治协议后，Jan Pronk 邀请所有代表乘游船浏览莱茵河风光，足见达成这个政治协议有多重要。

2002—2004 年的《联合国气候变化框架公约》及《京都议定书》谈判，仍然围绕实施《京都议定书》的具体技术细则进行，如确定造林项目纳入清洁发展机制的具体细则；同时也启动了适应气候变化议题的谈判。印度在 2002 年主办了第八次缔约方会议，把帮助发展中国家适应气候变化作为核心议题纳入会议，会议最后通过的"德里气候变化与可持续发展部长宣言"，正式启动了适应气候变化的谈判进程，也推动各国更加重视气候变化适应问题。

2005 年 12 月在加拿大蒙特利尔召开的《联合国气候变化框架公约》第十一次缔约方会议暨《京都议定书》第一次缔约方会议上，经过与俄罗斯的艰苦讨价还价，达成了启动发达国家在《京都议定书》下第二承诺期减排义务的谈判（2012 年以后的减排义务），会议同时决定在公约下启动一个长期合作对话进程以提升公约现有义务的履行。这个进程实质上是讨论美国和发展中国家参与减排温室气体的论坛。但因为美国的反对，先以对话的方式开展这一进程。2007 年在印度尼西亚巴厘岛召开的《联合国气候变化框架公约》第十三次会议暨《京都议定书》第三次缔约方会议上，根据前两年所开展的关于未来温室气体减排义务的谈判进程，达成了"巴厘行动计划"。美国在这次会议上受到了来自各方的巨大压力，最后妥协接受了协议。巴厘行动计划的核心，包括四个方面的内容：减排温室气体，适应气候变化，资金、技术转让及能力建设。减排温室气体又包括两大方面:《京都议定书》下的发达国家在第二承诺期的减排义务指标;公约下发达国家未来的减排义务(主要是指美国)、发展中国家未来的温室气体减排行动(这一行动与发达国家提供资金、技术转让和能力建设挂钩)。会议决定利用两年时间完成巴厘行动计划所确定议题的谈判,在 2009 年在丹麦哥本哈根召开的世界气候大会上就这些议题达成具体协议。

这一时期,IPCC 于 2001 年通过了其气候变化第三次评估报告,包括四个部分:气候变化的自然科学基础,气候变化影响、适应和脆弱性,减缓气候变化,以及综合报告。这是第一次采用"综合报告"的方式来表达 IPCC 报告的主要结论——综合报告的核心内容源自三个分报告,并在其基础上进一步评估其影响和需要采取的政策措施。综合报告所列出的结论往往成为各国政府为着自己的目的经常引用的科学依据。第三次评估报告进一步明确 1950—2000 年大部分变暖现象可能归因于人类活动,促使气候公约谈判确立适应和减缓两个主题,推动了均衡谈判进程,为《京都议定书》的生效和执行提供了一定的科学支撑。2007 年,IPCC 通过了其第四次评估报告,这次评估报告延续了第三次评估报告四方面内容这个框架结构:气候变化的自然科学基础,气候变化影响、适应和脆弱性,减缓气候变化,以及综合报告。第四次评估报告明确提出自 20 世纪中叶以来(即 1950 年后)的 50 多年的气候变化很可能归因于人类活动,推动了"巴厘路线图"的诞生,为国际气候变化应对机制安排提供了科学依据。

特别值得一提的是,在审查 IPCC 第三次评估报告过程中,发达国家一直在推动 IPCC 报告能够明确地给出由于人为温室气体排放导致全球气温上升 2℃ 就是危险温度的"threshold"(阈值)这个结论。这个阈值对应的是要确保把排放到大气中的温室气体稳定在大约 450PPM 左右。在当时全世界可获得的科学研究文献中,并没有确定全球气温上升 2℃ 就是一个危险阈值,全球气候就会发生灾难性的不可逆的变化。这个结论主要是欧盟的政治意愿——政治上需要这个结论,然后希望 IPCC 的科学评估报告能够在科学上证实和支持这个结论。中国政府代表团在国内专家的支持下，以大量的科学研究事实为依据，提出这种结论目前还缺乏科学依据，IPCC 报告还不能够得出这样的结论。这个问题成为最后是否能够通过报告的关键问题。会议最后通过的报告用了"a few degree centigrade"（几度）的措辞，模糊表达这个最大的争议问题。在 2007 年审批第四次评估报告时，类似第三次评估报告的情况再次发生。从第三次评估报告之后的几年时间里，世界各国的科学家仍然无法给出到底全球平均气温升高多少会是一个重大转折点——阈值，没有科学文献支撑这个结论。几个发达国家的专家从各种文献试图找出能够说明 2℃ 是阈值的结论，但被参加会议的中国科学家利用同样的研究结果一一推翻。这个问题又一次成为是否能够批准报告的关键问题。在会议延期一天时间谈判后，通过的报告删除了 2℃ 阈值这一结论。在 IPCC 第四次评估报告通过不久，欧盟利用其主办八国首脑会议（G8 Summit）及"G8+5"会议的机会，把这个结论放入领导人宣言中。从此就有了"把全球温升控制在 2℃ 以内"作为保护气候目标的说法。目前甚至进一步提升为 1.5℃。因此，这个结论最初源自政治决定，并非科学结论。

这一时期，国内除了深度参与气候变化国际谈判以外，还根据公约确定的相关规则，出台了一系列政策和措施，利用国际组织和相关发达国家提供的资金和技术援助，全方位开展了气候变化国际合作。在制定国家政策法规方面，最重要和最有影响的，是制定和发布了一系列实施 CDM 项目的指导原则和规定，建立了中国 CDM 基金及运行规章等。在开展国际合作方面，主要包括工程示范项目、能力建设项目和 CDM 项目。

工程试验示范项目：涉及气候变化工程试验示范项目主要包括两类：第一类是作为联合国气候变化框架公约下设立的"试验阶段共同执行活动"（activities implemented jointly under the pilot phase, AIJ）试验示范项目，共实施了五个项目：与日本合作的首钢干熄焦、辽阳铁合金电炉改造、哈尔滨印染厂锅炉改造三个项目、与美国能源部合作的科技部节能建筑楼项目及与挪威政府合作的河南商丘热电联产项目。第二类是作为 CDM 项目的方法论研究的试验示范项目，实施了一个项目：与意大利环境部合作的"清华大学环境系节能建筑楼"项目。共同执行活动项目实际上是 CDM 项目的前身，源自 1995 年《联合国气候变化框架公约》第一次缔约方会议的决定。当时还没有 CDM 条款。开展这两类工程试验项目合作的目的，在于探索发达国家与发展中国家如何开展项目合作，可以帮助发达国家实现减排，分析研究如何计算减排量并能够将减排量转让给发达国家。通过实际试验示范项目的实施和核算，为制定合作机制的法律条款提供实践基础。以上几个项目的实施，项目单位获得了部分资金或设备，中国政府和合作的国外政府则通过专家团队完成了项目基准线、项目额外性分析、项目监测等一系列方法学的研究，并将这些研究结果以双方联合报告的方式提交给《联合国气候变化框架公约》缔约方会议。这些研究报告后来成为制定《京都议定书》下清洁发展机制运行规则及方法论的重要实践依据，为后来蓬勃发展的清洁发展机制作出了重大贡献。

能力建设项目：这类项目主要包括两个方面：一是为制定国家相关政策提供帮助；二是提高人员实施项目的能力和水平。帮助制定相关气候变化政策的合作项目主要有：世界银行的援助项目"清洁发展机制国别研究"、亚洲开发银行的技术援助项目"能源领域的清洁发展机制项目机遇"、联合国开发计划署的援助项目"为实现千年发展目标的清洁发展机制能力建设"、英国的援助项目"气候变化影响与适应研究"等，通过实施这些项目，为国家制定应对气候变化政策、制定适应气候变化政策、制定实施清洁发展机制的国家规章等提供了坚实的基础。正是这些项目的实施，促进中国及时制定和颁布了气候变化的国家战略和政策，尤其是清洁发展机制运行管理办法、建立清洁发展机制基金等。在提高人员能力建设方面，科技部所开展的清洁发展机制能力建设国际合作项目成就尤其突出。通过与世界银行、亚洲开发银行、联合国开发计划署等国际组织、与加拿大、日本、德国、瑞士、意大利、挪威等国家开展清洁发展机制能力建设项目合作，科技部建立了具有世界领先水平的 CDM 专家"国家队"——以清华大学专家为主的 CDM 专家队伍，这支队伍中的 4 名专家被联合国聘用为专家。利用 CDM 专家"国家队"，支持 28 个省、自治区、直辖市建立了地方 CDM 技术服务机构，指导地方组织实施了 4 年 CDM 能力建设培训活动及 CDM 项目开发活动，带动了中国 CDM 项目的爆发式发展，使中国的 CDM 项目在全世界占据了绝对的领先地位。目前活跃在地方和行业的很多气候变化专家，都受益于那个时段的能力建设培训。可以说，以上项目对于提高中国公众的气候变化意识、提高机构能力和执行力作出了不可磨灭的贡献。

CDM 项目：中国这一时期从 CDM 能力建设做起，很快就把 CDM 项目开发引向了全国的每个角落，很多 CDM 咨询服务机构甚至走出国门到其他发展中国家做 CDM 项目开发。以 2006 年中国主办亚洲碳博览会（Carbon EXPO Asia）为标志，中国从那时起成为全球开展 CDM 合作的中心。CDM 项目所带来的减排收益，使可再生能源项目、余热利用项目等成为 CDM 项目开发机构和买家的抢手货。CDM 项目对中国可再生能源突飞猛进的发展功不可没。

中国这一时段应对气候变化的成就，反映在能源发展方面上，最突出的是促进了可再生能源的快速发展、工业节能技术、废弃能源（余热、余压、垃圾填埋沼气回收等）利用的大规模投资。

四、近期（2009—2013 年）：从被动参与到主动应对，再到全面参与

2009 年哥本哈根世界气候大会是中国政府应对气候变化政策和战略的重大转折。丹麦政府为确保所主办的 2009 年哥本哈根会议能够取得圆满成功，精心准备，希望会议能够有一个理想的结果。哥本哈根会议实际上是气候变化谈判历史上截至当时受到重视程度最高的会议，美国总统、中国国务院总理等 100 多位国家领导人出席会议最后阶段的高级别会议，亲自参加谈判。但哥本哈根会议最后还是以失败而告终。凝聚了很多国家努力，尤其是

美国和欧盟政治领导人想法的"哥本哈根协议",仅仅得到会议"注意到",而不是被批准通过。这个本应成为历史上具有标志性的哥本哈根协议,被委内瑞拉、玻利维亚、洪都拉斯、古巴等左翼执政的拉丁美洲国家政府代表团给予坚决阻击而无法获得批准,理由其实很简单:这些国家认为这个协议的出笼不透明,没有经过各缔约方的谈判,在程序上是非法的。其主要起因是美国总统奥巴马在与主要国家领导人就哥本哈根协议达成一致后,认为大会批准这个协议是顺理成章的事,因而在还没有经过大会讨论正式批准前,奥巴马就迫不及待地召开新闻发布会,宣布达成了协议,并随后乘专机离开哥本哈根回国了。在随后召开的谈判全会要正式批准这个协议时,部分拉丁美洲国家因为在这个协议磋商过程中没有被邀请参与,觉得自己被边缘化了,是被迫接受这个协议,对这种违反谈判程序的做法非常不满,坚决反对接受这个协议。最终会议无果而终。中国政府为推进哥本哈根会议达成协议,也作出了巨大努力,派国务院总理参加会议并第一次向国际社会提出了量化的减缓温室气体的承诺:到 2020 年将在 2005 年基础上使单位 GDP 的二氧化碳排放强度下降 40%—45%、非化石能源占比达 15%等。中国的这些承诺,在当时属于破天荒的重大举措,没有一个发展中国家作出具体减缓温室气体排放的承诺。

2010 年墨西哥政府在坎昆主办了《联合国气候变化框架公约》第十六次缔约方会议暨《京都议定书》第六次缔约方会议,墨西哥政府充分吸取了哥本哈根会议的教训,从一开始就注重听取各方意见,邀请各方参与谈判;并利用自己作为拉丁美洲大国的地位,对可能在最后关头又出来"闹革命"的拉丁美洲左翼执政国家政府代表团采取恩威兼施的办法做工作,各个击破,最后在玻利维亚代表仍然坚持反对通过《坎昆协议》的情况下,强行通过了包括一系列重要决定的《坎昆协议》。《坎昆协议》包含了资金机制、技术机制、适应机制、能力建设机制、未来减排等所有巴厘行动计划所载内容的决定。特别值得提出的是,坎昆会议决定建立绿色气候基金,作为《联合国气候变化框架公约》的资金机制(此前一直由全球环境基金作为临时资金机制），带动了全球大规模的气候投融资进程。《坎昆协议》最大的成就在于增强了国际社会保护气候的信心，因为哥本哈根会议失败后，国际上应对气候变化笼罩在很浓的悲观气氛下，坎昆会议的成功，则为大家重新建立信心、继续这项事业注入了新的活力。

2011—2013 年的谈判，重点围绕《京都议定书》第二承诺期以及提升《联合国气候变化框架公约》的实施进行。由于日本等国不打算参与《京都议定书》第二承诺期，同时发达国家也希望重新制定包括美国和所有发展中国家在内的新的减排温室气体协议，在气候变化谈判过程中，对《京都议定书》后续承诺期的谈判严重缺乏动力。2012 年，中国与其他发展中国家努力促成了《京都议定书》多哈修正案通过。多哈修正案从法律上确保第二承诺期在 2013 年实施，并为《联合国气候变化框架公约》中所列发达国家缔约方规定了量化减排指标，使其整体在 2013—2020 年承诺期内将温室气体排放量从 1990 年水平至少减少 18%。多哈修正案是国际社会艰苦谈判的成果，维护了《联合国气候变化框架公约》原则，特别是共同但有区别的责任原则、公平原则和各自能力原则，延续了《京都议定书》的减排模式，实现了第一承诺期和第二承诺期法律上的无缝衔接。但遗憾的是，多哈修正案到目前仍然无法生效实施，因为根据《京都议定书》第 20 条第 4 款的规定，《京都议定书》修正案的生效将需要至少四分之三《京都议定书》缔约方批准（需要共计 144 缔约方），修正案批准 90 天后才能够生效。目前虽然已有 130 多缔约方批准，但仍然未能够达到要求，而且多哈修正案的承诺期是到 2020 年，即使能够很快生效，也基本上没有实际意义，只存在象征性意义。国际社会普遍认为这是因为美国和加拿大退出了《京都议定书》，日本、新西兰等国拒绝执行《京都议定书》并阻挠气候资金、绿色技术转让等谈判，游离在全球应对气候变化的积极阵营之外导致的后果。

这一时期，IPCC 在组织全球科学家编制其气候变化第五次评估报告（AR5）。与此同时，IPCC 还组织编制了两个特别报告：《可再生能源与减缓气候变化特别报告》及《管理极端事件和灾害风险，推进气候变化适应特别报告》。对世界各国开发可再生能源、制定政策和措施管控极端天气气候事件，提供了科学参考。

这一时期，国内在参与联合国气候变化谈判方面发挥的作用越来越大。中国一直坚持气候变化谈判应在公平原则，"共同但有区别的责任"及"各自能力"原则，公开透明、广泛参与、缔约方主导和协商一致的原则指导下进行，坚持在可持续发展的框架下应对气候变化，积极发挥联合国框架下气候变化谈判的主渠道作用，这些原则得到了国际社会的普遍支持，成为积极建设性参与谈判、推动气候变化国际进程取得进展的主导力量。中国所提谈判方案、在谈判关键环节发挥主导作用也越来越突出。中国倡导并于2009年建立了与巴西、印度、南非合作的"基础四国"集团，在谈判过程中，先形成一致立场后再推进谈判，从而发挥了重大推动作用，成为发展中国家谈判的中坚力量，并成为发达国家不可忽视的谈判对手。中国还同时与美国、欧盟、法国、英国、德国、日本、澳大利亚等建立了气候变化双边磋商机制，增进彼此了解和理解，推进解决气候变化谈判过程中的分歧和难题，合作推进全球气候保护进程。中国不仅仅成为发展中国家的主心骨，在与美欧等发达经济体对话方面，也逐渐有了较平等的话语权。几乎所有议题的谈判，都离不开中国的参与和决策。

这一时期国内应对气候变化在机构和人员设置、制定政策和行动等方面有了根本性的变化：把应对气候变化提升为建设生态文明和美丽中国的重要组成部分，列入国家发展规划，开展了大量的适应和自主减缓行动。

在机构设置上，建立了国家应对气候变化领导小组统一领导、国家发展改革委归口管理、有关部门和地方分工负责、全社会广泛参与的应对气候变化管理体制和工作机制。国家发展改革委于2008年建立了"应对气候变化司"，工作人员从原来只有4—5人迅速增加到20人以上。立法机构还启动了推进应对气候变化的立法工作——2009年8月，第十一届全国人民代表大会常务委员会第十次会议通过《关于积极应对气候变化的决议》；国家发展改革委、全国人大环资委、全国人大法工委、国务院法制办等联合成立了应对气候变化法律起草工作领导小组，加快推进应对气候变化专门立法起草工作，初步形成立法框架。

在编制政策规划方面，第一次编制应对气候变化规划——在国家"十二五"规划纲要中，"积极应对全球气候变化"纳入规划并列成章；随后还编制了《国家应对气候变化规划（2014—2020年）》，对2020年前的国家应对气候变化工作进行整体部署。2009年11月，国务院提出到2020年中国单位GDP二氧化碳排放比2005年下降40%—45%，这是中国第一次提出量化的减缓温室气体排放的指标。2011年12月，国务院印发《"十二五"控制温室气体排放工作方案》，提出到2015年全国单位GDP二氧化碳排放比2010年下降17%。在党的十八大报告中，还明确提出把单位GDP能源消耗和二氧化碳排放大幅下降作为全面建成小康社会和全面深化改革开放的目标，为此国务院和有关部门出台和发布了一系列与应对气候变化相关的重大政策：国务院确定2015年能源消费总量控制目标40亿吨标准煤，科技、海洋、气象、林业、工业、交通等领域制定了本领域应对气候变化工作方案或专项行动，适应气候变化成为农业、林业、水资源、气象、卫生等部门工作的组成部分等。

在推进应对气候变化试点工作方面，2010年7月，国务院批准开展低碳城市试点。批准了5省8市作为低碳试点省市，要求各试点省和试点城市研究制定加快推进低碳发展的政策措施，创新体制机制，围绕优化能源结构，推动产业、交通、建筑领域低碳发展，引导低碳生活方式，增加林业碳汇，实施一批重点工程，争取取得实际成效。2012年，国家确定在北京市、上海市、海南省和石家庄市等29个省（自治区、直辖市）开展第二批低碳省区和低碳城市试点工作。2011年11月，在北京市、天津市、上海市、重庆市、深圳市、广东省和湖北省等7个省市开展碳排放权交易试点工作，探索利用碳交易促进减排工作。这些试点为后来建立国家碳交易体系提供了丰富的实践经验。

同一时期还开展了一系列应对气候变化的基础工作和能力建设活动。

国家发展改革委会同国家统计局制定并印发《关于加强应对气候变化统计工作的意见》，明确提出建立应对气候变化统计指标体系；环境保护部在"十二五"环境统计指标体系中增加了温室气体核算相关统计指标；国家林业局以各省历次森林资源清查结果为基础，结合各类林业统计数据，完成了各省森林面积和蓄积变化的测算；国家发展改革委于2012年组织完成了《第二次国家信息通报》的编制并提交联合国气候变化框架公约秘书处；国家发展改革委组织编制了化工、水泥、钢铁、有色、电力、航空、陶瓷等行业生产企业的温室气体排放核算方法与报告指南。科技部支持开展了一系列应对气候变化的基础科学研究，包括：编制第三次《气候变化国家评估报告》、制定《国家低碳技术成果转化与推广应用目录》、推进二氧化碳地质储存的技术攻关、开展应对气候变化领域有关标准的前期研究、气候变化对中国水安全影响及适应对策研究、中国森林缓解气候变化影响的实证研究、典型生态系统固碳潜力和固碳过程研究等。国务院新闻办公室发布《中国应对气候变化的政策与行动（2011）》白皮书。在提高公众意识方面，自2013年起，在"全国节能宣传周"的第三天设立"全国低碳日"。林业局指导编制了《林业碳汇与气候变化》作为中学教材、成立中国绿色碳汇基金会志愿者联盟和绿色传播中心等，中国气象局录制影视片《应对气候变化——中国在行动》、"应对气候变化中国行"等。相关部门还编写了应对气候变化培训教材和知识读本及开展大规模的干部和技术人员的培训。

这一时期的国外援助项目，重点在促进碳市场发展和CCUS方面。其中，亚洲开发银行的技术援助项目为北京、天津和上海的碳市场试点建设提供了支持，并援助国家发展改革委气候变化司编制CCUS相关政策和技术路线图；世界银行、欧盟则为中国国家碳市场建设提供了大量援助。欧盟和英国与科技部合作推进CCUS的技术研发和工程示范。与此同时，中国也开始了对其他发展中国家在气候变化方面的技术和能力建设援助，主要是为发展中国家的政府官员和专家开展气候变化政策和技术培训，以及赠送减排温室气体的装备例如太阳能利用装备、各种节能产品等。中国在对外援助方面不带任何附加政治条件、讲实效，得到发展中国家的普遍赞赏。

对应这一时期中国应对气候变化的政策和行动，中国能源领域的发展呈现实质性的转型发展。能源企业几乎都参与了 CDM 项目开发合作，很多大型能源企业成立了专门的碳资产管理公司；通过参与 CDM 合作，能源企业保护气候意识迅速提升，大力发展可再生能源、提升能源效率、提升低碳能源占比成为能源企业的主要发展方向。华能、神华等能源集团甚至建立了小型 CCUS 工程示范项目。这一时期中国的风能和太阳能投资得到迅速发展，成为全球风能太阳能发展的领头羊。也正是因为中国风能和太阳能发电项目的大规模发展，促进了建设成本的大幅度下降，这进一步促进了全球风能太阳能的发展，为全球可再生能源发展作出了巨大贡献。

五、当前（2014 年以来）：中国进入引领全球应对气候变化发展新的时代

从 2014 年开始，中国在气候变化国际事务上展现了越来越突出的大国风范和国际领导力，为促成全球气候行动注入新的更大的推动力。除了政府代表团活跃在大大小小的谈判场合，中国国内的非政府组织（Non-governmental Organisation, NGO）、学术机构和智库也非常活跃。中国代表团还在气候大会上开辟了中国角，成为最精彩最活跃的国家展台之一。

2014 年中美在北京签署《中美气候变化联合声明》以及 2015 年习近平总书记访问美国签署《第二次中美气候变化联合声明》，成为当时影响全球应对气候变化的标志性事件。不到一年时间，中美两国领导人发表两次气候变化联合声明，对 2015 年年底召开的巴黎气候大会来说，无疑产生了巨大的推动作用。在 2014 年中美两国元首发布的联合声明中，各自提出了到 2020 年后的气候行动目标。美国计划于 2025 年实现在 2005 年基础上减排 26%—28% 的全经济范围减排目标并将努力减排 28%。中国计划 2030 年左右二氧化碳排放达到峰值且将努力早日达峰，并计划到 2030 年非化石能源

占一次能源消费比重提高到 20% 左右。在 2015 年的声明中，双方强调需要制定 21 世纪中期行动战略，以实现全球温度升温不超过 2℃ 的目标，推动全球经济向低碳转型。在这份声明中，中国首次正式对外宣布将于 2017 年启动全国碳排放交易体系，这个交易体系将覆盖钢铁、电力、化工、建材、造纸和有色金属等重点工业行业。中国还承诺将提供 200 亿元用于建立中国气候变化南南合作基金，支持其他发展中国家应对气候变化。

除了中美两度发表气候变化联合声明外，在 2015 年年底巴黎气候变化大会前，中国还与欧盟以及英、法、德等主要发达地区和国家也达成和发布了双边联合声明，凝聚共识，对最终达成制定 2020 年后的全球温室气体减排协议——《巴黎协定》起到了重要的推动作用。

在巴黎气候变化大会期间，习近平总书记亲自参加大会指导和推进谈判——在中国参加气候变化谈判历史上，是中国最高领导人第一次出席这个论坛。中国代表团积极协调发达国家与发展中国家的立场，求同存异，获得各方赞赏。巴黎大会最终通过了《巴黎协定》，获得圆满成功。联合国和法国政府特别感谢习近平总书记和中国政府为此所作的巨大贡献。《巴黎协定》谈判成为中国开始引领应对全球气候变化的标志。

2016 年以后的气候变化谈判，重点在制定《巴黎协定》的实施细则。中国政府代表团一直是谈判进程的主要推动力量。2018 年 12 月，在波兰卡托维兹召开了联合国气候变化第 24 次缔约方大会。在本次大会上，通过了《巴黎协定》"一揽子实施细则"，具体成果突出表现在国家自主贡献、透明度问题、气候融资以及技术转让四个方面。在"逆全球化"浪潮和国际气候分裂的格局下，近 200 个缔约方就如此详细的"实施细则"达成一致，实属不易。"实施细则"明确了国家自主贡献模式的性质、范围、信息要求、核算等关键内容。在发展中国家关注的资金和技术转让方面，设立了 2025 年之后的资金目标进程、发展中国家气候行动资金援助细则，以及评估技术转让进程。但在市场机制问题上未能够达成协议，有待于联合国气候变化大会第 25 次及以后的会议上讨论解决。

中国发展的地区典范：
广东省的能源经济转型

——从渔村深圳到粤港澳大湾区

一、能源是支撑广东经济飞跃的引擎

　　广东泛指岭南一带地方，早在旧石器时代就有人类活动，从秦汉时期开始，该地区的海上贸易、经济作物种植、纺织陶瓷业日渐发达，到明清时期广东的社会经济位于中国先进行列。广东自古处于开放之态势，尤其近代经济外向型特点突出，侨办商业是广东经济的一大特色。鸦片战争后广东的民族工业得到初步发展，连同官办和官商合办企业，构成了广东近代第一批工业。继最早的电灯在上海租界出现后，时任两广总督张之洞在广州的总督衙门建起一座小型电灯厂，点亮了广东的第一盏电灯，自此广州成为中国最早有电的三个城市之一。1890 年侨商黄秉常成立广州电灯公司，作为全国第一家电灯厂开创了中国电力公用事业，也带动了整个广东省的电力工业发展。截至 1912 年，广东省已有工厂 2400 多家，其中以蒸汽或电力作为动力的有 136 家，位居全国之首。民国初期，广东省的民族工业得到进一步发展，橡胶等新兴行业出现。发电能力也大幅提升，至 1919 年，电厂增加到 26 家。第一次世界大战后广东地方经济受到西方资本和商品的冲击一度陷入停滞，一直到陈济棠主政广东，才进入暂时的稳定发展时期，到 1936 年达到中华人民共和国成立前的最高水平。这一时期，南京国民政府制定国家化的能源政策，逐步打破外资对电力行业的垄断，也涌现出一批民营电力企业。广东也出现了水力发电和沼气等新能源商业化项目。抗战时期广东沦陷后，经济遭到严重破坏，后又受到内战影响陷入停滞。新中国成立后，广东省进入新的经济发展时代，能源也越来越成为广东发展中不可或缺的力量。

在发展历程当中，改革开放的 40 多年是中国奇迹的关键，广东省作为改革开放的发源地，无疑是最佳代表。新中国成立以来，广东省在社会全面开放、向市场经济体制转变方面创造了多项全国第一，为全国的改革开放提供了思路和经验。同时，广东省还是对中国经济贡献最大和发展最快的省。自 1989 年以来，广东省的经济总量一直位居全国首位，2018 年贡献了近 1/9 的经济总量，近 1/4 的外贸总额，2019 年广东省的 GDP 突破 10 万亿元，接近韩国。几十年间，广东省依托制造业推动外向型经济发展，不断把握机遇，率先进行产业转型升级，形成门类齐全和配套相对完善的现代产业体系，近年来又以科技创新驱动，发展先进制造业和信息技术等现代服务业以及第三产业逐渐成为主导。在广东省内，以广州和深圳为代表的珠三角经济的崛起最为突出。深圳作为改革开放的最前沿，在探索和完善建设社会主义市场经济体制当中立了头功。当年的渔村变成了大城市，大城市相连形成了城市群。2017 年中央政府正式宣布建设粤港澳大湾区（以下简称"大湾区"），珠三角 9 座城市加上香港和澳门将共同打造世界最先进、开放的城市群。大湾区的建设为广东省的改革再出发指明方向，也被赋予厚望继续引领全面开放，推动全国的高质量发展。

经济发展，能源先行。广东省常规能源资源贫乏，90%的能源供应需要外省调入或者进口，但随着经济的腾飞，广东省凭借着区位优势、制度优势和工业基础能力，建成了全国首屈一指的安全、经济、高效的能源体系。首先，广东省是能源生产和消费大省，用电量全国第一，发电量居全国第四位，而且能源结构相对合理，处于国内领先地位，一次能源消费当中煤炭占比低于 40%，凭借沿海的优势，发展利用核电、天然气、海上风电等清洁能源；其次，能源产业是广东省经济重要组成部分，2012 年新能源产业被确定为省新兴产业，2018 年，全省能源工业增加值占规模以上工业增加值的

12%；最后，能源基础设施得到了长足发展，电力、成品油和天然气管道全省网络化。最重要的是广东省的能源行业在供应保障的同时引领全国产业升级，众多新技术和市场化改革得以在广东省示范推广和应用。

二、广东省特别是深圳市在全国能源转型中充当了改革先锋的角色

70多年来能源与经济增长互相促进，一方面能源的快速增长支撑着广东省经济的腾飞，推动社会进步，另一方面经济的高质量发展向能源系统提出了更高的要求。同时，从供需紧张到绿色、低碳和高效的现代化能源体系，能源也成为历次改革的先行或者重点。回顾70多年能源行业的发展历程，广东省的能源发展是典型的缩影和代表，可以总结为以下特点。

（一）能源供应能力迅速提升，能源品种和结构得到不断优化改善

新中国成立初期广东省是典型的农业经济，能源以煤炭和薪柴为主，能源工业基础薄弱，电力装机容量仅有5.1万千瓦，绝大部分农村没有电力供应。改革开放开启了工业化、城市化进程，对能源需求迅速增加，同时也促使能源产业先行发展。2018年广东省一次能源产量为7079.05万吨标准煤，是1949年的706倍；随着省经济总量占全国的比例从1984年的6%提高到2018年的11%，其能源消费总量占全国的比例从1986年3.22%增长到2018年6.5%，其中2018年全社会用电量达到6323.35亿千瓦时，居全国第一位，是1949年的9879倍；能源供应总量也得到迅速扩大，支撑了40年来年均GDP增速12.6%的经济发展，增速高出全国3个百分点。图12显示了广东省能源消费与全国的对比，从1986年起广东省一次能源消费量一直保持增长态势，能源消费的同比增速在大部分年份里都快于全国水平，2005年达到峰值，近几年稳定在年增长率3%左右。

能源品类方面，广东省依靠临海的地理优势，扩大国际合作，开发了

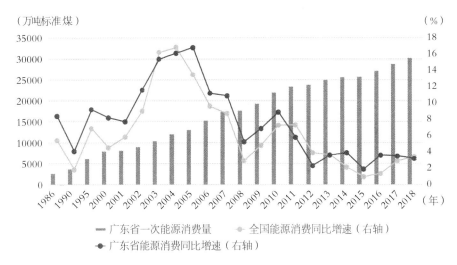

图 12　1986—2018 年广东省一次能源消费数据

数据来源：《中国统计年鉴 2019》《广东省统计年鉴 2019》。

除煤炭外多种能源资源。石化行业依靠广东众多深水港的优势，走内涵加开发的道路，引进国外技术和资金，在开采和炼化方面都取得突破，吸引众多国际级项目落户，2018 年规模排全国第三位，世界级沿海石油产业带初步形成。天然气从空白到初具规模，是发展最快的能源品种，目前已经形成了沿海进口液化天然气（liquefied natural gas，LNG）、陆上跨省管道天然气和海上天然气多源互补的供给格局，并建成了覆盖全省和连接省内外的管线。20世纪 90 年代末期为了缓解东南沿海地区能源短缺状况，全国第一个 LNG 项目 2006 年在深圳大鹏试点投运，同年南海天然气项目建成。2018 年广东省用气量达到 220 亿立方米，其中发电用气占到用气量的 49%，供应能力超过 470 亿立方米 / 年。

电力行业方面，广东缺电历史已久，改革初期广东省经济处于全国中下游，本地能源资源的匮乏以及电力供应紧张严重制约经济发展，电力缺口曾经达到 1/3，深圳甚至要向香港买电。改革开放的第一个 10 年，国家鼓励集资办电，本地小的燃煤和燃油电厂纷纷投产救急，但是也使得全省成了酸雨重灾区，环境污染严重。电源结构的不合理曾导致电力供应告急，拉闸限电频发。20 世纪 90 年代西电东送工程和大亚湾核电站的投运很大程度上缓解了"电荒"，改善了环境，也优化了能源结构。西电东送工程南部通道最早于 1993 年投运，将西南地区富余的电力主要是水电和部分坑口火电送往广东，实现了资源优化配置，既消纳了西南地区富余的电力，也为广东提供了相对廉价的清洁电力。2010 年世界上第一条 ±800 千伏直流输电工程在此通道上投产。西电东送工程至今仍占广东省外购电的绝大部分，累计向广东输送了超过 1900 亿千瓦时电力，为广东全省贡献的用电量从 2000 年的 5%提高到 2018 年的 26.9%。西电东送工程也促进了新一轮电力改革和南方电网的形成，加快了广东电网的开放和地区间电力交易。1994 年中国第一座核电站大亚湾核电站在深圳正式投入运行，大亚湾核电站采用借贷建设、售电还钱、合资经营的创新模式建设而成，引进港资和法国技术，拥有 6 台百万千瓦机组，一直保持高水平的运营，为股东带来丰厚回报。可再生能源利用方面，广东的水电开发在全国起步较早，2018 年装机容量达到 1079.39 万千瓦，64%为抽水蓄能电站。近年来海上风电成为发展重点，广东省规划在 2030 年建成 30 吉瓦，是全国海上风电重点推动的四个省份之一，并且同时布局海上风电产业装备制造产业。

　　能源结构上，广东省一次能源资源匮乏，能源对外依存度较高，使得结构改革和减少对化石能源的依赖更加迫切。广东省正从传统能源消费大省向清洁能源产业强省转型，其能源结构优化全国领先。全省 2018 年对煤炭的依赖已经低于 40%，低于全国平均水平超过 20%，天然气加上一次电力的比例超过 1/3，高出全国水平 12%，其中天然气消费同比增长 12%。广东省的电源结构也在进一步优化，清洁度提高，2018 年外购电占总用电量比例的 30.5%，本地电源结构中清洁能源的发电量超过 40%，包括起步较早的水电和核电，气电的比例增长迅速，省全社会用电量中每两度电有一度来自清洁能源，如图 13 所示。IEA 研究表明提高电气化水平是全球能源发展的驱动力。广东省用电总量多年位居全国第一，2018 年用电量首次突破 6000 亿千瓦时，2019 年达到 6695.85 亿千瓦时，同时电力在终端能源消费当中

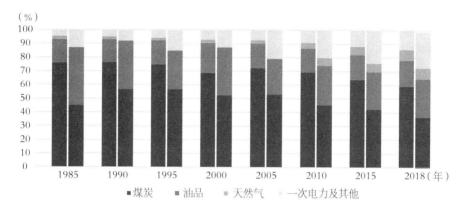

图 13   1985—2018 年一次能源消费构成（左柱：全国，右柱：广东省）
数据来源：《中国统计年鉴 2019》《广东省统计年鉴 2019》。

的比例也已经超过 50%，人均用电量超过 5500 千瓦时，达到中等发达国家水平。

（二）勇于打破垄断，先行推进市场化改革

作为市场机制的先行者，广东省同样引领能源体制改革。以能源行业为例，按照"管住中间、放开两头"的思路，广东省电力行业在不断探索市场化改革。20 世纪 80 年代集资办电，广东省产生了除国家电力公司外多种所有制的发电企业。为了打破垄断、引入竞争、优化资源配置等目的，在2001 年率先开始推行"厂网分开"，将广东省电力集团拆分成负责经营电网与供电设施建设的省广电集团和经营发电业务的粤电集团，也促成了后来南方电网的成立，打破了全国电力体制改革的僵局，也引领了全国垄断行业和重要基础设施行业的改革。广东省的电力市场早在 2005 年已经拉开帷幕，2006 年广东省首先试行台山电厂与六家大用户直购电交易，2013 年扩大到省内的 112 家企业参与直接交易，2015 年完成线上集中竞价模式。2015年广东省获批成为售电侧改革试点省份之一，首次引入售电公司，并不断完善交易机制，从行政定价走向市场定价，并且改善了供电的服务质量，降低了用电成本，是全国最活跃的电力市场，提供较为成熟的一二级衔接、中长

期交易品种，为全国电力市场化改革提供了参照。截至 2019 年年底，广东省共有 10752 家市场主体参与交易，包括 776 个大用户、16793 个一般用户、95 家发电企业和 436 家售电公司，省电力交易量覆盖了全社会用电量的约 30%，为用电客户节省用电成本 979 亿元，为鼓励发展优质产能，促进节能减排起了推动作用。电力市场化交易从广东起步，至今已经建成 2 个国家级和 33 个省级电力交易中心。国家发展改革委原副主任、国家能源局原局长张国宝评价，电力体制的改革，竞争机制的引入，开启了中国电力事业发展最快的 10 年，也创造了世界电力发展史最快的发展速度，为国家的经济腾飞作了重大贡献，而这个时期正好是改革开放的黄金 10 年。广东省在碳排放权交易方面积极探索，2011 年广州和深圳被选为碳交易试点城市，2013 年启动碳排放权交易。广东省 2019 年度的碳排放配额总量达到 4.65 亿吨，总体规模居全国首位，全球第三位。广东省正逐步建立和完善售电市场和碳排放权交易市场的两个竞争市场，倒逼企业尤其是电力企业在满足供应、降低发电成本的同时，优化电源结构，降低碳排放。

（三）注重能效提升，技术节能与结构节能并重

广东省出现过较大的能源缺口，对节能工作格外重视。首先除了前面提到的电源结构相对合理和推广电能替代外，2018 年全省在役火电机组平均供电煤耗约为 307 克/千瓦时，达到世界先进水平。另外市场化交易电量的增加也进一步鼓励节能降耗，低煤耗、高效率的机组更具竞争力，成交量更高。其次是产业结构的优化升级，能耗低的服务业比重不断提高占据主导地位。2000 年以来工业适度重型化的背景下，政府对工业领域设立强制限额标准，比如，2008 年出台了限制八大行业的产品能耗的强制性规定，不达标的限期整改或采取惩罚措施或淘汰，按照市场化原则推广节能项目和节能行业，并鼓励发展低能耗的先进和高技术制造业，比如电子信息、医药业，企业普遍节能技术水平较高，积极通过节能降耗降低成本，并且单位综合能耗排放二氧化硫、氮氧化物、烟（粉）尘远低于全国平均

水平。最后是积极探索绿色金融模式和创新管理模式。一个很好的案例是2006年广东省被选为全国能效电厂项目①试点省，获得亚洲开发银行支持，贷款1亿美元15年，首次在节能领域采用多批次融资模式加上资金循环相结合的模式，并采用"政府主导＋专职执行机构＋专业服务机构"的组合管理模式，以支持中小企业为主。截至2019年该项目累积发放贷款14.61亿元，带动总投资37.69亿元，贡献的年节电量达到15.47亿千瓦时，相当于免建一个31万千瓦发电容量的火电厂，节能减排超出预期。该项目是对解决节能资金匮乏的重要尝试，为建立需求侧管理市场化机制提供经验，同时也培育了一批能源中介组织和人力资源，其经验已经在全国多省份得到复制推广。

总体来讲，广东省的单位GDP能耗一直处于全国低位，2018年广东省每万元GDP能耗为0.366吨标准煤，相当于全国平均水平的70％。广东省的能源消费弹性系数自1986年以来从0.66上升至2005年1.22的高点后，2006年随着建立节约型社会的政策推动，弹性系数开始下降到2018年的0.47，除了2003—2005年三年以外其他年份都小于1。以深圳为例，1979—2017年深圳的GDP年均增速为22％，相应的能源消费总量年均增长19.2％，2017年深圳市的单位GDP能耗下降到0.199吨标准煤／万元，与发达国家水平相当，尤其是近几年进入经济新常态阶段后，能源弹性系数降低到0.5以下。经济增长也从资源消耗型向资源效益性转变。

（四）需求侧发力促进绿色低碳发展

经济高质量的发展离不开能源转型的支撑。低碳、绿色和高效成为高

---

① 能效电厂（efficiency power plant, EPP）是虚拟电厂，属广义需求侧管理的一种具体措施，既采用投资项目的形式，在一定区域内打包各种节能措施和项目，通过实施一揽子节能计划和项目，形成规模化节电能力，减少需方电耗。与传统分散的节能措施相比，能效电厂在政府引导下采用市场化模式大规模进行，降低风险和成本，同时又比建设新电厂要周期短、投资少且零污染。

质量发展的标尺。绿色低碳发展涉及经济转型、产业升级、企业和个人的行为改变，以及能源革命和国际气候治理体系创新等议题。除了供给侧改革和能效提升外，广东省从需求侧下功夫，产业从附加值低和资源密集型低端制造业不断升级改造，转向能耗低环境污染少的高新技术和现代服务业，并且推广绿色交通、绿色建筑、绿色金融，为中国高质量发展提供了很好的实践经验，尤其是深圳近 10 年的发展证明了经济增长与环境改善、低碳发展可以兼得。2008—2018 年深圳的年平均经济增长速度为 11%，人均 GDP 达到19.3 万元人民币，万元 GDP 能耗降到 0.191 吨标准煤，碳排放强度稳定下降，万元 GDP 水耗下降到 8.41 立方米，均处在全国最好水平。空气质量得到大幅度改善，是全国千万级人口城市中唯一进入全国空气质量前十名的城市。2019 年 8 月由能源基金会支持，哈尔滨工业大学(深圳) 牵头多家研究机构，联合发布的《深圳市碳排放达峰、空气质量达标、经济高质量增长协同"三达"研究报告》指出，深圳经验证明，城市能够在高质量发展中实现高保护水平，为此能源供应的低碳化、制造业的升级转型、交通的结构优化以及节能减排和大气环境治理政策发挥了重大作用。该报告还指出未来建筑和交通行业是深圳市温室气体排放和大气污染的主要来源，需要加大资金的投入比如绿色金融的支持。

首先从产业升级转型方面看，深圳自改革开放以来大概每 10 年经历一次大的转型，迅速完成了工业化进程。改革初期，深圳以"三来一补"承接了劳动密集型国际产业的转移，与港澳地区形成了"前店后厂"的互补角色，是改革开放的摸索阶段。20 世纪 80 年代末 90 年代初，单一发展模式暴露弊端，其他城市陆续加入竞争，深圳政府在转型的压力下出台了一系列政策开始鼓励发展科技创新，特别是民营高科技企业的发展，以电子通信设备制造为主导的高新技术产业迅速发展。深圳的产业结构完成了第二次转型，转到以家用电器为代表的技术密集型和资本密集型工业，逐渐形成了较为完整的产业集群。进入 21 世纪，加入 WTO 标志着中国进入全面开放时代，深圳明确第三次转型，经济主导力量转向高增值产业和现代服务业，确定了高新技术产业、现代物流、金融服务和文化产业的四大支柱产业，从劳动力资本要素驱动转向创新驱动，没有条件也没有选择土地驱动。2010年以后，经济体制改革进入深水区，深圳腾笼换鸟，进一步鼓励中低端制造企业外迁，率先推出互联网、生物医药等7个战略性新兴产业作为新的经济增长点，2018年占GDP比重为37.8%，初步测算可使全市碳排放强度下降1/5左右，先进制造业占规模以上工业增加值比重达到72.1%。深圳的发展从拼资源转向拼知识。

其次是需求侧重点行业的绿色低碳化，以新能源汽车为例，深圳市是全国的应用示范。得益于良好的政策、市场环境和本地的新能源汽车产业，2009年深圳开始新能源汽车的推广，以公交车为突破口，同时带动比亚迪等相关本土企业的发展，逐步扩展到出租车、物流车和私家车。截至2018年年底，全市新能源汽车注册约为27.3万辆，占机动车保有量的8.1%，全国第一。超过1.6万辆电动公交车已经百分之百电动化，全球第一，随后广州和珠海也基本实现公交车电动化。2019年年初，深圳的2.1万多辆巡游出租车实现纯电动化。深圳也是新能源物流车推广最积极的城市，除了生产端补贴外，还开始补贴运营费用，到2018年7月，深圳市新能源物流车保有量已突破4万辆。深圳的轨道交通同样具有竞争力，线网规模进入全球前十，力争在2020年实现绿色交通分担率75%。2018年深圳市政府还出台了动力电池回收的补贴政策，目标是2020年建立完善的动力电池监管回收体系。

最后是金融对绿色低碳发展的支撑和推动。深圳已经跃然成为全球第九大金融中心也是第五金融科技中心，形成了"金融+科创"的竞争力。深圳的绿色金融也走在全国前列，开展了很多探索成立了全国第四个地方性的绿色金融专业委员会，从制度设计、标准研究、产品创新等方面完善了绿色金融体系，坚持以绿色金融服务实体经济。截至2017年年末，有71家金融机构开展了绿色金融业务，占到辖内金融机构的45.5%，其中绿色信贷规模最大，创新的开展支持小微绿色企业、绿色项目的再贴现绿色通道——"绿票通"业务。深圳还是国内最早启动碳排放权线上交易试点的,截至 2018 年年底,深圳碳排放交易额占到全国总交易额的 13.4%,排在武汉后面,市场交易活跃。碳排放的管控对电力行业起到了明显的约束作用。

三、低碳绿色的发展模式使广东省成功步入大湾区时代

粤港澳自秦朝起就属于一个行政区域,自古以来关系密切。鸦片战争后港澳被英国、葡萄牙占领,虽然政治上分割,但经济、社会文化联系依然紧密。自 20 世纪 20 年代起,粤港已互为重要的贸易伙伴,金融联系进一步加强,港澳先后成为广东省对外贸易的中心。与此同时港澳也为广东的启蒙思想家和革命者提供了舞台。新中国成立初期受到政治关系不稳定的影响,内地与港澳的经济关系陷入低谷,贸易增长缓慢,直到 60 年代才有所好转。改革开放推动了粤港澳地区深入合作和融合,相比于国内其他城市群,广州和深圳等城市的集中高端要素的能力更强,现代服务业更发达,对珠三角地区转型升级起到非常重要的服务和带动作用,也形成了区域相对合理的分工协作。2017 年大湾区的建设提上日程,被正式确定为新时代改革开放的重要国家发展战略,广东省进入了湾区发展时代。大湾区涵盖了珠三角的 9 座城市加上香港和澳门两个特别行政区,2018 年年底大湾区总人口超过 7116 万,GDP 超过 1.6 万亿美元,人均 GDP2.3 万美元。根据国际货币基金组织 (International Monetary Fund, IMF) 的数据,大湾区的经济力量超过了西班牙,位列全球第 13 大经济体。

2019 年国务院公布《粤港澳大湾区发展规划纲要》中提到"绿色发展和保护生态"是大湾区的基本原则之一,将实行最严格的生态环境保护制度。规划中特别强调了加大天然气和可再生能源的利用,以及强化石油和 LNG 的能源储运体系。2019 年南方电网公司发布了"关于服务粤港澳大湾区发展的重点举措",规划在大湾区建成世界一流的智能电网,保证供电可靠以及强大的防灾减灾能力,清洁能源装机占比达到 80%,并且通过特高压等

远距离输电线路的建设，增加西电东送能力，输送云南水电，也有建议开发西藏的水电，向大湾区输送能力到 2035 年达到 60 吉瓦。

根据南方电网发布的《粤港澳大湾区中长期电力发展规划研究报告》，预计从 2019 年到 2035 年，大湾区的电力供给侧增长的速度低于全国平均速度，全社会最大用电负荷大概以年均 3% 的速度增长，从 2018 年的 93.3 吉瓦增长到 2035 年的 153 吉瓦，增长超过 60%；本地装机容量将从 75.5 吉瓦增长到 119.9 吉瓦，而外购电规模也将从 40 吉瓦增长到 60 吉瓦，贡献比例有望从 2018 年的 1/4 继续提升。大湾区本地的发电结构如图 14 所示，预计到 2035 年，煤电的装机容量占比将从 2018 年的 43% 下降到 18%，煤电将主要被气电和核电取代，相应的清洁能源的装机占比将达到 80%。清洁能源当中，核电装机预计到 2035 年会增加一倍达到 22 吉瓦；气电是广东"十三五"能源规划当中明确提出要积极发展的品类，虽然目前仍面临气价高的挑战；非水电可再生能源比例仍然较小，从 2018 年的 5.4% 增长到 2035 年的 10%。到 2030 年广东省规划建成 30 吉瓦的海上风电项目，有望成为未来广东省新增发电的主力来源，对整个广东省清洁能源发展以及能源安全有重大意义。大湾区 2050 年的装机结构源于本文分析。

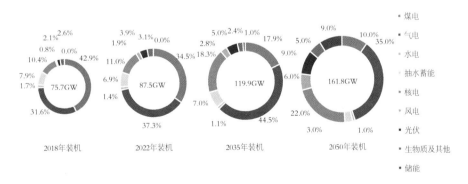

图 14　大湾区发电装机结构预测

在用电量方面，目前大湾区的人均用电量已经超过 7200 千瓦时，超过德国的水平，预计 2035 年达到 8600 千瓦时，2018 年大湾区总用电量为

5182 亿千瓦时，预计到 2035 年达到 7800 亿千瓦时，年均增速为 2.4%，其中香港、澳门、深圳、广州、东莞和佛山的年均用电量的增速低于或等于 2.4%，而其余城市增幅都将在 3% 以上。图 15 按照 GDP 的规模排序列举了大湾区各城市用电量占大湾区总量占比的预测。与相对低增速对应，预计上述提到的 6 座城市未来的用电量占大湾区总用电量的比例也将下降，其中香港降幅最大。另外值得关注的是，除澳门以外，提到的其他 5 座城市的 2018 年的 GDP 总量均在 8 千亿元以上。

相比于其他湾区高达 80% 以上的服务业经济，大湾区迄今制造业占 GDP 的比例仍保持在 38%，拥有分工最细腻和完整的产业链。然而从能源结构看，对标旧金山湾区和东京湾区大概只有 5% 的煤电，大湾区对化石能源依赖还是过重，化石能源消费占比超过 70%，2018 年的煤电装机占比为 42.9%；同时可再生能源比例偏低，还有很大发展空间，而且能源消耗增速还是过快。其次，大湾区的空气质量还有待改善，2017 年的 PM2.5 年均浓度是其他湾区的 2 倍以上。虽然大湾区能源结构已经处于国内领先地位，要达到环境高保护同时高质量发展，大湾区还需要进一步能源转型，进一步替代煤炭，发展天然气和可再生能源尤其是最近比较有前景的海上风电，进一

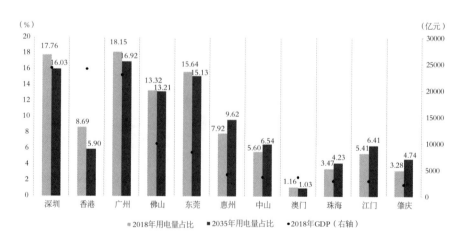

图 15 大湾区城市用电量占比展望

数据来源：《广东统计年鉴 2019》。

步提升能效，推广和应用新兴能源技术如新能源汽车、储电、储热、氢能、智能电网等，同时进一步进行能源市场化改革，降低能源价格。深圳发展的经验提供了特别好的参考。

四、结语

能源发展的成就也许被淹没在广东省经济社会发展诸多成功的汪洋大海中，但广东省尤其是深圳的成功证明了市场力量的重要性，也为全国指明了改革的方向。在能源领域，广东省做到了从中央到地方政府都能够解放思想，凭借政策优势，敢于先行先试，坚持改革开放不动摇，提倡社会治理和服务型政府，通过提升政策、资金等保障服务水平改善营商环境。民营企业，包括那些在能源服务领域的民营经济对广东省经济社会发展发挥了非常重要的作用，同时广东省的结构优化一直在进行，对社会经济发展的敏感度高，转型早、力度大，全力支持民营经济的发展。20 世纪 90 年代以来人才和创新越来越得到重视，广东省从模仿到跟随创新一直到自主创新。深圳市原副市长、哈尔滨工业大学（深圳）教授唐杰总结道："从深圳经验来看，中国经济要实现转型，需要从重视资本积累转向重视知识积累；从重视物的投入转向重视人的投入；从重视现有产品转向重视未来产品；从重视工艺技术转向重视科学创意；从重视服从转向重视分歧。"

这片昔日遍布桑基鱼塘的岭南大地已经发展成为中国经济的翘楚。新的时代，她被赋予了新的使命，有望成为引领全球化新格局的重点战略举措和全球化发展阶段的创新中心。

作者：苏丽娅，亚洲开发银行能源技术顾问

第二部分

专家观点

中国经济增长奇迹源于改革开放

　　中国的发展从来都不是一帆风顺的，而是在克服一个又一个困难当中成长壮大的，具有在困难面前不低头、越是困难越奋发图强的传统和经验。

　　回顾 40 多年行进路程，中国经历了改革开放发端起步的艰难，经历了西方国家制裁和世界社会主义遭受严重挫折对中国造成的困难与压力，经历了亚洲金融风暴、国际金融危机的冲击……每一个阶段有每一个阶段的难题，每一个阶段有每一个阶段的挑战。中国正是在与大风大浪搏击中奋勇前行，一步步取得今天的成就，实现综合国力的历史性跨越。

一、改革开放 40 多年来，中国发生了翻天覆地的巨变

　　经济实力、科技实力、国防实力、综合国力进入世界前列，国际地位实现前所未有的提升。1978—2017 年，中国 GDP 从 3679 亿元增加到 82.7 万亿元，按不变价计算，增长 33.5 倍，年均增长 9.5％；中国经济总量从占全球 1.8％提高到占 15.2％，稳居世界第二位。在这么短时间实现这样高的年均增长速度，不仅中国历史上没有过，世界历史上也没有过，可以说是创造了人类发展史上的奇迹。

　　即使拿人均国民收入增速与东亚一些国家比较，中国发展奇迹也是不可否认的。以日本、韩国为例，根据世界银行数据推算，日本在 20 世纪 50 年代初已达到中低收入国家标准，1975 年达到高收入国家标准，约用 24 年时间跨越中等收入阶段。韩国 1972 年达到中低收入国家标准，1993 年达到高收入国家标准，前后用了 21 年。中国 1998 年达到中低收入国家标准，2010 年进

入中高收入国家行列。根据对未来经济增长速度预测，并考虑复杂因素影响，中国至多再用 10 年便可达到高收入国家标准。虽然跨越中等收入阶段的时间比日本、韩国长一些，但日本人口 1.27 亿，不到中国的 1/10，韩国人口 5062 万，仅是中国的 1/27。现在全球高收入国家人口总数为 12.5 亿，而有 14 亿人口的中国用 30 年左右时间跨越中等收入阶段，这应该说也是奇迹。

改革开放以来，中国经济发展的一个显著特点是没有发生过经济衰退和危机。40 多年来，中国经济增长虽然也存在经济周期，但并不是像西方市场经济国家那样出现周期性经济衰退（连续两个季度 GDP 负增长），而是表现为经济增长速度的周期性波动。40 多年来除了 1981 年 5.1%、1989 年 4.2% 和 1990 年 3.9% 的增长速度较低外，其他年份经济增长都是高速和中高速。

改革开放，是中国共产党领导中国人民进行的伟大变革，其广度深度难度之大、持续时间之长、影响之深远，在世界史上是罕见的。

二、中国奇迹举世瞩目，中国奇迹也来之不易

40 多年前，中国改革开放是在什么背景下起步的？统计数据显示，1978 年中国人均 GDP156 美元。同年，一直被认为全球最贫穷的撒哈拉沙漠以南的非洲国家，人均 GDP 是 490 美元。1978 年，中国 82% 的人口居住在农村，农村人口中大多数是贫困人口，处于国际贫困线以下。农业生产落后，工业结构失衡，物资匮乏，居民的粮食、食用油、肉蛋奶和棉布等必需品长期按人定量凭票证供应。

当时成为改革开放拦路虎的不仅有经济落后和结构失衡，更有体制僵化和思想禁锢。

改革开放前，中国实行高度集中的计划经济体制，其根本特征就是否定和排斥市场作用，否定和排斥非公有制经济。当时主导的传统观念认为，私有制和市场经济是资本主义的，公有制和计划经济才是社会主义的；公有制经济成分比重越高越好，计划经济控制范围越大越好。因此，要打破公有

制和计划经济一统天下的僵化封闭局面，首先要冲破"左"倾错误思想的禁锢。这在当时阻力是非常大的。今天看来很习以为常的事情，比如"商品经济""市场经济"，在当时都被认为是社会主义的对立物，提都不能提。再如，对引进外资、兴办经济特区，不少人也疑虑重重。中国改革开放的启动，必须既在理论上突破传统观念的束缚，又在实践上突破传统体制的束缚。当时突破这种双重束缚，迈出第一步是很不容易的。

党的十一届三中全会的伟大历史功绩，就在于从根本上冲破了长期以来"左"倾错误思想的严重束缚，重新确立了中国共产党实事求是的思想路线，同时决定把全党的工作重心从以阶级斗争为纲转到以经济建设为中心的轨道上来。这就为改革开放奠定了思想路线和政治路线的前提。随后改革开放从三个方面展开。

一是所有制的改革。农村改革率先破冰，安徽凤阳小岗村农民首创的包产到户（后来发展为家庭联产承包责任制）一经出现就显示了它的优越性，在中央支持下迅速推广，大大调动了广大农民的积极性，使农业生产面貌很快发生显著变化，由原来的停滞不前变得欣欣向荣。农业活，全局皆活。与此同时，开始允许个体私营经济发展，虽然当时对它的定位是"公有制经济的有益补充"，政策放开是逐步的，但非公有制经济一经放开，其发展就势不可挡，不仅带动了整个经济发展，而且由于形成市场竞争，也有力促进了国有企业改革。

二是政府（计划）和市场关系的改革。改革开放前，资源配置完全由政府通过国家计划进行，严重束缚了生产经营主体的积极性。改革的第一步是提出"计划经济为主，市场调节为辅"的方针，把对国民经济的计划管理从过去单一的指令性计划，改为指令性计划、指导性计划、市场调节三种形式，与之对应的是三种价格，形成了价格"双轨制"。随着改革的推进，指令性计划及其价格的范围与比重逐步减少，对调动企业积极性起了很大作用。1984年党的十二届三中全会通过的《中共中央关于经济体制改革的决定》提出社会主义经济是有计划的商品经济，表明逐步摆脱了计划经济传统观念和体制的束缚，虽然还不到位，但在当时是不容易的。

三是对外开放的起步。40 多年前中国经济开放度很低，对外贸易总额仅占 GDP 的 9.7%，其中出口占 4.1%，进口占 5.6%。邓小平指出，中国要谋求发展，摆脱贫穷和落后，就必须开放。开放始于兴办深圳、珠海、汕头、厦门 4 个经济特区，之后相继开放沿海十几个城市等。对外开放不断扩大，对促进经济发展发挥了重大作用。

改革开放冲破重重阻力，在上述三个方面迅速展开，推动了 20 世纪 80 年代中国经济的蓬勃发展。改革开放不到 10 年，城市新增就业 7000 万人，农村中乡镇企业异军突起，8000 万农民转入非农产业，市场供应大为改观，基本上扭转了过去那种消费品长期匮乏的局面。

三、中国 40 多年改革和发展的进程也历经波折

20 世纪 80 年代末 90 年代初，东欧剧变、苏联解体，世界社会主义受到严重挫折，中国社会主义事业发展面临空前巨大的困难和压力。在这个决定党和国家前途命运的重大历史关头，中国共产党领导全国人民坚持十一届三中全会以来的路线不动摇，既不走封闭僵化的老路，也不走改旗易帜的邪路，成功地稳住了改革开放大局，捍卫了中国特色社会主义伟大事业。

1992 年年初，邓小平南方谈话，强调"胆子要大一点""建设要快一点"，明确要加快改革，加快开放，加快发展。邓小平在南方谈话中特别指出，计划多一点还是市场多一点，不是社会主义与资本主义的本质区别。计划经济不等于社会主义，资本主义也有计划；市场经济不等于资本主义，社会主义也有市场。计划和市场都是经济手段。这就从根本上解除了把计划经济和市场经济看作是社会基本制度范畴的束缚，对社会主义可不可以搞市场经济的问题，作出了透彻、精辟的回答。随后，党的十四大明确经济体制改革的目标是建立社会主义市场经济体制，推动中国改革开放和现代化建设进入新的阶段。

1993 年党的十四届三中全会通过的《关于建立社会主义市场经济体制若干问题的决定》，构筑了社会主义市场经济体制四梁八柱的框架。1994 年起按照该《决定》的要求，大步推进了财政、税收、金融、外贸、外汇、计划、投资、价格、流通等体制改革，市场在资源配置中的基础性作用明显增强，宏观调控体系的框架基本建立。改革开放取得新突破，推动经济发展加快，不仅为抑制严重通货膨胀、实现经济"软着陆"提供了有利环境和条件，也为后来成功应对亚洲金融危机冲击打下了物质和体制基础。

党的十四大后的 20 多年来，中国经济体制改革按照建立和完善社会主义市场经济体制的目标不断深化，取得了极大成功。市场经济为社会主义注入蓬勃生机和发展活力，社会主义为市场经济开辟了崭新境界和广阔前景。社会主义市场经济体制具有巨大优越性和强大生命力，不仅能够将社会主义和市场经济两者的优势结合在一起，而且留有很大空间，可以随着实践和认识的发展，通过深化改革不断优化这种结合。党中央决定在社会主义条件下发展市场经济，这是一个前无古人的伟大创举和英明决策，在书本上找不到答案，也没有现成经验可以借鉴，完全靠中国在实践中探索出一条新路。几十年来中国的发展证明，这条路走得通、走得对。

四、中国多次遭遇外部冲击，但中国一次次沉着应对、化危为机

我们不妨以 20 世纪 90 年代末亚洲金融危机时的情形为例：

亚洲金融危机发生于 1997 年 7 月，1998 年开始向世界扩散，全球股票市场、外汇市场剧烈波动，世界经济环境恶化，也给中国带来了出口下降的严重损害和货币贬值的巨大压力。

当时的中国，经济"软着陆"之后遇到了需求不足的新问题，刚刚成功抑制了严重通货膨胀，又不得不应对通货紧缩的威胁。1998 年全国 25 万户国有企业的利润才 214 亿元，还不到现在中央企业一个月利润的零头，国有

企业亏损面达 2/3，大量职工下岗待业。金融机构坏账率一度达到 35%，整体上陷入技术性破产的困境。困难历史罕见，挑战前所未有。

1998 年 7 月，中国果断提出实施积极的财政政策，增发国债用于基础设施建设投资，扩大国内需求。以现在的观点，一年增发 1000 亿元国债并没有什么稀奇，但在当时作出这样的决策也是不容易的。因为 1995 年制订"九五"计划时由于担心通货膨胀卷土重来，要求逐年减少当时每年 600 多亿元的财政赤字，到"九五"计划末期实现财政平衡，所以作出扩大财政赤字的反向决策，是下了很大决心的。随后一系列扩大内需政策举措的实施，为实现经济持续增长打下了坚实的基础。1998 年年初全国有 12 个省区市投资呈负增长，到 9 月所有省区市都实现了投资增长，从三季度起中国经济增长稳步回升。当时，受亚洲金融危机猛烈冲击，周边经济体货币对美元纷纷大幅贬值，而中国宣布人民币坚持不贬值，为缓解亚洲金融危机冲击作出了贡献，也受到国际舆论的广泛赞誉。

应当强调的是，中国之所以能成功应对亚洲金融危机，是同 20 世纪 90 年代持续推进经济体制改革分不开的。1998 年以后在采取一系列政策扩大内需的同时，深化经济体制改革没有停步，包括推进国有企业改革、金融体制改革、社会保障制度改革、住房制度改革、粮食流通体制改革、国务院机构改革等。深化改革和扩大内需的一系列举措以及随后加入 WTO、扩大开放，都为后来的经济发展创造了更大空间。

五、党的十八大开启了中国改革开放新篇章

以习近平同志为核心的党中央举旗定向、运筹帷幄，以巨大的政治勇气和强烈的责任担当，统筹推进"五位一体"总体布局，协调推进"四个全面"战略布局，提出一系列具有开创性意义的新理念新思想新战略，推动党和国家事业发生深刻的历史性变革，涵盖改革发展稳定、内政外交国防、治党治国治军各个方面。这些变革力度之大、范围之广、效果之显著、影响之深

远，在我们党和国家发展史上、中华民族发展史上，具有开创性意义。

回顾 40 多年，中国创造的奇迹包括经过艰辛探索积累了丰富经验。虽然历史不会重复，时代条件总在变化，但这些经验对我们未来发展仍有宝贵的启示。

一是要坚定不移地全面深化改革和扩大开放。习近平总书记在庆祝改革开放 40 周年大会上强调："40 年的实践充分证明，改革开放是党和人民大踏步赶上时代的重要法宝，是坚持和发展中国特色社会主义的必由之路，是决定当代中国命运的关键一招，也是决定实现'两个一百年'奋斗目标、实现中华民族伟大复兴的关键一招"。[①]

当前，国内外环境正在发生极为广泛而深刻的变化，中国发展面临一系列新的矛盾和挑战，前进道路上还有不少困难和问题，解决这些问题的关键在于全面深化改革。

40 多年改革开放的历史告诉我们，改革是发展的根本动力，也是攻坚克难的锐利武器。越是处于困难的境地，越能激发改革的需求和动力。重大改革都是矛盾、问题和困难逼出来的。困难倒逼改革，改革破解难题。这是中国改革的一条规律。改革进程中，最可怕的不是有风险，而是一遇到风险和阻力就畏缩不前。破解发展中的难题，应对来自外部的冲击，全面深化改革仍是我们唯一的最好选择。

全面深化改革，要坚持社会主义市场经济改革方向。40 多年来，中国经济体制改革一直是围绕着处理好政府和市场的关系这个核心问题展开的。其间在理论上和实践上有两次跨越：第一次是党的十四大提出要使市场对资源配置起基础性作用。第二次是党的十八届三中全会通过的《中共中央关于全面深化改革若干重大问题的决定》提出要使市场在资源配置中起决定性作用。决定性作用的表述在理论上更明确、更到位，对新的历史条件下经济体制改革的指导更有针对性。经济发展阶段的重大变化迫切要求通过深化改革

---

① 习近平：《在庆祝改革开放 40 周年大会上的讲话》，人民出版社 2018 年版，第 19 页。

发挥市场在资源配置中的决定性作用。

二是要积极推动经济高质量发展。党的十九大报告指出，中国经济已由高速增长阶段转向高质量发展阶段。推动高质量发展，是保持经济持续健康发展的必然要求，是适应中国社会主要矛盾变化和全面建成小康社会、全面建设社会主义现代化国家的必然要求，是遵循经济规律发展的必然要求。

推动经济高质量发展，要坚持以供给侧结构性改革为主线，紧扣重要战略机遇新内涵，加快经济结构优化升级，改造提升传统产业，促进新技术、新组织形式、新产业集群形成和发展，不断提供更新更好的商品和服务，满足人民群众多样化、个性化、不断升级的需求。要推动创新发展和效率变革，提高大众创业万众创新水平，提高劳动、资本、资源、环境等要素的产出效率和微观主体经济效益，提高全要素生产率。要以完善产权制度和要素市场化配置为重点深化经济体制改革；以"一带一路"建设为重点，推动形成全面开放新格局，为高质量发展注入新的强大动力。

三是要高度重视和大力促进实体经济发展。实体经济是国民经济的根基，是一个国家保持国际竞争力的关键。改革开放40多年来，中国形成了比较完备的实业体系，保持着相当的竞争力，这是很了不起的。发展实体经济，要摆正与虚拟经济特别是金融资本的关系。必须坚持虚拟经济服务实体经济的本质要求，汲取一些发达国家的教训，防止资本过度流向虚拟经济，造成实体经济空心化。要以长远的战略眼光看待实体经济的地位和作用。虽然目前实体经济特别是制造业遇到了一些困难，但有一点必须坚定不移，那就是：我们是靠实体经济起家的，也要靠实体经济走向未来。

六、面对未来可能出现的困难和挑战，我们更加充满从容应对的信心

艰难困苦，玉汝于成。勤劳勇敢，坚忍不拔，是中华民族的基因；战略上藐视困难，战术上重视困难，勇于又善于克服困难，是中国共产党人的

传统，因而能够做成看似不可能的大事。今天，中国经济具有更强的韧性，更大的回旋余地和发展潜力，包括：拥有规模巨大的国内市场，而且正在成长、潜力无限，具备转向更大程度依靠消费和内需的条件；中国的储蓄率高，发展资金充裕，外汇储备雄厚，是少有的资本净输出国和债权国；具有门类齐全的独立工业体系，220 多种主要工农业产品生产能力稳居世界第一位，国内市场供应充足；中国实行的社会主义市场经济体制，具有市场经济长处和社会主义制度优越性兼备的优势；中国人均收入比发达国家低得多，正处于工业化、信息化、城镇化、农业现代化进程中，经济增长可以保持比发达国家高 1 倍以上的速度；中国坚定维护并推动改革完善多边贸易体制，坚定实行全面对外开放和贸易投资自由化便利化政策，得道多助，外贸市场多元化有很大拓展潜力。特别是有以习近平同志为核心的党中央的坚强领导，有习近平新时代中国特色社会主义思想的科学指引，完全有能力有办法抗击来自各方面的风险挑战。我们面前的所有困难终将被克服。

作者：林兆木，宏观经济研究院研究员，本文原载
《人民日报海外版》2019 年 1 月 24 日

中国经济增长质量需在全要素
生产率基础上综合考量

一、高质量发展的由来

中国早在第九个五年计划期间（1996—2000 年）就提出转变经济增长方式是提高经济增长质量和效益的基本途径。到 1998 年亚洲金融危机爆发之际，工业产能严重过剩，工业转型开始提到议事日程。同时国家推动国有企业抓大放小，取得了一定成效。

2005 年 10 月 11 日，党的十六届五中全会通过了《中共中央关于国民经济和社会发展第十一个五年规划的建议》，确定经济增长方式由粗放型向集约型转变，但当时并没有制定和推行相应的指标体系。2007 年，党的十七大报告首次将"转变经济增长方式"改为"转变经济发展方式"，把"增长"改成"发展"。当时，党的十七大报告还提出"三个转变"：在需求结构上，促进经济增长由主要依靠投资、出口拉动向依靠消费、投资、出口协调拉动转变；在产业结构上，促进经济增长由主要依靠第二产业带动向依靠第一、第二、第三产业协同带动转变；在要素投入上，促进经济增长由主要依靠增加物质资源消耗向主要依靠科技进步、劳动者素质提高、管理创新转变。

2017 年，党的十九大再次提出高质量发展，强调由高速增长阶段转为高质量发展阶段，推动高质量发展是确定发展思路、制定经济政策、实施宏观调控的根本要求，并形成了指标体系、政策体系、统计体系、标准体系、绩效评价体系、政绩考核体系。经济发展的宏观指标主要包括：

（1）供给方面，产业高端化、组织智能化。

（2）需求方面，生产需要满足个性化、多样性需求。

（3）要素投入方面，包括要素配置效率、全要素生产率、资本产出率、科技进步贡献率、资源利用率及环境质量指标。

（4）分配方面，员工收入，投资回报率，政府税收。

（5）经济循环方面，生产、分配、流通、消费各环节循环通畅，实体经济和虚拟经济比例合理，不存在重大结构失衡，经济循环流转顺畅。

二、改革开放 40 多年，如何度量中国的高质量发展

首先，从宏观经济上看，高质量发展的内涵包括以下几个方面。第一，供给方面，高质量发展要求供给的技术前沿水平比较高，是指产业的高端化和产业组织的智能化。第二，需求方面，高质量发展要求生产要满足个性化、多样性需求。第三，要素投入方面，高质量发展要求要素配置效率高，全要素生产率高。三个转变中要素投入转变是最重要的，核心是如何提高全要素生产率。全要素生产率一般的含义是资源（资本、劳动力和土地，但一般分析时不考虑土地）开发利用效率。它是去除劳动、资本等要素投入之后的"余值"，这个"余值"真正能体现出经济增长的质量和效率，把这些要素投入都去掉以后的经济增长才是真正的高质量发展。但是目前在中国和全世界，全要素生产率是事后计算，不是统计值。第四，分配方面，高质量发展要反映出比较合理的要素结构贡献，员工要有收入，劳动者有收储，投资有回报，而财政还要有一定的税收。第五，经济循环方面，高质量发展要求生产、分配、流通、消费的循环通畅，实体经济和虚拟经济比例合理，不存在重大结构失衡。

其次，从中观上看，高质量发展要求产业、区域、城乡等保持均衡发展。从供给端角度看，部门的附加价值率较高。

最后，从微观上看，营商环境要完善，市场主体要有活力，实体企业能够积极参与到统一、开放、竞争、有序的市场中。从产品看，要提高品质、

增加品种、创立品牌。要考虑如何以指标来衡量，将产品质量反映到宏观经济发展质量上。

把宏观、中观、微观综合起来看，中国现阶段提出的发展理念就是创新、协调、绿色、开放、共享的五大发展理念。无论从供给端、需求端、要素投入端、分配端，还是从体制上来讲，最核心的指标就是度量全要素生产率。全要素生产率高就证明经济增长是高质量的。但是，全要素生产率高的时候，不一定每个维度的指标都满足高质量的要求。例如，可能正是在全要素生产率高的时候，伴随产业结构重化，也恰恰是污染最严重、单位 GDP 能耗下降最慢的时候。在产业结构、要素结构、收入分配结构不一定合理的时候，全要素生产率有时也很高。

1979—2017 年，GDP 年均增长 9.5%，其中第三产业增长 10.5%，比重在明显上升；消费者物价指数（consumer price index，CPI）年均上涨 4.9%；人均 GDP 年均增长 8.5%。在这种情况下，要素投入结构的特征明显。自改革开放以来，1978—2017 年，在年均 GDP 增长率 9.5% 中，如果把资本和劳动生产要素去掉，中国的全要素生产率对 GDP 增长的贡献度为 3.1%，平均贡献大概是 33%。这个贡献率比较接近同时期东南亚一些国家的水平，远低于美、欧、日等主要发达经济体平均 70% 的贡献水平。所以不能比绝对增长速度，而应关注全要素生产率在 GDP 中的贡献比重。

上述分析也可以分解成三个时段具体分析：

第一个阶段是 1978—2001 年，这一阶段中国产业结构中主要是农业与轻纺工业。1997—1999 年三年间主要开始向重化工业转型。这个时期的能源弹性系数一直很低，大概平均 0.5。这一阶段全要素生产率还是比较高的，生产要素对经济增长的贡献率为 34.6%。这一阶段的发展以农业、轻纺工业为主，这一阶段尽管技术比较落后，但是能源强度非常低，环境污染并不非常严重。

第二阶段是 2002—2008 年，这一阶段是中国加入 WTO 后，是全要素生产率增长最快的时期，重化工业发展迅速。尽管全要素生产率增长非常快，但结构上出现了很多问题。当时称"三过",即投资增长过快、贸易顺差过大、货币投放过高。1998 年房地产制度改革,2000 年汽车进家庭,启动了重化工业发展新阶段。2001—2008 年,中国的经济增长速度为 10.7%,同时全要素生产率也达到了增速最快的一个阶段,平均增速达到 4.2%。但恰恰在这个阶段能源强度是最大的,第二产业占 GDP 的比重也是最高的。因此,在我国全要素生产率最高的时候,能耗强度也是最大的时候。一般对高质量发展的理解是第三产业的比重要不断上升,能源消费弹性系数下降,而中国这个阶段的发展特点与一般理解的高质量发展特征不同。从全要素生产率角度看,这个阶段的发展质量最高,但从能耗标准、资源投入标准以及重化工业在产业结构的比重看,不是高质量的。

第三阶段是 2009—2017 年,中国经济全要素生产率的贡献率降到了约 20%,全要素生产率的增长率只有 1.52%。2008—2012 年,美国发生次贷危机后,我国推出 4 万亿元财政刺激计划、十大产业振兴计划,货币政策趋于宽松。这一期间的 GDP 年均增长 9.8%,第三产业增长率为 9.8%,CPI 年均上涨 3.4%。2012—2017 年,GDP 年均增长 7.2%,第三产业占比为 8%,CPI 年均上涨 2.0%。全要素生产率对经济增长的贡献不到 20%,但是恰恰从 2012 年开始,中国的产业结构转向了服务业,2012 年我国的第三产业增加值占 GDP 的比重超过了制造业。这一阶段经济中出现了"四降一升"的矛盾,即经济增长速度下降、工业品价格下降、企业利润下降、财政收入下降,金融风险上升。"供给侧结构性改革"就是要有针对性地改变"四降一升"的趋势。

为什么 2012 年中国产业在转型过程中,全要素生产率下降到最低?全要素生产率主要来自两方面:一是来自劳动力转移,劳动力从农业部门转到非农业部门,同样一个人的劳动生产率大幅度提高,全要素生产率也大幅度提高。二是国外技术对中国的外溢效应,对 GDP 的贡献率平均约为 0.9 个百分点。

三、结论

评价高质量经济发展，难度非常大，用不同指标得出的结论是矛盾的。例如，要素投入指标、结构性指标、收入分配指标、需求结构指标，得出来的结果很可能是矛盾的。中国在发展过程中，人均劳动生产率的提高是无可置疑的，但是资本产出率严重下降，全要素生产率是下降的，而能耗指标却是改善的。如何评价高质量发展，依据一个指标很可能对中国经济发展误判，最重要的是要用全要素生产率指标来衡量，这是核心指标。建议委托一个权威机构，如世界银行，借鉴国际经验和方法来计算衡量中国的高质量发展程度，制定相应的政策和指标，推动中国经济的可持续发展。

作者：祝宝良，国家信息中心首席经济学家，本文是根据作者在 2018 年 12 月 16 日亚行在北京举行的"能源绿色转型与高质量增长"高端论坛上的发言整理而成

清洁低碳、高效安全是中国未来
能源经济高质量增长的抓手

一、能源高质量发展的理论思考与研究工具

中国经济已由高速增长阶段转向高质量发展阶段，需要推动经济发展质量变革、效率变革、动力变革。经济向高质量发展离不开能源高质量发展的支撑，能源高质量发展需要经济"三大变革"推动能源"四个革命"。就是习近平总书记提出的"四个革命、一个合作"新战略，我们认为围绕着这个，以新战略为遵循，是推动未来能源高质量发展的一个核心的方向。

具体来说，什么是能源高质量发展？根据已有的研究，大概可以总结成三个特点：

第一，清洁低碳，清洁就是要生产转化，所有过程全产业链的低污染。低碳就是以二氧化碳为主包括其他污染物的低排放。

第二，经济高效，能源价格要具有国际竞争力。

第三，安全可靠，要提高所谓的能源安全多样化。

未来的高质量发展，这三个特点应该协同，同时达到，这是我们未来应该实现的目标。

国家信息中心一直以定量模型为主要的研究工具，我们模型的框架，主要应用了可计算一般均衡模型和能源供需预测模型两个模型的系统集成。

二、中国推动能源高质量发展存在的深层次问题和矛盾

按照"四个革命，一个合作"的思路可以梳理一下我国能源高质量发展存在的问题和矛盾。"四个革命，一个合作"的能源安全新战略：推动能源供给革命，建立多元供应体系；推动能源消费革命，抑制不合理能源消费；推动能源技术革命，带动产业升级；推动能源体制革命，打通能源发展快车道；全方位加强国际合作，实现开放条件下能源安全。

（1）从需求侧上来看一个很大的问题是推进能效传统的路径，也就是我们过去比较擅长的，国家通过行政命令的手段，在重点行业、企业推进能效的方式，但传统路径的潜力有限，未来需要转换新的工作思路。

实证数据分析可知，单位 GDP 能耗强度变化的 80%—90% 都是来自细分行业强度的变化，而且其中贡献最大的是重化工业，也就是大家熟知的钢铁、水泥、建材等这些行业的能效提高。但是中国大部分的高耗能行业能效已接近国际先进水平。从这个角度来说，未来再继续深挖这些行业的话，对于要想实现国家持续的整体能效提高，作用可能会越来越弱，传统围绕重点行业、重点企业的以行政命令为主的节能工作思路需要转换。

（2）从供给侧上来看很大的问题在于长期形成的各种各样的"能源竖井"，正在成为推动能源改革的重要障碍，总体来说能源系统里面各个行业都存在这样的问题，这个细分行业垄断聚集了一个群体，这个群体别人进不来，从中获取垄断利润。但这样对于中国推动未来的能源革命，提高供给的效率上来说是一个很大的问题。

（3）从技术上来看，能源科技进步短板依然明显，包括非常规油气的勘探，还有分布式能源，"互联网＋智慧能源"这个领域存在着集成、信息化和重大装备的问题，以及未来的高密度电池、氢能等这些技术。从改革上来看有很多问题，中国的电力体制和油气体制改革虽然取得很大的进步，但是不可否认我们改革的阻力依然是非常大的。

（4）从国际上来看，中国的用能成本是一个问题，将能源投入相对

GDP 的走势跟其他要素相对 GDP 的走势做一个对比可以看出，与资本、劳动力相比，2000 年以来，能源投入增长明显快于 GDP 增长，能源利用成本上升的问题长期存在。能源资源价格上涨是造成能源成本上升的主要因素。不但完全抵消了节能对降成本的贡献，而且容易波动。

进一步分析，和国际油价这段时间大幅上行是直接关系，国内能源平均价格走势与国际油价走势高度相关，容易受到国际油价走势的直接冲击。能源安全的概念已经从简单的保障供应，转变为既要量的保障，也要价格稳定，成为新时期中国能源安全战略必须关注并逐步解决的挑战。

三、推进能源高质量发展的总体思路

我们做的研究是目标导向，未来经济是什么要求，反过来推能源需求是什么。经济未来高质量发展是沿着党的十九大报告的新两步走战略的要求。围绕两步走的新战略，再看中国当前的一些要素条件。首先提到人口，人口一个很大的问题，就是未来的老龄化的趋势是不可逆转的。虽然中国已经全面放开二孩政策，但是可能未来人口高的时间不会出现明显的后移，而且人口的峰值水平在 14.5 亿左右，未来老龄化的趋势还是相当明显的。

从需求侧来看，一个是投资，一个是消费。关于投资，我们认为房地产投资的高峰期已经过了。基于发达国家的人均住房面积折算出中国民用建筑的峰值大概在 920 亿平方米的峰值水平。国内有很多专家的结果可能还要低，依据这个结果，即使按 920 亿平方米的峰值来看的话，未来房地产投资的曲线，就是这个红线也是持续下降的，未来房地产的投资肯定是一个持续下降的状态，它对于经济的贡献肯定是不断削弱、减弱的事实。

同时，必须看到中国巨大的消费潜力。目前居民消费力还是比较低的水平，2016 年、2017 年大概在 40% 的状态。同时中国跟日本的消费水平相比，中国在很多方面都存在巨大的增长潜力，尤其在服务方面的需求，以及在生活，包括电气等和服务业方面的需求实际上差别是非常大的。这就意味着未来还有很大的满足中国自身的消费需求，而带动经济增长的潜力。

综合这样一些分析，给未来的宏观经济增长作出一些大概的判断，随着中国经济发展转向并逐渐进入高质量发展阶段，2020 年 GDP 总量超过 14 万亿美元，人均 GDP 超过 1 万美元；2025 年跨越中等收入陷阱，人均 GDP 达到 1.3 万美元；2035 年经济总量达到 33 万亿美元，超过美国，人均 GDP2.3 万美元；2050 年经济总量超过 58 万亿美元，人均 GDP 超过 4 万美元，比 2020 年翻两番。

四、能源高质量发展展望

基于经济分析，我们给出来一些能源高质量发展的主要的路径：

（一）推动能源领域清洁低碳的主要路径

从清洁低碳的角度来看，中国的化石能源将陆续达峰，煤炭可能当前已经处于峰值，未来会出现持续的下降；石油在 2030 年之前也会达峰，但是此后将是平缓的小幅下降的态势；天然气 2040—2050 年处于峰值期，相应的非化石能源的比重要持续的增长，2040 年前后总量超过煤炭。

能源结构清洁化水平稳步提升，天然气与非化石能源比重之和有望在 2020 年达到 25%，超过石油（18%），2035 年达到 43%，超过煤炭（40%）；2050 年达到 57%，实现清洁能源比重超过一半。

高质量发展目标下，能源燃烧的碳排放（不考虑原料用途）有望在 2020—2025 年达峰，峰值水平在 80 亿—90 亿吨，2050 年有望降至 60 亿吨二氧化碳。2030 年碳强度较 2020 年可降低 44%，较 2005 年的累计降幅超过 70%，到 2050 年累积降幅近 90%。但若实现 2℃气候变化控制目标，2050 年仍有 30 亿吨二氧化碳的额外减排压力。也许是因为没有考虑其他的减碳政策。

煤炭清洁化利用以减量和向原料转型为主要方向：2020 年之前以降低散

煤利用为主，提高集约化利用规模；2021—2035 年，以全面降低煤炭直接燃烧为主，鼓励原料利用；2036—2050 年，深挖对煤电的替代潜力，维持对煤炭直接利用的全面控制。石油的清洁化利用要逐步从成品油向化工原料转型：2020 年之前成品油（主要是汽油和煤油）和原料用油同步增长；2021—2035 年，主要成品油（煤油除外）达峰下降，同时原料用油继续快速增长；2036—2050 年，成品油消费继续下降，化工原料需求则保持稳定。未来到2035 年加快推动天然气增长、把天然气培育为主体能源之一，是实现能源清洁低碳利用的必然选择。在所有需要直接燃烧化石能源的领域，天然气都具有替代煤炭和石油的潜力，到 2035 年天然气需求量超过 6000 亿立方米，较 2015 年增长 4000 亿立方米。2035 年后，天然气需求逐步稳定在 6500 亿立方米左右。推进电源结构清洁低碳化：随着电力占终端能源需求的比重从2015 年的 23% 逐步提高到 2050 年的 42%，大力推进电源结构清洁低碳化是首要任务。推动 2030 年可再生能源及天然气发电占比超过全社会用电量的50%，2050 年近 80%。这些是围绕着清洁低碳的判断。

（二）推动能源领域经济高效的主要路径

能源效率要持续稳步提升：2020 年单位 GDP 能耗有望比 2015 年下降 17%，2035 年较 2015 年累计下降 54%，到 2050 年较 2015 年累计下降70%。全社会各行业全面推进能效改进，第二、三产业的增加值能耗降幅分别达到 74% 和 72%；要求能源投入占 GDP 比重稳步下降：2020 年降至 5.1%，比 2015 年下降 0.9 个百分点，2035 年下降至 3.1%，较 2015 年累计降低 2.9个百分点；2050 年进一步降至 2.2%，较 2015 年累计降低 3.9 个百分点。这需要不断提高能源效率和避免能源资源供应平均成本过快上升。2015 年一次能源平均供应成本约为 950 元/吨标准煤，2035 年不超过 1070 元/吨标准煤，2050 年不超过 1170 元/吨标准煤；终端能源需求总量峰值在 2030—2040 年，峰值水平在 35 亿吨标准煤左右。2030 年之前，要通过技术进步推进工业用能逐步达峰，通过大力发展电动汽车，推进交通运输用能达峰，为建筑用能（第三产业和居民生活）的提高留出空间。随着电气化水平不断提高、人均生活质量要求不断提升，建筑用能在 2050 年之前没有峰值；工业终端用能要持续推进天然气和电力对煤炭减量替代。电力比重有望从 2015 年的 20.4% 提高到 2050 年的 30.1%。煤炭、石油作为原料用途的利用规模逐步提高，占工业用煤炭和石油消费量的比重从 2015 年的 27.3% 提高到 2050 的 70.5%；交通终端用能要持续推进电动车对成品油的替代：汽车保有量持续增长的态势下，发挥电动车能源利用效率高的优势，力争交通用能早日达峰。但考虑到未来到 2050 年的燃油车辆的保有量规模仍会略高于目前水平，因此车用能源仍将以燃油为主，电力占终端用能的比重并不高；确保建筑用能电气化、清洁化：建筑终端用能要持续推进电气化和天然气化，在 2025—2030 年，服务业用电比重力争提高到 80% 以上，居民生活电气化率也要力争超过 50%；天然气利用规模增加到 1000 亿立方米左右，实现对以散烧方式利用煤炭的大幅削减。

（三）推动能源领域安全可靠的主要路径

降低电力系统对煤电的依赖度：2035 年，煤电装机占比降至 35%，比 2015 年下降 25.7 个百分点，2050 年进一步降至 20%，打破长期以来煤—电之间的强耦合关联关系；加快发展电动汽车（包括纯电动汽车、混合燃料车、氢燃料电池车等），降低燃油车的比重：2030 年电动汽车保有量达到 8200 万辆，2035 年达到 1.4 亿辆，2050 年达到 2.7 亿辆，逐步打破出行需求与成品油消费间的强耦合关系；努力实现对进口能源依赖程度的稳中有降：能源平均进口比重不能显著超过 20%。其中，在石油进口比重长期超过 60% 的情况下，努力控制天然气对进口的依赖度从 2025 年的峰值 44% 逐步下降并稳定在不超过 1/3。

作者：李继峰，国务院发展研究中心研究员，本文是根据作者在 2018 年 12 月 16 日亚行在北京举行的"能源绿色转型与高质量增长"高端论坛上的发言整理而成

中国应加快能源经济的低碳转型速度

中国改革开放 40 多年来，经济快速发展，能源消费总量增长显著。从 1978 年到 2017 年，GDP 增长了 34.5 倍，年均增长速度达到 9.5%；与此同时，能源消费增长 7.9 倍，年均增长速度达到 5.4%。一次能源消费占世界的比例也从 1980 年的 8% 增长到 2017 年的 23.3%，成为世界上最大的能源消费国。

20 世纪 80 年代以来，中国一直都十分重视节能降耗的相关工作，能源消费弹性系数大都处于较低水平，节能降耗的成效显著。在刚改革开放的时候，能源是非常短缺的，所以当时中国制定了一个目标，就是从 1980 年到 2000 年，能源消费翻一番，GDP 增长要翻两番，能源消费增长 2 倍，GDP 增长 4 倍。实际上这一时期 GDP 增长了 6.55 倍，年均增速达 9.85%；能源消费增长了 2.44 倍，年均增速达 4.56%；期间的能源消费弹性系数约 0.46。2000 年以后，由于中国进入了快速重化工业发展阶段，高耗能原材料产业快速增长，产业结构发生很大变化，能源消费弹性系数出现反弹，有几年甚至大于 1.0。"十一五"规划以后，中国又制定了单位 GDP 能源强度和单位 GDP 二氧化碳强度约束性目标，纳入各个五年规划，所以能源消费弹性系数又持续得以下降。一方面能源消费弹性系数下降，另一方面经济保持比较高的速度增长，这样就使能源强度下降的速度非常快。能源强度从 1978 年到 2017 年下降了 77%，年均下降速度达到 3.7%。这在世界上也是非常罕见的。世界上能源强度的下降幅度平均只有 20% 多，中国下降了 77%，是世界能源强度下降幅度的近 3 倍。中国在改革开放以来，节能成效也是非常显著的。

与此同时，中国能源结构调整速度逐渐加快，单位能耗的二氧化碳强度改善明显。截至 2017 年，中国单位能耗的二氧化碳强度比 1978 年下降12.5％，能源结构低碳化改善显著。

由于中国产业结构中重化工业的比重较高，能源结构中煤炭占比较高，这使得中国当前 GDP 能源强度和单位能耗的二氧化碳强度仍处于较高水平，二者都高于世界大多数主要国家水平。2014 年中国单位 GDP 的能源强度为0.295 千克标准煤／美元，而同期美国、欧盟和日本的 GDP 能源强度分别为0.128 千克标准煤／美元、0.085 千克标准煤／美元和 0.086 千克标准煤／美元，也是世界平均水平的 1.7 倍（世界平均水平约为 0.175 千克标准煤／美元）。并且，以煤为主的能源结构也使得单位能耗的二氧化碳强度比世界平均水平高出约 30％。2014 年，中国能源消费的碳强度为 3.06 千克二氧化碳／千克标准煤，而同期美国、欧盟和日本的能源消费碳强度则分别为 2.36 千克二氧化碳／千克标准煤、2.00 千克二氧化碳／千克标准煤和 2.72 千克二氧化碳／千克标准煤，世界的平均水平也仅为 2.41 千克二氧化碳／千克标准煤。富煤少油气的资源禀赋特征和基数较小的新能源和可再生能源占比是中国能源消费碳强度相对较高的主要原因。

当前经济新常态下 GDP 增速放缓，能源消费弹性下降，能源总需求较快增长趋势得到有效遏制。随着经济增速的趋缓，经济的增长由规模和速度型转向质量和效益型，产业结构也发生一定的改变。特别是近年来，随着中国城镇化进程的趋缓，大量高能耗基础设施的投资和建设趋缓，水泥、钢铁等高耗能产品和产量出现饱和并开始下降，这进一步加速中国单位 GDP 能源强度的下降。2006—2013 年，中国 GDP 的年均增速为 10.2％，能源消费的年均增速达到 6.0％，单位 GDP 的能源强度年均下降率达到 3.8％，能源消费弹性系数约为 0.59；与此相比，2013—2017 年，中国 GDP 的年均增速为 6.9％，能源消费的年均增速达到 1.9％，单位 GDP 的能源强度年均下降率达到 4.7％，能源消费弹性系数平均为 0.28，能源消费快速增长趋势得到有效遏制。

当前中国经济新常态最主要的特点就是要用创新驱动转换发展动能，以绿色发展转变发展方式，从 GDP 的高速增长转为经济的高质量发展。在这样的情况下，一方面是 GDP 的增速在下降，另一方面能源消费的弹性总体上也呈下降的趋势。这两个因素的叠加，就使得能源消费总量的增长趋于缓慢，新常态之前能源消费的增速在 6%—7% 的水平，新常态以来大概在 2%—3% 的水平。以后随着经济趋稳向好，能源消费弹性有可能出现反弹，但是能源消费增长的速度也不可能再恢复到新常态之前快速增长的趋势。在能源需求总量增速趋缓的情况下，新能源和可再生能源的增速仍然保持在 10% 左右的快速增长水平，这使得新增加的总能源需求有望完全依靠新增的新能源和可再生能源来满足，从而使二氧化碳排放的增长趋于缓慢，而且有可能较快出现趋稳的态势。

经济新常态下新能源和可再生能源快速发展，能源结构调整加快，使单位能耗的二氧化碳排放强度下降速度加快。当前，中国可再生能源发展规模、年增长容量和投资均世界领先，非化石能源供应年增长率在 2005 年到 2013 年期间保持 10% 左右，在 2013 年到 2017 年期间仍保持 9.1%。近年来中国新能源和可再生能源发展速度很快，像风电、水电、太阳能发电装机规模世界领先，每年新增投资和新增的容量也是世界领先。截至 2017 年，中国一次能源消费的构成比例为煤炭 60.4%、石油 18.7%、天然气 7.1%，非化石能源 13.7%，能源结构得到持续改善。2005—2013 年，单位能耗二氧化碳强度年下降率达 0.57%，2013—2017 年提高到 1.5%，今后仍将呈快速提高的趋势，能源系统的低碳化特征日益显现。

从煤炭来看，2013 年以后煤炭的消费量实际上已经下降，2013 年煤炭消费量是 28.1 亿吨标准煤，2017 年已经下降到 27.1 亿吨标准煤。所以能源结构的改变也会持续加速。在能源消费总量增速趋缓，能源结构调整加快的情况下，使得单位 GDP 碳强度下降的速度也要加快。到 2017 年年底，中国单位 GDP 的二氧化碳强度已经比 2005 年下降了 45%，提前 3 年实现中国 2009 年在哥本哈根世界气候大会对国际社会承诺的到 2020 年单位 GDP 的二氧化碳排放比 2005 年下降 40%—45%的自主减排目标。

在节能和能源结构改善的双重作用下，中国 GDP 的二氧化碳强度下降将呈进一步加速态势。其中，节能从宏观意义上讲包含技术节能和结构节能两个方面。所谓技术节能，是指提高能源生产、转化和消费环节的技术效率，也就是以尽量少的一次能源消费来满足经济社会发展对最终能源服务的需求，主要依靠技术创新、先进技术的推广以及技术转型升级来实现。所谓结构节能，是指通过转变经济增长方式、产业生产方式和社会消费方式，减少终端能源服务需求。在生产领域和消费领域，结构节能表现出不同的特征：在生产领域，结构节能体现在经济结构的调整和产业转型升级方面，不断地降低高耗能产业在国民经济中的比重，提高高新科技产业和现代服务业在国民经济中的比重，同时也进一步促进工业领域的产业升级，降低产品的能耗和物耗，提升产品的增加值率。在社会消费领域，结构节能体现在要倡导绿色低碳的消费理念和文明节俭的生活方式，在物质消费、居住和出行等方面降低对最终能源服务的需求。在节能的作用下，中国能源消费增长率从 2005 年到 2013 年的年均 6.0%回落到 2013 年到 2017 年的 1.9%，节能对 GDP 的碳强度下降发挥着主导性的作用。2005—2017 年节能对 GDP 的二氧化碳强度下降的贡献率大约占 80%，能源结构调整贡献率约为 20%。

在经济新常态下，未来 GDP 增速将放缓，相同的能源弹性下 GDP 能源强度的下降率将降低。另外，产业结构调整升级将使能源消费弹性进一步降低，能源消费弹性下降将使 GDP 能源强度下降率增大，以上两个因素相互抵消，将使未来 GDP 能源强度年下降率基本上维持在 3%—3.5%的水平。而未来随着能源结构的低碳化发展，单位能耗二氧化碳强度下降率将不断加速，其对 GDP 的二氧化碳强度下降的贡献率也将不断增大，促使 GDP 的二氧化碳强度呈加速下降趋势。

党的十九大报告提出，2020 年前决胜全面建成小康社会，要打好污染防治的攻坚战，改善环境质量，减少常规污染物的排放，除了采取终端治理措施之外，重要的就是要减少煤炭消费。在终端用电力取代煤炭，在能源总需求趋缓的情况下，加快非化石能源电力的发展，用发展可再生能源电力去促进终端对煤炭的替代，这样可以取得改善环境质量和促进二氧化碳的减排的协同效益。

2017 年 12 月，中国正式启动了全国统一的碳排放权交易市场。全国碳排放权交易市场充分借鉴了"五市二省"碳排放权交易试点的经验，将电力部门率先纳入其中。碳排放权交易制度将有限的碳排放空间资源化和稀缺化，对控排企业进行合理的碳排放配额分配，进而在碳排放总量控制目标下使得碳减排在控排企业间实现成本最低的最优配置，充分发挥市场在资源配置中的作用。在全国碳排放权交易市场中电力作为先行先试的行业开展碳排放权交易，这也将有效促进中国电力部门管理节能和技术节能等方面的能力提升，促进可再生能源和核能等清洁低碳能源的发展，加速中国电力结构的低碳化，进而更加有效地降低单位发电量的二氧化碳排放强度。随着中国碳排放交易市场的不断完善，除了电力之外的钢铁、造纸、有色、建材、石化、化工、民航七大行业也正在积极部署，完善不同行业碳排放权配额发放、交易的制度和方法学。随着全国碳排放权交易市场的不断发展和完善，中国全社会的减排潜力将会得到进一步挖掘，这也将对中国有效控制二氧化碳排放总量提供技术解决方案。

中国提出到 2035 年实现现代化建设的第一个阶段目标，在基本实现现代化的同时，要实现生态环境根本好转，美丽中国建设目标基本实现，该目标与中国实现《巴黎协定》下的自主贡献目标是相互促进的。《巴黎协定》下制定有力度的自主贡献目标，提出要在 2030 年 GDP 的二氧化碳强度比 2005 年下降 60%—65%，非化石能源在一次能源消费中比例提升到 20% 左右，2030 年左右二氧化碳排放达到峰值并努力早日达峰。也就是说，生态环境根本好转，美丽中国建设目标将能够进一步促进二氧化碳的减排，同时《巴黎协定》的目标实现也能促进中国第一阶段现代化建设目标的实现。

中国也在《能源生产和消费革命战略（2016—2030）》中进一步提出，要控制能源消费总量，2020 年和 2030 年分别低于 50 亿吨标准煤和 60 亿吨标准煤，并在 2030 年实现非化石能源电力占全部发电量的 50% 的发展目标。在这个发展目标下，中国二氧化碳排放可争取在 2030 年前早日达到峰值，峰值排放量控制在 100 亿吨二氧化碳左右，而要实现这一目标，GDP 的二氧化碳强度年下降率需持续保持 4%—5% 的水平。长时间保持 GDP 碳强度如此高的年均下降速度，也是极具挑战的。

中国提出 2035—2050 年现代化建设第二阶段，这个阶段要建成社会主义现代化强国，要形成绿色发展方式和生活方式，人与自然和谐相处，要建成美丽中国。在《能源生产和消费革命战略（2016—2030）》中也对 2050 年的能源发展目标提出了愿景，到 2050 年，能源总消费量趋于稳定，非化石能源在一次能源消费中占比超过 50%，煤炭占比小于 20%，CCS 技术也将成为低碳发展技术选项之一。

当前，要以习近平生态文明思想为指导，加快国内能源和经济的低碳转型，建立和健全绿色低碳循环发展的经济体系，为全球生态文明建设和全球应对气候变化，保护地球生态安全提供中国的力量和中国的贡献。习近平总书记也提出："共谋全球生态文明建设。要深度参与全球环境治理，形成世界环境保护和可持续发展的解决方案。引导应对气候变化国际合作。"[①] 要以习近平生态文明思想和构建人类命运共同体的理念，引领世界范围内发展理念、发展方式和发展路径变革，推进全球能源与经济低碳转型。引领全球气候治理和国际合作，推动建立公平合理、合作共赢的气候治理体系，为全球生态安全和人类社会可持续发展贡献中国智慧和中国力量。

作者：何建坤，清华大学气候变化与可持续发展研究院学术委员会主任，本文是根据作者在 2018 年 9 月 1 日亚行在陕西西安举行的"改革开放四十年中国能源的发展经验、能源转型和国际启示"专家圆桌会议上的发言整理而成

---

① 《习近平谈治国理政》第三卷，外文出版社 2020 年版，第 364 页。

222

改革是中国能源规划发展的核心

不同时期，中国面临的形势、改革目标、改革内容与思路都有区别。能源改革经历了从改革开放初期的政企合一逐步政企分开，形成了行业改革和能源企业改革两条交错主线的三个历史阶段。中国的每个五年能源规划，抓住不同历史时期中能源改革的重点。其中，第一阶段始于 1978 年党的十一届三中全会召开，至 1992 年党的十四大召开前后，这期间主要经历了"六五""七五"以及"八五"的头两年等计划期，这一时期的主要矛盾是解决能源供应严重短缺，急需扩大投资来源，改革集中在煤炭和电力投资和建设多元化，启动价格改革；第二阶段从党的十四大召开前后，到 2010 年前后，主要经历了"八五"后三年和"九五""十五""十一五"时期，该阶段改革是从原来计划经济的能源管理体制向社会主义市场经济能源管理体制转变，以适应能源建设大规模扩张的需要；第三阶段是 2010 年后特别是 2013 年，即进入"十二五"时期以来，能源改革面临的主要任务是如何适应加快能源绿色低碳转型，推动能源高质量发展，改革需要解决如何引导和规制市场，加强治理能力，实现能源革命，进一步启动能源行业高质量发展动力。

从过去 40 多年能源改革发展实践来看，能源市场化改革、市场竞争机制有力提升了行业发展效率，但随之也不同程度出现市场无序扩张和系统效率下降，从而需要调整改革内容和改善宏观调控，这是一个螺旋上升的过程，政府要不断加强市场引导和监管。改革内容和主攻方向不是一成不变的，需要针对不同阶段、不同形势来正确发挥政府与市场"两只手"的作用，达到不断解放生产力，更好服务人民的目的。新时代能源改革以高质量发展为目标，面临贯彻落实新发展理念、推进供给侧结构性改革、打好三大攻坚战等任务，需要进一步解放思想、实事求是，解放和发展生产力。每个五年能源规划特点，其重要作用是要配合不同时期中国能源的改革开放政策，以此解决中国能源不同时期面临的各种矛盾和问题。

一、第一阶段：能源投资多元化，解决能源供应短缺

从党的十一届三中全会召开到 1992 年党的十四大召开前后，全国开始由浅入深地讨论计划与市场的关系（当时尚未正式提出"社会主义市场经济"）。这一阶段，中国处在计划经济时期，改革在农村、城市、国有企业等各个领域逐渐展开，商品经济的作用重新得到重视，市场开始在局部发挥作用，开始打破原先计划体制全面控制经济运行的局面。改革开放初期，作为基础工业的能源业是国民经济的薄弱环节，能源供应短缺，能源消费水平很低，几乎所有的能源品种都实行计划性供应。改革开放首先推动了能源需求方的大发展，能源供应短缺问题凸显，缺煤缺电现象十分严重，能源改革则主要围绕尽快增加煤炭和电力供应能力，扩大投资来源，逐渐放开上游行业，允许多种形式的乡镇企业办煤矿、鼓励多家办电。

改革内容针对解决能源短缺。20 世纪 80 年代初中期能源发展问题首先是一次能源短缺，即缺煤。当时山西煤炭产量约占全国总产量的一半，全国各地，特别是先加快发展的东部省份要到山西"跑煤"。原煤炭工业部的发展跟不上要求，中央提出"发挥中央和地方两个积极性，大中小一起上"的"有水快流"，允许乡镇企业办矿，较早地放开了煤炭市场准入的所有制限制和部门限制。之后，能源短缺的焦点又转到缺电，许多地方一度采用"停三开四、停五开二"的措施限电。为解决电力投资不足，电力改革思路同样是做加法，允许多家办电，"电厂大家办，电网国家管"。其中，1987 年国务院提出了"政企分开，省为实体，联合电网，统一调度，集资办电"的电力体制改革原则，推动形成了多家办电、多渠道筹资办电的新格局。集资办电有两种主要方式：一是集资扩建、新建电厂；二是卖用电权，将这部分资金

作为电力建设资金。用电权最高卖到4000—5000元/千瓦，几乎相当于当时电厂建设成本，出资买用电权的地方，仅仅是得到新建电厂优先供电的权力，并不拥有电厂资产，也未界定权利年限。油气增产改革重点放在油价双轨制的引进，1981年石油工业实行1亿吨原油产量包干，由石油工业部承包，超产、节省部分按国际价格销售，由此中国原油和成品油销售形成了"计划内平价、计划外高价"的价格双轨。

这个阶段的改革，取得了明显的缓解短缺的效果。一方面，煤、电、油气领域改革促进了能源产量大幅增加，缓和了当时能源供需矛盾。"七五"计划期间煤炭产销基本平衡，"八五"计划期间产略大于销，且有一定数量出口。国民经济由"以煤定产"转为煤炭"以销定产"。电力工业改革改变了过去独家办电的格局，调动了中央、地方、企业、内资和外资等各个方面办电的积极性。1985—1992年发电装机年均增幅约为10%，至1992年达1.67亿千瓦。经营包干制调动了石油企业的生产积极性，超产石油出口创造大量外汇，为国内石油工业勘探开发提供了资金支持。

另外，上游行业体制放开让煤矿数量不断增加，特别是地方小煤矿大量出现，加剧了煤炭生产安全并造成20世纪90年代中后期煤炭供大于求的形势。多家办电带来的多种电价政策弊端显现，电力供需形势从缓解到90年代末期供应相对过剩，以省为实体的体制强化了省内电力市场的壁垒。

二、第二阶段：体制机制市场化改革，适应了能源的快速扩张

1992年党的十四大确立了建立社会主义市场经济体制的重大决策。此后，计划经济体制正式退出历史舞台，中国经济进入新一轮的高速增长期，能源改革面临如何建立适合市场经济管理体制的新形势，部门调整、能源企业重组、行业结构调整等体制机制改革加速进行。2001年中国加入WTO，推动中国进一步探索社会主义市场经济建设的新模式，此后十余年，能源行

业管理和行业结构逐步理顺，进入高度扩张期。这一阶段，1997 年亚洲金融危机和 2008 年全球经济危机，引发中国能源消费减速，推动了能源行业进一步依靠市场手段解决困难的进程。该阶段能源改革的特征是，有目标地加快体制机制建设来适应市场经济，也广泛吸收西方国家市场体制机制为中国所用，探索和建立计划经济向社会主义市场经济合理过渡的能源管理模式。

这一阶段时间跨度相对长，能源领域进行了各个行业和企业层面的改革，包括行业管理机制、行业结构、价格、投融资等方面的改革。

能源行业管理体制的改革重点是实现政企分离，从原来分行业的部门所有制，转变为综合能源主管机构和大型国有能源企业的新体制。这方面的改革实际从 20 世纪 80 年代就已开始。1988 年撤销煤炭工业部、石油工业部、核工业部和水利电力部，分别成立水利部和能源部，由能源部对能源行业统一管理，1993 年又撤销能源部，恢复了煤炭部和电力部。1996 年，国务院决定撤销电力部，组建国家电力公司。1998 年国务院机构改革中，撤销电力部，将煤炭工业部改组为国家煤炭工业局，交由国家经济贸易委员会管理。2002 年电力体制改革中成立了国家电力监管委员会，该机构按国家授权履行电力监管职责。2003 年，为了协调能源工业的发展，国家发展和改革委员会成立了能源局。2005 年成立国家能源领导小组，下设办事机构"国家能源领导小组办公室"。2008 年组建国家能源局，同时，决定设立高层次议事协调机构国家能源委员会。2013 年国务院机构改革中，将国家电力监管委员会与原国家能源局重新组建为国家能源局。

与此同时，大型能源企业陆续成立，逐渐剥离了能源公司的政府职能，建立现代企业制度。这也是能源管理体制改革的深化。1985 年依托出口石油赚取的外汇成立了中国华能集团公司，打破了原来国家电力公司过于垄断的局面。1988 年成立中国神华集团，探索煤炭产运销一体化，并向下游电力和煤化工延伸，探索建设综合能源公司；同年，成立了国家能源投资公司等分领域的 6 家国家专业投资公司，探索投资体制的市场化改革。

在油气领域，1982 年成立中国海洋石油总公司，负责海上油气开发，是中国最早全面开展国际合作的油气公司；1983 年成立中国石油化工总公司，负责管理经营全国 39 个重要炼油、石油化工和化纤企业；1988 年撤销石油工业部，成立中国石油天然气总公司，统一管理和经营陆上石油天然气资源的勘探、开发和生产建设。形成了陆上油气勘探开发、海上油气勘探开发、石油炼制加工这三大油气板块。三大总公司仍然承担部分政府职能。但这样分割油气生产运输加工产业链，造成了上下游之间在合理运行和价格方面的许多矛盾。1998 年中央对石油企业进行结构性大重组，通过行政性资产划拨和互换，打破油气勘探开发和油气价格销售的上下游分割，将中国石油天然气总公司和中国石油化工总公司重组为两个上下游产业连通的综合性石油石化企业集团公司。尽管中国石油天然气集团公司和中国石油化工集团公司的上下游比例差别仍然很大，但在实现上下游、产供销、内外贸一体化经营方面走出重要的一步。中国海油也开始向油气加工和销售领域延伸发展。1999 年中国石油、中国石化和中国海油按照"主业与辅业分离、优良资产与不良资产分离、企业职能与社会职能分离"的原则，开展企业内部重组，组建了各自的股份公司。

电力部撤销后，成立了国家电力公司，基本承接了原来电力部主管的电力建设生产业务。借鉴当时国际上电力行业进一步市场化的理论和英美等国的实践，电力体制改革提出厂网分开，发电侧引进竞争机制，并进一步推进输配分开在销售端引进竞争的市场化改革思路。2002 年国家电力公司重新分组为南方电网公司、国家电网公司以及五家大发电集团和四家辅助集团。

在中央直管的国字头能源国有企业建立和发展的同时，一大批地方综合性能源企业也纷纷发展起来，以电力为中心，集约了燃气热力煤炭等多种能源，形成了多个强大的地方能源集团。

这些改革主要是调整市场主体构成以形成市场竞争机制，形成了适应国情的多元化能源企业结构框架。

煤炭工业从 20 世纪 80 年代开始的放开资源和所有制限制，鼓励地方和乡镇煤矿发展后，形成了中央直属大煤矿，地方国有煤矿和乡镇煤矿几乎各占 1/3 的局面。但是受 1997 年亚洲金融危机冲击，煤炭需求大幅度减速，产能过剩，煤炭价格跌入低谷，大批煤炭企业生存十分困难。国务院决定从 1997 年 7 月 1 日起，将煤炭工业部直属和直管的 94 户国有重点煤矿全部下放到地方管理，从 1998 年起先后推出了关井压产和关闭破产政策。除了神华集团等极少数已经向综合能源公司发展以外，多数煤炭公司都转变为地方国有，曾经风光的乡镇煤矿也基本上分别改组，或进入地方煤炭公司，或成为民营企业。煤炭行业从企业组织，到销售市场和价格形成的市场化程度比较彻底。不过也成为几次大起大落，分合改组最为频繁和剧烈的能源行业。

经过这一阶段体制改革，初步建立起来适应中国能源高速度扩张型发展需要的市场化体制机制，形成了以国有大型能源集团为基础和主力，地方能源集团不断壮大发展，民营能源企业也有较多发展空间。能源投资渠道充分开拓，投资总量大幅度提高，能源生产建设能力、装备制造能力、供给保障能力和技术能力不断增强，能源发展进入了大规模高速发展阶段。

这个阶段中国的能源供给保障能力大幅度提高，能源生产总量、电力装机规模和发电量都达到了世界第一。2012 年中国能源生产总量 35.1 亿吨标准煤。煤炭年产量从 1992 年的 11.2 亿吨、2001 年的 14.7 亿吨，增长到 2013 年的 39.74 亿吨，达到历史最高点；电力供应能力显著提升，特别是电源装机快速增长，电源装机从 1992 年的 1.7 亿千瓦增长到 2002 年的 3.5 亿千瓦，2006 年当年新增容量首次超过 1 亿千瓦，到 2012 年达到 11.5 亿千瓦，发电量 49865 亿千瓦时。之后五年每年电力新增装机均超过 1 亿千瓦。可再生能源发电从无到有，2005 年太阳能、风电装机容量仅占全国总装机容量的 0.2%，2012 年两者装机容量占比超过 5%。2001 年前天然气年产量曾长期不足 300 亿立方米，2001 年仅有 303 亿立方米，2012 年增长到 1072 亿立方米。原油产量 2010 年突破 2 亿吨。

放开管制，实现市场主体多元化，引进竞争等改革措施解决了能源投资的制约，促进了能源供应能力的高速增长。但是也造成"一煤独大"的能源结构进一步强化，环境污染问题日益凸显。煤炭和火电形成了较强的投资惯性，形成了大面积产能过剩。优质低碳能源的发展受到煤炭和煤电产能过剩的严重挤压，不但煤炭电力盲目竞争加剧，石油炼化行业加工能力也出现投资恶性竞争现象。可再生能源发展的势头不断受到弃水弃风弃光的打击。能源绿色低碳转型受到制约，能源系统优化缺乏必要机制和能力，急需新的能源革命。

三、第三阶段：加快能源绿色低碳转型，实现高质量发展

经过到党的十八大前后的 30 多年的改革开放，中国经济实现了持续高速发展，成就举世瞩目。但长期累积下来的发展不平衡不协调问题也不断加剧，分配不公引发社会矛盾积累，环境污染不可为继，系统性风险加大。扩张型增长受到内外制约日益严重。中国经济发展步入新常态，能源消费增速趋缓，能源领域出现传统煤炭和煤电产能过剩，而清洁优质能源包括天然气和低碳能源供应能力不足，市场又受到恶性竞争的挤压。能源发展从过去的以扩张型保供为主要目标，转变到需要加快绿色低碳转型，实现能源革命的新阶段。

2014 年 6 月，习近平总书记在中央财经领导小组第六次会议上提出了"四个革命，一个合作"能源安全新战略，正式提出能源革命的战略转型方向。①

从中国的环境资源制约条件和全球低碳化转型进程加快的大趋势出发，能源革命把能源消费革命放到了重要的前提地位。中国的能源平衡和保供，必须以节约高效为前提。要进行消费方式的革命，必须抑制不合理的能源消费，包括用能源总量控制方法实现资源节约型社会建设的目标。在能源生产

---

① 习近平：《积极推动我国能源生产和消费革命》，2014 年 6 月 13 日，见 www. xinhua-net.com/politics/2014–06/13/c_1111139161. htm。

和技术革命中，明确提出能源多元化发展，重点是减少煤炭消费比例，发展清洁高效能源，包括推动绿色低碳能源发展，适应世界能源发展变化的大趋势。

中国从 2014 年前后开始，一次能源的增速明显下降，反映了中国经济发展不但从速度上进入新常态，而且从增长内容方面也开始进行重大转变。随着中国在生态文明建设方面的力度不断加大，能源结构向清洁绿色低碳方面调整的步伐也在加快。煤炭消费总量下降是个长期趋势，而天然气和非化石能源的发展需要不断加速。

我们应该认识到，中国能源发展的新形势从过去以保供为中心，转变为以高效节能为前提，加快绿色低碳转型为主要战略方向，才能沿着能源革命的战略方向不断前进。"十三五"规划以来，国家在煤炭行业认真实行供给侧结构性改革，压缩煤炭过剩产能，降低煤炭消费总量方面做了大量工作，也取得了显著的成绩。"十三五"规划制定的能源消费总量控制目标也分解到各省区市，对地方控制能源消费投资，制约高能耗项目投建起到了积极作用。

然而，能源清洁低碳、安全高效转型并不容易。传统的扩张型保供发展模式及其形成的传统观念还十分强大，已经形成的煤炭为主的概念和相应的既有产能和相关利益使不少人难以转变观念，能源界本能地希望能源消费的扩张可以长期持续下去。对能源消费增速的反弹，多数人乐观其成，期望再次出现能源消费持续较快扩张的局面，期望这种扩张可以缓解高效绿色低碳能源发展对低效高排放高碳能源的替代。由于煤炭和煤电产能的过剩，许多管理部门和地方政府不再重视节能工作，在增加高能耗项目和能源总量控制有矛盾的时候，往往强调能源消费增长的必要性，而少以更有力的节能措施进行能源消费总量的抵消和控制的。在核能、可再生能源发展跟煤炭煤电产能发生替代冲突时，不少政策取向出现混乱，往往倾向于保住传统产能的利益，降低能源结构调整的进度。大型能源项目，包括煤炭下游加工转化和石油炼化项目，仍然受到地方政府的青睐，不少项目盲目性很高。能源领域的恶性竞争仍然十分激烈，许多能源企业负债率过高，收益率低下，特别是煤炭和电力企业，反复出现交替亏损的情况。天然气在高速增长的同时，也出现了许多利益冲突，交叉补贴过多，供气亏损数量巨大等矛盾明显。各地争相上能源大项目，能源合理布局缺乏统一优化，不但在发电和输变电项目上普遍存在，现在进一步扩展到天然气岸站、石油炼制等多个领域。

如何通过进一步改革和政府管理的加强与完善，来解决这些矛盾，已经成为今后能源领域深化改革的重要挑战。

四、结语：能源改革要坚持问题导向

能源改革的目的是调整生产关系，进一步解放生产力。中国过去能源改革，基本上遵循了问题导向的原则，主要的改革内容和措施针对了当时的主要矛盾，适应了发展生产力的要求。即使有些改革内容带有探索社会主义市场经济模式建设的概念性目标，但仍然顺应了实际需要，避免了脱离实际教条化照搬照办。

当前，中国特色社会主义进入了新时代，要按照五大发展新理念的要求，调整发展方向，启动发展新动力。2020 年的三大攻坚战——全面建成小康脱贫攻坚、蓝天保卫战和系统性风险控制，都需要大力加强政府的治理能力，更有力地引导市场力量向正确方向发展，更有力地抑制市场经济本身具有的不利因素，更多地将环境外部性内部化，更多地控制金融自我扩张的盲目性。

能源的主要矛盾变化，清洁低碳、安全高效转型面临的种种挑战，更需要我们实事求是，加强问题导向，深入改革。过去改革的设计和内容，许多建立在当时的认识基础上，面对当时的矛盾问题，有些设想不一定符合现在的需要。几年前由于"四个自信"受到忽视，经济理论界出现盲目照搬西方市场经济概念的倾向，也影响到社会各界。有些建立在这些认识上的改革提法不一定符合新时代的需要。许多问题不是一放就灵的，不是市场经济可以自行解决调整的，更不是自由市场经济理论可以指导的。

中国现在最需要加强政府对社会主义市场经济的引导和治理能力。加强规划，加强系统优化，理顺价格关系，防止盲目投资和恶性竞争，很可能是能源改革更重要的一方面。近年来煤炭行业加强集中度，防止盲目投资扩产能，有效抑制了煤炭产能过剩，使煤炭行业回到正常经营轨道。而下放电力项目审批权力，在地方控制投资冲动能力不足，全局优化协调能力短缺的条件下，加剧了火电过剩局面，应引以为戒。

能源领域的改革必须考虑充分调动和发挥现有能源企业，包括广大干部职工的社会主义建设积极性。改革的动力在于人民，也是为了人民。能源领域的改革无论怎么改，都必须依靠自下而上的积极性。中国以大型国有企业为主体，中央国有企业、地方国有企业起主导作用，民营企业有效参与的结构，有效支撑了中国能源的高速发展。能源转型和高质量发展更需要能源企业有大局意识，按国家发展三步走的战略方向进行调整转型。能源领域的改革要做大做好蛋糕，而不是人为重切蛋糕。充分发挥中国社会主义的体制优势，依靠我们的企业，依靠广大职工，是能源进一步改革的重要基础和保障。

作者：周大地，中国能源研究会常务副理事长，国家发展改革委能源研究所原所长，本文是根据作者在 2018 年 10 月 25 日亚行在湖南长沙举行的"中国能源低碳转型"高端圆桌论坛上的发言整理而成

节能依然是中国的"第一能源"

改革开放 40 多年来，中国在节能和提高能效方面做了大量工作，这些经验和教训对亚非发展中国家有很重要的借鉴意义。我们也需要深刻总结经验和教训，考虑今后采用什么样的措施和政策，更好地推动能效和节能工作。总的来讲，中国的节能潜力仍然巨大，节约的能源依然是中国的"第一能源"，可以被视作零成本、零排放所获得的最绿色能源。

一、中国在节能和提高能效工作方面做了许多卓有成效的工作

中国在节能和提高能效方面做了大量工作，特别是改革开放 40 多年来，取得了历史性突破。全球节能减排总量上，中国至少贡献了一半。如果没有节能减排，中国现在会面临更严重的雾霾，更严峻的能源安全问题，应对气候变化的压力也更大。所以节能作出的贡献是有目共睹的。中国节能和提高能效工作可归纳为以下七个方面。

（1）建立了一套统筹运用法律、行政和经济手段的综合性制度体系。中国出台了《节约能源法》，编制了门类齐全的五年规划，国务院制定了节能减排的综合性工作方案，对整个节能减排工作作出了全方位部署。出台了一系列经济政策，在整个制度体系的建设方面有很多经验值得总结。

（2）积极推动了技术节能。在能源技术进步、技术节能领域方面做了大量工作。国家发展改革委发布了一系列《国家重点节能技术推广目录》。工业和信息化部也发布了 680 多项涉及各行各业的节能减排技术，交通、环保

233

和气候变化领域也发布了一系列技术目录。政府部门通过发布节能减排和低碳技术目录来引导全社会推动技术进步。

（3）在能源管理方面，推动了用能单位加强全过程和各环节用能管理，促进节能管理持续改进。加快推进重点用能单位能源管理体系建设。

（4）积极构建了节能市场化长效机制。除了政府推动以外，要更多地采用市场机制推动节能，如合同能源管理模式，为用户提供了"一站式"合同能源管理综合服务。通过引进、消化、吸收、示范推广"合同能源管理模式"推动形成了节能环保产业。

（5）把节能和提高能效的目标作为经济社会发展的约束性目标。各地政府进行了绩效评价考核，分解到了各个地方和重点企业，这是一个很有特色的办法，尽管是行政性的，但为节能目标的实现发挥了重要作用。

（6）大力推动能效标准的制定工作。目前，已发布节能领域国家标准300多项，特别是2012年以来，启动了两期"百项能效标准推进工程"，共批准发布了206项能效、能耗限额和节能基础标准，其中包括98项强制性单位产品能耗限额标准，全面实施后可节约2亿吨标准煤，这是中国首创，世界上没有的，其他国家也可借鉴。此外，还制定了48项终端用能产品的能效标准，全面实施后可节电1700亿度。能效标准对推动节能和能效提升方面发挥了很重要的作用。

（7）开展了重点用能单位节能行动。"十一五"规划时期抓的是千家企业，"十二五"规划时期抓的是万家企业。抓重点企业的节能对发展中国家都有重要的借鉴作用。

二、中国未来节能将面临来自内外部环境变化的挑战

能效提高方面面临的挑战还是很大的。中国万元GDP能耗是世界平均水平的1.4倍，是发达国家平均水平的2.1倍，说明节能潜力巨大，但继续发掘这个潜力比以往难度要大很多。首先是内部环境变化了，以前政府的政

策支持力度相当大,但现在节能的很多财政支持政策都在退坡,这将是常态。其次是节能奖励政策虽曾发挥了很大作用,每节能 1 吨标准煤,政府奖励 240 元,地方政府还奖励 300 多元,这种奖励的推动力是很大的,但未来随着这类政策的退出,今后节能的推动力会面临严峻形势。

另外,淘汰落后产能在整个节能工程中发挥了很重要的作用,从 2006 年到 2016 年,仅仅是 4 个行业,淘汰落后产能就节约了 3.26 亿吨标准煤。但今后力度上可能有所减弱。除此之外,还有种种外部不利因素,比如减少补贴的国际贸易谈判等。

三、应对措施

未来可以从以下七个方面来推动节能和提高能效工作。

(1)大力推进低碳绿色生活方式。远大公司提出了地球公民应有的生活态度,什么样的人可以当地球公民?要实现低碳排放 22 条,这是低碳绿色生活方式的具体行为准则。这种低碳生活,绿色生活,可能是我们今后面临的一个很大挑战,这个问题不解决,将来提高能效要碰到很大障碍。

(2)要高质量、高品质地发展可再生能源。一定要坚定不移地走可再生能源发展道路。价格要低,才叫高质量,在这种前提下才能高比例发展。现在降价形势很好,目前风电已基本实现平价上网,2022 年光伏发电也可实现平价上网,这么快速的平价上网,那就是高质量。现在弃风率也大幅下降,据有关资料,弃风率从 2015 年的 15% 下降到 2017 年的 12%,弃光从 2016 年的 12.6% 下降到 2017 年的 6%。如果未来弃电可以降到 5%,就可以说我国进入了可再生能源高品质发展阶段,就可以节约大量能源。

(3)要大幅度提高终端用电比例。能源战略研究很明确地提出,要大幅度提高终端的用电比例,要远远高于发达国家的比例,中国现在的比例约为 24%,发达国家估计不到 30%。从长远目标,中国到 2050 年甚至可以提高到 60%。大幅度提高终端用电比例，跟大幅度提高可再生能源比例是相呼应的。可再生能源比例上去以后，终端用电大部分用可再生能源电力，是能效提升方面很重要的领域。

（4）要全面提升建筑的绿色化水平。将来工业用能比例会降低一些，但是交通和建筑部门会上升，怎么把建筑用能降下来，存在很大挑战。2018年年底出台的与国际接轨的《近零能耗建筑技术标准》，这个标准和我们以往的标准完全不一样。原来的标准是以 1980 年、1981 年为基准，第一阶段完成后提高了 30%，后来到了第二阶段提高到 50%，第三阶段提高到65%，现在要提高到 75%。但这是按照 1981 年的水平提高 75%，而现在的标准是以 2016 年为基准，大幅度提高，超低能耗的建筑节能率是 50%，就是在 2016 年基础上节能要降 50%。近零能耗的节能率是 60%—75%，零能耗建筑节能率是 100%。

《近零能耗建筑技术标准》的出台，对全过程推动新建建筑的绿色化将发挥很重要的引领作用。最难的是既有建筑的改造，新建筑可以引导，既有建筑改造难度很大。财政必须要有支持，老百姓不可能自己花钱改造，需要政府支持，但是现在政府支持力度在下降，所以挑战很大。

（5）交通节能。交通能源需求是刚性增长的，交通部门主要考虑在运输方式上改变，将来更多地要依靠铁路、航运以及管道，这个能耗是最低的，要更大规模来推动公共交通，以及非机动车交通，但如果没有政府政策导向，都是很难做到的。从长远趋势来讲，到 2050 年基本上全部是电动车和燃料电池汽车。但在相当长时间内还是内燃机汽车，要大幅度提高燃油经济性标准。在 2000 年，推动燃油标准时，当时的油耗是每百千米将近 10升，到 2015 年已经降到 6.92 升了，我们的目标很明确，到 2020 年降到 5 升，2025 年降到 4 升，2030 年降到 3.2 升。

（6）工业节能。工业节能是重中之重，要进一步挖掘工业节能潜力。要大幅度提高高效电机，高效照明，高效制冷的普及，还有工业锅炉、工业窑炉效率的提升，譬如电机，其电耗占到工业电耗的 80%，但是现在高效电机占比很少，大部分电机都出口到外国去了，因为电机是中间产品，买来以后最终装在哪个地方你也不知道，不像买一台空调，一看就知道这是节能空调。但是这方面不大幅度推动的话，工业能效提高也是相当难的。

要通过建立能源管理体系，来构建节能遵法贯标的机制、能源利用全过程控制机制、节能技术进步机制和节能文化促进机制，实现节能工作的持续改进，节能管理的持续优化和节能绩效的持续提高，也就是说通过建立能源管理体系，要搞好四个机制，三个持续提高。这样才能把管理水平提上去，管理水平提不上去，节能做得再好，也会大打折扣。所以管理方面要更好地做好工作。

工业节能现在有比较好的外部环境，工业和信息化部搞工业绿色发展，要建立绿色制造体系，包括绿色产品、绿色工厂、绿色园区和绿色供应链，到 2025 年制造业的绿色发展和主要产品的能耗水平可以达到世界先进水平，所以这也是从绿色制造的角度推动工业能耗降低。

还有现在强调协同发展（区域协同发展、产业协同发展和行业协同发展），通过建立循环型工业发展体系，强化生态链接、原料互供、资源共享，形成分工合理，功能互补的区域一体化协同发展模式，这都将大幅度提高能源利用效率。

（7）推动重大技术革命和重大技术应用，促进能效大幅度提升。近期已经发布了许多节能减排低碳技术目录，都是现有的技术，成本也较低，要尽快完成。但是要进一步提高工业能效水平的话，可能要有技术的重大突破，包括智慧能源和能源互联网在工业领域的应用等，来推动系统节能、精细节能和数字节能。

总结以上七个方面，还远远不够，需要各方集思广益发表高见。石墨烯技术的出现非常振奋人心，但是什么时候能够产业化，怎么产业化需要大家集思广益，共同努力。只有市场化、规模化，才能真正支撑节能减排。再比如，储能问题有重大突破，很多问题都解决了，包括高比例可再生能源发展、促进燃料电池汽车等，都要靠储能，但现在储能价钱太高了。如果重大技术能够产业化，就是一个重大突破。

作者：白荣春，原国家能源专家咨询委员会副主任，本文是根据作者在 2018 年 10 月 25 日亚行在湖南长沙举行的"中国能源低碳转型"高端圆桌论坛上的发言整理而成

用电力的高质量发展支撑
经济的高质量增长

新中国成立 70 多年来，中国电力工业取得举世瞩目的伟大成就，实现了从落后、追赶到超越的跨越式发展，为经济社会发展提供了有力支撑。党的十九大报告强调，推进能源生产和消费革命，构建清洁低碳、安全高效的能源体系，为电力工业高质量发展指明了方向。实现能源电力发展低碳转型、满足人民群众对美好生活的向往，是电力行业持之以恒的奋斗目标。

一、电力工业发展取得伟大成就，满足了经济社会发展需要

发展规模世界领先。中国发电装机规模、发电量稳居世界第一位，建成世界上规模最大的特高压交直流混合电网，实现除台湾以外的全国联网和户户通电。1949 年新中国成立之初，全国发电装机容量 185 万千瓦，年发电量 43 亿千瓦时，人均装机仅 3.4 瓦。到 2018 年年底，全国全口径装机容量 19 亿千瓦，发电量 7 万亿千瓦时，全社会用电量 6.8 万亿千瓦时，人均用电量 4900 千瓦时，分别是 1949 年的 1027 倍、1627 倍、1396 倍、544 倍；全国 35 千伏及以上输电线路长度 195.9 万千米，35kV 及以上公用变电设备容量 58.5 亿千伏安，分别是 1949 年的 303 倍、1690 倍。电网始终保持安全稳定运行，供电能力和供电质量居世界先进水平，城乡供电可靠性在 99.8% 以上。

绿色低碳转型加快。2018 年年底，中国水电、并网风电、并网太阳能发电装机分别达到 3.52 亿千瓦、1.84 亿千瓦、1.75 亿千瓦，均居世界第一

位；非化石能源发电装机容量 7.7 亿千瓦，占总发电装机容量比重上升至40.8%。煤电装机容量占总发电装机容量比重由 1949 年的 91% 下降到 2018年的 53%。能源利用效率大幅提升，煤电污染物排放控制水平、二氧化碳排放控制水平达到世界先进水平，2006—2018 年，电力行业累计减少二氧化碳排放约 137 亿吨。与世界主要国家相比，中国煤电发电效率仅低于日本，高于法国、德国、韩国等其他国家。全国线损率由 1978 年的 9.64% 降低至2018 年的 6.27%，居同等供电密度国家先进水平。

科技创新日新月异。持续加强对关键技术的攻关和重点装备的研发，多项发电和输电技术居于国际领先水平，科技水平迈入世界电力强国行列。超超临界机组实现自主研发，百万千瓦空冷发电机组、大型循环流化床发电技术世界领先；"华龙一号"三代核电技术实现"弯道超车"，成为"国家名片"；大容量风电机组、光伏发电组件技术和产能居世界前列；水电规划、设计、施工、设备制造全面领先。特高压 1000 千伏交流和 ±800 千伏、±1100 千伏直流输电技术实现全面突破，掌握了具有自主知识产权的特高压核心技术和全套装备制造能力，建立了完整的特高压技术标准体系，柔性直流输电技术取得显著进步。

开放合作全面广泛。大力实施"引进来"和"走出去"，积极落实"一带一路"倡议，国际合作规模不断扩大。投资菲律宾、缅甸、俄罗斯、法国、意大利、埃及、埃塞俄比亚、美国、加拿大、智利、澳大利亚等国家电力项目，实现资金、技术、装备、标准、管理等各环节国际合作。大力推进电力标准国际化工作，在特高压、新能源、电动汽车充电设施等相关标准方面居于世界领先水平。发起成立全球能源互联网发展合作组织，为全球能源治理贡献中国智慧与中国方案。积极参与电力行业国际组织工作，中国在世界能源电力领域的硬实力、软实力和话语权全面提升。

电力改革成果丰硕。电力体制改革经历了集资办电、政企分开、厂网分开以及电力市场的孕育，电力投资主体多元化格局已经形成，电力价格形成机制逐步完善，适合中国国情的电力市场体系框架初步建立，多模式、多层次市场化改革试点格局初步形成。特别是新一轮电力体制改革以来，电力市场化进程不断加快，电力市场化交易比重逐年提高，企业用电成本不断降低，2016—2018 年，累计释放改革红利超过 1800 亿元。

二、电力工业高质量发展的几个关键方面

党的十九大报告指出，中国特色社会主义进入新时代，中国社会主要矛盾已经转化为人民日益增长的美好生活需要和不平衡不充分的发展之间的矛盾。[①] 人民群众的美好生活需要电力工业发挥基础保障作用。中国总体还处于工业化中后期和城镇化快速推进期，为实现"两个一百年"奋斗目标，预计未来 30 年中国经济将保持中高速增长，电力需求还将保持较长时间的增长。预测 2020 年、2035 年全国总装机规模将分别达到 21.5 亿千瓦、35.3 亿千瓦，全社会用电量将分别达到 7.6 万亿千瓦时、11.4 万亿千瓦时，2020—2035 年用电量年均增速 2.8%。

为满足人民群众对美好生活的向往，电力工业要顺应能源格局向清洁主导、电为中心转变的大趋势，注重发展的质量和效益，着重把握好以下四个关键方面。

（一）深化供给侧结构性改革

发展低碳电力，就要通过能源高效利用、清洁能源开发、减少污染物排放，实现电力工业的清洁、高效和可持续发展。

深化煤电灵活性改造。随着新能源加速发展和用电特性变化，系统对调峰容量的需求将不断提高。中国具有调节能力的水电站少，气电占比低，煤电是当前最经济可靠的调峰电源，煤电市场定位将由传统的提供电力、电量

---

① 习近平：《决胜全面建成小康社会 夺取新时代中国特色社会主义伟大胜利——在中国共产党第十九次全国代表大会上的报告》，《人民日报》2017 年 10 月 18 日。

的主体电源，逐步转变为提供可靠容量、电量和灵活性的调节型电源，煤电利用小时数将持续降低，预计 2030 年将降至 4000 小时以下。目前，应分地区、分机组容量有序实施煤电机组灵活性改造。对于清洁可再生能源消纳困难的"三北"地区、限制核电发电小时的广西、福建等省（区），30 万千瓦及以下、部分 60 万千瓦煤电机组可以进行灵活性改造，100 万千瓦、部分 60 万千瓦机组作为基荷电源，以便更好地发挥大容量、高参数机组能效作用。

加快清洁能源特别是核电发展。坚持集中式和分布式并举，继续加快清洁能源开发，争取到 2035 年，风电、光伏装机均达到 6 亿千瓦，水电装机达到 4.8 亿千瓦。在积极发展水电、风电、太阳能发电的同时，必须建设一定规模的核电，才能有效地替代煤电装机、控制煤电建设规模，并尽早达到峰值。据中国电力企业联合会（以下简称"中电联"）测算，2035 年核电装机需要达到 2 亿千瓦，而截至 2018 年年底，核电在运装机仅 4466 万千瓦，需要每年核准 6—8 台机组。核电项目体量大，建设周期长，要超前谋划，尽快确立核电战略地位，加快核电建设。

持续加强电力行业应对气候变化工作。明确二氧化碳排放硬约束，通过碳约束倒逼电力结构优化，改善发电结构，提高发电效率，挖掘减排空间，促进电力低碳发展。要建立健全碳交易市场，促使企业的生产者、经营者进一步提高企业低碳发展认识，优化电力企业建设、生产和经营活动，提高低碳发展水平，促进电力行业实现低成本减碳。要加强电力企业参与碳市场后碳管控能力建设，提高电力企业管理水平。

（二）深化电力市场化改革

近年来，电力改革出现市场主体多元化、利益诉求多样化的新趋势，协调的复杂性大大增加。当前一个突出矛盾就是省间壁垒严重，有的省份宁可用本地煤电也不愿用外来清洁发电，甚至限制和干预省间电力交易。据统计，由于省间壁垒造成的弃电量占总弃电量的 40% 以上。

加快建设全国电力市场。尽快修订《电力法》及相关配套法规，加强顶层设计，构建统一开放、高效运转的电力市场体系。重点完善与全国电力市场相适应的交易机制，逐步统一省间电力交易规则，促进跨区跨省直接交易，打破省间壁垒和市场分割。

推动形成科学的电价机制。加快完善一次能源价格、上网电价、销售电价之间的联动机制，使电价真正反映能源供应的合理成本、供求关系、资源状况和生态环境治理成本。结合电价改革进程，妥善解决电价交叉补贴问题。

稳妥推进增量配电改革试点。推进增量配电改革，坚持配电网统一标准，促进输配电网协同发展、安全运营。

深化碳市场与电力市场耦合。统筹推动电力市场与碳交易市场深度融合，构建电碳综合市场，发挥市场高效配置资源优势，按照边际成本由低到高的顺序实施电力交易调度，实现碳减排与能源转型协同推进。进一步加强电力信用体系建设。加快完善电力市场信息披露制度，实现信用信息交换共享、信用奖惩协调联动，使守信者处处受益、失信者寸步难行，促进形成良好的行业信用应用机制与环境。

（三）强化电力系统安全

传统的生产安全风险始终存在。随着分布式电源、微电网、智能用电、电动汽车、储能的快速发展，配电网从无源网成为有源网，潮流由单向变为双向、多向，电网运行控制更加复杂。随着 5G 时代的到来，网络信息安全对电力的重要性更加突出。5G 实现了计算与通信的融合，基于大数据人工智能的网络运维，反应速度大大提高，减少了人为的差错，可以增强监控的智能化和网络的安全防御水平。但是，5G 的虚拟化和软件定义能力，以及协议的互联网化、开放化也引入了新的安全风险，使网络有可能遭到更多的渗透和攻击。在万物互联的发展趋势下，黑客攻击入口大幅增加且更加隐秘，亟须电网采取更加严格的安全防范技术。

推动各级电网协调发展。构建1000千伏交流主网架,提高电网配置能力和安全水平;优化750千伏、500千伏电网结构,实现合理分区和可靠运行;扩大220千伏、330千伏电网覆盖范围,总体形成送受端结构清晰、各级电网有机衔接、交直流协调发展的电网格局。加快清洁能源外送通道建设,全面提升跨区电力交换能力,实现电力资源在更大范围的配置。

加快智能电力系统建设。构建智能互动、开放共享、经济高效、安全可控的现代电力服务平台,提升电网运行的灵活性、互动性和可靠性,满足各类分布式发电、用电设施接入以及用户多样化需求。推动物联网技术在智能电网中的应用,不断提升电网的感知能力、互动水平、运行效率,持续提高能源开发和利用效率。

加快安全技术突破。构建大电网安全综合防御体系,采用新技术、新装备,强化电力监控体系,提高系统安全稳定水平。加强虚拟同步机等新能源发电并网关键技术研究与应用,提高系统稳定控制能力和灵活调节水平,强化电力系统信息安全防控,有效防范"网络攻击"。

(四)坚持创新引领未来

随着新一代信息技术与电力工业全方位融合,电力开发、生产、消费的全过程和各环节都呈现出新的形态和特征。智能电力系统的快速发展使电网能够实现更广泛的互联,与电源侧、配电网、用户侧形成更深层次的连接。确保电力系统安全,需要增强电力系统的灵活性、自愈性和互动性,特别是需要提升电力系统的信息化、智能化水平,提升电力系统自身以及电力系统与外界的友好、兼容。

加强核心技术研发。重点加快研发低风速陆上风机、超大型海上风机和效率更高、成本更低的光伏材料,提高新能源发电效率;加快第四代核电和受控核聚变技术研发;加快推进特高压柔性直流输电、大容量海底电缆等重点技术装备研究攻关,满足新能源更大规模汇集与外送需要;加快锂空气电池、石墨烯电池等电化学储能技术研发,进一步降低成本,提升效率和使用寿命。

推动行业标准创新。逐步提高生产环节和市场准入的环境、质量、安全标准，形成全面统一、公开透明的市场标准体系。重点加强新设备、新技术、智能电网等方面的标准建设及标准间的交互衔接，加强国际标准合作与对接互认。

推动服务模式创新。培育发展新动能，推动大数据、云计算、物联网、移动互联、人工智能等现代信息通信技术与电力系统深度融合，提高电力系统运行效率和效益；大力开展综合能源服务、电动汽车充放电、电子商务、氢能等领域创新，积极培育新产业、新业态和新商业模式，推动传统电力企业向现代综合能源服务商转型。

三、共同推动电力发展再上新台阶

电力工业的高质量发展需要全行业的共同努力。中电联作为行业协会，行业服务成效显著。参与国家从"八五"到"十三五"的五年计划和规划中有关电力方面的内容的起草，参与了相关法律法规的起草修订，深入调查研究行业发展重大问题，积极参与组织电改调研论证，形成了"1+N"年度系列报告，累计组织编制国家、行业标准 3000 多项。中电联将根据行业发展需要，不断丰富服务方式，拓展服务领域，为行业发展提供高质量的服务。

一是积极打造行业高端智库。进一步提升行业信息统计质量，提升数据的覆盖面、准确性、及时性。密切跟踪宏观经济和电力形势变化，特别是中美经贸摩擦对用电情况的影响，深入开展每月电力运行情况分析，及时向国家有关部门提供分析报告。完善电煤价格指数编制，加强全国电力消费景气指数和电力供需预警体系研究，进一步提升电力供需形势分析预测的准确性、及时性。结合能源电力"十四五"规划编制工作开展专题调研，整合行业资源，凝聚行业共识，提出高质量的规划建议。继续做好碳市场建设各项工作。

　　二是开展好行业对标与自律。继续做好中国发电企业与世界同类能源企业对标报告编制工作。开展好各类发电机组能效水平对标、电力行业职业技能竞赛、电力创新奖评审等工作。发挥司法鉴定中心作用，积极开展行业纠纷调解、法律服务等工作，推动落实《全国电力行业核心价值公约》，促进行业自律，建设优秀的行业文化。按照国家改善营商环境要求，研究电压偏差评价标准及技术路线，完成基于电能质量的供电质量评价体系研究，发布全国主要城市电力可靠性指标，推动电能质量的提高及营商环境的改善。

　　三是加大电力标准编制力度。深入评估已颁布的国家行业标准，加强"十四五"电力标准编制规划研究，加快修订电力标准体系表。把握行业发展趋势，着力加强电动汽车充电、分布式能源并网、综合能源服务、微电网、智能火电厂等领域的标准制定工作。做好中电联与日本电动汽车快速充电器协会（CHAdeMO）签署的合作项目，落实日本企业参与中电联组织的大功率充电示范项目建设，共同推动开拓印度市场。总结中国电力企业在老挝工程中实施中国标准的实践经验，探索在东南亚电力工程中推广中国标准。

　　四是完善电力行业信用评价体系建设。完善信用评价工作制度，优化评价工作模式和流程，扩大行业信用建设覆盖范围，提升行业信用建设品牌影响力，按政府部门部署，继续发布涉电力领域重点关注对象名单，探索"电力征信"助力中小微企业信用贷款在工业园区的试点工作，推进电力征信产品与金融机构合作项目的应用落地。

　　五是深化电力国际合作服务。加强国际电力产能合作，推进合规管理体系研究，开展合规经营、国际化人才、法律等专业化培训，推进项目务实对接。拓展跨国项目质量监督、技经咨询等业务。加强对"一带一路"、全球能源互联网相关战略、政策、动态的研判，跟踪重点国别项目，提供信息、法律、金融等方面服务。办好亚太电协大会，推动建立东北亚区域定期交流机制和政府间合作。发挥中电联—国际能源宪章联合研究中心、"一带一路"国际商事争端管理中心等平台作用，在全球能源治理中发出更多中国声音。

展望过去，电力工业实现了从小到大、从弱到强、从追赶到引领的巨大飞跃，有力支撑了新中国成立以来年均 8.3% 的经济增长。进入新时代，中华民族实现了从站起来、富起来到强起来的伟大飞跃，中国经济已由高速增长阶段转向高质量发展阶段，在构建清洁低碳、安全高效的能源体系，满足人民群众对美好生活的向往过程中，电力工业必将发挥更加重要的作用，作出更大的贡献。

作者：杨昆，中国电力企业联合会常务副理事长，
本文原载《能源情报研究》2019 年第 8、9 期

低碳化与绿色转型是推动未来中国
可再生能源发展的重要政策方向

一、能源战略的核心正在从聚焦保障供给安全向清洁低碳转变

20 世纪 80 年代以来，随着中国经济持续快速增长，能源需求长期保持持续快速增加，保障能源供给安全长期以来是中国能源发展的持续核心目标，2000 年前后开始强调调整能源结构、增加清洁能源供给、减少环境污染。但是，在 21 世纪初的前 10 年，中国高速发展的经济导致能源需求急剧增长，煤炭作为低成本能源成为新增能源主要来源，能源结构调整进程放缓甚至短期有所逆转。21 世纪前 10 年，煤炭消费占比不降反升，2000—2013 年煤炭消费总量从 13.6 亿吨增加到 42.4 亿吨。

为此，中国政府在能源发展"十二五"规划中提出，着力提高清洁低碳化石能源和非化石能源比重，中国政府在 2009 年宣布到 2020 年单位 GDP 二氧化碳排放比 2005 年下降 40%—45%，非化石能源占一次能源消费的比重达到 15% 左右，并作为约束性指标纳入国民经济和社会发展中长期规划、能源发展五年规划。

党的十八大以来，中国政府提出能源革命战略，要求推动能源消费革命、能源供给革命、能源技术革命、能源体制革命、全方位加强国际合作，首次把能源转型变革提升到革命的战略高度，中国能源变革深入推进。在 2016 年国家发展改革委和国家能源局发布的《能源和生产消费革命战略（2016—2030）》提出，2030 年前新增能源需求主要依靠清洁能源满足，非化

石能源发电比重力争达到 50%；展望到 2050 年，非化石能源占一次能源消费比重超过一半。

二、可再生能源正在成为清洁低碳发展的主攻方向

中国早期的可再生能源开发和利用主要着眼于解决农村能源短缺问题。早在 20 世纪 70 年代，中国政府就出台了一些政策支持农村地区的可再生能源建设，例如，小水电开发、农村户用沼气推广应用以及农村省柴灶的推广和普及等。80 年代后期和 90 年代，除了水电项目，中国在水电、太阳能发电、风力发电和生物液体燃料方面的投入明显增加。但这个阶段，水电之外的可再生能源发展普遍被视为农村和偏远地区的补充能源，缺乏市场化的激励机制和清洁能源产业体系。

进入 21 世纪以来，特别是 2005 年中国通过《可再生能源法》以来，中国大力发展可再生能源，并通过非化石能源比重目标和五年可再生能源发展规划确定可再生能源发展目标。中国首个可再生能源发展规划——可再生能源发展"十一五"规划提出，把发展可再生能源作为全面建设小康社会、构建和谐社会、实现可持续发展的重大战略举措，加快发展水电、太阳能热利用、沼气等技术成熟、市场竞争力强的可再生能源，尽快提高可再生能源在能源结构中的比重。2007 年国家发展改革委颁布的《可再生能源中长期发展规划》提出，力争到 2020 年使可再生能源消费量达到能源消费总量的 15%左右，并提出了具体技术种类发展目标。

2009 年全球瞩目的哥本哈根世界气候大会使绿色低碳发展和可再生能源成为各国应对气候变化的重要举措。可再生能源发展"十二五"规划提出，中国已将发展可再生能源作为应对气候变化的重大举措，大力发展可再生能源是实现 2020 年单位 GDP 比 2005 年降低 40%—45%、非化石能源比重达到 15%目标的主要措施。可再生能源发展"十三五"规划提出，到 2020 年全部可再生能源年利用量 7.3 亿吨标准煤；发电量 1.9 万亿千瓦时，占全部

发电量的 27%，并显著提高了 2020 年各类可再生能源技术应用的具体目标。

三、可再生能源政策措施正在从行政性向探索更多市场手段发展

2005 年，中国通过了《可再生能源法》（2009 年进行修订），把可再生能源的开发和利用，提高到"增加能源供应，改善能源结构，保障能源安全，保护环境，实现经济社会的可持续发展"的战略高度，构建了支持可再生能源发展的五项重要制度，即总量目标制度、强制上网制度、分类电价／补贴制度、费用分摊制度和专项资金（基金）制度，对中国促进可再生能源发展的法律制度和政策措施作出较为完整的规定，逐步建立了针对可再生能源的直接扶持政策体系。

特别是，按照《可再生能源发电价格和费用分摊管理试行办法》和系列关于风电、太阳能发电和生物质发电电价政策的通知，可再生能源发电价格实行政府定价和政府指导价两种形式，政府指导价即通过招标确定的中标价格；可再生能源发电价格高于当地脱硫燃煤机组标杆上网电价的差额部分，在全国省级及以上电网销售电量中分摊。风电、太阳能光伏发电等新能源发电逐步形成了分类分区定价和逐步退坡的固定电价与补贴等经济激励制度，生物质发电长期延续稳定的固定电价，分布式光伏发电享受固定补贴，为现阶段和资源环境价格体系下缺乏经济竞争力的可再生能源提供了资金支持，有力促进中国可再生能源进入规模化开发利用阶段。

"十二五"规划以来，中国推动风电和光伏等可再生能源进入大规模发展阶段，但同时补贴需求和资金压力也快速增加，补贴资金缺口开始出现并加大，中国能源、价格和财政等有关主管部门研究实施扩大竞争性招标机制应用范围、建立可再生能源电力配额制和绿色证书交易体系、在竞争性招标和竞争性电力市场基础上转向市场溢价和差价补贴机制，从供需两侧建立可再生能源市场，并解决补贴资金问题。同时，中国日益重视资源环境税费改

革和环境市场，积极探索构建反映外部成本性、促进清洁能源与化石能源公平竞争的市场环境。相关研究机构和政府部门开始探讨应对气候变化背景下的可再生能源发展目标、可再生能源价格补贴与碳市场价格／碳税价格的可能影响、绿色证书和碳交易市场的关系和衔接问题。预计在"十三五"规划以后，碳排放控制目标和碳交易将逐步成为可再生能源发展的重要驱动因素。

四、中国已基本建成完善而具有竞争力的可再生能源产业体系

在可再生能源法的推动和一系列政策支持下，中国可再生能源开发利用在过去的 10 年间取得了举世瞩目的成就。

首先，可再生能源从起步阶段进入大规模发展阶段。在 2006 年，中国除了水电的可再生能源开发利用基本仍处于探索期。2015 年，中国可再生能源年利用量为 5.4 亿吨标准煤，占能源消费总量的 13.8％，比 2005 年提高了将近 6 个百分点，其中商品化可再生能源利用量为 4.4 亿吨标准煤，占全部能源消费总量的 12.1％。到 2015 年年底，全国可再生能源发电并网装机容量为 5 亿千瓦，占全部发电装机容量的 33％。可再生能源发电量 1.4 万亿千瓦时，占全部发电量的 25％。其中，水电装机 3.2 亿千瓦，是 2005 年的 2.7 倍；风电并网装机 1.29 亿千瓦，是 2005 年的 100 多倍；光伏并网装机 4318 万千瓦，对比 2005 年的 7 万千瓦，更是突飞猛进；太阳能热利用面积超过 4 亿平方米，应用规模都位居全球首位。生物质能继续向多元化方向发展，生物质发电装机 1030 万千瓦，是 2005 年的 5 倍，各类生物质能共计年利用量约 3300 万吨标准煤。在内蒙古、青海、新疆等地区，可再生能源已经成为新增主力能源。总的看来，《可再生能源法》有力推动了可再生能源的商业化、大规模开发利用。

2005 年，中国现代风电、太阳能发电等可再生能源产业的自主技术装

备制造能力和产业服务体系基本空白。经过 10 年的发展，在巨大国内市场的支持下，中国已逐步形成涵盖装备制造、开发建设、服务体系、金融支持等环节的全产业链支持体系，并从可再生能源利用大国向技术产业强国迈进。

2005 年中国还不能自己设计制造兆瓦级风电机组，到 2015 年全球排名前 15 的风电整机制造企业当中，中国企业就有 8 家，并且具备了较强的自主创新能力，建立了全球化的研发体系，并且创新能力不断加强，带动基础制造业不断提升。在大型化风电机组研发、生产和应用方面，中国正迎头赶上国际先进水平，尤其是适用于中国特殊环境和风况条件的风电机组设计制造方面全球领先。中国制造的风电机组已经出口到 20 多个国家和地区。

过去 13 年，光伏发电也建立了具有国际竞争力的完整产业链，突破了多晶硅生产技术封锁，多晶硅产量已占全球总产量的 40% 左右，光伏组件产量达到全球总产量的 70% 左右，中国生产的光伏发电设备更是遍布全球。完整的产业链以及应用市场的规模化开发，促进"十二五"规划时期光伏组件价格下降了 60% 以上，显著提高了光伏发电应用的经济性。

五、中国发展可再生能源取得了良好的经济、环境及社会效益

可再生能源产业涉及领域广，可有力带动相关产业发展，提供新增就业岗位，亦是落实脱贫攻坚工程的有力抓手。过去 10 年，中国可再生能源新增投资超过 3 万亿元，主要分布在西部地区。到 2015 年年底，中国可再生能源领域的直接和间接从业人员超过 350 万，占全球可再生能源从业人数的 46% 左右，有力地促进众多地区，特别是西部地区的经济发展转型。

可再生能源开发利用大量替代化石能源消耗、减少温室气体和污染物排放。2015 年中国风电年发电量 1863 亿千瓦时，光伏发电年发电量 392 亿千瓦时，根据发电煤耗替代转换系数进行测算，2015 年风电、光伏总发电量

可替代标准煤共计约 0.68 亿吨，减少向大气排放二氧化碳约 1.7 亿吨、二氧化硫约 54 万吨，氮氧化物 47 万吨，对治理大气污染、建设生态文明作出了重要贡献。

六、能源革命背景下可再生能源发展需更加灵活的市场空间

能源转型发展新动能不断增强。中国坚持实施创新驱动发展战略，转变能源发展方式，深化能源体制改革，新一轮电力体制改革全面铺开，启动电力现货市场建设试点，探索分布式发电市场化交易试点，分布式光伏和分散式风电加速发展。东中部地区新增风电和光伏建设项目占比增加，2019 年"三华"地区新增光伏装机 1351 万千瓦，占比 44.8%，同比有所下降。多措并举推动清洁能源消纳，提高火电灵活性已成为共识，可再生能源利用水平明显提高，弃风电量、弃风率实现"双降"，2019 年弃风率平均 4%，弃光率平均 2%。

但是，面对新时代、新征程的要求和主要社会矛盾的变化，中国能源变革的紧迫性日益增加。目前，中国能源发展的主要矛盾已经由能源保障供应向更好满足人民群众日益增长的美好生活用能需要转变，主要体现在国内能源生产与消费、能源区域和城乡发展、能源基础设施建设、能源发展生态环境保护、能源治理能力、能源体制机制改革、能源科技创新等方面的发展不平衡不充分问题日益凸显。这些矛盾和问题不解决，不利于保证中国的能源供应安全，不利于实现中国建设美丽中国的梦想。

针对生态环境和能源变革问题，党的十九大报告明确要求加快生态文明体制改革，推进绿色发展，推进能源生产和消费革命，构建清洁低碳、安全高效的能源体系。这是对新时代能源发展提出的新要求。

新能源是中国推进绿色发展、壮大清洁能源产业、培育新动能和竞争优势的最重要方向之一。近年来中国新能源成本竞争力不断提高，已基本具备市场化条件。相对于近年来核电、水电、生物质能发电由于场址、安全和原

料保障等因素导致发展受限、成本上升的趋势，中国风电、光伏发电成本持续下降，竞争力居世界前列。近期光伏发电领跑基地中标电价为 0.31—0.5 元/千瓦时，与当地煤电标杆电价差距最小仅为 5.49 分/千瓦时。但是，由于目前新能源的非技术成本加大了新能源开发的实际成本和风险，导致新能源上网标杆电价未能下降到位，已成为新能源摆脱补贴依赖的最重要障碍，主要包括"三北"部分地区限电、自建电网接入成本、补贴拖欠资金费用、各地土地费用和不合理收费等、融资成本高于平均水平。

目前，一些西部地区集中式电站、东中部地区分布式光伏和分散式风电如果把限电率控制在 5%以内并降低非技术成本，已可以实现发电侧或用户侧电网平价、摆脱补贴依赖，将打开无限市场空间。据测算，如果实现与工商业用户的分布式发电市场化交易，2019 年中国 80%的城市可启动无补贴光伏项目，可在城乡实现全面推广应用，打开巨大市场空间。市场化和低碳绿色转型是发展壮大可再生能源产业的重要方向。

随着新能源成本快速下降和进入大规模发展阶段，新能源发展的主要瓶颈在于能源系统转型和市场化改革滞后于行业发展。为此，中国必须坚定不移贯彻创新、协调、绿色、开放、共享的发展理念，坚定推进能源变革的信心，发展壮大清洁能源产业，加快推进改革创新，在 2020 年前推动新能源产业走进依靠市场竞争驱动的内生性增长、可持续发展的新时代。

坚定发展信心，提升可再生能源发展目标。能源发展"十三五"规划中 2020 年可再生能源发展目标是应努力超越的底线目标，最新发展形势显示可通过努力实现更高目标：太阳能光伏装机量从 1.1 亿千瓦增至 2 亿千瓦以上，风电装机量从 2.1 亿千瓦增至 2.5 亿千瓦以上，确保 2020 年非化石能源占一次能源消费总量的比例达到并努力超越 15%，促进减少煤炭消费。

创新新能源电力价格机制，逐步推动"去补贴"进程。发电上网侧及时调整价格水平，推进市场竞争机制形成价格。对风电、光伏发电等技术和市场成熟的清洁能源电力，持续实施电价退坡政策，推行以竞争方式降低陆上风电、光伏发电开发成本，分技术、分利用模式、分地区、分阶段实现补贴完全退出。对光热发电、海上风电等处于产业成长和市场培育中的清洁能源技术，以及生物质发电这样成本变化小且与农业环保生态治理相关的清洁能源技术，近期以相对稳定的电价政策支持其稳步发展。

加大清洁能源消纳力度，促进可再生能源高质量发展。优化可再生能源发展布局和建设时序，优先推进分散式风电、分布式光伏发展，加强可再生能源开发与能源、电力等规划的统筹协调。优化电力系统调度运行，制定保障清洁能源优先发电的实施细则，发挥大电网的统筹协调作用。加快调峰电源建设，推进煤电机组灵活性改造，严格规范自备电厂运行管理，提升电力系统的调峰能力，为可再生能源消纳利用创造空间。深入推进电力市场化改革，推动电力现货市场交易试点和跨省区交易，以市场化方式促进清洁能源消纳利用。建立可再生能源电力配额制与可再生能源电力绿色证书交易体系，形成促进可再生能源生产和消费的新机制，2020 年基本解决弃水、弃风、弃光问题。

持续推进基础设施补短板和变革升级。加快建设清洁能源输送通道，推动能源管网数字化升级，全面提升电网热网系统效率。持续推进火电灵活性改造，"十三五"规划力争完成 1 亿千瓦煤电和热电联产机组灵活性改造。大力推广电动汽车等新能源汽车、建设集中式充电站和分散式充电桩建设，推动公共交通、公共服务、城市物流等车辆动力电气化；开展新能源发电与电动汽车协同示范项目，促进分布式发电与电动汽车结合，探索新能源发电与电动汽车充电协同和价格联动机制。

积极稳妥推进北方地区冬季清洁取暖，因地制宜选择地热能、生物质能、太阳能等可再生能源供暖，以及天然气供暖、电供暖、工业余热供暖和清洁燃煤集中供暖。推动城镇居住建筑节能改造、鼓励开展农村住房节能改造，引导有条件地区和城市新建建筑全面执行绿色建筑标准。到 2021 年，北方地区清洁取暖率达到 70％，北京、天津等"2+26"个重点城市要率先实现清洁取暖。

为企业投资绿色能源创造良好环境。完善政府放管服等公共服务，创新可再生能源项目开发机制，建立"一站式"服务，激发市场活力。大力优化投资环境，减轻企业负担，特别是降低融资、土地成本及不合理收费等可再生能源开发成本。推进绿色金融创新，使中小型企业和广大消费者也成为绿色能源的投资者，不断壮大能源发展的力量。抓住新技术协同应用、商业模式创新的市场机遇，培育创新型企业和平台型企业，发展"智慧能源＋能源互联网"等新业态。

系统推进能源市场化改革和监管体系建设。加快实施电力体制改革、构建有效竞争的市场结构和市场体系，有序放开发用电计划，新增煤电项目全面取消发电计划，探索新能源电力市场化交易与经济激励新机制。探索推动供暖市场化改革，形成公平开放、多元经营、服务水平较高的清洁供暖市场；建立健全专业监管体系，确保电力、油气、热力管网等自然垄断环节经营企业为清洁能源提供开放入网和公平服务。

作者：赵勇强，国家发展和改革委员会能源研究所副研究员，本文是根据作者在 2018 年 10 月 25 日亚行在湖南长沙举行的"中国能源低碳转型"高端圆桌论坛上的发言整理而成

中国能源价格改革的市场化
程度在不断深化

让市场在资源配置中起决定性作用，需要对价格机制进行改革以便给市场传递正确信号。中国从 1984 年开始实施价格双轨制，允许国有企业在计划产量之外按照不超过国家规定价格的 20% 向市场出售产品。1985 年年初又取消了价格上浮限制，允许计划外产量价格由买卖双方协商决定。之后，价格改革的总体趋势是逐步去除由中央政府垄断定价，转向一个更市场化的定价机制，进而使价格改革取得了长足进步。现在社会上绝大部分商品都已由市场定价，还没有真正市场化或者市场化程度不高的商品已不多，能源是其中之一。而不同能源品种，相关价格改革的速度和力度差异非常大。总体来看，煤炭价格市场化程度最高，而电力价格市场化改革较为滞后。

一、煤炭价格改革

中国的能源生产和消费主要依靠煤炭，这种趋势相当长时间内不会改变。因此，煤炭价格及其改革至关重要。

煤炭可用于发电和供热，也可用于其他用途。用于其他用途的煤炭价格从 1993 年开始全部市场化了，但用于发电的煤炭，即所谓的动力煤或电煤，还是由国家定价。趋势是煤炭越来越多地用于发电。目前，全国一半以上的煤炭消费用于发电和供热。电煤价格是国家控制，其他用煤的价格是市场化的。对煤电厂来讲，煤炭成本大约占到发电成本的 70%。煤矿不愿意把煤卖给煤电厂，因为卖给它们价格低。对煤电厂来说，在市场上购煤变得越来越困难。

为了理顺煤电价格关系，2004 年，国家发展改革委改革了过去"一机一价"的定价办法，建立了煤电价格联动机制，以半年为周期，当周期内平均煤价变化幅度超过 5% 时，相应调整电价。同时，为减缓煤炭价格上涨对推高用电成本的影响，规定由发电企业内部消化 30% 的煤价上涨因素。2015 年年底国家发展改革委对煤电价格联动机制又做了调整。完善后的煤电联动机制自 2016 年 1 月 1 日起实施，以一个年度为周期，当周期内煤价超过 5% 时就对电价进行调整，同时允许发电企业把燃料成本增加的 90% 转嫁给电网。煤电联动机制并不是一个自动机制。2017 年煤炭价格涨得快，符合煤电价格联动规定要求，但国家发展改革委并没有对电价做调整。

虽然取消了煤炭价格双轨制，但并未形成全国性的煤炭市场。下一步煤炭改革的关键是要从产业链角度考虑，重点改革那些产业链中亟须纳入市场化但仍由国家控制的环节。

二、成品油价格改革

自 1998 年开始，中国原油价格就与世界接轨，但成品油价格还是由国家定价。2009 年 5 月，国家发展改革委出台了《石油价格管理办法（试行）》，进一步确定了成品油价格形成机制。当国际市场原油连续 22 个工作日移动平均价格变化超过 4% 时，可相应调整国内成品油价格。但是成品油定价机制存在两个主要问题：一是调价周期太长，不能够及时反映国际油价变动情况；二是设定了调价的油价变动幅度要达到 4%，造成国际油价变动不能及时反映到国内成品油的价格上来。针对这些问题，2013 年开始实施更市场化导向的成品油定价机制，调价间隔缩短至 10 天，同时取消了 4% 的油价变动幅度要求。不同于煤电价格联动机制，成品油价格调整机制是自动的，只要满足条件，国家发展改革委就对成品油价格进行调整。

随着中国经济的快速发展，国内石油产量已经不能满足日益增长的需求，随之而来的是对国外进口石油需求的不断攀升，导致石油对外依存度屡创新高，2018年已达70%。国内生产原油的成本高，再加上节能和环保方面的考量，国家发展改革委决定，从2016年1月起，当原油价格每桶低于40美元时，上述成品油价格不再随原油价格变动做调整。

通过定价机制的调整，成品油价格已能比较及时地反映国际油价的变动情况，但与消费者的感受认知存在一定反差。这可能主要是现行成品油定价机制仅考虑了国外市场原油价格，而忽略了国内影响因素。今后成品油定价机制应更多考虑国内因素，以便更好地反映国内成品油供需情况。从长期来看，成品油价格的市场化程度取决于多大程度上解决"三桶油"在石油进口、上游勘探、生产和管输环节的垄断问题。

三、天然气价格改革

天然气是清洁能源。伴随执行严格的环境政策，国家不断调整不合理天然气价格，以便通过天然气替代煤炭解决环境污染的问题。

首先是2011年年底在广东、广西开展天然气价格形成机制改革试点，将天然气价格管理由出厂环节调整为门站环节，实行最高上限价格管理，并将定价方法由"成本加成"定价改为"市场净回值"定价，把天然气的价格与燃料油、液化石油气等可替代能源价格挂钩。2013年6月，在总结"两广"试点经验基础上，在全国范围内推广非居民用气价格形成新机制。同时，为减少改革阻力，区分存量气和增量气，增量气价格一步调整到与可替代能源价格保持合理比价的水平，存量气价格分三步调整。2018年6月国家发展改革委决定统一居民用气与非居民用气价格，并要求各个省在规定时间内完成价格的调整机制。气价统一可避免城市燃气公司不愿意把气卖给居民而是卖给可获利更多的工商业企业。

未来，天然气改革要加快建立上下游天然气价格联动机制，放开上下游竞争性环节，广开气源，增加供给。改革管道运输价格定价机制，国家核定管输价格，实施管道独立运行，管输业务独立，管网向第三方市场主体公平开放，输售分开，促进上下游天然气供需双方高效衔接，更大程度地实现天然气价格市场化。2019年"两会"期间提出的组建国家石油天然气管网集团有限公司（以下简称"国家管网公司"），无疑将是天然气体制改革中最为根本性的措施，有助于实现"管住中间，放开两头"的改革目标。但是，国家管网公司成立带来的影响也不容忽视，如对市场结构的影响。目前天然气市场在"以产定需""以产定销"的销售模式下容易实现供需基本平衡。但国家管网公司成立后，供需基本平衡将会被打破，市场供需不平衡将成为常态，市场供求矛盾可能变得更加突出，可能导致市场交易违约事件频发。管网建设也存在因资金来源单一，面临投资规模和建设速度放缓的风险。目前，主要油气企业通过上游和下游的利润来补充管网建设的资金。国家管网公司成立后，管网建设的压力将转移到管网公司单一企业上来。这样，管输价将变得至为关键，合理的价格水平将关系到保障管网建设资金和有利于天然气消费的平衡。目前天然气门站价是将气源出厂价与长输管网管输价捆绑在一起测算的。国家管网公司成立后，长输管网管输价从天然气门站价中剥离出来。那么，现行通过"准许成本＋合理收益"原则核定管输价的计费方式或需改变，采用国际通用的按照"使用费"和"容量费"两部制分别计费。同时，考虑到上游的气源将变得多样化，且随着对天然气需求越来越大，以及不同地区天然气价格承受能力的提高，国家管网公司成立有利于实现管网的全面互联互通，真正实现全国一张网，油气管道将来可能会采取"同网同价"的方式来计费。

四、电力价格改革

新中国成立以来，电力部门一直由国家垄断。2002年电力体制改革，国家实施"厂网分开"，将电网的发电环节完全分离，形成了相互竞争的五大电力集团。由于发电环节相互之间的竞争，发电行业的投资规模和装机容量不断扩大，基本上解决了长期困扰人们的"电荒"问题。但电网垄断问题一直没有解决。2015 年 3 月中共中央、国务院颁布《关于进一步深化电力体制改革的若干意见》，在"管住中间，放开两头"改革总体设计思路指导下，开启了新一轮电力体制改革。

现在的电网盈利模式有点像改革伊始时主要靠赚取贷款与存款利差生存的银行。电网是统购统销，买电和卖电价格都由电网决定，获取卖电与买电之间的价格差。按照新一轮电改方案，电网不再是这种盈利模式。电网按照国家核定的输配电价（含线损）收过网费，市场交易的上网电价，加上过网费，再加上电力附加，形成参与电力市场交易的用户购电价格。而其他没有参与直接交易和竞价交易的上网电量，以及居民、农业、重要公用事业和公益性服务用电，继续执行政府定价。

对于电力行业来讲，真正的改革是"管住中间，放开两头"，政府通过核定输配电价管住中间（电网输配）、放开售电侧，尽管只是放开新增售电部分。按照新电改方案，电网只收国家核定的过网费，下游销售端放开，那么如何解决电网调度的问题？销售端买卖双方不同价格，电网只收过网费，买卖双方的价格高低与它没有关系，这种情况下电网的优先调度次序如何决定？国家把降电价作为"三去一补一降"的重要工作来抓。但目前来看，过网费已经核定是不变的了，电厂在喊亏损，用户又普遍感觉电价高，整个电力系统利益攸关的三方都在叫屈，而降电价需要至少其中一方让利。可见，电力体制改革迫切需要减轻市场建设的约束和包袱。

总之，中国能源价格改革取得了长足进步，但改革还不彻底。只要这个主要生产要素价格改革不彻底，中国经济改革就远没完成。

作者：张中祥，天津大学马寅初学院院长，本文原载《中国社会科学报》2019 年 6 月 5 日

全球关键能源技术创新
正进入高度活跃期

全球能源技术创新进入高度活跃期，呈现多点突破、加速应用、影响深远等特点。能源技术革命作为新一轮工业革命的重要支柱，将重塑全球的竞争优势和产业布局。供给侧的可再生能源、非常规油气已进入大规模应用阶段，需求侧的电动汽车和转化环节的智能电网处在市场导入期，可燃冰开发、碳捕获封存等技术有望取得新突破，发达国家根据其资源禀赋、技术能力、需求潜力等条件正在突出重点、加速推进，如德国就明确表示要成为第一个向新能源系统转型的国家，到 2050 年能源消耗的 60％和电力消耗的 80％来自可再生能源。

中央也提出能源革命的战略部署，中国的能源发展战略应以推动能源革命为主线，加快能源技术创新，建设清洁低碳、安全高效的现代能源体系。

能源技术创新战略方向为加大非常规油气勘探开发、煤气化整体联合循环等新一代火力发电、风力发电、光伏发电、生物质能源、第三代和第四代核能、电动汽车、分布式能源、智能电网、储能、氢能和碳捕获及封存等新技术的研究开发和商业化应用。

除了长期的关键技术进展，当前中国最关键的问题是煤炭的清洁化利用，尤其是终端环节。但是现在存在一个"谈煤色变"现象。煤炭的清洁气化，解决工业大量的低热质燃料的问题，这个技术成本只有天然气的一半，与二级天然气一样的标准，但是现在推不动。包括最近陕西、山西、内蒙古的煤粉锅炉推行情况也不好。但有一系列的技术还是非常具有前景的，比如低价煤低温的气化，气化完成后，类似于兰炭，兰炭可替代焦炭用于化工、冶炼、造气等行业，附加值也很高，甚至可以转换成汽油，类似的技术很多。我们还在纺织行业发现一个新型的煤粉锅炉技术，这个技术能够实现天然气一样的氮氧化物符合排放标准，都是非常好的技术。

2016 年 BP 发布的全球一次能源中占比可再生能源份额是 1%，而且处于加速增长中。从国家战略角度来看能源技术创新有很多，有供给侧的，有需求侧的，技术千差万别。国家能源战略里面也很强调能源技术创新，能源技术创新战略方向也定了很多，有非常规油气、煤气、超超临界等新一代发电技术，有风电和光伏等一系列技术。

下面介绍具有高度一致性的三个行业：光伏、新能源汽车、储能。

一、光伏行业

从 2000 年光伏第一次大规模量产，到现在已经快 20 年了，光伏技术的进步取得了非常大的进展，现在龙头企业都有自己的实验室、自己的研发团队。光伏经过技术不断进步，市场起起落落，从曾经的海外市场爆发，到经济危机与"双反"，再到出口转内销，巨大的国内市场兴起并辐射新兴国家，最终释放了巨大产能。在这一轮发展中可以看到，巨大的产能导致成本的迅速下降。光伏是我们主流的清洁能源行业，也是一个主流的具有一定颠覆性技术创新的行业。中国现在是全球最大的光伏市场。

光伏成本下降经验曲线，10 年时间光伏组件下降 90% 的成本，系统成本也差不多下降 90% 左右。按照中国可再生能源学会光伏专业委员会的预测，有可能很快达到平价上网的风口。一旦平价上网，这个行业飞速发展的潜力非常大。

二、新能源汽车

新能源汽车战略研究 2009 年启动，新能源汽车这 10 年的时间基本上是一个颠覆性的发展。中国新能源汽车产销量从 2011 年的不足 1 万辆增加到 2017 年近 80 万辆，6 年复合增速超过 100%。中国成为全球最大的新能源汽车产销大国。2017 年国内新能源汽车产销量同比增长 50% 以上，2018 年以来继续保持高速增长，新能源汽车累计产量超过 256 万辆；动力电池累计配套量超过 120 吉瓦时。目前，新能源汽车占国内汽车总销量的比例达 3% 以上，汽车电动化的趋势已经明朗。新能源汽车随着电池技术的进步和规模效应，技术进步的幅度、成本降幅都远远高于我们预期，正在重复光伏行业的发展路径。

预计到 2025 年，新能源汽车产销量将达到 600 万辆，未来几年同比增速在 30% 左右。到 2025 年，新能源车将占据 50% 以上的客车市场以及 20% 以上的乘用车市场，动力电池装机量将达到 300 吉瓦时，未来几年同比增速在 25%—30%。2018 年，传统汽车负增长，新能源汽车百分之几十的增长，未来几年平均增速将在 30% 左右。现在很多国家、很多主流汽车企业纷纷提出了电动汽车转型时间表，都很激进。最近大众汽车公司要全面转型，发展电动化，已经签署价值 480 亿美金元的动力电池订单。

新能源汽车发展意外带动了是锂电储能的大发展。今年开始马斯克·特斯拉宣布即将部署吉瓦级储能项目。2018 年 7 月，美国加利福尼亚州最大的公用事业公司太平洋燃气电力（PG&E）等企业，向加利福尼亚州能源委员会提交了 4 个总容量 567 兆瓦的电池项目。2018 年 6 月，福建宣布储能重大规划，项目由福建省投资集团有限公司、福建省电力勘测设计院、宁德时代 CATL 多方合作建设。项目计划总投资 24 亿元，计划分三期实施：项目一期规划建设规模为 100 兆瓦时锂电储能电站；二期将扩建 500 兆瓦时锂电储能电站；三期将扩建 1000 兆瓦时锂电储能电站，同时还将配套建设移动储能及移动充电设施。2018 年 12 月 6 日，平高集团 352 兆瓦时的储能项目招标公告，该项目金额达 3 亿元。第一，平高集团原来是做特高压的，现在转型做储能，特高压基本上没有业务了。第二，比亚迪中标，比亚迪以前称不单独参与国内储能投标，但是此次突然低价回归，第一次在国内中标。

第三，中标的价格 0.86 元 / 千瓦时，从中可以看到锂电储能的技术进步，成本快速下降趋势。磷酸铁锂循环次数大致可以达到一万次，0.86 元 / 千瓦时，相当于每千瓦时不到 0.1 元。假如说今天储两个小时，可能不到 0.1 元 / 千瓦时，加上系统成本，电池成本再扩大一下，增加 40%，整个系统成本不超过 0.25 元 / 千瓦时，0.25 元 / 千瓦时就是抽水储能电价的价格。所以将来颠覆的就是抽水储能，这是电网侧，其他行业、用户侧可能也会有更大潜力。

三、储能

据不完全统计，2017 年，全球已经建成的化学储能保有装机量 3 吉瓦，累计装机容量同比年增 45%。2018 年上半年，全球储能投运量已超过 1.4 吉瓦，接近 2017 年全年规模。已建成的化学储能项目 75% 是锂电池项目，全球新增化学储能 93% 都是锂电池技术。

储能市场主要构成为供电侧的"移峰填谷""调频""风光配套"和需求侧的"分布式"及应急电源。

全球主要市场装机容量：中国有 1500 吉瓦，欧洲有 1400 吉瓦，美国有 1200 吉瓦，亚太地区（日本、韩国、印度、东南亚地区）有 1300 吉瓦，全球共 6000 吉瓦。根据电网技术共识，"移峰填谷"应为装机容量的 7% 左右，调频为装机容量的 3%，即中国有 150 吉瓦（300 吉瓦时的两小时系统），美国有 120 吉瓦（240 吉瓦时），欧洲有 140 吉瓦（280 吉瓦时）。长期来看，全球长期有 600 吉瓦的宏观总市场，按 10 年年化，每年有 60 吉瓦市场。

随着成本快速接近甚至低于抽水蓄能，锂电份额将快速增加。在太阳能、风能等新能源日趋增长的电网结构中，储能的配比会更高。分布式能源架构、离网、备用电源等需求空间也很大。

随着市场迅速发展，锂电储能技术和成本下降将有新突破，这将对国家应对气候变化、解决能源安全、实现能源互联网等重大战略产生深远影响。

2018 年，彭博新能源财经发布了一个长期能源储存展望报告，报告里三个观点令人印象深刻，第一，2040 年全球储能总规模将相当于全球电力总装机容量的 7%；第二，2030 年（还有 10 年的时间）锂电池价格再下降52%；第三，中国将要主导储能行业。

这三个行业串起来看，光伏代表过去 20 年的时间，电动汽车是我们现在正在经历的，储能是现在即将开始。第一，从三个行业来看都具有一定的颠覆性，但是都不是传统能源，是主流的能源领域技术，应用前景非常广。第二，技术进步都发挥了巨大作用，技术进步、成本下降、产能扩张，相辅相成。第三，在导入过程，从 1% 到 10% 的过程都非常艰难，都需要政府或者战略政策，甚至补贴政策的资金拉动，这些是它们共同的地方，但是显示出它们的技术突破，它们的进展都超出我们的预期。

在美国作家杰里米·里夫金的《第三次工业革命》书中提出的第三次工业革命的五大支柱包括可再生能源、分布式能源结构、储能设备、能源互联网、交通运输结构转型。第三次工业革命，如果储能具备技术、成本和市场规模的基础，电网能够穿透到储能每块电池上边都做上标识，区块链技术能够瞬间调用，整个能源结构、分布式结构具备了技术基础，在互联网技术、信息技术的带领下，有可能使我们每个人既是生产者又是消费者，可更加直接地在物联网上生产并相互分享能源和实物，边际成本接近于零，近乎免费。互联网新经济模式的发展可以突破能源效率提升 20% 的极限。

作者：刘文强，中国电子信息产业发展研究院副院长，本文是根据作者在 2018 年 12 月 16 日亚行在北京举行的"能源绿色转型与高质量增长"高端论坛上的发言整理而成

中国 CCUS 技术应用前景可期

自工业革命以来，大量化石能源的使用导致大气中二氧化碳浓度不断升高，由此导致的全球暖化正带来全球性气候危机。IPCC 在《气候变化2014：综合报告》中指出，温室气体的持续排放将会导致气候系统进一步变暖并出现长期变化，会增加对人类和生态系统造成严重、普遍和不可逆影响的可能性。在 2009 年 12 月的哥本哈根世界气候大会上，参会各国达成共识：在 21 世纪末，全球平均气温与工业化进程初期相比，上升不超过 2℃。在2015 年 12 月的巴黎气候变化大会达成的《巴黎协定》指出："各方将加强对气候变化威胁的全球应对，把全球平均气温较工业化前水平升高控制在 2℃之内，并为把升温控制在 1.5℃ 之内而努力。"对此，CCUS（carbon capture utilization and storage），即捕集、利用和封存，是捕集化石燃料燃烧所产生的二氧化碳，并对其进行利用或将其封存在天然地下储层中，从而减少二氧化碳向大气排放，该项技术将是实现全球温室气体减排的重要选择。

一、CCUS 在国际上的发展现状与前景

为了促进 CCUS 发展，美国、英国、澳大利亚以及欧盟等发达经济体颁布了 CCUS 技术的发展路线图和战略规划，明确短期、中期、远期的示范项目支持政策、技术方向和研发重点，加强国家层面技术政策的指导和宏观调控。除了出台与气候变化和 CCUS 相关的政策外，发达国家在 CCUS 技术方面也不断开展研发和示范项目。美国加强了区域性碳封存的合作倡议，包括美国 43 个州以及加拿大 4 个省共 300 多个组织联合进行的 CCUS 示范

项目研发。英国政府在 2009 年 4 月正式宣布，任何新建化石能源发电能力达 300 兆瓦的发电厂都必须安装连续催化重整（continuous catalytic reforming, CCR）设备，以便于将来进行 CCS（carbon captureand storage）技术改造。2015 年 11 月，英国能源与气候变化大臣在公布英国新的能源发展方向政策时表示，英国政府计划到 2023 年限制燃煤电厂的使用，到 2025 年关闭所有未配备 CCS 技术的燃煤电厂。欧盟于 2009 年制定了二氧化碳地质封存指令，建立起在欧盟地区开展二氧化碳地质封存的法律和管理框架。澳大利亚出台《二氧化碳捕集与封存指南》，对 CCS 环境影响评价提出了相对具体可行的评价范围、措施等。

CCUS 技术涉及二氧化碳捕集、利用与封存多个环节，实现 CCUS 技术全流程贯通是有效实现碳减排的关键。截至目前，世界上已经在运行中的工业化 CCUS 项目有 16 个，主要集中在挪威、美国、加拿大和澳大利亚。项目规模都在百万吨以上，已经达到了工业化的生产能力，二氧化碳捕集能力接近 3000 万吨 / 年。还有一些在建项目，也是主要集中在美国、加拿大和澳大利亚这几个发达国家，发电厂捕集技术在产业链条当中已经开始部署。

IEA 预测 2050 年电力行业部署的 CCUS 项目将占世界总量的 55%。未来 10 年间发电行业的二氧化碳捕集示范对推动 2020 年到 2050 年 CCUS 技术的快速发展至关重要。2010—2050 年，发电领域的二氧化碳捕集量累计将达到 78 亿吨，其中燃煤电厂约占 80%（62 亿吨），天然气电厂约占 12%（9.2 亿吨），生物质电厂（大部分为工业用热电联供电厂）约占 8%（7.1 亿吨）。2050 年，全球装备 CCUS 电厂的总发电量将超过 1100 吉瓦，其中 65% 为燃煤电厂。根据 IEA 的研究表明，装机容量在 100 万千瓦以上的高效率燃煤发电厂将成为未来 CCUS 技术应用的主要场所。

二、中国 CCUS 产业发展现状与前景

中国是能源消费大国，2015 年一次能源消费总量达到 43 亿吨标准煤，

其中化石能源占比达到88%。大量化石能源的利用使中国成为目前碳排放量最大的国家，2015年碳排放量达到91亿吨，占世界总量的27.3%。2015年联合国气候变化大会上，中国向联合国提交"国家自主决定贡献"：二氧化碳排放在2030年左右达到峰值，单位GDP二氧化碳排放比2005年下降60%—65%。国家能源局发布的《能源发展"十三五"规划》要求，在"十三五"规划期间大幅降低二氧化碳排放强度，到2020年单位GDP二氧化碳排放比2015年下降18%。因此，发展CCUS技术是中国履行二氧化碳减排承诺的重要举措之一，也是中国转变发展方式、实现可持续发展的重要途径之一，对中国的低碳发展具有越来越重要的战略意义。

目前，在全球范围内，技术及其应用仍整体处于项目示范和部分行业应用阶段，实现全面的产业化发展仍需较长时间；而中国发展起步较晚，整体尚处于部分项目的典型示范阶段，产业化发展经验相对欠缺。据不完全统计，中国开展的CCUS示范项目已超过15个，积累了一定的技术经济数据和工程经验。现阶段国内的CCUS示范项目主要由大型企业实施，如神华集团、中国石油、中国石化、延长石油集团、华能集团等。中国部分已投运的CCUS示范项目如表3所示，其捕集的二氧化碳主要以各种形式再利用，包括工业级利用、食品级利用以及二氧化碳提高石油采收率。

表3　国内部分示范项目

示范项目	地点	二氧化碳捕集规模	捕集与利用技术	投运时间
华能集团北京热电厂碳捕集示范项目	北京高碑店	3000吨/年	燃烧后捕集+二氧化碳食品级利用	2008年投运
华能集团上海石洞口碳捕集示范项目	上海石洞口	12万吨/年	燃烧后捕集+二氧化碳食品级和工业级利用	2009年投运

续表

示范项目	地点	二氧化碳捕集规模	捕集与利用技术	投运时间
华能集团天津绿色煤电 IGCC 项目	天津滨海新区	6 万—10 万吨 / 年	燃烧前捕集 + 二氧化碳—EOR	2016 年 7 月投运
神华集团鄂尔多斯 CCS 示范项目	内蒙古鄂尔多斯	10 万吨 / 年	燃烧前捕集 + 咸水层封存	2011 年投运，2015 年 4 月注入 30 万吨
中电投重庆双槐电厂碳捕集示范项目	重庆合川	1 万吨 / 年	燃烧后捕集 + 二氧化碳工业级利用	2010 年投运
中国石化胜利油田 CCUS 项目	山东东营	4 万吨 / 年	燃烧后捕集 + 二氧化碳驱油	2010 年投运
海螺水泥窑烟气二氧化碳捕集纯化项目	安徽芜湖	5 万吨 / 年	燃烧后捕集 + 二氧化碳食品级利用	2018 年投运
华润海丰电厂碳捕集测试平台项目	广东汕尾	2 万吨 / 年	燃烧后捕集 + 二氧化碳食品级利用	2019 年投运

当前，CCUS 的成本还相对较高。对华能北京热电厂烟气二氧化碳捕集项目（捕集规模 3000 吨 / 年）的运营成本进行了经济性评价。根据设备投资以及运行过程中蒸汽、电力、溶液和其他消耗性物品的成本分析表明，减排运行消耗使电价成本增加 0.139 元 / 千瓦时。对国内全流程 CCUS 项目（捕集规模 100 万吨 / 年）的建设与运行成本进行经济性分析。项目的单位建设和运行成本合计为 500—600 元 / 吨，其中碳捕集和压缩成本约占 60%—75%；在建设总成本中，碳捕集和压缩费用为 180—210 元 / 吨，约占 60%—70%；二氧化碳驱油和封存的单位建设成本为 90 元 / 吨，约占 25%—30%；二氧化碳管道输送单位建设成本为 60—80 元 /（千米 / 吨），约

占 15%—20%。随着技术的进步和产业的发展，根据亚行发布的《中国碳捕集与封存示范和推广路线图研究》报告预计，中国 CCUS 部署路径将会减少的累计二氧化碳排放量为：截至 2020 年，减少 1000 万—2000 万吨二氧化碳；截至 2030 年，减少 1.6 亿吨二氧化碳；截至 2050 年，减少 150 亿吨二氧化碳。这也意味着无论是在技术研发、工程建设、资金筹措领域，还是在市场开拓方面 CCUS 在中国都面临众多发展机遇。

三、中国 CCUS 关键技术和发展

（一）二氧化碳捕集关键技术和发展

碳捕集技术主要包含燃烧后碳捕集、燃烧前碳捕集和富氧燃烧捕集三种不同技术。由于捕集部分费用占整个 CCUS 费用的 2/3 甚至更高，因此现阶段主要以"提高捕集效率及规模，降低捕集成本"为重点研发方向。

燃烧后碳捕集技术主要应用于燃煤锅炉及燃气轮机发电设施，其优点在于现有电厂可经过机组改装进行燃烧后碳捕集应用，技术导入速度较快。但由于烟气中二氧化碳浓度低，燃烧后碳捕集技术成本偏高，因此现阶段研发重点主要集中于降低燃烧后碳捕集的成本。目前，燃烧后碳捕集技术以化学吸收法为主，但成本与能耗偏高，其使用也多局限于油气及石化产业，因此能够大规模应用于燃煤电厂的碳捕集技术仍是努力的方向。

燃烧前碳捕集技术则以气化技术搭配碳捕集技术而备受瞩目。气化技术在高温炉中产生以一氧化碳和氢气为主的合成气，一般利用水蒸气与一氧化碳反应转化成氢气与二氧化碳，再通过气体分离装置将氢气与二氧化碳分离。分离浓缩后的氢气可直接用于发电，高浓度的二氧化碳则可被捕集、压缩、纯化以进行利用或封存。与燃烧后碳捕集相比，燃烧前碳捕集的运行成本较低，但前期资本投入较高，且气化炉运行稳定性的风险较大。

富氧燃烧捕集技术是将燃煤电厂用于与煤粉进行反应的空气替换成氧

气和二氧化碳的混和气进行燃烧。其燃烧产物主要是二氧化碳，部分生成的二氧化碳将被直接捕集，而余下的二氧化碳则被重新引入富氧锅炉内进行反应。这样被捕集的二氧化碳具有相对较高的浓度，通常可以在成本较低的气体处理后，直接压缩用于封存。富氧燃烧捕集技术把碳捕集的成本转移到空分设备中，该技术未来的发展取决于空分装置成本的高低。

近几年，中国科技部重点研发计划专项针对二氧化碳捕集技术研发进行了资助，其中燃烧后捕集技术主要集中于二氧化碳捕集的新型吸收剂／吸附材料和关键设备开发，以及二氧化碳捕集膜材料合成和制备技术及成套装备。燃烧前碳捕集技术则主要涉及气化反应器设备开发和气化技术的试验。对富氧燃烧技术则研究常压和加压氧气—二氧化碳气氛下煤燃烧特性、热质传递特性和污染物排放控制特性；开发煤炭富氧燃烧关键技术及燃烧控制与系统集成技术。根据中国燃煤发电 CCS/CCUS 技术发展方向及发展路线图和《能源技术革命创新行动计划（2016—2030 年）》，对于燃烧后捕集技术，在 2020—2030 年实现醇胺法捕集技术商业化推广，进行热钾碱法捕集技术示范；2030—2050 年形成低成本燃烧后捕集技术体系并商业化应用。对于富氧燃烧捕集技术，在 2020—2030 年积极开展大型富氧燃烧捕集技术示范，2030 年后实现超超临界富氧燃烧技术规模化应用。对于燃烧前捕集技术，在 2020—2030 年通过新技术研发和耦合新能源工艺流程的优化，形成低成本、低能耗、高性能燃烧前捕集技术，并进行工业示范，2030 年以后达到成熟应用、工业推广、商业化运营阶段。

（二）二氧化碳利用关键技术和发展

二氧化碳是一种化学性质非常稳定的化合物，开发创新高效的利用途径实现对其大规模消纳是贯通整个碳捕集及利用产业的关键环节。典型的二氧化碳利用途径包括化工利用、生物利用和矿化利用。

二氧化碳化工利用指通过化学合成技术将二氧化碳产品作为化学合成的主要原料来生产化学产品。目前化学合成利用技术主要包括：加氢制甲醇、制异构烷烃、制低碳烯烃和芳烃、制生物降解塑料和水性漆等。对于这些二氧化碳化工利用技术途径的研究大多都处于实验室开发研究阶段，部分处于中试阶段，形成产业工程示范仍有许多技术难题需要克服。包括开发二氧化碳转化合成化学品的新型催化剂及制备技术、研发基于反应与传递耦合匹配的新型反应器、研究过程强化与系统集成技术，最终形成以二氧化碳为原料制化学品的成套技术及装备，并实现工程示范。预计到 2020 年将建立二氧化碳化学转化制取合成气、甲醇、聚氨酯等新产品万吨以上化工利用工程示范；到 2030 年建立 10 万吨级以上大规模产业化工程示范；到 2050 年建立完整的二氧化碳化工应用与产品体系，形成商业化推广应用技术能力，大规模工业化推广二氧化碳化工利用新技术。

二氧化碳生物利用技术主要指的是生物体固碳技术，即生物体利用太阳能或者电能等吸收二氧化碳转化为自身物质，实现对碳的固定的过程，目前研究主要集中在微生物与藻类。目前国内与国际正在研究并已初步商业化利用的主要有微藻养殖技术。该技术利用二氧化碳作为藻类的养殖原料，并利用其生成产物进行生物质能（如柴油、汽油、航空燃料）、乙醇以及化工产品（如异丙醇、丙醇、异戊二烯等）的化学合成生产。而这其中在生物固碳方面的研究主要在筛选和培育高效适应煤电烟气固碳的藻种和开发适用于工程化大规模应用的高效光生物反应器。预计到 2030 年形成高值副产品生物炼制技术，建立示范工程；到 2050 年形成微藻研制及制油技术、副产品加工技术商业生产能力，并进行商业化技术推广。

二氧化碳矿化是利用地球上广泛存在的橄榄石、蛇纹石等碱土金属氧化物与二氧化碳反应，将其转化为稳定的碳酸盐类化合物，从而实现二氧化碳减排，该技术能实现对二氧化碳的大规模利用。现阶段的技术研发主要在于开发低能耗矿物化封存利用二氧化碳新工艺，优化矿化反应器结构，并进行工程放大以及研发利用废弃资源作为矿化原料的技术并进行工业级试验。预计到 2020 年建立若干二氧化碳矿化技术工业示范装置，逐步扩大示范工程规模；到 2050 年实现商业化应用，技术成熟、能耗降低。

（三）二氧化碳封存关键技术和发展

二氧化碳地质封存包括二氧化碳驱油技术、驱煤层气技术等。其中二氧化碳驱油是将二氧化碳注入油田中，从而提高原油采收率的一项技术，也是能同时实现大规模二氧化碳利用和封存的关键技术。目前二氧化碳驱油技术研究主要在开发低渗油藏二氧化碳驱油油藏工程方法及优化设计技术，以及开发二氧化碳驱油注采安全控制与防腐技术，同时研究二氧化碳地质封存环境监测及预警技术等。预计 2030 年以后进入商业化、规范化的推广应用，大力实施二氧化碳捕集—驱油—埋存一体化项目，累计投入储量 5 亿—10 亿吨。二氧化碳驱煤层气技术将二氧化碳注入深部不可开采的煤层中，在强化煤层气开采的过程中同时实现二氧化碳封存。现阶段主要研究不同煤阶煤质及地质条件对二氧化碳驱煤层气的影响规律，开发二氧化碳驱煤层气关键技术及装备等。预计到 2030 年大力开展二氧化碳捕集—驱气—埋存一体化、二氧化碳捕集—埋存一体化技术研发，实施大型一体化示范工程项目；到 2050 年实现全流程技术推广和规模化、商业化项目实施。

综上所述，在全球暖化的大背景下，发展 CCUS 技术是应对气候变化的重要举措。发达国家在 CCUS 技术产业已处于向商业化应用转换的阶段，中国在这方面起步相对较晚，现主要处于项目示范性阶段。由于中国是世界上最大的碳排放国家，定下了宏大的碳减排承诺，未来中国在 CCUS 技术研发、工程建设、资金筹措领域以及市场开拓存在着巨大发展空间。近年来，随着国家政策的支持和研发力量的投入，中国的 CCUS 技术正在不断发展和突破，未来将带动整个 CCUS 产业链的蓬勃发展。

作者：王小博，中国能源建设集团广东省电力设计研究院氢能技术中心主任

中国应加快氢能技术全产业布局

氢在元素周期表中位于第 1 位，广泛存在于自然界。氢能是指氢和氧进行化学反应所释放出的化学能，是一种清洁的二次能源，具有来源广、燃烧热值高、能量密度大、可储存、可再生、可电可燃、零污染、零碳排等优点，被誉为 21 世纪控制地球升温、解决能源危机的"终极能源"。科技界和产业界公认氢能是控制地球升温、解决能源危机的最优方案，不仅因为氢能的用途广泛，可涉及传统能源的方方面面，也源于氢能本身所具有的非常优秀的储能属性。此外，无论是从能源发展历史的角度还是氢能生命周期的角度去分析，氢能源都将会是未来能源的主角。

氢的来源非常广泛，既可借助传统化石能源如煤炭、石油、天然气等用低碳化技术制取，也可以通过风电、光伏、水电等可再生能源制备。同时，氢的利用形式很多样，可以通过燃烧产生热能，在热力发动机中产生机械功，并且用氢代替煤和石油，不需对现有技术装备做重大改造。此外，氢又可以作为能源用于燃料电池直接产生电能，为燃料电池车、分布式发电设施提供动力。它还可以储存，能够实现持续供应、远距离输送。因此，氢能被冠之以未来的能源、终极能源的称呼，发展氢能产业是人类能源结构调整和产业结构转型的必由之路。

一、氢能技术产业在国际上的发展现状与前景

欧、美、日、韩、中计划到 2025 年建成加氢站共计 2000 座，是目前五个经济体在营加氢站数量的 4.81 倍。2019 年全球加氢站新增 83 座，截止到

2019 年年底，全球在营加氢站数目达到 432 座。分地区来看，欧洲 177 座，亚洲 178 座，北美地区 74 座；在全部 432 座加氢站中，有 330 座对外开放。日本、德国和美国加氢站共有 198 座，占全球总数的 54%，显示出三国在氢能与燃料电池技术领域的快速发展及领先地位。

美、日、德在国家层面已出台了具有顶层设计的全国性专项规划文件。2007 年，德国政府、工业和科学界启动氢和燃料电池技术国家创新计划（NIP）的长达 10 年的重大项目。2006—2016 年，NIP 为 750 个项目总计投入约 14 亿欧元，共 240 家企业，50 家科研和教育机构以及公共部门得到 NIP 的资助。德国政府正在实施第二阶段即 2016—2026 年的氢和燃料电池技术计划（NIP2）以确保研究和开发的继续，预计在接下来 10 年内提供 14 亿欧元左右扶持资金。

日本政府在 2014 年 4 月制定的《第四次能源基本计划》中，明确提出了加速建设和发展"氢能社会"的战略方向。2014 年 6 月，日本经济通产省（METI）发布了《氢能与燃料电池战略路线图》，提出实现"氢能社会"目标分三步走的发展路线图。2017 年 12 月，日本政府发布了《氢能基本战略》，确定 2050 年"氢能社会"建设的目标。

2002 年 11 月，美国能源部发布《国家氢能发展路线图》，明确了氢能的发展目标，制定了详细的发展路线。2014 年，美国颁布《全面能源战略》，开启了新的氢能计划，重新确定了氢能在交通转型中的引领作用。2019 年 3 月，美国能源部宣布将高达 3100 万美元的资金用于推进"H2@Scale"概念。"H2@Scale"的重点是在美国多个部门实现经济可靠的大规模制氢、运输、储存和利用。截至 2020 年 8 月，加利福尼亚州拥有 42 座对外开放的加氢站，符合政府产业发展的目标。

德、日、美三个国家均设置了氢能源管理机构。2014 年日本经济通产省能源效率和可再生能源部下设立了氢能与燃料电池战略办公室。2005 年美国能源部下设氢燃料电池技术咨询委员会（HTAC），就氢能研究、开发和示范项目向能源部长提供咨询建议，下设燃料电池技术办公室（FCTO）负责协调美国能源部氢和燃料电池项目的研发活动。2004 年德国政府牵头成立了国家氢能与燃料电池组织（NOW）；2015 年由法液空、戴姆勒、林德、OMV、壳牌和道达尔六家龙头企业结成 H2 Mobility 联盟，与 NOW 共同支持德国氢能产业发展。

同时，三国已创建了相对科学安全的技术标准及监测体系。截至 2018 年年底，美国国家标准学会（ANSI）已发布氢能技术现行相关国家标准 27 项。德国标准化学会（DIN）也已发布氢能技术现行相关标准 14 项，日本发布氢能技术相关标准 29 项。

2019 年 1 月，韩国政府发布《氢能经济发展路线图》，希望以氢燃料电池汽车和燃料电池为核心，把韩国打造成世界最高水平的氢能经济领先国家，到 2040 年创造出 43 万亿韩元的年附加值和 42 万个就业岗位。

二、中国氢气制备关键技术及成本分析

目前以四类制氢方式为主：电解水制氢、天燃气制氢、煤制氢、化工副产品制氢。

（一）电解水制氢

电解水制氢气是通过电能给水提供能量，破坏水分子的氢氧键来制取氢气的方法。其工艺过程简单、无污染，制取效率一般在 75%—85%，每立方米氢气电耗为 4—5 千瓦时。

1.降成本路径之一：降低过程能耗，提高电解效率

碱性水解技术最为成熟但效率低，高效率的质子交换膜（ppolymer electrolyte membrane，PEM）与固体氧化物电解池（solid oxide electrolyzer cells，SOEC）技术待推广。目前主流的电解水制氢技术有三种类型：包括碱性电解水制氢、质子交换膜（PEM）电解水制氢和固体氧化物电解池（SOEC）制氢。

2. 降成本路径之二：以低成本电价为制氢原料

与其他国家相比，中国工业电价位于中低水平。根据数据统计，中国工业电价平均为 0.107 美元 / 千瓦时，居世界第八名，仅为第一名的 1/3。相对较低的电价为中国发展电解水制氢提供了有利条件。西北地区大工业电价偏低。分省份来看，波谷、波峰电价在全国排名第一的分别是河北省和安徽省，青海省无论是波峰还是波谷电价均为最低，全国波谷电价平均为 0.33元 / 千瓦时，波峰电价平均为 0.90 元 / 千瓦时。

（二）天然气制氢

天然气的主要成分是甲烷（体积含量大于 85%），因此一般说的天然气制氢就是甲烷制氢。甲烷制氢方法主要有甲烷水蒸气制氢（steam methane reforming, SMR）、甲烷部分氧化（partial oxidation, POX）和甲烷自热重整（autothermal reforming of methane, ATR）。其中甲烷水蒸气重整（SMR）是工业上最为成熟的制氢技术，约占世界制氢量的 70%。

中国天然气资源主要分布在中西部盆地。受地质条件影响，地下天然气通常呈聚集区分布，中国天然气探明储量的 80% 以上分布在鄂尔多斯、四川、塔里木、柴达木和莺—琼五大盆地。沿海地区天然气价格偏高，西北地区价格最低。天然气价格很大程度上受资源禀赋的影响，天然气资源丰富的地区，价格相应偏低。非居民天然气价格目前正在逐步市场化。

（三）煤制氢

煤气化制氢是最常用的一种煤制氢手段。2013 年，中国超过美国成为世界第一大能源消费国，其中煤炭产量为 38.74 亿吨标准煤，之后几年煤炭产量略微走低至 2017 年的 35.2 亿吨，但 2018 年煤炭产量有所回升至 36.8亿吨标准煤，2019 年增加至 39.7 亿吨。煤炭可以用于制备多种工业产品，其中煤制气的产能由 2017 年的 51 亿立方米 / 年，同比增长 0.1%，至 2018年的 51.05 亿立方米 / 年，2019 年产能为 51.1 亿立方米。但目前在中国氢气生产中占据主要地位的还是煤气化制氢。

中国煤炭资源较为丰富且分布广泛，全国 32 个省区市（除上海外）都有煤炭资源，但是区域分布极不均衡，主要的格局是西多东少、北富南贫。现在煤炭储量和产量较多的地区比如内蒙古、山西等省区市，相同种类煤炭的价格也相对其他省份较低。其中需要重点关注的是内蒙古动力煤价格仅为 360 元 / 吨，而混煤的价格是 170 元 / 吨。

（四）化工副产品制氢

化工副产品制氢主要可以分为焦炉气制氢、氯碱副产品制氢、丙烷脱氢和乙烷裂解等几种方式，其中由于氯碱副产品制氢的工艺成本最为适中且所制取的氢气纯度较高等优势，成为目前化工副产品中较为适宜的制氢方式。

2019 年 1 月，中国已经建成的丙烷脱氢项目生产能力共计 467 万吨 / 年，其中山东和江苏处于领先位置。行业内已经公布的规划和在建的丙烷脱氢项目共计 45 个，涉及生产能力 2605 万吨 / 年。若规划和在建的丙烷脱氢项目都已完成，预计可以副产并外售 86.8 万吨氢能，未来发展空间巨大。

未来供氢主体以电解水制氢为主，可再生能源电解水制氢将上升为未来供氢主体，中国将形成以可再生能源为主体、"煤制氢 +CCS" 与生物质制氢为补充的多元供氢格局。

三、中国氢气储运与加气关键技术及经济性对比

氢能大规模进入市场的主要障碍之一是包括生产、运输和加注在内的供氢基础设施的缺乏，也就是氢产业链上游和中游的完善度不足。就目前技术发展程度而言，氢的交货成本远大于等能量水平下的汽柴油成本，而其中氢的运输成本在交货成本中约占 6%。根据日本经济产业省的统计分析，2014 年日本氢气售价的构成主要由氢气原材料、氢气的生产运输成本、加氢站的固定和可变成本以及加氢站运营维护几个部分组成。其中涉及氢

气的制备和储运的成本占38%。而对比看来，汽油售价的重要组成部分则是汽油的消费税。影响中国氢气售价的最主要因素是包括制氢和储运氢气在内的氢气成本部分。比较日本和中国的加氢站氢气售价价格组成可以发现，影响日本氢气售价的最主要的两个因素是氢气成本（约占38%）和加氢站固定成本（约占26%），而影响中国氢气售价最主要的因素是氢气成本（约占65%）。

运氢的方式主要分为：气氢拖车运输（tube trailer）、气氢管道运输（pipeline）和液氢罐车运输（liquid truck）。氢能供应链中运氢环节的范围定义为包括集中制氢厂的运输准备环节（氢气压缩/液化、存储及加注）和车辆/管道运输过程所涉及所有设备。

储氢的方式主要分为：低温液态储氢、高压气态储氢和储氢材料三种。其中储氢材料主要包含两种形式——氢化物储氢和吸附储氢：（1）氢化物储氢主要包括金属氢化物、络合化合物、有机化合物；（2）吸附储氢主要包括碳基材料、金属骨架化合物和多孔聚合物。

（一）集中制氢厂的运输准备环节：氢气压缩/液化、存储及加注

氢的质量能量密度很高，大约是汽油的3倍，但体积能量极低，常温常压下比汽油低4个数量级。较为现实的做法是在生产厂将制得的氢气压缩或液化后进行运输和储存（运输准备环节）。

气氢拖车和气氢管道运输的方式需要配备氢气压缩和氢气储存设备，而液氢罐车运输方式需要配备氢气液化和液氢储存设备来满足后续运输需要和连续供应。此外，为实现从生产厂向运输设备输氢，气氢拖车和液氢罐车运输方式分别需要安装气氢加注器和液氢加注器；而管道运输方式则不需要配备加注器。氢气的压缩和液化过程都需要消耗相当数量的电力。氢气压缩的电耗（从反应器压力提升到储存压力）大约在0.7—1千瓦时/千克之间，相当于氢气低热值（120兆焦/千克）的2%—3%；而氢气的液化过程能耗更高，包括一系列的压缩、冷却和膨胀过程，即使是实现大规

模的液化氢气，其电耗也达到了 11 千瓦时 / 千克的水平，相当于氢气低热值的 33%。

高压储氢装置：一般有两种方式，一种是用具有较大容积的气瓶，该类气瓶的单个水容积在 600L—1500L 之间，为无缝锻造压力容器；另一种是采用小容积的气瓶，单个气瓶的水容积在 45L—80L。从成本角度看，大型储氢瓶的前期投资成本较高，但后期维护费用低，且安全性和可靠性较高。

氢气压缩设备：常用的氢气压缩设备为隔膜式压缩机，该型压缩机靠金属膜片在气缸中做往复运动来压缩和输送气体。氢气压缩机在加氢站中占据重要地位，目前中国加氢站所采用的氢气压缩机仍需外购。未来在国内加氢站与生产压缩机的外资企业加强合作以及加快国产化速度的情况下，有望将压缩机的成本减少 50% 以上。

氢气加注设备：氢气加注设备与天然气加注设备原理相似，由于氢气的加注压力达到 35Mpa，远高于天然气 25Mpa 的压力，因此对于加氢机的承压能力和安全性要求更高。根据加注对象的不同，加氢机设置不同规格的加氢枪。如安亭加氢站设置 TK16 和 TK25 两种规格的加氢枪，最大加注流量分别为 2 千克 / 分钟和 5 千克 / 分钟。

（二）气氢运输

气氢拖车成本与运输距离相关性强，适用于距离较短的运输。

拖车运输适用于将制氢厂的氢气输送到距离不太远而同时需用氢气量不是很大的用户。中国常用的高压管式拖车一般装 8 根高压储气管。其中高压储气管直径 0.6 米，长 11 米，工作压力 35MPa，工作温度为 −40—60℃，单只钢瓶水容积为 2.25 立方米，重量 2730 千克。这种车总重 26030 千克，装氢气 300 千克以上，输送氢气的效率只有 1.1%。可见，由于常规的压储氢容器的本身重量很重，而氢气的密度又很小，所以装运的氢气重量只占总运输重量的 1%—2%。未来更高压力的存储会提升载氢能力。

气氢拖车系统的运行过程如下：空载气氢拖车在集中制氢厂加氢到满载，然后车辆行驶到加氢站，直接卸下车上管状储存容器作为加氢站的存贮设备，同时拾起原本位于加氢站的"空载"管状容器，运回集中生产厂开始新一轮的加载。

根据相关数据估算，在假设车速为 60 千米 / 小时，单车每天工作 15 小时的情况下，得出在运输距离为 200 千米的情况下，气氢拖车运输氢气的成本约为 2.02 元 / 千克。

车用氢气气瓶：高压气态存储压力需要达到 35Mpa，甚至 70Mpa，而车用天然气气瓶的工作压力一般仅为 20—25Mpa，这对车用氢气瓶提出了严苛的要求。车用氢气钢瓶主要向着高压化、轻量化、低成本、质量稳定的方向发展。美国能源部（DOE）的终极研发目标是质量储氢密度达到 0.075 千克氢气 / 千克。在标准制定方面，有国际标准化组织的 ISO/TS 15869—2009《车用氢气及氢混合气体气瓶》、日本的 JARI S001—2004《车用高压储氢氢气瓶技术标准》等。目前中国采用材料—工艺—结构一体化的优化设计方法制造的 70Mpa 车用高压缠绕氢气瓶，多项技术指标也达到了国际先进水平。

管道输氢适合点对点、规模大的氢气运输，前期投入成本较高。气氢的管道运输用于大规模的输送。由于氢气自身体积能量密度小和防止管材"氢脆"现象，氢气管道运输成本往往大于同能量流率下天然气管道运输的成本。一般而言，管道运输的成本主要来源于管道的初始投资建设，运行成本比例很小，现实中根据运输距离的长短和管道压力的大小判断是否中途安装管道加压设备。

目前统计的数据中显示，全球共铺设 4284 千米输氢管道，其中 56% 设在美国，37% 位于欧洲。此外，Air Liquide 公司在中国的上海、天津、辽阳也铺设了输氢管道。欧洲大约有 1500 千米输氢管。世界最长的输氢管道建在法国和比利时之间，长约 400 千米。目前使用的输氢管线一般为钢管，运行压力为 1—2MPa，直径 0.25—0.30 米。

目前氢气的运输管道长度较天然气管道长度相差几个数量级，成本方面，氢气管道的造价约为天然气管道造价的 2 倍以上。以美国为例，其天然气管道的长度约为 55 万千米，氢气管道的长度约为 2389 千米。造价方面，天然气管道的造价仅为 12.5 万—50 万美元 / 千米，氢气管道的造价大约为 30 万—100 万美元 / 千米。除造价成本外，管道输氢还有一部分可变的输气成本，这是由于气体在管道中输送能量的大小，取决于输送气体的体积和流速。氢气在管道中的流速大约是天然气的 2.8 倍，但是同体积氢气的能量密度仅为天然气的 1/3。因此，用同一管道输送相同能量的氢气和天然气，用于压送氢气的泵站压缩机功率要比压送天然气的压缩机功率大很多，导致氢气的输送成本比天然气输送成本高。改造现有的天然气管道用于输送氢气的主要方式是提升钢管材质中的含碳量，低碳钢更适合输送纯氢；而塑料管道由于压力较小，不能用于输氢。

（三）液氢运输

液氢罐车运输：单车载氢能力是气态载氢的 10 倍以上，经济性与储量大小相关。液化储氢是将氢气压缩后深冷到 21K 以下使之液化成液氢，然后存入特制的绝热真空容器中保存。液氢的密度为常温、常压下气态氢的 845 倍，体积能量密度比压缩存储要高出好几倍。

从质量密度和体积密度上考虑，液氢储存是一种极为理想的储氢方式，但是面临两大技术难点：

（1）液氢储存容器的绝热：由于储槽内液氢与环境温差大，为控制槽内液氢蒸发损失和确保储槽的安全（抗冻、承压），对储槽和绝热材料的选材和储槽的设计均有很高的要求。

（2）氢液化能耗大，工程实际中氢液化耗费的能量占总氢能的 30%。

液氢储存罐是液化氢储存的关键。液氢储存罐分为内外两层：储罐内胆一般采用铝合金、不锈钢等材料制成。内胆通过支承物置于外层壳体中心，盛装温度为 20K 的液氨。支承物由玻璃纤维带制成，具有良好的绝热性。

内外夹层中间填充多层镀铝涤纶薄膜，减少热辐射，薄膜之间放上绝热纸增加热阻，吸附低温下的残余气体。用真空泵抽去夹层内的空气，形成高真空便可避免气体对流漏热。

液氢储运的经济性与储量大小密切相关。液化相同热值的氢气，比氢气压缩的耗电量高 11 倍以上，加之液氢储存罐的选材和技术水平要求高，前期投入成本高。根据我们的测算，液化过程的相关成本（设备投资和电耗成本）占运氢成本的最大份额，比例达到 70%—80%。由于液化设备的强规模效应，液氢罐车运输方式的运氢成本随着运输规模的增大而大幅降低，随运输距离的增大，成本也升高，但升高的幅度不大。

我们假设车速 60 千米 / 小时，按一辆车一天工作 15 小时计算，一辆车一天可以跑 900 千米。计算得出在 10 吨 / 天的运输规模下，200 千米的运氢价格为 12.25 元 / 千克、500 千米的运氢价格为 12.54 元 / 千克；在 100 吨 / 天的运输规模下，200 千米的运氢价格为 8.57 元 / 千克，500 千米的运氢价格为 8.85 元 / 千克。

（四）氢气运输方式选择

随着运输规模和运输距离的变化，三种氢气运输方式的成本表现出不同的变化规律。依照其特定的变化规律，在运输规模和运输距离确定的情况下，可以选出成本最低的运氢方式。

主要的三种氢气运输方式（气氢拖车、管道输氢和液氢罐车运输）的成本组成可以划分为：存储设备投资、压缩、液化和加注设备投资、电力成本、管道投资、车辆投资（包括车载储氢容器）、车辆燃料成本、人力成本和其他运行维护费用。

成本分析主要结论：

（1）对于气氢拖车运输方式，运氢成本受规模影响不大，主要受距离因素影响。

（2）对于管道输氢方式，管道投资成本在运氢成本中占最大份额，适用于运氢规模大，距离近的情况。

（3）对于液氢罐车运输方式，运氢成本随着运输规模的增大大幅降低，随运输距离的增大而上升，但上升幅度远小于气氢拖车的运输方式。

在能耗方面的分析发现，三种运氢方式的单位能耗与运氢规模基本无关，仅与运输距离有关。管道输氢方式的能耗最低，而对于液氢罐车运输方式，在氢气液化之后，由于其高能量密度，需要很少的柴油消耗来满足车辆运行，因此运输距离对液氢罐车运输方式能耗的影响幅度很小。

（五）氢气的新兴存储技术

储氢的几种主要方式包括物理储氢（高压气态和低温液态）、氢化物储氢和吸附储氢，其中氢化物储氢和吸附储氢都主要依赖于不同储氢材料的性质特点。这两种方式都是通过利用氢气与储氢材料之间的物理或者化学变化来转化为固溶体或氢化物的方式进行储存。

储氢材料的主要优点在于储氢体积密度大，操作简单、运输方便、成本低、安全等。但目前储氢材料路线仍存在着一些技术问题亟待解决。

金属氢化物储氢材料：根据构成二元合金的原子比不同，目前已开发的储氢合金主要包括 AB5 型、AB2 型、AB 型和 A2B 型四大类。目前储氢合金的研究热点方向主要致力于储存容量高、综合性能好、轻质储氢合金的开发和性能研究等。

物理吸附型储氢材料：物理吸附主要是靠材料和氢分子之间的范德华力实现可逆储氢的，氢分子不发生解离，属于弱的分子间相互作用力。其储氢容量取决于吸附材料的比表面积，通常材料的比表面积越大，吸附温度越低，储氢量就越大。目前适用于低温物理吸附的材料，主要分为碳基有机非金属材料（如活性炭、碳纳米管、石墨等）和金属有机框架材料（MOFs）两类。研究的方向集中在吸附材料的制备和表面改性，以期通过调制内部结构和表面改性实现较温和的条件下提高储氢容量。

四、中国氢能应用现状和未来前景

（一）燃料电池系统

燃料电池车用动力系统主要包括燃料电池发动机、动力电池、电机驱动系统、控制系统、直流—直流变换器（DC-to-DC converter, DC/DC 转换器）。中国攻克了车用燃料电池动力系统集成、控制和适配等关键技术难点，形成了燃料电池系统、动力电池系统、DC/DC 转换器、驱动电机、储氢与供氢系统等关键零部件配套研发体系，总体技术接近国际先进水平。

在乘用车方面：国外乘用车厂发动机均采用全功率模式，再加上乘用车内空间有限，因此均使用高压金属板电堆，体积功率密度高（>3 千瓦 /L），均实现 –25℃ 以下低温启动，寿命 5000 小时以上，已实现商业化销售。但是，国内燃料电池乘用车发动机仅有上汽集团一家自主开发的荣威 950 轿车（30 千瓦）完成公告认证，其他乘用车企业均采用合作的方式，还处于样车开发阶段，例如北汽集团、广汽集团、长安汽车、汉腾汽车等。

在商用车方面：国外商用车发动机供应商主要有巴拉德、Hydrogenics 和 USHybrid，这三家企业目前都与国内的企业有合作，发动机均采用石墨板和中低压技术路线，寿命超过 10000 小时。

国内燃料电池发动机开发模式与国外不同，国外采用全功率型发动机，国内则采用氢—电混合燃料电池发动机。国内有北京亿华通、新源动力、上海重塑、广东国鸿重塑等企业开发出 30 千瓦以上燃料电池发动机。目前装载北京亿华通燃料电池发动机的客车租赁车队（北京 60 辆燃料电池团体客车）和燃料电池公交车车队（张家口 74 台燃料电池公交车）已正式投入商业化运营；装载上汽集团自主研发的燃料电池发动机的 FCV80 实现了百台级的销售和日常运营；上海重塑的燃料电池发动机装载了 500 台物流车投入商业化运营。

（二）电池堆

电池堆是燃料电池的主要成本，年产 1000 套系统与年产 50 万套系统，电池堆占燃料电池成本分别为 66%、42%。根据 DOE 的估算，车用 80 千瓦燃料电池系统成本平均为 45 美元 / 千瓦（年产 50 万套的规模），其中燃料电池堆成本为 19 美元 / 千瓦。从成本敏感性因素分析来看，膜电极的比功率、贵金属铂的用量及膜成本是决定成本的关键因素。另外，辅助系统关键部件的成本为 26 美元 / 千瓦，空气压缩机、氢气循环系统、增湿器的成本是关键因素。

电池堆是发生电化学反应的场所，也是燃料电池动力系统核心部分，由多个单体电池以串联方式层叠组合构成。将双极板与膜电极交替叠合，各单体之间嵌入密封件，经前、后端板压紧后用螺杆紧固拴牢，即构成燃料电池堆。电池堆工作时，氢气和氧气分别由进口引入，经电池堆气体主通道分配至各单电池的双极板，经双极板导流均匀分配至电极，通过电极支撑体与催化剂接触进行电化学反应。

国外乘用车企业大多自行开发电堆，并不对外开放，例如丰田、本田、现代等。也有少数采用合作伙伴的电堆来开发发动机的乘用车企业，例如奥迪（采用加拿大巴拉德定制开发的电堆）和奔驰（采用奔驰与福田的合资公司 AFCC 的电堆）。

目前，国外可以单独供应车用燃料电池堆的知名企业主要有加拿大的 Ballard 和 Hydrogenics，欧洲和美国正在运营的燃料电池公交车绝大多数采用这两家公司的石墨板电堆产品，已经经过了数千万千米、数百万小时的实车运营考验，这两家加拿大电堆企业都已经具备了一定产能，Ballard 还与广东国鸿设立了合资企业生产 9SSL 电堆。此外，还有一些规模较小的电堆开发企业，例如英国的 Erlingklinger、荷兰的 Nedstack 等，在个别项目有过应用，目前产能比较有限。

（三）空压机

空压机是指空气压缩机，是车用燃料电池氢氧供应系统的重要部件，它将常压的空气压缩到燃料电池期望的压力，由于燃料电池内部的化学反应对环境"苛刻"的要求，参与反应的空气（其中的氧气）的温度、湿度、压力和流量需要空压机进行控制与调整。常见的空压机类型有滑片式、涡旋式、螺杆式与离心涡轮式等。

螺杆式空压机的优点是压力/流量可以灵活调整、启停方便、安装简单，缺点是噪声大、体积大、质量重和价格高，已在美国通用、PlugPower、加拿大 Ballard 等公司的燃料电池系统中采用。涡轮式空压机容积效率较高，压力与气量连续可调，但尺寸和重量较大，日本本田和韩国现代等公司已定制开发了空气轴承的涡轮式空压机。

目前，国内车用燃料电池空压机基本依赖进口，国产的仅广顺空压机在上汽集团有实际应用。

（四）氢气循环泵

典型的氢气供应系统（HSS）包括高压储氢瓶、减压阀、压力调节阀、循环装置（循环泵或引射器）、稳压罐、传感器、各种电磁阀及管路等。HSS 通过高压储氢瓶提供电堆所需的氢气，根据电堆的工况特性，对氢气进行调压、加热、加湿，并通过循环装置对电堆出口氢气进行循环利用。

为保证质子交换膜燃料电池（PEMFC）稳定高效运行，同时提高氢气利用率，通常采用氢气循环的方法，即氢气把电堆内部生成的水带出后，经水气分离装置将液态水分离，再将氢气循环送回到电堆阳极重复使用，同时对新鲜氢气进行加湿。

目前，氢气循环泵依赖进口，美国 Park 公司开发出氢气循环泵可用于不同的氢燃料电池汽车。国内目前没有替代品，主要是由于氢气循环泵的氢气密封、水汽腐蚀和冲击问题难以解决，国外也仅有几家能够提供解决方案。国内雪人股份、广顺新能源、汉钟精机等企业正在进行氢气循环泵的研发。

（五）加湿器

目前国际上的主流技术是 Gas-to-Gas 加湿器。国外已经有许多厂家开发出加湿器，并已形成产品，能够满足备用电源到氢燃料电池公交车用加湿需要。例如，美国 Perma-Pure 生产的管式加湿器、加拿大 Dipont 生产的板式加湿器、德国 Mann-Hummel 生产的板式和管式加湿器和德国 Freudenberg FCCT 生产的管式加湿器等。

从 2018 年开始，国家能源投资集团公司牵头成立中国氢能源及燃料电池产业创新战略联盟，国家电网、中国中车、宝武钢铁、中国一汽等十多家中央企业参与，联盟单位超过 50 家，旨在加速中国氢能产业布局。

2019 年 8 月，国家能源局局长章建华首次在《人民日报》上发表署名文章，谈到制定能源发展重大战略规划时明确提出：要加快推进能源技术装备自主化进程，力争在大规模储能、智能电网、先进核电、氢能和燃料电池等重点领域取得突破，抢占能源转型变革先机。明确氢能在未来中国能源体系中的重要定位。

未来氢能在中国发展主要从下述方面入手：

（1）创新研发。低温和高温燃料电池电堆、关键材料、零部件和动力系统集成等核心技术上取得较大突破，处于国际先进行列，形成一批研发中心。

（2）产业发展。氢燃料电池整车、系统集成以及核心零部件等产业链全面形成，氢燃料电池整车产能达到相应数量。氢燃料发动机、高温燃料电池分布式发电、氢能产业总产值达到相应规模。

（3）企业培育。力争培育形成一批具有较强竞争力、不同领域国际领先的氢能燃料电池各产业链企业。

（4）推广应用。氢能燃料电池在公交、轨道交通、物流、船舶、分布式发电（含冷热电三联供）、航空航天、二氧化碳利用等领域推广应用形成一定规模。

（5）基础设施。在现有加油（气）站以及规划建设的综合供能服务站内布局建设加氢站，力争建成相应数量的加氢站、氢气液化工厂、氢气运输管道。

（6）标准设立。力争中国企业成为氢能燃料电池国际标准编写单位，引领行业发展。

作者：王小博，中国能源建设集团广东省电力设计研究院氢能技术中心主任

生态环保正在倒逼中国经济高质量增长

一、环境保护的重要里程碑

回顾历史，中国每隔 10 年环境保护都有一个大的飞跃，环保机构大变革。1988 年，国务院环境保护领导小组成立独立的国家环境保护局，标志着中国生态环境保护在国家管理体系中占据了一席之地。1998 年，开展"三河三湖"重点区域流域环境治理，升级为国家环境保护总局。2008 年，为遏制主要污染物排放总量快速增长，实施国家总量控制，成立环境保护部。2018 年，坚持以改善生态环境治理为中心，组建了生态环境部。

"十一五"规划时期主要关注总量减排，大量修建污水处理厂，进行脱硫除尘。"十二五"规划提出质量改善，开始关注环境质量和总量挂钩。"十三五"规划提出更加系统地把生态环境，包括二氧化碳或其他温室气体与能源有机衔接。40 年的国家生态环境保护规划反映了经济社会与环境发展历史，由重点到全面，由区域到全国，由要素到领域再到系统，由"三废"治理到生态文明建设，确立了各个时期突出需要解决的环境问题。

其间，国务院发布的重要决定包括：

1981 年 2 月 24 日，批准《国务院关于在国民经济调整时期加强环境保护工作的决定》，提出了搞好北京、杭州、苏州、桂林的污染治理。

1984 年 5 月 8 日，印发《国务院关于环境保护工作的决定》，要求各地方人民政府成立相应的环保机构。

1990 年 12 月 5 日，颁布《国务院关于进一步加强环境保护工作的决定》，首次提出环境保护的目标责任制。

1996 年召开了第四次全国环境保护会议，发布《国务院关于环境保护若干问题的决定》。

2005 年，环境保护与发展并重，要按经济规律办事，发布了《国务院关于落实科学发展观加强环境保护的决定》。

2011 年 10 月 17 日，发布《国务院关于加强环境保护重点工作的意见》，提出三个转变和环境优化经济增长。

二、生态文明改革

2018 年召开的环境保护大会有四个第一，第一个党中央决定召开，第一个以全国生态环境保护大会名义，第一个总书记出席大会并发表重要讲话，第一个以党中央、国务院名义印发生态环境保护文件，拉开了生态文明改革的深度序幕。

中国现在构建了一个党委领导、政府主导、企业主体、公众参与的格局，中央抓顶层设计、省级牵头负责、市县抓好落实。地方经济发展的环境保护底线能不能守得住，一个很重要的手段是督察，每两年搞一次。底线就是人民能喝上干净的水 [地表水：《地表水环境质量标准》(GB 3838—2002)，地下水：《地下水环境质量标准》(GB/T 14848—93)]，呼吸清洁的空气 [环境空气质量标准 (GB 3095—2012)]，吃上放心食品 / 人居安全 [《土壤环境质量 农用地土壤污染风险管控标准（试行）》(GB 15618—2018)]，在良好的生态环境下生产生活 [《生态环境状况评价技术规范》(HJ 192—2015)]。

这个要求看起来并不是非常高，但是我们最近又把它落实到了七大污染攻坚战上，七大污染攻坚战是重点中的重点。还将 2018 年没有实现达标的地方编入规划。

三、取得的成效和严峻形势

现在是生态环保的关键期、攻坚期，同时又到了有条件有能力解决生态环境突出问题的窗口期。中国构建了一个比较完整的生态环境法律保护体系，"十一五"规划期间二氧化硫和COD排放量、浓度，在重点城市都有所下降，到"十二五"规划期间水环境有了初步改善，从2013年到2017年，在不同区域，京津冀、长三角、珠三角大气环境质量有比较明显的改善。2013年雾霾大面积出现就是因为能源出了很大问题，能源结构、能源布局和能源消费以及能源相关重点行业的末端治理没有跟上。到2015年达到顶峰，虽然2013—2015年能源总量在增长，煤炭消费也在增长，但是一些区域开始有所下降，从这三年来看稳中持续向好。要解决大气污染问题，在2035年之前只能有一个大幅改善，到2050年的时候环境空气质量才能跟现在世界卫生组织制定的标准一样，能够根本性解决问题，或者是环境质量得到根本上的改善。

下一步要做土壤固废相关工作，要在原来老工业基地的布局中加入重金属污染防治和土壤污染防治，这也是非常重点的领域。具有慢性长期环境风险及空间差异的特点，原来主要是末端治理、减排，现在要督察。下一步从能源结构、空间布局上系统地解决这些问题。面临的基本情况是：（1）中国经济处于工业化中后期，经济保持中高速增长；（2）重点风险行业将保持相对平稳的增长态势，结构型及布局型环境风险仍将持续增加；（3）各类风险因子随行业发展呈现增加的趋势；（4）因经济与教育水平提升，各地区公众环境风险接受水平持续下降；（5）重大污染事故难以遏制，造成的经济损失呈波动上升，风险形势愈加严峻。

从2005年开始中国就有大面积或者大范围的环境污染事件连续发生。2011年出台了《重金属污染综合防治"十二五"规划》后，重金属突发环境事件显著减少，2012年发生了4起，2013年发生了2起，2014年发生了2起，到2018年上半年尚未发生。截至2014年年底，全国5种重点重金属污染物（铅、汞、镉、铬和类金属砷）排放总量比 2007 年下降 20.8%。呈现大幅度下降趋势，环境污染事故的保障率也得以提高。

四、倒逼经济增长

下面用几个简单的案例说明环境保护对经济高质量增长的倒逼作用。

（1）早的时候铅酸蓄电池的发展非常快，现在通过专项资金，政策调整，把原来老旧淘汰，从产业转型、制度、监管、立法、风险这几个角度管理，从 2004 年 100 多家的企业到最后剩下 18 家。但是我们的铅酸蓄电池的产值从将近 10 多亿元上升到将近 300 亿元，过程中做了很多环境执法措施，所以虽然企业数量在减少，但行业产值增加了大概一二十倍。

（2）2015 年临沂市关停了 57 家重点企业，关停以后空气质量大幅度提升，规模以上企业并没有税收减少，同时减少过剩产能超过 50%。环境质量明显改善，获得了"临沂蓝"，同时环境经济结构也做了非常大的调整，大气污染治理一年的环境效益达到 16 亿—17 亿元，社会经济成本只是这个效益的 1.7 倍。

（3）"双替代"，要求京津冀的城市用电和天然气替代原来的燃煤，这个工作有很多的质疑，但 2013—2015 年这三年的不同污染物浓度还是有下降趋势的。在推进过程中因为没有一个很好的机制，所以成本高、财政补贴压力大。这项工作平均每年降低 PM2.5 浓度 2.3 微克 / 立方米，在环境健康产生的综合效益大于成本。

在国家层面，2013 年起编制大气、水、土壤污染防治三大行动计划。地方层面，各地分别制定本地区的三大行动计划。2013 年发布了《大气污染行动计划》，一直到 2017 年第一个行动计划完成。2014 年发布《水污染防治行动计划》，大气污染防治行动计划效果要明显高于水污染防治行动计划，2016 年发布的《土壤污染防治行动计划》目前还在实施过程中。

"气水土"三个"十条"带来的经济与社会贡献是巨大的，2012—2020

年落实"三十条"总投资达 7.25 万亿元（气 1.75 万亿元，水 4.6 万亿元，土 1.14 万亿元），GDP 增长效益是 10.46 万亿元（气 2.06 万亿元，水 5.7 万亿元，土 2.7 万亿元），非农就业岗位提供增加 858 万个（气 260 万个，水 398 万个，土 200 万个）。

当前，中国为环境规划确立了新时代目标，提前 15 年实现基本现代化的目标。新的形势、新的目标、新的要求，结合这些目标，在"十二五""十三五""十四五"规划时期好转的基础上，在 2035 年的时候才有全面改善，到 2050 年的时候才能根本性好转，达到现在发达国家空气环境质量标准的要求。目前水环境的治理和水污染防治比这个还要滞后，土壤治理更滞后。

五、环境风险管理

党的十九大所提出的 2035 年的阶段目标要求"生态环境根本好转、美丽中国建设目标基本实现"，与以往生态环境保护战略目标相比，战略进程基本提前了 15 年左右，要求更高。

实现目标需要环境管理模式的转变，2012 年以前是总量控制，现阶段是质量改善，将来是风险管理。现在对于环境风险现状，公众的诉求非常多，环境投诉和信访率持续增长，即使到现在我们也没有解决噪声污染导致信访量激增的问题。

这是风险水平的趋势，按照现在的发展和环境控制，即使我们现在按照环境风险控制标准，能够控制到我们基于可接受的风险水平，但未来随着经济增长，人民大众对于环境风险可接受的忍耐度是在不断下降的，所以我们在管控风险方面还有一定距离。

除了环境质量，下一步中国会像发达国家一样，构建一个完整的环境风险管理框架体系，满足生态文明建设和公众日益增长的生态环境安全需要。控制突发性环境事件相对来说已经好了很多，重大、特大突发性事件基本上每年不再发生，或者顶多 1—2 起，但长期慢性的环境风险在中国从研究和关注的角度还远远不够。未来，从 2020 年到 2030 年，再到 2050 年环境风险管理战略初步路线图将以保障环境健康与生态安全为目标，构建完善、高效的环境风险决策与管理体系，包括环境风险治理、环境目标与战略制定、支撑性措施，以及风险交流和公众参与。

作者：张红振，生态环境部环境规划研究院研究员，本文是根据作者在 2018 年 12 月 16 日亚行在北京举行的"能源绿色转型与高质量增长"高端论坛上的发言整理而成

注重"绿色"是中国
"一带一路"国际合作成败的关键

基础设施建设在"一带一路"合作中需求巨大，带动包括钢铁、水泥等高耗能产能增长。中国相关行业在技术装备、节能环保、国际竞争力等方面均具有突出优势，与"一带一路"沿线国家和地区具有巨大的合作对接空间。但由于"一带一路"沿线国家和地区人口密集、生态脆弱、碳排放增长快，所以，中国高耗能行业在"一带一路"沿线国家和地区的产能合作必须注重"绿色"。

一、"一带一路"高耗能行业绿色产能合作至关重要

目前，"一带一路"沿线国家和地区（包含欧盟成员国）覆盖近50亿人口，经济总量超过39万亿美元，分别占全球总量约70%和52%。这些国家和地区普遍基础设施落后。很多沿线国家和地区处于城市化和工业化的中期，有巨大的基础设施需求。据经济合作与发展组织（Organization for Economic Cooperation and Development, OECD）预测，未来20年全球基础设施投资需求达到55万亿美元，根据这个测算和"一带一路"沿线国家和地区占全球人口与GDP比重估计，"一带一路"沿线国家和地区每年所需要的基础设施投资需求会达到1.5万亿美元左右，而年度总投资需求则将在5万亿美元左右。其中，亚太地区将是基础设施投资的核心区域。据亚行最新估算，到2030年，亚太地区每年的基础设施投资需求超过1.5万亿美元。若将气候变化减缓及适应成本考虑在内，每年投资需求超过1.7万亿美元。

中国发展研究基金会、中国对外承包工程商会发布的《"一带一路"国际基础设施合作白皮书：让发展可及》表明，"一带一路"沿线国家和地区基础设施发展处于 10 年来的高峰，势头良好。中国基础设施竞争力居于全球领先位置，具有供给的优势。根据世界经济论坛的评估，中国在交通领域、能源基础设施建设的优势尤其明显。交通基础设施竞争力评分达到 5.1，远远超过沿线国家和地区 3.78 的平均水平。目前中国在基础设施建设、港口运营、设备制造等领域具备强大的管理与技术优势，在高速铁路技术、桥梁隧道建设的技术程度处于世界领先地位。与"一带一路"沿线国家和地区在基础设施领域的合作，为中国相关行业产能、技术、装备、服务和工程建设企业发展合作提供了重要的机遇。

"一带一路"沿线国家和地区经济发展和社会差异大、生态脆弱、环境管理基础弱，经济发展中的环境保护问题十分重要。"一带一路"沿线国家和地区境内年水资源量只有世界的 35.7%，但年水资源开采量占世界的 66.5%，对水资源和水环境的压力高于世界平均水平。沿线国家和地区单位 GDP 能耗、原木消耗高出世界平均水平的一半以上，单位 GDP 钢材消耗、水泥消耗、有色金属消耗、水耗等是世界平均水平的 2 倍或 2 倍以上。沿线国家和地区工业集中城市空气污染问题突出。2015 年"一带一路"沿线国家和地区二氧化碳排放量占全球比例达到 60.6%（不包括中国为 31.1%），其单位 GDP 二氧化碳排放量约为世界平均水平（0.48 吨二氧化碳 / 千美元）的 1.94 倍，能源消耗和二氧化碳排放量上升迅速。

二、中国在"一带一路"建设中绿色产能合作的产业基础雄厚

近年来，中国高耗能行业具备了相当的产业规模、技术水平和国际竞争力，形成了有比较优势的先进产能，与"一带一路"沿线国家和地区有巨大的合作对接空间。

（一）中国相关领域的技术水平和装备国际领先

水泥行业：中国是世界水泥生产消费第一大国，水泥年产量占全球的50％以上。"十二五"规划期间，中国组织实施了日产万吨水泥装备国产化项目，中国水泥技术装备水平和管理水平达到了世界一流水平。中国自主研发的国产设备大大降低了水泥项目投资，以日产4000吨生产线为例其成本降低到了之前成本1/3。

钢铁行业：中国拥有一批3000立方米以上高炉、5米级宽厚板轧机、2米级热连轧机和冷连轧机等世界最先进的现代化冶金装备；重点大中型钢铁企业1000立方米及以上高炉占炼铁总产能72％，100吨及以上转炉（电炉）占炼钢总产能65％。高效低成本冶炼技术、新一代控轧控冷技术、一贯制生产管理技术等一批关键共性技术得到广泛应用，中国钢铁企业主体装备总体达到国际先进水平。

煤炭行业：中国煤炭地质勘查与地质保障技术处于国际领先水平，特殊地层矿井建设技术在冻结深度与直径、钻井深度与直径、反井钻井深度与直径、地面预注浆深度与材料等方面均达到了世界最高水平，整体技术居国际领先地位；特厚煤层大采高综放开采装备、7米以上超大采高长壁开采装备、复杂薄煤层自动化综采技术及装备等相继取得重大成功，已经实现成套装备顺槽集中控制的自动化开采；大型煤气化技术、煤炭直接液化技术、煤炭间接液化技术、煤制烯烃技术、煤制乙二醇技术、燃煤发电超低排放技术、清洁高效煤粉工业锅炉技术等一大批煤炭清洁高效利用技术取得突破，达到国际先进或领先水平。

炼化和乙烯行业：中国拥有现代化炼油厂全流程技术，具备依靠自有技术建设单系列千万吨级炼厂的能力。已开发形成了较高水平的渣油加氢、催化裂化、催化重整、加氢精制等系列炼油技术，其中催化裂化技术整体达到世界领先水平，形成了世界先进水平的国 V 油品系列生产技术，催化裂化催化剂和加氢催化剂已成功进入国际市场。自主开发生产的高档汽油机油、高档柴油机油达到世界先进水平，应用于全球各种品牌的汽车，长城系列润滑油成功用于"天宫一号""神舟""嫦娥"等航天工程。中国已形成了具有自主知识产权的石油化工主体技术。通过自主创新和合作开发，中国具备依托自有技术建设百万吨级乙烯/芳烃装置的能力。

（二）相关行业节能环保和绿色制造富有成效

水泥行业："十二五"规划期间节能环保取得重大进展。（1）新型粉磨（无介质粉磨）技术、高能效烧成技术、燃料替代技术、水泥窑氮氧化物减排等技术装备以及高性能保温耐火材料工艺技术取得重大突破并得到推广应用。（2）新技术的推广引用大大降低了能源消耗：中国全国水泥生产平均可比熟料综合能耗小于 114 千克标准煤/吨，水泥综合能耗小于 93 千克标准煤/吨。同时主要污染物排放浓度及强度明显下降。行业余热利用水平进一步提高，水泥余热发电设施普及率达到 80% 以上，吨熟料余热发电量得到进一步提高。（3）全国已有 20 多个省区市建成或正在推进建设水泥窑协同处置城市垃圾、污泥、危险废弃物等安全无害化处理和资源化综合利用示范线。绿色建材生产与使用行动方案和实施细则已经形成。

钢铁行业：以干熄焦、干法除尘、烧结脱硫、能源管控中心为代表的节能减排技术在行业广泛应用。节能减排取得明显提升。吨钢综合能耗逐年下降，吨钢主要污染物排放逐年减少，中国钢铁工业能源消耗总量和大气污染物排放总量进入下降阶段。2015 年与 2010 年相比，中国钢铁工业协会主要会员企业平均吨钢能耗从 605 千克标准煤降至 572 千克标准煤，吨钢耗水量从 4.1 立方米降至 3.25 立方米，吨钢二氧化硫排放量从 1.63 千克降至 0.74 千克，吨钢烟粉尘排放量由 1.19 千克降至 0.81 千克，吨钢耗新水量由 4.10 吨降至 3.25 吨，吨钢化学需氧量从 70 克降至 22 克。

煤炭行业：积极推行煤炭绿色开采，在煤矿设计、建设、生产等环节，严格执行环保标准，采用先进环保理念和技术装备，减轻对生态环境影响。实施粉尘综合治理，降低粉尘排放。因地制宜推广充填开采、保水开采、煤与瓦斯共采、矸石不升井等绿色开采技术。全面推进矿区损毁土地复垦和植被恢复。推进采煤沉陷区综合治理，探索利用采煤沉陷区、废弃煤矿工业场地及周边地区，发展风电、光伏、现代农业、林业等产业。

炼油和乙烯行业：2017 年原油加工综合能耗降至 83 千克标准煤 / 吨，比 2012 年下降 9.8%，提高了能源资源利用效率，降低了污染物产生和排放强度。目前中国的油品质量标准已领先于多数发展中国家，部分省区市已达到发达国家水平。国 VI 车用汽柴油标准全面实施后，主要技术指标将达到欧 VI 标准，部分指标甚至优于欧 VI 标准。

（三）中国高耗能行业走出去具备规划、资金、技术、人员等多方面的综合优势

资金方面，2018 年，中国企业在"一带一路"沿线对 56 个国家和地区非金融类直接投资 156.4 亿美元，同比增长 8.9%，占同期总额的 13%；同时，中国建立了多种资金机制支持"一带一路"建设。对外承包工程方面，中国企业在"一带一路"沿线国家和地区新签对外承包工程项目合同 7721 份，新签合同额 1257.8 亿美元，占同期中国对外承包工程新签合同额的 52%。人员方面，2017 年中国派出各类劳务人员 52.2 万人，其中承包工程项下 22.2 万人，劳务合作项下 30 万人。园区建设方面，中国自 1979 年设立第一个工业区（蛇口）以来，经过 40 多年的发展，已建成和在建的各类工业园区超过 7000 个。工业园区是促进经济发展合力调整产业布局的重要方式和促进经济增长的重要驱动，同时也是能源消耗大户和污染排放集中区。中国先后开展了循环经济园区、低碳经济园区的试点示范和推广工作，取得了巨大的成效，积累了经验和教训。截至 2017 年年底，中国企业在建初具规模的境外经贸合作区 99 家，累计投资 307 亿美元，累计入区企业 4364 家。

综上，各行业先进的装备和技术能力、人员能力、项目管理能力，加之中国雄厚的资金能力、强大的工程承包，以及丰富的产业园区建设经验，在"一带一路"建设走出去的过程中得到整合和优势结合，为中国相关行业绿

色产能合作发展奠定了坚实的基础。

三、中国在"一带一路"建设中绿色产能合作的潜力巨大

（一）中国高耗能行业"一带一路"合作初具规模

中国的高耗能行业包括钢铁、水泥、煤炭、煤化工、炼化乙烯等经过多年发展，与国外包括"一带一路"沿线国家和地区的合作已初具规模。

水泥行业：截至 2017 年年底，中国在国外投资建设的水泥生产线共计 23 条（含在建），熟料设计年产能为 2600 多万吨，水泥产能近 3820 万吨，估算总投资规模达 300 亿元以上。中国企业在海外投资建设投产的水泥熟料生产线共计 12 条，合计熟料设计年产能 1172 万吨，水泥年产能 1850 万吨（含粉磨产能）；在建生产线有 11 条，合计熟料设计年产能 1400 万吨，水泥年产能 2000 万吨。截至 2017 年年底，中国在海外已投产和在建的水泥熟料总产能中 80% 以上在亚洲地区。主要分布在东南亚地区，熟料产能约为 1580 万吨，占海外熟料总产能的一半以上；中亚地区占 14%，熟料产能约为 360 多万吨；南亚尼泊尔有一条大规模熟料生产线，熟料年设计产能 186 万吨，约占中国在海外水泥熟料总产能的 8%。另有 10% 分布在非洲地区。

钢铁行业：中国与"一带一路"沿线 64 个国家和地区都有钢铁国际贸易。中国钢铁企业从 20 世纪 90 年代开始走出去。海外项目投资目的地主要是印度、印度尼西亚、老挝、马来西亚、美国、意大利、南非、巴西等国家，走出去的驱动因素包括全球布局的需要、优势产能过剩转移、产业转型升级、接近市场、回避反倾销惩罚、回避原矿石出口禁令等。中国钢铁海外投资的项目特点是，单独工序钢铁项目多，全流程项目少。2006—2014 年中国各类企业海外铁矿权益投资累计超过 250 亿美元，参与了 35 个大型海外铁矿项目的勘探、设计和建设。

煤炭行业：据初步统计，截至 2014 年，中国在国外的煤炭资源开发项

目有 65 个，煤炭资源开发类项目 32 个，较大规模的勘探类项目 6 个，工程承包、合同生产、技术输出类项目 2 个，涉及投资金额 70 多亿美元，控制的煤炭资源量在 400 亿吨以上。其中，正式投产的项目有 11 个，煤炭资源量为 55 亿吨，年产 5000 万吨以上。中国煤炭企业主要通过收购煤矿项目，参与资源勘探、工程总承包、装备出口等方式参与"一带一路"建设。中国煤炭企业实施"一带一路"建设涉及的区域基本已覆盖世界主要煤炭国家和地区。中国煤炭企业还将处于国际领先水平的技术和装备推广到国外的煤炭开采、利用行业中，帮助国外煤炭行业提高科技水平。

炼油和乙烯行业：截至 2017 年年底，中国企业通过收购等手段共获得 13 个海外炼化项目，分布在中亚、非洲、亚太、欧洲、中东地区，总炼油能力达到 7360 万吨 / 年，权益能力达到 5167 万吨 / 年。中国石化炼化工程公司加大"走出去"步伐，截至 2016 年，在境外十几个国家承揽各类项目约 120 个，累计合同总金额约 150 亿美元。公司境外主要市场集中在中东、中亚等地区。业务从施工逐步向前期咨询、设计、工程总承包（EPC）等多元化发展，境外业务呈增长上升态势。

（二）中国高耗能行业"一带一路"合作极具潜力

各国经济发展需要能源基础产业的大力支撑。带动煤炭、炼化和乙烯等行业的需求和发展扩张。

第一，"一带一路"沿线主要国家和地区钢铁生产成本较高、生产规模与中国相比较为落后。未来基础设施投资大，能源、高铁、核电等装备制造会带来大量钢铁需求。据估计，每亿元铁路基本建设投资大约能够拉动钢材需求 0.33 万吨，"一带一路"建设沿线国家和地区涉及高铁 2.6 万千米，需要消耗约 8580 万吨钢材。此外，能源产业链建设也将会带来大量油气管钢材需求。亚洲和中东欧国家钢铁需求增长最多。其中亚洲地区 2030 年相比 2020 年，钢铁需求将翻倍增长。

第二，"一带一路"沿线 64 个国家和地区 2013 年水泥总消费量约 8 亿吨，人均水泥消费量（暂不考虑进出口）不超过 170 千克。假设按人均水泥年消费 300 千克的低水平计算（欧美发达国家峰值后人均年消费水平稳定在 300—500 千克左右，经济上升期的发展中国家应高于该水平），以水泥总产能不超过 10 亿吨的当前水平来估算，满足"一带一路"沿线国家和地区基础设施建设的水泥产能仍存在每年 1.7 亿—2 亿吨的缺口，如果按高值来估算，其缺口将更大。在"一带一路"沿线国家和地区，如印度尼西亚、越南、马来西亚和泰国是东南亚地区的水泥产销大国，未来水泥消费需求受基础设施建设带动有着极大的潜力。中亚的哈萨克斯坦、土库曼斯坦、乌兹别克斯坦、吉尔吉斯斯坦、塔吉克斯坦五个国家，城镇化率不到 55%，城镇化处于快速发展阶段，目前水泥产量不能充分满足国内需求，不得不通过进口水泥来补充不足，未来基础建设、城乡建设等发展空间巨大，对水泥等原材料有极大的需求。此外，包括印度、巴基斯坦、埃及、沙特等经济发展较快人口较多的国家，水泥需求非常旺盛。

第三，从 IEA 的预测来看，全球未来几年对于煤炭保持需求。"一带一路"沿线国家和地区多为新兴经济体和发展中国家，主要覆盖亚洲（包括东盟、中亚等国家）、东欧和非洲部分国家，煤炭仍有较大需求。这些国家普遍处于经济上升时期，基础建设、电力缺口巨大，煤炭需求旺盛。"一带一路"沿线国家和地区电力市场需求巨大，除俄罗斯人均装机超过全球人均水平外，其他国家和地区均低于、甚至远低于世界平均水平。印度、印度尼西亚、尼日利亚、巴基斯坦等国的装机总量和人均水平与中国有较大差距，电力建设市场需求重大。电力行业属于高耗煤行业，这些国家随着电力市场的开发将会进一步拉动煤炭需求。根据"一带一路"沿线国家和地区的煤炭储量、生产量和消费量等条件，中国投资合作可能性较大的国家有俄罗斯、印度、蒙古、印度尼西亚、南非、乌克兰、土耳其、波兰等。

第四，2017 年，"一带一路"沿线 64 个国家和地区的炼油能力为 22.78 亿吨 / 年，预计 2020 年将增至 24.5 亿吨 / 年。预计到 2020 年，"一带一路"沿线 64 个国家和地区的原油需求量将增至 14.3 亿吨，年均增长率为 4.7%。

新增炼油能力来自对现有炼厂的扩能改造及新建炼厂的投产，2025 年前"一带一路"沿线国家和地区将有多座新建炼油厂建成投产，新建项目主要集中在科威特、沙特、马来西亚、巴基斯坦、阿曼、土耳其等国。

新建炼厂同时，已有炼厂技术改造也十分重要，主要是陈旧及落后装置更新和小炼厂改扩建。一方面，"一带一路"沿线超过一半的国家炼厂设施陈旧、工艺水平落后。俄罗斯、哈萨克斯坦、乌兹别克斯坦、吉尔吉斯斯坦、阿塞拜疆和乌克兰的炼油设备主要兴建于苏联时期，中东地区的伊拉克、阿曼、科威特和埃及的炼厂主要兴建于 20 世纪五六十年代，东南亚的缅甸、泰国和菲律宾的炼厂则建设于七八十年代，这些炼厂的设备都较为陈旧、装置水平不高、深加工能力不足、综合加工能力不强、产品结构相对单一，炼厂亟须升级改造。另一方面，"一带一路"沿线国家和地区炼厂规模总体偏小，千万吨炼厂较少，不少国家有意改造老炼厂，主要集中在中亚、中东和东南亚地区，包括俄罗斯、卡塔尔、阿联酋、沙特、科威特、马来西亚和越南等国。

2017 年，"一带一路"沿线 64 个国家和地区的乙烯能力为 4836 万吨/年，预计 2022 年将增至 6784 万吨/年，占世界乙烯能力的比例将从 2017 年的 32.3% 提高到 2022 年的 32.9%。预计到 2027 年，"一带一路"沿线 64 个国家和地区的乙烯能力将增长到 8510 万吨/年，占世界能力的比例进一步提升到 35.3%。2017—2027 年，"一带一路"沿线国家和地区新增乙烯能力 2591 万吨/年，主要来自科威特、印度、沙特、俄罗斯等国家，新增乙烯能力来自对现有乙烯装置的扩能改造及新建乙烯联合装置的投产。

四、应该建立绿色产能合作指标体系

为促进有关行业绿色产能合作，基于行业现状和"一带一路"建设需求，建议建立"绿色产能合作指标体系"，作为行业自律、指导企业走出去基本原则和依据，以及金融机构绿色融资的依据。相关指标涵盖了生态环境保护、能源消耗和节能以及碳排放等。《中国高耗能行业"一带一路"绿色产能合作发展》报告详细制定了钢铁、水泥、煤制化肥、煤炭、炼化和乙烯等行业"一带一路"建设中产能合作的绿色指标体系。以水泥行业为例，为促进绿色产能合作，参考国内外先进标准，水泥行业从以下三个方面建立了绿色产能合作指标体系。

（一）合理确定产能合作发展规模和环境标准

生产线建设规模。应根据"一带一路"沿线国家和地区的社会经济发展水平以及水泥市场消费情况等因素来确定水泥生产线规模。由于"一带一路"沿线国家和地区基本是发展中国家，经济发展水平相对落后，因此，市场消费需求容量有限。水泥厂建设单线规模应重点考虑建设 2000 吨 / 天级、3000 吨 / 天级、5000 吨 / 天级规模生产线，可以满足要求。

环境设计标准。根据以往在国外建厂的经验，由建设项目所在国及建设项目业主意见来确定项目采用的环境设计标准。如果建设项目所在国业主要求使用本国环保标准或其他国标准，则从其标准；如果中国标准比业主提出的标准要求高，视建设条件等情况，可以考虑依据中国标准。如果该国无标准要求，则执行中国标准设计。

产能合作发展模式。目前企业开展产能合作发展，多以自有资金（国内合伙人）投资建厂成立独资企业；未来也可寻求与当地企业合作投资建厂成立股份制企业；或收购当地企业股份重组企业，开展绿色产能合作发展。

（二）制定绿色产能合作发展指标体系

结合国外水泥工业发展和中国在海外 EPC 项目和投资建厂的经验，可以重点从以下四个方面建立低碳绿色指标体系，作为中国海外投资建设现代化低碳绿色水泥厂的依据：（1）提高能效；（2）降低污染物排放强度；（3）减少温室气体排放；（4）在有条件基础上利用和处置固体废弃物，开展原燃料替代等。

(三)建立绿色产能合作发展的技术目录

根据当今水泥工业发展趋势以及中国水泥工业发展水平,提出应用成熟、先进、可靠的实用的技术(装备)目录。

五、中国"一带一路"绿色产能合作应因地制宜、提前规划

高耗能行业"一带一路"绿色产能合作,在"共商、共建、共享"的大原则下,基于东道国的需求,提前规划,因地制宜。首先,要分析东道国的需求,对区域基础设施建设、工业化和城市化拉动的高耗能产业的需求做到心中有数,据此提出合作建议。不同高耗能产业的资源需求和区域供应半径不同,应注重相关产能合作规划布局。同时,需要充分考察和了解东道国的政治体制、经济发展程度、产业承接基础、资源状况、环境和气候、金融能力和风险状况。在掌握上述信息基础上,因地制宜开展合作。

其次,发挥中国有关行业的比较优势,高标准开展优质产能合作。中国相关行业的装备技术等都已达到国际领先水平,中国与"一带一路"沿线国家和地区相关行业的产能合作,绝不是输出落后产能,而是输出高标准的优质产能,注重当地国家保护人民身体健康、生态环境保护和应对气候变化的要求。在合作标准上,要引入各方普遍支持的规则标准,推动企业在项目建设、运营、采购、招投标等环节按照普遍接受的国际规则标准进行,同时要尊重各国法律法规。如果当地国家缺乏相关标准或者标准较低,要尽可能采用较高标准。

再次,制定行业绿色产能合作指标、指南和技术目录,支持绿色产能合作。绿色是"一带一路"建设的底色。有关行业应当基于行业国内发展情况与国外产能合作的需求和要求,制定包括污染物排放、能耗、水耗和碳排放等在内的绿色指标体系、绿色管理体系、绿色产能合作指南、绿色技术目录等,作为行业企业开展海外投资的原则和要求,并作为金融机构绿色融资的

依据。同时，以此为基础，还应制定相关细则。

最后，"一带一路"沿线国家和地区基础设施和相关行业投资潜力巨大，包括中国在内的多方投资者和金融机构，有责任引导有关行业绿色产能合作和投资，应增强与行业的沟通合作，参考有关行业的规划、标准、指南，确保资金支持的方向和项目的绿色化和可持续，降低投融资的绿色风险，确保为有关行业的优质的绿色产能合作发展提供更好的资金支持，确保项目的可持续性。

作者：杨富强、陶文娣，自然资源保护协会

绿色金融有助于推动中国能源转型

绿色金融是为解决环境和气候变化问题，满足经济可持续发展应运而生。中国绿色金融始于 20 世纪 80 年代，其发展经历了从认知到逐步深化发展的过程。如今中国在绿色金融政策体系、发展规模上已成为世界的引领者，绿色金融规模已超过 10 万亿元。

过去 40 多年，中国能源行业支撑经济快速发展，同时也成为环境污染和碳排放的主要来源。当前在经济新常态的背景下，中国能源行业正在从高速发展阶段步入高质量发展阶段；在国家绿色发展战略和生态文明建设的总体布局下，能源行业也需要加快绿色低碳转型的步伐，这为绿色金融发展创造了更大的市场需求，同时也需要绿色金融突破现有的发展瓶颈，扩大规模，满足能源高质量发展和绿色低碳转型的需要。

一、绿色金融政策的演变和对能源投融资的影响

伴随着不同阶段经济发展重心的转变和能源发展需要解决的突出问题，绿色金融在能源发展中所扮演的角色和发挥的作用又有所不同。绿色金融对能源发展的影响是通过增加绿色金融供给（融资）和促进绿色金融需求（投资）来改变能源行业的投资融资方向，从而推动能源产业水平的升级和能源结构的改善。

（一）起源阶段（1984—2005 年）

这一时期的绿色金融政策所发挥的作用是以金融手段促进《环境保护

法》和环保政策的实施，落实科学发展观。

1984—2000 年，这一时期是以信贷手段落实"三同时"政策。1979 年中国开始试行《中华人民共和国环境保护法》。1984 年，国务院发布了《关于环境保护工作问题的决定》，第九个五年计划（1996—2000 年）提出未来 15 年经济建设总的要求是要将经济增长方式从粗放型向集约型转变，把提高经济效益作为经济工作的中心。"九五"计划第一次提出要加强环境、生态、资源保护，坚持经济建设、城乡建设与环境建设同步规划、同步实施、同步发展（"三同时"）。这个时期的金融政策开始出现了绿色金融的元素，其主要内容是综合利用信贷、财税手段支持环境保护政策的实施，对不符合"三同时"要求的建设项目不予贷款，对污染防治和综合利用"三废"的项目给予优惠贷款等，国内部分银行开始发放绿色信贷。

2001—2005 年，这一时期是利用信贷政策削减落后产能、支持技术改造。"十五"规划期间（2001—2005 年），党中央提出的科学发展观，其基本思想是经济、资源、环境、人口的全面协调可持续发展。"十五"规划提出了节能、污染物减排的目标，制定第一个生态建设与环保规划。这一时期的绿色金融政策是作为配合经济、行政、法律手段来削减落后产能、支持技术改造和节能降耗、控制污染行业的发展，加强信贷政策和产业政策实施的协同作用。

这一时期绿色金融对能源投融资的影响主要体现在以下三个方面：

（1）绿色信贷重点支持能源工业的"上大压小"、技术改造和大气污染治理。在"九五"和"十五"规划时期，满足经济发展的需要、提高能源生产技术水平和能源利用效率、保护生态环境成为这一时期对能源行业发展的总体要求。绿色金融政策主要是支持煤炭开采和火电领域的"上大压小"工程、烟气脱硫、脱尘脱硝工程、老电厂技术改造：一是配合财政贴息，绿色信贷重点支持煤矿和电厂的技术改造、燃煤电厂二氧化硫、烟尘、粉尘治理工程；二是支持大型煤炭基地和大型煤电机组的建设；三是禁止向小炼油厂、小火电机组、小煤矿、不符合环保要求及资源回收利用要求的项目提供贷款。

（2）加大对能源工业技术改造的政策支持和投入。在此期间，中国实行二氧化硫排放收费政策（0.63 元 / 千克）和出台了脱硫电价政策，对运行的燃煤发电企业的燃煤机组脱硫电价加价标准为 1.5 分 / 千瓦时。脱硫电价政策的实施拉动了发电企业安装脱硫设备。

国家增加了对能源企业技术改造的投资。在"九五"计划期间，国家增加对煤炭企业技改投资 50 亿元，对矿井、选煤厂和劣质煤电厂等 154 个重点工程进行技术改造。煤炭工业利用外资 11.4 亿美元，技术装备进口总额 4.8 亿美元。

（3）"上大压小"信贷政策和脱硫电价政策拉动了煤炭工业投资。在信贷、财政和价格激励政策下，大型煤电机组快速发展，无疑大大加速了煤炭采选工业的投资。在"十五"计划期间，中国能源投资年平均增长 22%，而煤炭采选工业投资年平均增长达到 42%。2005 年煤炭工业的投资增长达到 68%，成为历史上煤炭采选投资增长最高的年份。煤炭采选工业投资在能源投资占比年年攀升，从 2001 年的 6% 上升到 2005 年的 11%。到"十五"计划期末，煤炭消费占一次能源消费的比重攀升到 69%，比世界平均水平高 42 个百分点。"十五"计划的主要目标中，二氧化硫排放总量控制目标不降反升。

（二）起步阶段（2006—2010 年）

这一阶段也是全面落实科学发展观、转变经济增长方式的时期，中国开始建设小康社会，控制高耗能、高污染行业过快增长，加速淘汰落后产能。"十一五"规划提出将单位 GDP 能耗下降 20% 和主要污染物总量减少 10% 作为约束性的指标，在这期间中国制定及修改《循环经济促进法》《节约能源法》与资源节约和环境保护相关的法律法规，为环境保护对绿色金融的需求奠定了法律基础。

国家出台了多个与绿色金融相关的政策，以金融手段促进产业结构调整、控制污染产业发展，其内容包括：一是加大对节能环保、循环经济领域信贷的力度，严格控制产能过剩的产业的授信。借鉴国际经验（赤道原则），2007 年，中国银监会出台了第一个具体的绿色信贷政策《节能减排授信工作指导意见》，要求银行根据国家产业政策进行分类放款，实施"区别对待、有保有压"的信贷政策；制定高耗能、高污染行业的授信政策和操作细则，同时支持节能减排行业和项目；逐步完善"两高一资"行业信贷风险控制体系。二是发行节能减排企业债券，对重污染行业的企业首次公开发行股票（initial public offerings, IPO）和上市公司再融资实行环保核查，在污染行业开展环境污染责任险试点。三是加强了绿色金融政策与其他政策的协同，将企业环境信息纳入征信系统，设立了可再生能源专项资金，用于可再生能源贴息贷款，通过财政激励政策支持绿色信贷的发展。

绿色金融实践有了实质性的进展。第一个绿色信贷产品、第一家赤道银行相继出现。2006 年，国际金融公司（International Finance Corporation, IFC）与兴业银行合作实施中国节能减排融资项目（China Utility-Based Energy Efficiency Finance, CHUEE），推出了中国市场上第一个绿色信贷产品（能效融资产品），创立了损失分担的商业模式。IFC 为节能减排相关的贷款提供本金损失分担，同时为项目参与各方提供技术援助。之后，IFC 又与其他国内商业银行合作，将此商业模式用到支持气候变化领域的相关项目。在 IFC 的协助下，2008 年兴业银行承诺采纳国际绿色金融领域的黄金标准——赤道原则，成为中国第一家采纳赤道原则的金融机构。

2005 年《京都议定书》正式生效。2009 年，中国在《哥本哈根协议》承诺 2020 年单位 GDP 比 2005 年降低 40%—45%、非化石能源比重达到 15% 目标。内部需求和外部环境都在推动能源向低碳化、清洁化方向发展，这一时期也是可再生能源，尤其是风电大规模发展的阶段。绿色金融对能源投融资的影响也随之扩大：

（1）利用绿色信贷、绿色证券支持能源结构调整。绿色金融供给政策上采用了以下措施：第一，对能源行业的信贷政策采用"区别对待，有保有压"

的原则，限制对小煤矿和小火电的贷款，支持煤炭和电力行业的"上大压小"的建设。第二，火电企业 IPO 和上市公司再融资需要通过环保核查。第三，加大对节能重点工程、可再生能源项目、二氧化硫治理、节能减排技术研发和产业化示范及推广、能源管理的信贷支持；对可再生能源和节能项目贷款进行贴息。第四，支持节能企业发行节能债券。

（2）积极的价格和财政政策增加可再生能源对绿色金融的需求。在绿色金融的需求端，国家采用价格政策、财政补贴政策支持可再生能源发展。2006 年《可再生能源法》出台后，中国逐步建立了较为完善的可再生能源发展的资金支持和费用分摊机制，对各类可再生能源发电价格高于当地脱硫燃煤机组标杆上网电价的差额部分由电网分摊。随后，国家又分别出台风电、光伏发电分资源区标杆价格政策，标杆电价高出燃煤发电标杆上网电价部分由可再生能源电价附加予以补偿。

中央财政也加大了对可再生能源发展规模化和产业化的支持，有针对性地设立专项资金用于支持可再生能源技术应用推广、产业化和规模化发展。以补助和贷款贴息的方式支持可再生能源的开发利用；设立专项资金支持风力发电设备产业化；对光电建筑应用示范工程予以补贴；实施金太阳示范工程，推动国内光伏技术的产业化和规模化发展。政府还在可再生能源消费环节出台了补贴措施，鼓励清洁能源的消费。这些政策的实施无疑刺激了可再生能源的投资，增加了可再生能源对绿色金融的需求。

（3）煤炭采选工业投资增速开始下降。"十一五"规划期间，绿色金融政策开始发挥了明显的作用，煤炭采选工业投资平均增长速度从"十五"计划期间的 42% 降到了 26%。然而脱硫电价的激励政策和支持煤炭和电力工业"上大压小"的金融政策虽然改善了煤炭工业和电力工业的投资质量，提高了行业整体的技术水平，但也继续拉动了煤炭的生产和消费，没能从根本上控制煤炭采选工业投资的增长。煤炭投资增长速度仍然保持在 20% 以上，煤炭投资在能源投资的比重也逐年攀升，2010 年煤炭采选投资占能源投资比重已达 17%，比 2001 年增加了 2 倍。

（4）清洁能源投资增长迅速。生产和消费领域的绿色信贷、财政补贴政策拉动了清洁能源全产业链的投资。"十一五"规划期间清洁能源投资平均增长速度达到59%，高于同期煤炭投资增长速度33个百分点，尤其是在2006年《可再生能源法》出台后，清洁能源投资爆发式增长，增长速度高达127%。到2010年，清洁能源投资已经是2005年的5倍。

然而，在不断增加的煤炭工业投资下，"十一五"规划期间，能源的生产和消费总量依然快速增长，主要污染物和温室气体排放总量已经居世界前列。

（三）快速发展阶段（2011—2015年）

这一时期，绿色发展上升为国家战略。进入"十二五"规划时期，经济增长的资源环境约束更为强化，环境污染、气候变化成为现实的问题。"十二五"规划提出把建设资源节约型、环境友好型社会作为加快转变经济发展方式的着力点，第一次将应对全球气候变化写入规划，首次将非化石能源占能源消费比重和GDP碳排放强度下降目标、煤电二氧化硫排放系数和氮氧化物排放系数作为规划的约束性指标。党的十八大提出要加快建立生态文明制度，首次将生态文明建设纳入社会主义"五位一体"的总体战略布局，绿色发展上升为国家发展战略。节能减排政策持续推出，国务院先后出台了"大气十条""水十条"，2014年，新《环境保护法》颁布，国家绿色政策不断升级，成为这一时期绿色金融快速发展的动因。

初步建立绿色金融政策体系：一是绿色信贷政策要配合国家产业结构的调整和资源节约，严格控制高耗能、高排放行业"两高一剩"的贷款审批，支持绿色、循环经济和低碳发展。二是建立绿色信贷体系。2012年，银监会出台了《绿色信贷指引》，随后又出台了《绿色信贷统计制度》《绿色信贷实施情况关键评价指标》等具体的绿色信贷政策，对商业银行开展绿色信贷提出了具体的要求。三是加强资本市场制度建设。2015年，国家发展改革委和人民银行分别出台了《绿色企业债券发行指引》《绿色金融债券公告》《绿色债券支持项目目录》，鼓励通过资本市场为节能环保项目融资。四是积极推进绿色金融制度的创新，探索排污权交易。国家 2011 年批准在深圳、北京、天津、上海、重庆、广东、湖北开展碳排放交易试点。

绿色金融实践全面铺开。绿色金融的实践取得了明显的进展：一是中国 21 家主要银行发布《银行业绿色信贷共同承诺》，加大对绿色信贷的投入，并制定了相应的绿色信贷政策，重点支持清洁能源、节能环保、生态保护、循环经济等领域的贷款。二是绿色金融支持的范围扩大，绿色金融产品和商业模式也逐渐丰富。银行支持绿色项目的范围从能效项目、新能源项目，扩大到其他环境保护和资源综合利用领域。多家商业银行推出了能效融资、清洁能源融资、环保融资、绿色供应链融资、碳金融产品、排污权抵押贷款等产品。七个试点碳市场启动，涵盖的市场规模为 12 亿吨二氧化碳的排放，并且将电力行业纳入管控的范围。三是绿色信贷支持产业结构调整和经济绿色发展的成效突显。2015 年银行业金融机构"两高一剩"行业贷款余额比 2014 年同期减少了 0.48 万亿元，部分"两高一剩"贷款连续两年为零。绿色信贷规模大幅度上升。国内 21 家主要银行绿色信贷余额为 7.01 万亿元，比 2013 年 6 月增长了 44%。绿色贷款余额在各项贷款比例不断提高，2013—2015 年年末分别为 8.7%、9.3% 和 9.7%。四是绿色债券实现了零的突破。2014 年中广核风电有限公司发行了国内第一单"碳债券"，2015 年金风科技股份有限公司通过中国银行在境外发行 3 亿美元绿色债券，中国农业银行在伦敦发行了 9.95 亿美元和 6 亿元人民币的双币种绿色债券，其中 55% 的募集资金投向清洁能源。

在国家的绿色发展战略下，这一时期能源发展需要解决的主要问题是大气污染治理、降低碳排放。节能优先、多元清洁发展、保护生态环境成为能源发展的基本原则。绿色金融对能源投融资的影响也发生质的变化：

（1）绿色金融政策对能源行业支持重点和方式发生了变化。一是配合能源清洁化发展，信贷政策对煤炭工业和煤电的支持从"区别对待"转向对煤炭和煤电全行业整体控制；二是对能源行业转型的支持由被动转向主动，从限制污染项目的金融政策向全面支持清洁能源发展转变；三是对能源行业的支持范围从节能减排领域扩展到全面支持清洁能源的发展和大气污染防治、改善农村清洁用能；四是支持能源投融资的金融工具从绿色信贷扩大到绿色债券、碳排放交易等，针对清洁能源融资的绿色金融产品增多。

（2）不断加大对光伏发电和新能源汽车消费补贴力度刺激了清洁能源投资。2011 年，国家实行全国统一太阳能光伏发电标杆上网电价的政策。2013年，国家实行分类光伏发电标杆上网电价、对分布式光伏发电全电量补贴、对自用电量免收各类基金和附加，以及系统备用容量费和其他相关并网服务费、光伏发电项目运营执行标杆上网电价和 20 年的补贴期限等一系列优惠政策，全面支持光伏发电发展。在国家政策的基础上，各省、市相继出台了地方太阳能光伏补贴政策，国家和地方双重补贴政策无疑刺激了太阳能光伏发电的投资。

国家加大对清洁能源消费补贴力度。2012 年，以采取财政补贴的方式支持太阳能热水器的推广使用。2013 年、2014 年国家相继出台政策对新能源汽车使用进行补贴。在国家补贴政策出台后，各地也相应出台补贴政策，鼓励新能源汽车消费。到 2017 年，全国共有 37 个省、市出台了新能源汽车补贴政策。积极的生产和消费价格和补贴政策，全面拉动了清洁能源的投资。

（3）能源行业的投融资方向发生根本性的变化。在融资方面，一是绿色信贷对清洁能源的支持力度加大。国内 21 家主要银行绿色信贷余额中，清洁能源贷款余额从 2013 年 6 月的 9970.8 亿元增长到 2015 年 12 月的 1.39 万亿元，平均年增速超过 11%。二是对涉煤行业的融资控制抑制了煤炭投资增长。在"十二五"规划期间，煤炭采选工业投资经历了 20 多年的增长后，增长速度从 2011 年开始下降，投资额在 2012 年达到峰值，2013 年投资开始出现负增长，煤炭采选投资占能源投资的比重也从 2012 的最高点 21% 开始下降，2015 年降至 12%。

清洁能源投资超过了煤炭投资。2014 年清洁能源投资达到 5484 亿元，首次超过了煤炭采选工业的投资，2015 年清洁能源投资已是煤炭采选投资的 2 倍，在能源投资的比重也超过了煤炭采选工业。这些变化反映了绿色金融供给政策和国家的财政和价格刺激政策对能源结构的调整作用出现成效。

（四）全面发展阶段（2016 年至今）

这一时期的大背景是中国经济进入新常态，生态文明建设得到前所未有的重视，出台了《中共中央国务院关于加快推进生态文明建设的意见》《生态文明体制改革总体方案》。"十三五"规划提出绿色发展理念，增加了环境质量的考核指标，首次将 PM2.5 作为约束性的考核指标。资源环境指标从 8 项增加到 10 项。中国在《巴黎协定》中承诺 2030 年单位 GDP 二氧化碳排放比 2005 年下降 60%—65%、非化石能源占一次能源消耗比重达到 20% 左右、二氧化碳排放 2030 年左右达到峰值并争取尽早达峰。这一时期的经济形势、面临的生态环境挑战、应对气候变化的压力及政策环境使绿色金融作为生态文明建设的抓手得到前所未有的重视和全面发展。

全面构建绿色金融体系。这个时期的绿色金融政策发展是：第一，构建绿色金融政策体系。国家 2016 年出台了《关于构建绿色金融体系的指导意见》，提出了发展绿色金融的八大措施；2019 年发布了《绿色产业指导目录》，确定了绿色金融支持的范围和重点。第二，配合供给侧的改革和节约优先、生态环境保护和治理的重点，绿色金融政策的支持范围全面扩展到绿色生产、绿色消费、构建绿色服务体系和市场体系等领域。第三，完善绿色债券政策体系。2017 年绿色债券评估认证行为指引推出，证监会出台了支持上市公司发展绿色债券的指导意见，全面推进绿色债券市场的发展。第四，探索绿色金融区域试点。2017 年，国家批准浙江、广东、新疆、贵州、江西五省（区）开展绿色金融改革创新试验区。第五，启动全国统一碳市场，2017 年，《全国碳排放权交易市场建设方案（发电行业）》出台，对电力行业 1700 多家企业超过 30 亿吨实行碳排放总量控制。第六，建立绿色信贷的考核、约束和激励机制。人民银行将绿色金融纳入宏观审慎评估（macro prudential assessment, MPA），开展绿色银行评价。

　　绿色金融实践向广度、深度扩展。第一，绿色金融成为中国主要银行的重要业务组成部分。中国 21 家主要银行不断加大对绿色信贷的投入，截至 2019 年年底，21 家主要银行绿色信贷余额超过 10 万亿元。地方银行开始加入绿色金融行列，江苏银行和湖州银行宣布采纳赤道原则。第二，绿色债券市场的迅速发展。建立了由金融债、公司债和非金融债多层次的债券市场，满足不同层次投资主体的融资需求。中国绿色债券发行规模从 2016 年前几乎为零到 2019 年的 214 只贴标债券，发行额为 3390.62 亿元人民币（符合中国标准的贴标绿色债券），位居全球第二位。第三，绿色金融工具和服务产品增多。除了绿色信贷和绿色债券产品外，银行开始探索绿色信贷资产证券化产品。兴业银行、中国农业银行、中国银行发行了绿色资产支持证券化产品。绿色基金数量剧增，2017 年成立的绿色基金达到 209 只，比 2016 年增长 72.72%。试点碳市场不断创新碳金融产品和服务模式，为企业提供碳配额托管、碳债券、碳资产管理、配额和中国核证自愿减排额度（CCER）质押贷款等碳金融服务。第四，绿色金融改革试验区创新绿色金融政策和服务，探索绿色金融标准。一是探索引导、考核加激励的政策组合，财政设立专项资金用于绿色信贷贴息、绿色贷款风险补偿、绿色担保基金、绿色引导基金等；将绿色信贷业绩考核纳入宏观审慎评估（MPA）。二是拓展绿色金融服务产品和服务模式，推出了排污权抵押贷款模式，探索构建绿色信贷风险补偿及费用补贴机制，绿色资产滚动融资等方法。三是在绿色金融标准上进行先行先试，分别开发了绿色企业和绿色项目认定评价方法、绿色项目认定评价指标体系、绿色银行认证体系等。第五，开展多层次的绿色金融国际合作，2016 年中国将绿色金融列入二十国集团峰会议题，推动建立了新兴市场绿色信贷跨国工作组（sustainable banking network, SBN）。2018 年，共同推动并发布了《"一带一路"绿色投资原则》。国内商业银行加强与国际多边银行的合作，通过合作扩大绿色金融服务的规模、创新绿色金融服务模式。2016 年，华夏银行与世界银行合作共同为京津冀大气污染防治项目提供融资；中国投融资担保股份有限公司（简称"中投保"）与亚行合作建立了绿色融资平台，通过综合利用多种金融工具撬动社会资本为京津冀及周边区域优化能源结构、污染治理提供融资。

这一阶段，中国能源发展进入从总量扩张向提质增效转变的新阶段，节约、清洁、低碳、绿色发展成为能源发展的主旋律，能源生产和消费革命全面展开。在此背景下，绿色金融对能源投融资支持也发生了变化：

（1）全方位支持清洁能源产业化。绿色金融供给政策一方面全面限制了对传统涉煤行业的资金供给，另一方面加大了对清洁能源产业化的金融支持力度。绿色金融对能源转型的支持不仅范围扩大，而且上了一个台阶，支持的重点包括：①节能产业，体现了节能优先的原则；②提高能源系统运行效率（如智能电网、储能、分布式能源等）；③能源的清洁生产；④新能源汽车产业链，包括新能源汽车制造和产业化、充电和换电等应用设施；⑤能源利用基础设施绿色升级，如建筑节能、城镇能源基础设施等；⑥能源服务体系包括能源合同管理、用能权交易、碳排放权交易、可再生能源绿证交易等服务。2017年，国家能源局发布了《关于深化能源行业投融资体制改革的实施意见》，提出要激发社会资本参与能源投资的动力和活力，并畅通能源投资项目的融资渠道，能源投融资迎来前所未有的发展机遇。

（2）清洁能源的融资规模扩大、融资渠道扩展。绿色信贷和绿色债券对清洁能源的支持逐步扩大。截至2019年年底，21家银行绿色信贷余额中，可再生能源和项目贷款投入占了25%，比2015年上升了5个百分点。2019年中国贴标的绿色债券中，所募集资金27%投向清洁能源，占比仅次于清洁交通。2017年成立的基金中，投向投资清洁能源领域的有117只，占比达56%。

（3）清洁能源引领能源投资。煤炭采选工业投资持续下降，继续处于负增长趋势，占全部能源投资的比重也逐步降低，从2015年的12%降至2018年的11%。

清洁能源投资已经大大超过煤炭采选投资，2018 年的清洁能源投资达 6870 亿元，是煤炭采选投资的 2.5 倍。在 2018 年清洁能源投资的比重也提高到 26%，稳稳占据能源投资的主导地位。

绿色金融政策的实施加大了资金供给，国家加大对清洁能源的支持力度，以及能源投融资体制改革利好因素，使清洁能源成为吸引投资的重要领域。

二、结论与政策建议

（一）完善的绿色金融制度是支持能源绿色转型的前提

绿色金融对能源绿色转型所发挥的作用和影响程度随着绿色金融政策体系和制度建设的不断完善而增强。在"十二五"规划之前（2010 年之前），绿色金融政策只是以"工作指导意见"或"通知"形式出现，缺乏系统的绿色金融政策指导，没有建立引导金融机构开展绿色金融业务和绿色投资的制度，煤炭采选工业的投资增长趋势并没改变，对能源绿色发展的影响作用有限。党的十八大以后，国家开始重视绿色发展，对绿色金融发展进行了顶层设计，建立了绿色信贷制度和绿色债券发行制度，绿色信贷规模快速增长，绿色债券市场发展突飞猛进，对清洁能源支持的力度随之加大。政府先后制定了上市公司环保审查制度和信息披露要求，出台了环境污染责任保险、生态环境损害赔偿制度相关的政策，在绿色金融政策的激励和约束下，能源的投资也开始向绿色化方向发展。

（二）通过国际合作提升绿色金融发展水平

通过国际合作借鉴国际经验和标准。中国借鉴赤道原则，建立了自己的绿色信贷制度，使绿色信贷成为中国绿色金融体系中起步最早、规模最大的服务能源转型最主要的绿色金融工具。商业银行在与世界银行、亚行等国际金融机构的合作中，通过执行转贷业务，其社会和环境风险管理水平显著提高。国际合作创新绿色金融产品和商业模式。兴业银行在与 IFC 合作能效项目中推出了损失分担的商业模式，从 2006 年至今，该模式已动员了 22.9 亿美元的投资，每年帮助减少 2200 多万吨温室气体（greenhouse gas, GHG）排放。如今地方绿色金融改革试验区借鉴这种模式建立了绿色担保基金和绿色项目风险补偿机制，支持商业风险高的绿色项目融资。中投保与亚行合作建立绿色融资平台，综合利用银行增信、债权投资、股权投资、融资租赁等多种金融工具组合支持津冀及周边区域的大气污染治理，全方位、高效地满足各类受众企业在节能减排方面的融资需求。

（三）应制定投资活动绿色属性认定标准和绿色评级方法

投资活动绿色属性的认定和绿色评级是绿色投融资标准体系建设的核心内容，它不仅是投资者和金融机构识别和管理环境风险及投资决策的依据，也是绿色金融深化发展的前提条件，是绿色产业发展的重要保障。

绿色金融标准需要在现有的绿色产业、绿色信贷、绿色债券项目目录下进一步细化，制定具体的识别绿色项目/绿色活动的量化方法和认定标准。绿色评级需要考虑环境可持续性和经济可持续性的统一，对投资活动的环境可持续性和经济可持续性指标进行考核，才能保证环境治理的可持续性。建立绿色项目第三方认证制度和信息披露制度，监管资金的流向和风险控制，避免绿色金融市场中假借"绿色"寻求融资便利的"漂绿"行为。统一的绿色项目认定方法和绿色评级是绿色资产交易的前提，国家要在地方实践的基础上尽快统一绿色项目认定标准和绿色评级方法。

（四）要以市场手段突破清洁能源投资瓶颈

当前绿色金融对清洁能源支持很大程度是看财政补贴力度，这种方式不仅给政府背上沉重的负担，绿色金融发展也不可持续，需要通过市场机制解决绿色成本内化、效益外化的矛盾。

一是要建立环境权益交易市场，重点推动碳交易市场和碳金融体系建设。碳金融体系是碳排放交易市场构建中不可缺失的部分，也是绿色金融体系的重要组成部分。推进碳金融体系建设首先要将非减排目的碳交易活动纳入金融监管范畴；其次以大湾区碳期货交易所建设作为试点，将碳交易市场中非控排企业的配额和碳信用现货、碳期货作为交易标的，随着期货交易市场的完善，逐步丰富碳金融衍生产品。

二是要建立绿色成本分摊和绿色收益分享机制。鼓励通过市场机制建立清洁能源供应链投资联盟，通过绿色成本和绿色收益在清洁能源供应链中利益相关方的合理分配来达到清洁能源产业链的联动，增强清洁能源产业可持续发展的动力。发展绿色供应链金融，为清洁能源投资联盟企业提供供应链金融产品和融资模式。合理核算绿色投资中绿色成本和绿色收益，建立绿色资产交易机制，使绿色投资形成的收益和资产能通过交易实现其价值。

（五）应完善绿色金融激励机制

当前绿色金融的激励机制主要针对清洁能源投资端（绿色金融需求端），在电价补贴、财政贴息贷款、税收减免等方面，更多的是将资金直接补贴至相关投资和生产企业，对为清洁能源投资提供资金的金融机构缺乏激励机制。绿色金融对清洁能源的支持需要供给端和需求端的联合互动。要充分发挥财政、价格、税收政策在绿色金融供给的引导和撬动作用。通过财政专项资金建立差别化的绿色贷款贴息机制和绿色信贷风险补偿机制。根据投资活动的绿色程度制定差别化的利率政策，引导资金投向绿色化程度最高的项目和企业。对绿色金融供给方面做得好的金融机构给以财政奖励；对金融机构开展绿色金融业务和绿色债券发行人实行税收减免。安排财政专项资金用于设立风险补偿基金和风险担保基金，分担清洁能源投资的风险和保证清洁能源投资的环境结果（对绿色环境效益的担保）。

（六）加快发展多层次融资体系和创新绿色金融产品，支持能源转型

要挖掘清洁能源绿色资产在融资上的作用，推动绿色资产证券化、绿色资产担保债券、绿色收益支持证券的发展。开发符合可再生能源项目和清洁能源企业特点的绿色项目贷、绿色债券、绿色集合债产品，为不同类型、不同规模、不同群体的清洁能源项目和企业提供融资。建立清洁能源投资担保和风险补偿基金，为清洁能源融资提供担保；同时要发挥财政资金和开发性资金在建立担保基金的作用。可再生能源的生产经营往往是"看天吃饭"，收益不稳定，要创新绿色保险产品和服务，开发气候变化相关的保险产品，如天气指数保险、收益保险、灾害保险服务等。要充分发挥碳市场的金融聚集作用，开发多元化的碳金融产品。现阶段要充分利用碳排放权质押贷款、碳债券、碳租赁、碳资产证券化和碳基金等为清洁能源融资，逐步发展碳金融衍生工具，如碳期货、碳远期、碳期权，为清洁能源提供多元化的投融资产品。

作者：莫凌水，亚洲开发银行气候变化与能源政策顾问

第三部分

国际视野

改革开放的中国是发展中国家
能源发展与转型的范本

　　亚行于 1966 年成立，总部设在马尼拉。亚行成立 53 年以来，积极支持亚洲和太平洋地区发展中国家的基础设施建设，其中能源领域一直是贷款业务的重点之一。中国在 1986 年加入亚行之后积极利用亚行的资金进行能源项目的开发建设，至 2019 年 12 月，一共获得 60 笔项目贷款（其中 44 笔主权担保贷款、16 笔非主权担保业务），总金额达到 86.13 亿美元（其中包括 61.48 亿美元主权担保贷款、24.65 亿美元非主权担保业务），能源领域占亚行对中国投入资金总额的 18.4%。此外，到 2019 年年底亚行还向中国提供了 141 笔总额超过 7980 万美元的技术援助赠款，用于支持能源贷款项目的设计、实施以及能源领域相关的政策研究和能力建设。

　　本文将中国加入亚行以来大致分为三个时间段（1986—1999 年；2000—2009 年；2010 年至今），解析每一个时间段中国能源领域面临的不同挑战、亚行的能源政策侧重点以及亚行在中国支持的能源项目的主要内容和特点。虽然亚行提供的资金相对于中国能源领域的资金总体需求不过是杯水车薪，但是亚行支持的项目是几十年来中国在能源领域内改革开放进程的见证，而中国能源发展和转型的实践也为亚行提供了宝贵的知识和经验，可以作为借鉴和范本更好地为其他亚洲发展中国家服务。

　　同时，作为国际多边开发银行，亚行在贷款项目、技术援助中包含有特定的理念和导向；而随着亚洲和国际社会和经济形势的演变，这些理念和导向也与时俱进经历了相应调整和变化。本文也试图从发展经济学理论的角度解读和评估在上述的三个时间段内国际开发银行贷款所隐含的政策导向的发展脉络。

一、1986—1999 年：以经济发展为纲，努力扩大常规能源供应

从发展理念而言，这一阶段亚行的贷款业务主要是以经济发展为纲，重点支持基础设施（如能源领域的大型电厂、电网）建设，鼓励市场竞争和民营资本的进入，通过加强法规和监管规范市场，完善价格形成机制，减少政府的直接干预。

（一）时代背景：外汇紧缺、电力不足

20 世纪 80 年代中国处于经济改革和发展的关键时期。在宏观经济层面，1986 年中国的人均 GDP 仅为 282 美元；国家的货物外贸逆差达到 91 亿美元，外汇储备仅有 119 亿美元（3.4 个月的进口需求）。电力供应处于严重的短缺状态。80 年代中期起，中国经济高速发展，各地均出现了严重的"发展等电"问题。1986 年全国电力装机容量 9381 万千瓦(其中 30% 是水电, 70% 是火电)，每年缺电大约 450 亿—500 亿千瓦时，工业部门电力需求缺口高达 15%。当时人均电力消费 391 千瓦时，尚有 35% 的无电人口。与此同时，电价的水平偏低，无法吸引社会资本投资电厂。

（二）亚行项目：大力支持煤电、水电项目

在外汇紧缺、供电不足的情况下，与国际多边开发性金融组织的合作以优惠的长期资金推动电力项目建设就成为中国政府的首选。1987 年 12 月 21 日，亚行在中国加入亚行后首次为能源领域提供主权担保贷款 3330 万美元，通过国家计委"油代煤专用资金办公室"支持华能发电公司吉林长山发电厂两台 10 万千瓦机组的"油改煤"项目（亚行贷款占项目总成本的 55%，用于采购国外设备所需外汇），用国产煤炭代替当时作为出口创汇的石油为发

电燃料。项目按照亚行的程序经过国际招标，主要设备（锅炉改造）供货合同的招标由意大利公司胜出，工程监理由丹麦咨询公司赢得。同时，亚行还为这个项目提供了 40 万美元的赠款用于为华能发电公司的培训和能力建设，在项目设计、执行和管理方面学习国际先进的技术和理念。该项目的两台机组改造在 1992 年如期完工，亚行评估项目完全成功，在全生命周期内可实现节约石油 670 万吨，相当于每年获得财务收益 4000 万美元。

华能发电公司"油改煤"的项目在这一阶段很有代表性，12 年间（1986—1999 年年底）亚行共批准了向中国提供 15 个共 18.74 亿美元主权担保的能源类项目（平均每个项目金额为 1.25 亿美元），主要着眼于满足沿海地区用电需求和内地的能源基地建设。在 15 个项目中，包括新建燃煤电站（山西柳林煤电厂、河南禹州煤电厂、黑龙江七台河煤电厂）、燃煤锅炉（发电、工业）的升级提效改造（山西、内蒙古、陕西）、水电项目（广东抽水蓄能、湖南凌津滩、福建棉花滩水电项目）以及输电线项目（东北输电线、云南输电线项目）。在此期间，亚行还批准了两个非主权担保能源项目共 2.5 亿美元，包括 1992 年的广州珠江燃煤电厂和 1998 年的福建湄洲湾燃煤电厂。

在这一阶段，亚行评估能源项目时考虑的主要因素是：（1）在宏观经济层面，项目是否列入国家经济发展规划中的优先名录，以及项目对于推动经济发展的具体作用，包括创汇或者节省外汇开支；（2）在能源领域层面，项目的技术是否属于最低成本的解决方案（与 2—3 个替代方案对比）；（3）在项目层面，项目要有较高的财务内部收益率和经济内部收益率（例如吉林常山电厂改造的财务内部收益率为 12%，经济内部收益率为 20%）；（4）在环境保护方面，项目的各项污染物（二氧化硫、氮氧化物、粉尘）排放要符合当时的中国国家标准。

在执行贷款项目的同时，亚行也通过贷款项目讨论过程中的政策对话和技术援助赠款支持和推进中国能源领域的市场化改革、能源部门的机制和能力建设。以 1987 年华能发电公司吉林长山电厂"油改煤"改造项目为例，亚行项目团队在与政府有关部门进行政策对话时就曾要求考虑调整国内过低的电价水平。在项目贷款协议的条件（covenants）中，亚行要求华能发电公司偿债备付率（debt service ratio）不低于 1.1，以及按照国际标准准备财务报表等。

在这一阶段亚行董事会还批准了向中国提供 56 笔技术援助赠款，总金额 2487 万美元。这些赠款大多数用于贷款项目的前期可行性研究、项目执行过程中的监理，但是也有一些技术援助涉及能源政策研究，包括"中国能源暨电力需求与供应分析"（1991）、"中国电力部门价格与金融改革"（1993）、"加强中国省级电力公司的管理"（1995）、"中国电力部门外国直接投资的政策、监管和机制研究"（1995 年）、"中国电力部门机构重整"（1997）等。这些政策性研究为当时中国政府的能源规划和改革提供了有益的参考，也是亚行与政府有关部门进行政策对话的依据。

（三）阶段性进展：电力从短缺到过剩

回溯中国加入亚行第一阶段的能源项目情况，亚行通过主权担保、非主权担保的资金重点支持常规能源发电（主要是煤电、水电）项目，为国家经济的快速增长发挥了一定的作用。同时，通过亚行的贷款项目和技术援助，也引入了一些新的理念和国际规范。这期间中国电力部门的改革起步，为调动各方办电积极性，特别是鼓励社会资本投入到电力行业，政府放松上网环节价格管制，引入"还本付息电价"，核定能够覆盖融资成本、保障协议利润的上网电价、销售电价。还本付息电价政策的实施，充分调动了社会力量办电积极性，地方自筹和利用外资筹集的电力建设资金占比显著提升，促进了电力工业快速发展，解决了供求矛盾。1999 年中国人均电力消费量达到913 千瓦时，农村人口（以户为单位）的通电率已经达到 97%。1999 年中国发电装机容量达到 2.77 亿千瓦，全国范围内电力生产已经呈现大约 10%的供大于求局面。

二、2000—2009 年：包容性发展优先，让人人享有能源

20 世纪 90 年代末的亚洲金融危机导致能源和食品价格迅速攀升，使近千万亚洲人无法脱贫或者返贫。人们意识到全盘依靠新自由主义原则所推动的经济发展与结构转变可能会加剧不平等现象，其主要原因是市场和政策失灵。因此，亚行率先提出了包容性增长（inclusive growth）的概念，即机会均等的增长。这一概念包含了三大政策支柱：（1）通过高速、有效且持续的经济增长创造生产性就业机会和经济机会；（2）通过投资人才能力建设和营造公平的竞争环境实现机会均等；（3）改善社会保障体系，降低风险和冲击带来的影响、减少赤贫。因此，包容性增长旨在创造经济机会，并使所有人都能从中获益。具体到能源领域，亚行的项目开始侧重边远地区的农村电气化，也不再机械地推动电价反应成本（也就是涨价）的市场化改革，而是根据各国不同地区的经济发展状况引入"社会保底电价"（lifeline tariff），确保贫困人口用得上也用得起电。

（一）时代背景：农村"户户通电"进入攻坚战阶段

进入 21 世纪，2000 年中国人均国民收入达到 959 美元，虽然尚存在136 亿美元的出口商品贸易逆差，但外汇储备达到 1718 亿美元。农村人口的通电率已经达到 97%，但是余下的未能通电的 3% 人口主要分布在自然条件恶劣、居住分散的边远地区和少数民族聚集地区，地理环境复杂，建设条件艰苦，施工难度大，投资成本也大大增加。据测算，中国国家电网2013—2015 年户均通电成本达到人民币 4.2 万元，是"十一五"规划时期户均通电投资的 3.6 倍。为了彻底消除亚洲金融危机的影响，中国政府确定了积极扩大内需的方针，决定加大基础设施建设的投入，农村电网建设和改造为其中之一。结合农电体制、农电管理、农村电网不适应农村经济的进一步发展，农村电价偏高，农民不堪重负的问题，中国政府决定加快农村电力体制改革，加强农村电力管理，实现城乡用电同网同价，以开拓农村市场，推

动城乡电力一体化管理，加快实现农民脱贫致富奔小康的目标。

（二）亚行项目：资金向边远地区和扶贫项目倾斜

在这个背景下，亚行 2000—2009 年在中国的能源领域项目的内容也发生了明显的变化。这 10 年中亚行共批准了总金额为 9.44 亿美元共 13 笔主权担保的能源项目贷款，其中包括清洁发电项目（甘肃、河北等地的水电、风电）、通过能效提高减少环境污染的项目、输电线项目（沈阳大连输电线）以及煤层气项目（山西）。此外，亚行还批准了 5 笔共 8.55 亿美元的非主权担保业务，包括城市燃气供应、商业银行的能效金融、城市供热、风电等项目。

这一期间亚行支持的能源项目的主要特点是：第一，从项目金额来看，这期间平均每个主权担保项目金额贷款仅为 7200 万美元，大大低于上一个阶段平均每个项目 1.25 亿美元的水平，主要是因为国内资金充裕，亚行在大项目中贷款占项目总金额的比例在下降（比如沈阳大连输电线项目中亚行贷款金额为 1 亿美元，仅占项目总成本的 21%）；第二，亚行大幅度减少了涉煤项目的支持，没有新的煤电项目，只有一个山西煤层气利用项目；第三，亚行项目不再集中于沿海发达地区，开始更多地支持西北地区中小型的项目，如甘肃二龙山水电站总成本为 4900 万美元，亚行贷款 2200 万美元；第四，非主权担保的业务大幅度增加，支持中国民营企业和金融机构。此外，亚行贷款项目的招标采购虽然仍然是通过国际公开招标进行，但是中国的咨询公司、承包商、供应商已经占据主导地位，这说明中国企业在技术、管理和成本控制上都已经上了一个新的台阶，不再输于外国公司。

在此期间亚行的能源项目评估的方法和内容也有调整。除了技术、经济可行性分析以外，还要求项目团队进行详尽的扶贫效益分析。以沈阳大连输电线项目为例，亚行团队首先对项目所涉及的沈阳、大连、鞍山、抚顺地区的贫困人口分布进行了分析，发现当地的贫困人口比率为 12.4%，而项目的经济收益中的 17.3% 将直接惠及贫困人口，确保项目效益向贫困人口倾斜。

在这个项目准备过程中，亚行与当地政府的政策对话中也提出建议研究实施农村贫困人口的社会保障电价，不加重农民的生活负担。亚行在项目评估过程中还特别强调性别平等和妇女发展。当时项目地区的农户炊事依然以薪柴为主，造成了严重的室内空气污染，对家庭主妇（96%的炊事由妇女完成）的健康影响尤其直接。沈阳大连输电项目为农村通电之后，约有20%的农户在5年内会改用电做饭，因此该项目在推动妇女发展上也会起到一定的作用。

2000—2009年亚行还向中国提供了37笔总金额为2194万美元的技术援助赠款，主要是继续支持能源电力战略和深化体制改革的相关研究，包括"区域间电力联网的战略"（2000）、"建立全国电力监管委员会研究"（2002）、"电价制定的战略和监管"（2003）、"电力规划能力建设"（2004）、"节能和资源管理"（2005）、"清洁能源发展机制能力建设"（2008），以及针对能源领域扶贫的技术援助，例如"城区贫困人口供热价格"（2001）、"可再生能源技术扶贫"（2003）、"山西煤矿地区的减贫路径"（2005）等。

（三）阶段性进展：市场化改革推动电力系统突飞猛进发展

在此期间，中国的能源管理体制逐步深化，2002年起实施了对电力体制进一步的市场化改革，主要内容是进行了政企分开、厂网分开和主辅分开，对促进能源生产力的发展起了重要作用。2009年中国发电装机容量达到9.34亿千瓦，是1999年的3.4倍；当年人均电力消费达到2612千瓦时，是10年前的2.86倍。上网电价方面，进一步突出投资主体的经营责任，将还本付息电价改为经营期电价，按经营期统筹考虑运营成本、税金与合理利润，既有利于引导投资，又抑制了电价过快上涨。销售电价方面，实施了农电"两改一同价"改革（农村电网改造、农电管理体制改革、城乡用电同价），将农网经营成本在城乡用户中共同分摊，将之前农村普遍1元/千瓦时以上的价格降低到0.56元/千瓦时左右，极大地提高了农村地区安全可靠经济用电水平，为后续村镇经济腾飞提供了电力保障。到2009年全国农村的农户通电率已经达到 99.9%。

三、2010 年至今：可持续发展为主旋律，清洁能源助力蓝天白云

2010 年以后，气候变化及其影响成为国际社会关注的焦点，亚太地区有世界上 2/3 的贫困人口，如果不尽快采取缓解气候变化和相关的适应调整措施，这些国家将面临陷入严重贫困的风险。而亚洲又是温室气体排放的主要来源之一，如果不在根本上改变该地区的能源结构，预计 2035 年仅亚洲发展中国家的二氧化碳排放量可达全球排放量的 46%，同时也造成严重的城市空气污染。气候变化也为发展经济学的理论提出了新的挑战，无论是新自由主义原则还是包容性发展的理念都需要充实和发展，如何满足经济增长、减少贫困和气候变化三重挑战成为新时期的新课题。为此，亚行制定了应对气候变化的目标和战略，项目贷款、技术援助在继续强调包容性经济增长的同时，也要注重支持发展中国家对气候变化的减缓和适应。由于温室气体减排与空气污染物（二氧化硫、氮氧化物、细微颗粒）的减排具有一定相关性，亚行也加大力度支持空气污染治理项目。

（一）时代背景：气候变化、空气污染成为现实威胁

2010 年，中国人均国民收入已经达到 4560 美元；出口商品外贸顺差 2464 亿美元，外汇储备高达 2.91 万亿美元。在经济快速发展的同时，全球气候变化已经日益成为现实威胁，极端天气频发，主要原因是能源相关的二氧化碳排放。2010 年中国的碳排放已经达到 87.76 亿吨，比排在第二的美国（53.95 亿吨）高出 63%；而 2011 年中国的人均碳排放达到 7.24 吨，首次超过了欧盟（7.08 吨）。与碳排放水平相关，中国的一些地区特别是京津冀地区严重的空气污染也成为一个亟待解决的突出问题。2010 年 1 月，中国气象局正式发布了《霾的观测和预报等级》气象行业标准，其中规定了 PM 2.5

日均值限值（75 微克／立方米）。在 2015 年《巴黎协定》通过以后，亚行在继续支持成员国经济发展、扶贫减贫的同时，应对气候变化并相应降低空气污染成为一个新的战略重点。在能源领域，应对气候变化和降低空气污染主要是通过推广各类清洁技术的应用，包括可再生能源（太阳能、风能、地热、水电等）、需求侧的能源效率管理等项目。

（二）亚行项目：以创新金融平台支持清洁技术应用

在新的形势下，2010—2019 年年底亚行董事会共批准了 16 笔、总金额为 33 亿美元主权担保的能源项目贷款，包括能源效率项目（涉及河北、广东、山东、黑龙江、陕西，以及化工行业）、京津冀大气污染治理项目以及新技术应用项目（区域供热、生物质能源、光热发电、高效低排放的煤电）等。同期内亚行还提供了 9 笔、总金额为 13.30 亿美元的非主权担保业务，涉及天然气供应、风电、生物质能源、地热以及废弃物利用与发电等项目。

这一阶段亚行的贷款数量和规模有所扩大（平均每个主权贷款项目金额达 2.06 亿美元，规模超过前两个阶段），主要原因是亚行扩大与国家和地方金融企业合作建立金融平台，转贷亚行资金加大支持中小企业的力度。举例而言，亚行与国家开发投资公司及中投保共同发起的"亚行京津冀区域大气污染防治中投保投融资促进项目"由中投保利用亚行主权贷款，通过金融机构转贷形式，综合利用多种金融工具，重点使用增信和投资手段在京津冀及山东、山西、河南、内蒙古、辽宁等周边区域支持优化能源结构、移动源污染防治、工业企业污染治理及面源污染治理。该项目对于中小企业，可直接进行股权投资；对于大型企业，可通过贷款方式进行债权支持；而对于向金融机构申请贷款过程中存在增信需求的成长期和成熟期企业，可为其提供增信服务；对于向融资租赁公司申请资金的企业，可向融资租赁公司提供转贷服务，从而全方位、高效地满足各类符合要求的受众企业的金融需求。

在这一阶段亚行对项目评估的内容再度进行了充实，在进行项目的技术、经济可行性、扶贫效益基础之上，还要求项目团队对于污染物和温室气体排放进行详细评估。特别值得指出的是，亚行在 2017 年制定的"项目经济评估手册"中要求考虑"影子碳价"（2019 年为 36.3 美元 / 吨，每年上调 2%），确保低碳技术能够在项目评估中脱颖而出。以中投保的京津冀项目为例，该项目以清洁能源推广、废弃物的能源化利用、节能减排、绿色交通和中小节能服务公司五条业务线，涵盖风力发电、光伏发电、生物质发电、煤改气 / 电、脱硫脱硝、新能源汽车等项目领域，以实现区域内大气污染治理为总体目标。项目完成后，京津冀区域预计节约标准煤消耗量 4020 万吨，减少二氧化碳排放 855 万吨（以碳计），同时相应减少排放烟气 3800 亿立方米、烟尘 78 万吨、二氧化硫 51 万吨、氮氧化物 36 万吨，促进京津冀区域空气质量的改善和提升。

2010—2018 年年底亚行向中国提供了 47 笔、总金额约为 299 万美元的技术援助赠款，大多涉及改善能源效率、环境污染治理与温室气体减排的相关研究和能力建设，例如"天津碳交易系统"（2011）、"加强低碳能源监管系统"（2012）、"实现 2020 年减排目标的战略分析"（2013）、"制造业的能效、低碳控制和合规管理"（2014）、"国家生物质能源战略"（2016）、"京津冀地区农村清洁能源供应"（2017）、"广东工业绿色发展指标和机制"（2018）等。

（三）阶段性进展：可再生能源推动绿色转型

回溯 2010 年以来亚行在中国能源领域的贷款项目和技术援助，以环境污染治理和温室气体减排为切入点，推动社会、经济和环境的可持续发展成为亚行与中国合作的主旋律。从宏观经济发展的角度看，2019 年中国人均国民收入超过 1 万美元，已经进入世界银行定义的中高收入经济体。全国发电装机容量自 2011 年起首次超过美国成为世界第一电力装机大国，到其中可再生能源水电、风电、光伏装机容量均为世界第一。

随着能源转型的进展，中国各地的空气质量也在逐步改善。同时，在应对气候变化方面也取得了重大进展，2017 年中国碳强度比 2005 年下降约 46%，已超过中国政府在《巴黎协定》下所承诺的到 2020 年碳强度下降

40%—45%的目标。

四、结论与前瞻：改革开放的中国是发展中国家能源转型的范本

（一）亚行与中国合作的指导思想和理念发展脉络

综上所述，我们以能源领域为样本，分三个阶段评估了1986年以来亚行与中国的合作的实践与理念。在第一阶段（1986—1999年）期间，亚行支持的能源项目以扩大煤电供应为主。这些项目反映了20世纪八九十年代亚行发展理念，重点支持亚洲和太平洋地区发展中国家增加本国能源生产供应，以满足国民经济快速增长的需要，同时推进市场化改革。然而，经济的快速发展并不能解决收入的合理分配问题。尤其是亚洲金融危机引发的一系列严峻的社会问题，发展中国家的贫富差别有加大的趋势，促使亚行及其成员国重新审视发展的理念，引入了"包容性发展"的概念。在保持较快经济增长的同时，各国需要更多关注社会领域发展，关注弱势群体，让更多的人享受到经济发展的成果。因此，在第二阶段（2000—2009年），亚行与中国在能源领域的合作重点转向东北、西北等贫困现象发生率较高的地区，不再是简单地以经济增长为纲，而是在高速发展中着重"亲贫增长"（pro-poor growth），特别关注妇女发展和低收入人口社会保障。在项目评估过程中，经济发展与扶贫成为必须实现的双重目标。进入第三阶段（2010年至今）以来，气候变化的影响日益显现，极端天气增多，同时亚洲发展中国家的城乡环境污染非常严重。因此，气候和环境的可持续性成为亚行在中国支持能源项目的又一个新的考量目标，形成经济发展、扶贫、应对气候变化的三重目标。

随着中国社会、经济和环境系统的不断发展，每一个阶段都面临新的和更复杂的挑战，但是中国与亚行在能源领域的合作取得了丰硕的成果。这

不仅反映在 50 多个贷款项目和 100 多个技术援助项目的顺利实施，更体现在中国在执行亚行的项目过程中能力建设所取得的进展。在与亚行合作的三个阶段中，中央和地方政府部门、国有企业、民营企业、金融机构、咨询公司等有关各方，也经历了学习、提高、创新的三个向上的台阶。在第一个阶段，中方通过与亚行团队、国际企业和咨询专家的交流，在项目设计、监理、采购、环评等方面接触到了最新理念和规范，也逐步锻炼了队伍，培养了各方面的国际型人才。在第二个阶段，在学习国际先进经验的基础上，中方已经全方位地掌握了各类能源项目的设计、制造和管理的能力，亚行项目中的国际专家越来越少，但是项目实施的质量不断提高。在第三个阶段，中方注重利用亚行的长期优惠资金鼓励创新，特别是利用金融平台支持中小民营企业推广清洁能源和环保技术的应用，在深层次应对气候变化和环境污染的挑战。亚行在中国的项目成为亚行在亚洲各国项目中的典范。

（二）中国能源转型和发展为发展中国家树立标杆

某种程度上说，中国改革开放 40 多年来取得的进步涵盖了西方发达国家近百年发展的历程，在社会和经济发展方面也领先于很多发展中国家 10—20 年。可以说，中国在发展中所遇到的各种难题和挑战其他发展中国家早晚也会遇到。从这个角度看，中国能源发展与转型的实践经验可以成为全球特别是亚洲发展中国家借鉴的样板。同时，中国也具备了为其他发展中国家提供支持和帮助的能力，在政策、技术和融资几个方面助力发展中国家的能源转型。

具体而言，中国渐进式的电力改革、可再生能源的发展、农村光伏扶贫、大气污染治理监测和治理等方面都积累了很多的经验和教训，都是其他国家特别是发展中国家可以学习借鉴的。特别被国际社会所称道的是，中国在 2015 年实现了 100% 的农户通电，提前 15 年率先达到了联合国 2030 年可持续发展目标中"实现人人有电用"的目标。然而，到 2018 年全球尚有 9.4 亿无电人口，距离实现联合国 2030 年"人人有电用"的目标任重而道远。

在这个可持续发展的关键目标上，中国可以与其他发展中国家分享"两改一同价"的政策措施和实施经验，让农村有电用得上、有电用得起。更为重要的是，中国还可以提供与政策措施相匹配的技术解决方案（例如光伏微电网），并通过中国国家开发银行、进出口银行、丝路基金以及南南合作基金等机构协助发展中国家筹措所需要的资金。

（三）亚行与中国在能源扶贫领域仍有广阔合作空间

改革开放以来，中国在能源领域所取得的巨大成就有目共睹，一些曾经接受过亚行贷款的中国能源企业已经跻身于世界前列。在中国经济实力的进一步发展的新的形势下，亚行与中国在能源领域还有哪些合作的空间？

首先，中国虽然已经实现了 100% 的户户通电，但是农村的炊事、供暖的清洁能源利用还远未达标，仍处于严重的"能源贫困"之中。根据 IEA 的数据，到 2017 年中国有超过 4 亿的人口依然使用传统的秸秆、散煤等生火做饭，不仅是室内空气污染源，也是城乡大气污染的重要来源之一。针对这一问题，亚行能源部门与清华大学建筑节能研究中心合作，在山西省长治市的长子县农村试点多种国内外新型的建筑节能、清洁炊事、供暖技术，并以数据化的平台进行监控和运营，为政府提供政策建议并找到可行的商业模式，减少政府补贴压力，以银行资金在更大范围内让清洁炊事、供暖技术落地。在解决清洁炊事、供暖的同时，亚行也在探索用现代化的技术处理和利用农村的生产和生活垃圾。我们希望中国在清洁炊事、供暖方面以及垃圾处理方面也如同农村电气化一样找到成功的政策、技术、资金组合模式，让农民用得上也用得起清洁能源，中国的美丽乡村也将成为其他发展中国家一个新的样板。

其次，正在走出去投资的中国国有企业和民营企业可以开拓与亚行合作的渠道，在这方面我们已经看到成功的范例。中国光大集团曾经多次在中国国内的能源项目中向亚行贷款在中国开展能源项目，现在已经凭借自己的经验和技术走出去在其他发展中国家投资。2018 年 2 月亚行批准向中国光大国际集团提供 1 亿美元贷款，支持集团在越南多个城市利用先进的清洁技术建设、运营一系列垃圾发电项目。我们希望看到有更多的有实力、有资质的中国企业与其他国家的投资者一起借助亚行的资金和网络，助力更多的发展中国家实现清洁能源利用和转型。同样重要的是，通过与亚行等国际金融组织合作，中国企业在走出去的时候在环境社会尽职调查、环境社会影响评价、项目申诉、合规和解决机制等方面都将达到国际最高标准，最大可能地防范项目的环境社会风险及可能带来的投资风险。

最后，中国已经从亚行的单纯的受援方（接受贷款、技术援助）成为也向亚行提供技术、资金的输出方。作为亚行第三大股东国，中国向亚洲发展基金捐资 3000 万美元，并在亚行设立一项 2000 万美元的中国扶贫与区域合作基金。中国成为第一个在国际金融机构设立此类基金的发展中国家，并开始作为捐资国在分享发展经验和知识方面起到新的作用。2018 年 12 月中国扶贫信托资金批准向亚行能源部门提供 100 万美元技术援助，专门用于支持亚行在其发展中成员国中试点和推广适用的先进清洁能源技术，包括太阳能光伏、风电、生物质能源、储能、微电网、碳捕捉与贮存等方面，并且开发与这些技术相适应的商务和金融模式。这笔 100 万美元的赠款凸显了中国在国际能源领域内所发挥的积极角色，与亚行密切合作支持其他发展中国家实现联合国 2030 年可持续发展的目标和《巴黎协定》下的减排承诺。

作者：翟永平，亚洲开发银行能源总监

中国能源有计划、渐进式发展的 70 年

中国能源行业 70 多年的发展历程是基于历史的发展模式，因为其所有改革都建立在既有的结构和体系之上，如今在能源行业某些方面所看到的正反映了过去的发展。经历了多年的战争和动荡之后，中华人民共和国从零开始建立能源部门。本文由五个部分组成：第一部分简要介绍 1949 年至 1977年期间的能源发展，这一时期的发展为接下来的 40 年改革开放奠定了基础。第二部分详细分析 1978 年以来的三个时间段：1978—2002 年、2003—2012年和 2013 年至今。第三部分说明到新中国成立 70 年在能源行业治理上哪些方面变化较大和哪些变化较小。最后两部分提供了对中国能源行业发展的评估和展望（第四部分），以及值得其他国家借鉴的经验教训（第五部分）。

一、早期阶段：1949—1977 年

（一）1949—1960 年：中国解放和苏联援助

在中华人民共和国成立之初，其在政治和经济上是与西方国家隔绝的，因此，在最初的 10 年里，苏联在中国经济政策的制定和实施中发挥了关键的影响作用。经济发展和工业化是这一时期工作的重中之重，而计划是经济管理的核心方式。按照苏联模式，国家各部委承担了能源生产和工业消费主体的所有工作，政府对能源基础设施投资、能源的生产和消费进行计划，并决定能源价格。苏联提供贷款资助投资，并提供技术设计、设备和专家。苏

联援助的结果令人印象深刻，尽管仍然需要从苏联进口一些石油，但煤炭产量、发电能力和石油产量急剧增加（Carin, 1969; Thomson, 2003; Kambara, Howe, 2007）。

（二）1960—1977 年：困难时期

这一时期，中国与苏联关系突然中断、"大跃进"和"文化大革命"严重摧毁了中国的经济发展。苏联技术和专家撤离以及苏联石油供应的中断迫使中国在能源生产的各个方面开始自给自足。在 1959 年的大庆油田、20 世纪 60 年代的胜利油田和大港油田以及 70 年代的华北油田和辽河油田相继被发现之后，石油生产取得了巨大的成功（Kambara, Howe, 2007）。1973 年，中国开始向日本出口原油。

这一时期成功的一个关键因素是用西方现代技术和方法取代过时的苏联技术（Hardy, 1978）。中国成为一个主要的石油生产国和出口国恰逢 20 世纪 70 年代的能源危机，中国的出现导致西方国家短暂的恐慌，担心可能出现另一个能够"勒索"世界的石油出口国（Hardy, 1978; Barnett, 1981）。

煤炭和电力行业的进步并不那么显著，煤炭年产量经历了 60 年代的下降，但在 1969 年又开始上升（Thomson, 2003）。苏联撤离对电力工业产生的破坏性影响更为严重，其结果是，将近 20 年，中国都遭受到持续电力短缺的困扰。电力短缺限制了工业化发展及影响人民的生活水平。21 世纪一直存在的一个问题是如何为电力定价才能使电力公司有动力建设新的发电能力，并以用户能够负担的价格向工业和家庭终端用户供电（Xu, 2002）。

二、中国 40 年的改革开放

（一）1978—2002 年：改革开放

1978 年开始的经济改革为中国崛起和成为国际主要经济强国奠定了基

础。随后的 20 年里，经济的市场化范围扩大并稳步推进。工业部门转变为国有企业（SOE），并通过合同责任制激励管理人员。国家取消了对许多商品价格的控制，中央计划的重要性不断下降。到 20 世纪 90 年代，中国希望更彻底的改革。1998 年开始对政府和工业部门进行了彻底改革使改革达到了高潮。从 20 世纪 90 年代开始，人们也越来越重视环境问题（Geall, Ely, 2015）。与此同时，政府宣布了一项新的战略，即创建具有国际竞争力并形成"支柱产业"的大公司（Nolan, 2001）。

能源工业作为能源部门改革首先发生在 1982 年至 1988 年期间，石油是第一个进行公司化改革的部门（Andrews-Speed, 2004）。煤炭行业的公司化改革于 1988 年开始，但是由于行业混乱的状态，公司化改革在 1993 年被逆转（Thomson, 2003）。1997 年前，电力工业一直由国家直接控制（Xu, 2002）。在 80 年代，政府开始允许对煤炭和原油进行有限程度的市场定价，以提高对能源生产商的激励。但是，最终用户的电价仍然由政府控制（Wang, 1999; Xu, 2002; Thomson, 2003）。

这些改革产生了积极成效。1978—1996 年，一次能源消费以年均 4.8% 的速度增长，自给自足一直保持到 1993 年（Xu, 2002; Thomson, 2003）。然而，到 20 世纪 90 年代中期，能源供应无法满足需求的增长，许多国有能源企业继续亏损。造成这种财务状况不佳的最明显原因是企业人员和企业保留的社会义务过多，以及能源的定价体系和劳动力成本上升、不断增长的全国性三角债务水平。政府对企业的监管能力有限、企业内部管理和预算控制不力加剧了这些问题的恶化（Xu, 2002; Thomson, 2003; Zhang, 2004）。

到 1997 年，增加国内能源生产已不是当务之急，因为亚洲金融危机已显著抑制了中国的需求增长。同时，世界银行也积极与中国政府合作进行能源部门改革，以促进新自由主义进程。这一背景和想法的融合为 1998 年的经济改革，包括能源行业的改革提供了一个机会。由于供应系统的性质不同以及不一样的工业结构，石油、电力和煤炭工业遵循不同的改革路径。石油和煤炭工业进行了根本性的改革，石油和煤炭的价格进一步受市场的影响

(Thomson, 2003; Andrews-Speed, 2004)。

政府在改革电力行业上采用的方法更为谨慎。1998 年，电力部的资产全部转移给了新成立的中国国家电力公司（SPCC），因此，该公司拥有大部分输配电基础设施，占了全国发电能力的 50%（Xu, 2002）。不久，这一改革很快暴露出新的结构所产生的效果并不令人满意。2002 年年底，国家电力公司被拆分，将发电与输配电分开，并降低了发电能力的集中度。

1998 年，政府能源管理机构也进行了彻底的重组。新的机构存在着明显的缺陷，最主要的是人员短缺，职责界定不明以及各政府机构之间的权力竞争，这导致中央政府对能源部门的调控减弱（Xu, 2002; Downs, 2006; Meidan, et al., 2009）。从 2002 年下半年开始，政府采取措施重新监管能源部门，这包括创建国有资产监督管理委员会和能源局，随后将其升级为国家能源局。当时，政府创建了一个全新的监管机构，即国家电力监管委员会，其职责涉及电力行业的战略制定和监管。但是，由于所有电价的决定权仍由国家发展改革委的定价部门负责，因此它在经济监管方面的权力受到了限制（Zhang，Heller, 2007）。

1978—1996 年，中国能源发展的主要特点是增加能源供应，因为这期间中国能源消费增加了 230%，几乎所有这些能源都来自国内。石油则是一个例外，中国于 1993 年成为石油的净进口国。天然气的发展过程则较为乐观。在 90 年代后期，政府首次修改了关税制度，以鼓励开发和使用国家北部和西北部地区新发现的天然气。

煤炭仍然是主要能源，1996 年年产量达到暂时峰值。但是，这种增长是在巨大的环境成本和人力成本下实现的。低水平的洗煤导致空气污染加剧，不良的采矿方式导致土地和淡水资源受损（Smil, 2004）。在 1996 年，村镇小煤矿约占全国总产量的 45%，因事故造成的人员死亡主要来自村镇小煤矿，这使得国家采取限制和关停小煤矿的行动持续了 10 多年，煤矿事故和人员死亡人数才急剧下降（Wright, 2012）。

从 1978—2002 年，总发电量增长了六倍，主要是燃煤发电和水力发电。

为了限制污染并提高效率，政府开始关闭一些老旧的火电厂，并推动建设300 兆瓦或更大容量的机组。

另外，这一时期开始重视降低能源强度，政府文件首次强调了提高能源效率和节约的必要性，并把其作为长期优先考虑来促进能源生产（Lin, 1996）。采取的措施包括实施能源配额、关闭低能源效的工厂、发电和工业生产所用燃料从燃油转向燃煤、提高能源价格和改善能源生产技术等（Keith, 1986）。

20 世纪 80 年代和 90 年代能源强度持续下降主要归因于能源效率和生产效率的提高，而这些则是通过技术改进、研发和创新实现的（Sinton, et al., 1998; Fisher-Vanden, et al., 2004; Ma, Stern, 2008）。取得这些进步在很大程度上是通过提高整体生产率以应对经济的逐步市场化（包括更高的能源价格）以及实施具体的能源效率政策（Fisher-Vanden et al., 2004）。

（二）2003—2012 年：应对能源短缺和污染

2003—2012 年，以全球金融危机开始划分，分别实施了两项经济刺激计划。在不同时期，高水平的经济增长带来了一些相互关联的能源挑战：能源供应短缺，对进口的依赖日益增加，严重的空气污染和碳排放上升。因此，政府的能源政策主要针对提高能源效率和促进清洁能源生产。

20 世纪 80 年代和 90 年代能源效率的提高却因 2002 年的经济刺激而倒退。这一时期能源强度上升，各种形式能源的生产和消费加速，石油进口猛增，碳和其他污染物的排放量剧增。从 2003 年开始，能源强度的快速上升导致全国几乎所有类型的商业能源普遍短缺。因此，政府开始比以往更加重视能源效率和节能。

新的能源发展战略旨在 2005 年至 2010 年将能源强度降低 20%，并对能源密集型行业设定了能源强度目标。两个重要的行动计划是"千家企业节能计划"和"十大重点节能工程"，其他措施还包括提高能源价格、建立节能自愿协议、关闭小型和过时的电厂等具体措施，例如关闭老旧的和效率低下的电厂，以及发展 600 兆瓦大容量机组（Andrews-Speed, 2009a; Zhang, 2011）。"十一五"规划期间政府对清洁能源和能源效率的财政支持达数万亿元人民币（Climate Policy Initiative, 2011; Ladislaw, Nakano, 2011）。

为了控制交通运输用油的增加，政府提高大型汽车的购置税水平，提高了汽车制造商的燃油经济性标准，增加国家对电动汽车等替代燃料汽车的研发经费和最终用户的石油产品价格（Zhang, 2011）。为了解决建筑物的能源消耗问题，中央政府在 2004 年至 2010 年期间发布了新的法规和标准（Zhang, 2011）。

这些措施使中国在 2005—2010 年五年期间能源强度降低了 19.1%，而目标是降低能源强度 20%。《能源发展"十二五"规划》通过一系列新的行政措施继续实施能源效率和能源节约战略，这些措施涵盖了更广泛的能源用户，针对不同行业和省份之间的政策差异性也更大（Lo，Wang, 2013）。

能源短缺，再加上污染和碳排放量的不断增加，促使政府加大了对清洁和低碳形式能源生产的鼓励。政府草拟了新的水电大坝计划，并设定了到 2020 年核电装机目标 45 吉瓦（Xu, 2010）。2020 年的目标后来提高到 80 吉瓦，但福岛第一核电站灾难后，该目标又降低到 58 吉瓦。

政府促进风能和太阳能发展战略包括从研发到制造、基础设施建设和供电的整个供应链的财政支持和其他形式的支持（Andrews-Speed, Zhang, 2015）。工业和能源政策的紧密结合使中国在风能和太阳能设备制造、装机容量、发电量方面成为世界领先者。此外，中国公司已成为全球太阳能光伏设备市场的主导者（Matthews, Tan, 2015）。

但是，从 2010 年开始出现了两个严重的问题：太阳能光伏和风能设备的产能过剩，以及华北和西北部分地区的弃风、弃光严重。前者来自地方政府的过度支持，而弃风、弃光的原因是多种多样的，包括系统中缺乏灵活的发电能力、不可靠的技术标准、可再生能源发电与需求中心之间的距离过长，以及本地电网公司未能优先调度可再生能源发电等（Kayser, 2016;

Davidson, et al., 2016）。

天然气开始在减少煤炭在能源结构中的比例发挥作用。中国西部地区的天然气密集勘探提高了国内产量，但这不足以跟上需求增长的步伐。中国开始通过其第一个 LNG 接收站进口天然气，大范围地铺设天然气管网，将中国西北部地区和中亚地区的天然气运输到中国东部地区的需求中心，并加快了 LNG 进口站的建设。

提高国内天然气生产和消费的努力面临着两个主要的体制上的挑战，即国有石油公司的定价和强大的市场垄断地位。较早时期采用的成本加成法定价存在各种缺陷，包括缺乏透明度，对国内天然气生产商缺少激励措施，以及天然气进口商的亏损等（Shi, Variam, 2015）。经过一些地方的实验后，政府在 2013 年引入了净关税制度，将城市天然气价格与液化石油气（liquefied petroleum gas, LPG）和进口燃油的价格挂钩（Houser, Bo, 2013）。

为了提高国内天然气产量，政府支持了三种非常规天然气的开发。煤层气的测试始于 20 世纪 90 年代初，但面临技术、价格、工业和监管方面的挑战（Gao, 2012; Regan, Zhu, 2014）。页岩气似乎提供了更大的希望，在 2010 年，政府设立了 2020 年页岩气产量达到 60 亿—100 亿立方米的目标，然而，由于地质因素和体制上的约束，进展一直比预期的要慢（Deemer, Song, 2014）。第三种非常规燃气的来源是用煤制造合成天然气（synthetic natural gas, SNG），但是此过程要消耗大量水，并且产生不成比例的碳排放量（Yang, 2015）。

清洁能源战略的另一个措施是在燃煤电厂中增加烟气脱硫设备的使用。技术进步首次允许对火电厂的排放进行连续监测。政府对至少在 90% 的时间内使用烟气脱硫设备的电厂提供了补贴。这些措施实施使电力行业的二氧化硫排放总量在 2006 年达到峰值（Schreifels, et al., 2012）。

三、2013 年至今：迈向新常态

2013 年新一届政府面临经济调整和减少污染的双重挑战。经济调整包括限制使用刺激措施、强制关闭过剩和效率低下的工业产能、经济结构从重工业向服务业转型，从而使经济增速的步伐放缓。随着政府寻求升级国内技术和工业生产基地，技术创新也已成为经济政策中越来越重要的部分。

自 2013 年以来，能源领域的两个关键的变化是继续推动提高非化石燃料和其他形式的清洁能源在能源结构中的比例和增强市场在资源的配置作用。

经济增速放缓大大加快了降低化石燃料消费比例。尽管能源消费总量增加，但煤炭消费在 2013 年达到了峰值。然而，石油消费继续增加，随着国内原油生产在 2015 年达到顶峰，石油净进口量增长加快。

2013—2017 年，水力、核能、风能和太阳能的持续增长将非化石燃料在电力供应中的比例从 22% 提高到将近 30%。能源行业发展的这一成果也因两个棘手问题而受到削弱：尽管弃风光比例已经降低，但比例依然较高；由于国家发电能力过剩的原因，几个核电厂的利用率都较低。自 2013 年以来，由于经济放缓，加上不断建设新的火力发电厂，火力发电厂普遍受到低负荷率的困扰。

随着液化天然气进口终端数量的增加，天然气作为煤炭的替代品，其消费量持续增长。尽管定价方案有所改进，但天然气定价仍缺乏透明度，无法将生产和进口成本传递到最终用户，并且继续在消费者之间提供交叉补贴。更重要的是，主要挑战仍然是来自廉价煤炭供应的竞争和大多数国内天然气生产成本高昂（Shi, Variam, 2015; Paltsev, Zhang, 2015）。进一步引入市场竞争机制，例如 2018 年启动重庆石油天然气交易所，但无法有效缓解这些问题。

更大的障碍是国有石油公司对天然气运输的控制。政府于 2014 年发布了第三方准入的初步指导原则，但收效甚微（Shi, Variam, 2015）。2018 年 8 月，国家发展改革委随后起草了一系列新的方案征询公众意见，以促进第三方在石油和天然气领域的准入，同时鼓励国有石油公司剥离其管道业务，并将部分业务出售给私人投资者，但改革进展缓慢。

自 2010 年以来，经济增速放缓伴随着电力需求的下降以及随之而来的潜在供过于求。这为国务院在 2015 年重新提振改革提供了机会，目的是在发电和零售领域引入竞争机制。这些措施与第三方准入相结合，使大型电力用户可以直接从发电公司购买电力。这项新政策还力求通过各种方式促进可再生能源，特别是通过建立辅助服务市场（Dupuy, 2016）。

诸多障碍削弱了这些新的市场机制所带来的有益成果（Zhang, Sufang, et al., 2018）。尤其是，一些地方政府直接确定由发电厂向消费者出售电力的名单和售电价格，而忽略了对可再生能源发电小时的保证，从而扭曲了国家政策。此外，其投资者投资新的配电网络也会受到来自国有电网公司的阻力。

同时，政府在 2013 年和 2014 年分别启动了七个碳排放交易试点(ETS)，为创建一个全国碳市场做准备。国家碳市场于 2017 年 12 月正式宣布启动。国家碳市场仅涵盖发电行业。由于投资者缺少兴趣、市场的不确定性、配额过度分配、基础设施薄弱等多重因素，碳排放交易试点的市场参与水平低、流动性低。在国家碳交易的设计和建设上，政府必须吸取试点的这些经验教训（Swartz, 2016）。此外，还需要协调国家碳市场与正在进行的电力市场改革。

上述的这些变化提出了一个更广泛的问题，即在依然由国家主导的行业中，如何让市场机制更有效的发挥作用。大型国有发电公司将成为新兴电力交易系统和国家碳交易的主要参与者，并且大多数大型能源用户至少部分由中央或地方政府所有。同时，地方政府将在其管辖范围内对发电厂和电网运营商仍存在一定程度的事实控制权。强大的既得利益与制度约束的结合不会在一夜之间消失。

四、能源行业哪方面变化较大？哪方面变化较少？

新中国成立 70 多年来，中国的能源行业经历了稳步增长的过程，这与国家经济发展的总体发展趋势相吻合。尤其是 1978 年以来，中央政府的计划作用急剧下降，对能源价格的控制有所放松，但并未完全取消。国内能源市场也日益与国际市场接轨，尤其是煤炭、石油和天然气。能源国有企业已经商业化，并与许多其他能源企业一起走向国际化。如今，从事能源生产、能源加工转化和能源输送的中国公司以及能源设备制造商和能源服务公司已成为国际市场重要的参与者。中国公司能走向国际市场归功于政府在能源政策与工业和技术政策之间的协调，这种协调的作用日益明显。近年来，随着环境问题日益引起政府的关注，能源政策越来越向清洁能源和能源效率倾斜。

过去 70 年能源行业发生了重大变化，但是由于能源作为一个在国内和国际上都具有战略意义的重要行业，政府在能源管理的主导作用并没有改变。石油和天然气的进口量不断增加，但基于能源安全的考虑，国内能源的优先选择仍然是能源政策的核心。同样，农村能源供应仍然是国家长期的优先考虑事项。尽管国有企业已经商业化，但中央或地方各级政府仍在大多数国有能源公司中拥有控股权，国有能源公司仍然承担一些非商业的义务。行政手段仍然是政府对能源部门的管理的主要方法之一。市场机制通常是在地方试点后以非常有计划的方式逐步引入的。尽管名义上由中央政府领导，但政策协调仍然是一项长期挑战，尤其是地方层面的政策实施和技术标准的监管。

五、评估与展望

在过去的 70 多年里，中国的能源行业有力支撑经济的增长和保障人民生活所需的能源（20 世纪 60 年代和 70 年代是一个例外）。最近，中国在发展不同类型的清洁能源方面取得了长足的进步。同时，中国努力使大多数能源技术本土化。这一结果使中国的能源公司能够走向国际市场，并在国际市场上扮演越来越重要的角色。

这些成就源于中国在 50 年代从苏联那里学到的以国家为主导的能源治理方法。20 世纪 60 年代脱离苏联后，中国在技术、技能和能源上变得自给自足，这促进了长期以来中国的能源与产业政策之间的融合，其效果在当前尤其明显，特别是在风能、太阳能和核能以及超高压输电方面。政府继续参与能源行业管理并发挥作用，在保护社会中较贫穷地区免受无法承受的能源价格的同时，保持能源生产的持续增长，能够引入新的政策并且相当成功，例如在 2004 年提高能源效率的政策。

然而，这种成功并非不付出代价就能实现的，许多政策计划在实施上仍然受到限制，其代价是资金、环境和人力的付出。国家直接参与管理能源行业的大多数领域需要政府部门、国有企业或国有银行花费大量的资金来支持政策的实施。管理不善、软性预算的限制和政府寻租等问题造成资金使用效率低，这是导致对火电厂的过度投资，以及可再生能源设备制造的产能过剩和恶性竞争的主要原因之一。

早先更强调提高能源产量而不是管理能源消费，再加上国内煤炭资源的大规模开采和消费导致空气、水和土地的污染不断加剧。直到最近，政府开始以协同的方式应对这一挑战。同样，尽管自 20 世纪 90 年代末以来能源的生产安全已经有很大改善，但仍然是一个长期问题。

政策的实施也面临着来自地方政府的阻力和平衡国有企业利益的挑战，这会影响到降低煤炭在电力结构的比例和增加可再生能源比例以及实现更广泛的环境目标。像中国这样一个庞大、多样化和人口众多的国家，政策协调不可避免的面临更广泛挑战，这是一个典型特征。

当政府力求增加市场力量在能源领域的作用，同时提高非化石燃料在能源结构中的比例时，它面临着三个主要的难题。首先，电力市场和国家排放交易体系将发挥市场在效率和减排方面的作用，然而主要市场参与者仍然是国家所有电力企业。其次，继续采用行政手段以及政治和金融资本所产生的效果和收益正在降低。最后一个难题是如何在保持经济增长至合理的水平但又不至于刺激经济而增加煤炭消费之间取得平衡。

展望未来，经济增长率和经济结构将继续成为影响中国低碳能源转型的关键因素。即便如此，能源本身的治理也起着关键作用。正如许多人所建议的（Davidson, et al., 2017; Toke, 2017; Engels, 2018; Lin, 2018; Qi, et al., 2018; Wang, et al., 2018），当前能源治理方法的有效性可能正在邻近它的极限。在引入电力交易和碳市场的同时，让主要的工业参与者受控于政府有可能因地方政府和公司的阻挠及寻租而产生相反的结果。另外，由于法律和监管体系的不成熟，国有能源公司的完全私有化在政治上是不可能的，同时，这也具有很高的风险。由于这些原因，我们应该期望能源行业通过政策试验和调整而有计划地逐渐改变。

六、值得其他国家学习和借鉴的经验教训

低碳能源转型的多样性和复杂性必然会延伸大多数政府和社会的能力和意愿。此外，各国之间实际的战略部署和战略实施的成功程度，以及所付出的成本都将有很大差异。尽管一个国家的自然资源禀赋和经济发展状况很重要，但关键因素仍将取决于国家的政治和经济治理体系，可以直接效仿中国经验的国家寥寥无几。中国具有强大的国家治理和财政能力，并能获得足够的本地或引进的人力资本，尽管在某些海湾国家中就可以找到类似这样的国家，但这样的国家很少。

值得广泛借鉴的是各国政府应发挥自己的优势，并至少在短期内利用已经建立的治理体系。如果主要的能源生产和消费公司是国有的，那么应该像中国那样鼓励它们改变公司的战略和行为方式，以实现更清洁的生产和消费。如果这些公司是真正的私有企业，基于市场的方法才可能对其行为产生重大影响。相反，如果当地社区积极主动，则可以自下而上地动员它们。无论采用哪种方法，都有可能需要新的资金来源。对于大多数发展中国家而言，其中一些资金可能来自国外，在这种情况下，政府将需要制定适当的投资框架。同时，还需要根据当地情况创新融资方式和方法来资助这些社区项目。

作者：菲利普·安德鲁斯·斯皮德，新加坡国立大学能源研究所首席研究员；翻译：莫凌水

中国能源发展经验值得其他发展中国家借鉴

过去 40 多年来，中国的经济发展确实令人惊叹。实际人均收入从 1978 年至 2014 年增长了 16 倍，中国的极端贫困率从 1981 年的 88% 下降到 2013 年的不足 2%，这无疑是一个非凡的成就。人类发展的所有主要指标，包括寿命、教育程度和婴儿死亡率，都反映了这一趋势。历史上从未有过如此多人口而生活条件发生如此急剧和迅速变化的国家。

在此期间，中国电力供应做到了 100% 的人口覆盖，并大幅减少了依靠不健康的固态生物质能源作为燃料的人口比例。这是一个了不起的成就。然而，在一个占据全球近 20% 人口的国家中，如此迅速的变化不可避免地引发了失衡和环境问题。这一成就具有深远的影响，并为其他发展中国家提供了重要的经验。

本文回顾了中国经济奇迹的前因后果，以及在"新常态"下中国如何为解决存留的问题和为下一阶段的经济发展平衡作出调整。它也为该地区其他发展中经济体（亚行的发展中成员国）提供了一些经验。

一、中国 1978 年以前的背景

1949 年，中国共产党接过了由于长期冲突和外国剥削以及人口普遍贫困而严重削弱的经济体。1978 年之前，中国经济大致分为两个时期。直到 20 世纪 50 年代末，政府一直沿用苏联的发展模式，当时苏联被中国视为经济和技术进步的盟友典范。国家制订了严格的计划来集中投资包括能源在内的重工业。苏联提供了财政和技术援助。在此期间，中国从非常低的水平起步，取得了显著的经济增长，增加了国内能源供应。

第一个时期随着 1958 年"大跃进"的开始而结束，并且由于关系中断，苏联在 1960 年停止了援助。从 1960 年到 20 世纪 70 年代初的这段时期受到了严重困扰。在"大跃进"期间，中国打算通过替代路线使当地公社实现产业化。那是一个灾难性的失败，同时中国还遭到了恶劣的自然气候条件导致的严重经济挫折和饥荒。紧随"大跃进"的是始于 1966 年的"文化大革命"，一场大规模的社会动荡破坏了整个经济的管理结构，其间影响尤其严重的是政府的一项政策，即将煤炭勘探和生产从北部生产性地区转移到南部和东部的生产率较低的被认为更安全的地区。在当时，煤炭如今天一样是中国的主导能源。然而，在此期间，中国能源财富的一个亮点是发现了大庆油田，这使中国在一段时间内从石油出口中获得了可观的外汇收入。

尽管中国的能源消耗在 1949 年至 1960 年间稳步增长，有时甚至急剧上升，但在 1960 年至 1963 年间却下降了一半，这对一个已经处于高度困境中的国家造成了沉重打击。能源消耗水平直到 1972 年以前都一直处于低位。

一系列根本问题阻碍了中国能源经济的发展。首先是中央政府几乎完全控制和限制了省、地方或私营部门的生产范围。与此同时的是当时对于竞争和市场价格信号的缺乏导致了无法提高效率并优化资源的利用。最后，当苏联人离开时，当时自给自足的政策剥夺了中国从国际资本、贸易和技术中可以获得的利益。

二、中国的改革开放

1978 年中国开始逐步实行改革开放政策。从尼克松总统 1972 年对中国进行的历史性访问，到 2001 年中国加入 WTO，国际贸易就开始在中国经济中发挥更大作用。从在特定经济领域的合资企业到逐步允许外国公司在中国投资。尽管国有企业继续主导重工业，但也允许民营企业扩大经营范围，对于创新和提高生产力作出了重要贡献。以市场为基础的价格和竞争逐渐被赋予了更大范围，这一过程在当今雄心勃勃的电力和天然气行业改革计划中仍在继续。

中国经济奇迹开始的最明显信号始于 1979 年开放经济特区进行国际投资和贸易，这导致了制造业和制成品出口的快速增长。虽然最初是由海外资助，但此后一直受到中国经济内部大量储蓄的支撑。这些资金积累还使国家基础设施（主要是国有企业）获得了巨额投资。结果是今天的中国钢铁和水泥制造业产量约占世界总产量的一半，而中国的经济高度集中在制造业、重工业和建筑业。中国的能源强度（按购买力平价计算的人均 GDP 能源）比全球平均水平高 20%，比经济合作与发展组织（OECD）高 30%。

中国经济飞速发展的能源主要来自国内的煤炭。2017 年，煤炭占中国能源消费总量的 63%，发电耗煤占煤炭总消费量的 67%。这些煤炭主要用于各种规模的电站和工厂。

三、新常态

中国的劳动力人口年龄注定会下降，大量人口从乡村移居到城市的速度预计将放缓。这将导致未来中国经济增长不能再依赖看似无限的低成本劳动力供应，迄今为止，这些廉价劳动力推动了中国的经济增长。随着中国工资的上涨以及其他国家（尤其是东南亚国家）提供的低成本制造机会，中国正在调整其经济结构。

中国经济中工业（制造业、建筑业和公用事业）占比正在降低，而服务行业占比在上升。在工业领域内，中国正朝着更先进、附加值更高和更少能源密集型制造业的方向发展，并且更加重视生产力和创新作为经济增长的要素。本地消耗在提供总需求方面发挥更大作用。由于这些变化以及为提高工业能源效率所作的巨大努力，中国的 GDP 能源消耗强度在 1980 年至 2014 年间下降了 74%。

尽管中国的煤炭需求可能已达峰，但由于越来越多富裕人口交通需求的增长，使中国成为全球最大的汽车市场，而且由于政府正在寻求比煤炭更加清洁的能源，石油和天然气需求正在迅速增长。

政府实现"全面小康社会"的目标将要求持续的经济增长，尽管要求的速度要比最近几十年温和一些。正如经济增长速度从 2000 年至 2010 年间的 10% 下降到 2016 年的 6.7%。中国发展的下一阶段被称为"新常态"。在维持经济增长的同时，中国正在寻求应对能源消费所引发的生态环境问题和其他挑战。

四、解决局部污染

经济飞速发展造成的本土污染使中国付出了惨痛代价。对国际游客来说，最直观的感受是北京和上海等城市出现的雾霾。但同时也出现河流、水源、更广的海岸线以及土壤的严重污染。城市空气污染主要源于燃煤工厂、发电厂以及煤炭采暖和车辆排放。

通过关闭部分效率低的工厂或将污染行业移离城市可以使问题得到部分解决。但是，更庞大的计划是将煤炭用更清洁的天然气替代。这正是英国伦敦解决 20 世纪 50 年代和 60 年代臭名昭著的烟雾问题的方式。那时，英国的天然气来自北海。但中国已进口了大约 1/3 的天然气。此外，中国正在大力投资低碳技术，包括风能、太阳能、水电和核能。

中国尝试通过对汽车和卡车进行效率监管并引入电动汽车，解决汽车尾气排放问题。事实上，中国已经是世界上最大的电动汽车市场。虽然它们现在只占汽车总销售额的小部分，但预计将迅速增加。"十三五"规划的目标是到 2020 年，使 500 万辆新能源汽车（主要是电动汽车）上路，并且拥有年产 200 万辆汽车的生产能力。另外，中国还是世界上为数不多的规范卡车效率的国家之一。

总体而言，可以预计中国的生态环境部将加强对各种污染工厂排放的监管，并提高固体废物管理标准。

五、减少温室气体排放

中国排放的二氧化碳对全球环境构成了严重威胁。这么说似乎不公平，因为中国的人均排放量显著低于 1990 年之前 OECD 发达国家的水平。但由于人口众多，中国不可避免地会对全球排放和全球变暖的程度产生重大影响。目前，中国能源行业二氧化碳排放量占世界总量约 28%。中国部分地区已经在夏季遭受高温。尽管中国许多城市（如上海）的人都住在供水线附近，但区域性缺水已经成为一个严重问题。因此，中国很容易受到气候变化的影响，中国正致力于遏制并最终减少碳排放。

中国约 80% 与能源相关的碳排放来自煤炭消费。中国的煤炭消费量现已达峰或接近顶峰，但很难实现迅速减少。尽管中国是可再生能源的全球领导者，在 2016 年贡献了全球 40% 的新增产能，但这仅满足电力需求的年度增长。2017 年，风能和太阳能仅占中国发电量的 6%，而水电占 14%，核能占 9%。

中国政府在减少对煤炭的依赖方面面临许多挑战，其中一些是社会性的。中国有大约 400 万煤矿工人，在某些地区，当地的就业和繁荣已经非常依赖煤矿生产。英国在 20 世纪 80 年代煤炭行业的衰落时也引起了社会分裂的痛苦经历。即使到 2019 年，把需要被替代的产业吸引到受影响地区小的努力以及政府的再培训计划仅取得了部分成功。

中国正在大力改革电力市场并取得了重大进展，但是仍然存在效率低的问题。发电厂的运行基于配额管理，而不是成本或环境影响。结果是，在许多情况下，效率低的燃煤电站可能会先于效率更高的电厂或可再生能源运行，尽管理论上应该首先使用可再生能源。"实际上，尽管可再生能源通常希望帮助化石燃料提高电厂年度小时数目标，但可再生能源（按规定价格收费）的财务成本很高"，所以通常会受电网接纳容量的制约。

改革电力市场对中国政府而言是一项艰巨的挑战，因为这可能会扰乱当地产业和就业。但这是中国寻求提高经济效率以实现更高发展水平需要解决的问题之一。如上所述，促进更高比例的可再生能源使用并减少约束问题也很重要。由于中国能源的地理分布，这些问题与政府从南部和东部较发达的地区向西部和北部地区进行产业转移、实现繁荣的目标密切相关。

还有其他更多的技术问题正在限制中国采用风能和太阳能。最好的风能和太阳能来源是中国的西北或东北地区，远离东部和中部地区的主要电力负荷需求中心。中国正在大力投资长距离传输，包括特高压线路。但是其中一些需要常规工厂的大量投入才能维持稳定性，这也可能限制可再生能源的利用。

中国正在通过收紧建筑、家用电器和工业标准来继续提高其能源效率。这些都是减少碳排放的重要领域，并将成为生态环境部新的工作重点。

中国的碳排放交易计划是世界上最大的交易计划，最终有望对碳排放产生重大影响。欧洲碳排放权交易计划经验表明，交易细节的确定非常困难，而中国正在计划通过一系列试点推进其碳排放交易。

六、气候与能源外交

中国已成为全球生态文明建设的重要参与者、贡献者和引领者。由于习近平主席和奥巴马总统在 2015 年 11 月会议上的共同支持，推动了"2015年巴黎气候变化大会"取得成功。他们强调气候变化是"人类面临的最大威胁之一"。他们宣布了各自的国家自主减排目标，并致力于使巴黎活动取得成功。中国承诺其 CO_2 排放量将在 2030 年前达到峰值，并尽快实现减排，其单位 GDP 的碳排放强度比 2005 年下降 60%—65%，非化石能源在其能源结构中的份额增加到 20% 左右。"十三五"规划中包含支持这些承诺的具体目标。自从美国宣布退出《巴黎协定》后，中国的作用已变得至关重要。《巴黎协定》的势头和信誉实际上在很大程度上取决于各国政府按照《巴黎协定》

的规定"增加"其资金承诺。中国愿意在 2020 截止日之前及时带头提高其贡献的意愿至关重要。

总体而言，中国在国际能源治理中的作用日益增强，这一点更好地反映了中国作为世界最大能源经济体的地位。作为"开放"过程的一部分，中国现已成为 IEA 的伙伴国（association country）。可以期待的是中国最终将逐步成为 IEA 的正式成员，从而推动国际能源机构改革，使其成为一个真正的全球能源组织。

七、满足日益增长的石油和天然气进口需求

（一）石油

基于汽车、卡车对石化产品需求的快速增长，中国的石油需求在 2000 年至 2016 年间翻了一番。但自 2015 年以来，中国的石油产量一直在下降。如今，中国 2/3 的石油是进口的，中国正迅速超过美国，成为世界上最大的石油进口国。这对中国构成了安全问题，并在一定程度上变成了经济问题。尽管有来自俄罗斯和哈萨克斯坦的大量管道供应，以及通过缅甸的管道，中国约 2/3 的石油进口仍来自非洲或中东地区。中国可能仍然容易受到世界这些地区动荡的影响，并依赖于通过霍尔木兹海峡和马六甲海峡的拐点运输。

中国在国际石油供应上的投资约为 2700 亿美元。没有这笔投资，加上中国自身需求的增长，国际石油市场可能会变得更加紧张。但令人疑惑的是，这是否增强了中国自身的石油安全。中国对石油的需求是影响中国国际关系的主要因素之一。中国正在建立大量战略石油储备以应对石油供应紧急情况，但是重大的石油危机将是一个全球性问题。如果将其作为全球应急计划的一部分，并与全球其他战略储备进行协调，则对这些储备的使用将更加有效。这也许会使中国与 IEA 国家之间的关系更加紧密，因为后者负责协调发达国家的石油应急计划。

（二）天然气

如上所述，从煤炭到天然气的转变，特别是用于工业和家庭取暖的能源转换，是中国改善城市空气质量和减少温室气体排放的主要选择之一。因此，中国对天然气的需求正在迅速增长。根据 2019 年预测，中国将成为天然气的主要进口国，仅次于欧盟。进口的天然气中约有一半可能通过管道来自俄罗斯和里海地区，其余的则来自如 LNG 广泛的地区，这可能使中国成为世界上最大的 LNG 进口国。这种对液化天然气的依赖对中国来讲是一个战略弱点。这使中国对国际液化天然气市场，特别是亚太地区的液化天然气市场产生了浓厚兴趣。就像中国对石油进口的依赖一样，这将不可避免地影响中国的国际关系，特别是与该地区天然气供应有关的国际关系，并将与"一带一路"倡议相关。

中国可以在开发自己的非常规天然气资源上做得更多吗？据估计，中国拥有世界上最大的页岩气资源，但地质条件并不好。在美国，页岩气行业是通过多元化竞争性的独立私人生产企业发展起来的。而在中国，虽然改革仍在进行中，但民营公司进入储备库和管道领域的渠道有限。之前为刺激页岩气行业而提供的补贴正在被撤除。很难判断更好的政策框架下独立天然气生产行业在中国克服地质挑战后能有多大成功，但潜在收益巨大。天然气市场正在进行的深化改革最终可能会打开市场，并导致像美国和英国那样的贸易枢纽出现。但是，与煤炭和电力市场一样，此举对社会和地方经济有错综复杂的影响，进口液化天然气不可避免地会受到限制。

（三）中国对可再生能源的贡献

在全球限制气候变化的努力以及本地减少空气污染的努力中，可再生能源发电有望发挥重要作用。这不仅需要将发电转换为可再生能源，还需要将电力渗透到运输和供热等新领域。迄今为止，中国是世界上最大的可再生能源市场。例如，在 2016 年中国就占了近一半的全球太阳能光伏新增容量。

可再生能源技术如风电和太阳能的部署，如何正确使用这些清洁能源已经上升到了议事日程，也成了碳减排政策的最前沿话题。人们正在寻求通过储能（包括电池储能）增强电网容纳各种电源的解决方案，包括地方一级在内的智能电网，以优化电力需求和供应。

中国处于所有这些技术的最前沿，包括太阳能和风能，长距离特高压输电以及智能电网。这些都是未来维持中国经济增长的高端产业。中国作出贡献的结果是成本急剧下降，尤其是太阳能发电，太阳能发电是自 2016 年以来世界上增长最快的电源。人们希望锂离子电池的储能成本也可继续下降。在先进的抽水蓄能技术上，中国也是世界领先者。

八、"一带一路"倡议

中国的"一带一路"倡议以及对新成立的亚洲基础设施投资银行的赞助，在发展的现阶段是合乎逻辑的。包括英国在内的其他经济体在工业化的类似阶段也已开始出口资本。"一带一路"建设中很大一部分投资是投向能源基础设施。这些投资可能有助于中国自身的能源安全，并在东道国创造就业机会和产业增长。随着中国对能源基础设施需求开始放缓，投资"一带一路"能源基础设施对中国维持经济增长也很重要。

"一带一路"倡议是沿线国家和地区发展的绝佳机会。但也存在风险和担忧。有人对缺乏与该区域其他捐助者的协调表示关切，并且援助发放过程中缺乏透明度，这可能会造成腐败的风险。但重要的是，"一带一路"建设项目不应涉及主权贷款还款义务，这将使东道国的资金超出其合理承受的范围。对于中国而言，与其他国际金融机构合作，分担风险并分享贷款评估和结构方面的经验是很有意义的。

同样很重要的是，"一带一路"建设应该出口和加强如可再生能源、能源效率、智能电网这样的中国"新"能源经济，而不是煤炭这样的"旧"能源经济。在一些可方便获取煤炭和煤炭价格低廉的国家中，完全排除新建燃煤电厂可能是不现实的，但这应在促进低碳转型的总体计划背景下进行。

中国国际投资的东道国也可以从当地企业和工人更多地参与资助的项目中受益。对中国经理人进行这种培训，在某些情况下，雇用国际专家可以帮助满足这一需求。

中国国家发展和改革委员会与国家能源局在2017年发布了关于"一带一路"能源方面的白皮书，其中提出了一系列非常好的原则。有明确的信息表明，该计划将以合作、绿色和高效的方式进行，并确保"技术转让并为当地人民提供培训"。承诺"严格控制污染物和温室气体排放"，并"为所有国家的绿色和高效发展作出贡献"。

"一带一路"建设本身可以从开放国际参与中受益。"一带一路"论坛是其中的一个重要组成部分，白皮书还提出建立一个"一带一路"能源俱乐部。

九、亚行发展中国家成员国的经验教训

在发展水平，自然资源，人力资源和政府质量方面，亚行发展中成员国（Developing Member Country, DMC）的情况差异很大。因此，只能得出非常泛泛的结论。

对于"一带一路"沿线的一些国家和地区，治理薄弱、政治动荡和资金紧张是投资的障碍。但该倡议以及DMC资格也包括东南亚一些最具活力的经济体。有证据表明，从农业到制造业以及从制造业到服务业的转变是经济发展的基本规律。中国崛起的基础是外来投资，为出口制造业融资。DMC应该尝试吸引这种投资，这就要求对人力资本进行投资，建立稳定可靠的政府和法规，并控制腐败。中国经济特区就是一个很好的例子。随着中国在价值链上的发展，向中国出口更多基本制成品的机会将会增加。合适的基础设施对于制成品交易是必要的。加强农业发展和人口向城市转移的管理也很重要。这些要求远远超出了能源领域，但是稳定和可靠的能源供应也是必需的。中国的"一带一路"倡议为许多DMC带来了促进经济进步的机会。但

是，对于只是出口石油或天然气等自然资源到中国，或开辟公交路线，或基于主权债务提高国家基础设施水平的国家都不足以实现经济的腾飞。遵循中国自己的榜样，这些国家需要确保中国的投资能够促进制造业出口机会以及使之成为可能的条件。虽然一定量的主权贷款对于自主基础设施建设是有意义的，但是为进口商业投资提供机会也是很重要的。

中国为使经济重新平衡转向更轻、更高附加值的产业和服务业的努力，对于已达到中等收入水平的 DMC 提供了一个重要的例子。从中国，特别是在能源领域可以汲取的另一个重要经验教训是，在经济快速增长的同时，不要忽视环境。对于发展中国家，尤其扶贫是重中之重的国家来说，比更先进的经济体更为忽视环境与经济平衡的举措也许暂时是合理的。但是很明显，中国现在为在其最快速的增长时期没有对环境给予更多的保护而追悔不已。

这部分涉及排放控制，废物管理和农业实践标准的法规和实施。但是，一旦可行，最快脱离煤炭这种污染最为严重的能源就成为当务之急。自中国崛起以来，因为风能和太阳能等可再生能源成本的迅速下降使它们成为更具吸引力的能源消费选择。一些 DMC 在水力和地热能开发方面具有非凡的潜力，应充分利用这些潜力。DMC 也应该仿照中国推动电动车计划和出台自己的碳排放权交易计划。这方面是十分灵活的。IEA 对东南亚地区的预测清楚地说明了这一点。在 IEA 基本情景下，2040 年该地区 25％的能源依赖煤炭，9％源于分散式可再生能源。但 IEA 在可持续情景下，煤炭的份额减少到 9％，分散式可再生能源的份额增加到 25％。该地区的碳排放量相差超过10 亿吨。

中国的空气污染问题虽然很严重，但在亚洲并不是最严重的。在某些方面，印度和孟加拉国的情况更糟。印度尼西亚、泰国和巴基斯坦问题也非常严重。在中国寻求解决方案时，它可能会提供一个榜样，其他国家也可以在此领域效仿。

十、结论

中国的经济发展以空前的规模和速度带来了生活水平的改善。但这也给环境带来了沉重的负担。现在，中国正进入一个新的阶段，在这一阶段中，持续的经济增长将以较缓和的步伐与经济的重塑并驾齐驱以实现较低的能源强度、附加值更高的发展模式，以及对环境保护和减排高度重视的政策导向。另外，气候行动也正在努力向西部和北部地区推进，以促进欠发达地区繁荣。

在能源领域，这种变化要求对清洁能源技术进行持续投资，进行广泛的基于市场的改革，并要求政府制定政策来管理和淘汰效率低下和污染最严重行业，减轻它们所产生的社会影响。另外，还要提高能源效率，并对污染排放和废物管理进行严格监管。中国最大的排放交易体系在世界上也是处于领先地位的。与这些变化相关的是中国有机会在气候外交上起到主导作用，并包括可能与 IEA 的关系更为密切。

中国在许多清洁能源技术方面的领导地位正在为中国创造增长机会，并为世界其他地区降低清洁能源转型成本。

该地区其他发展中经济体将希望效仿中国以出口为主导的快速经济增长模式。中国可以通过"一带一路"合作提供帮助。正如中国国家发展改革委所说，"一带一路"建设应该推广绿色技术，并为培训和发展提供机会。透明会计制度对于限制腐败泛滥至关重要。另一个很重要的因素是要使当地企业参与进来，并加强"一带一路"建设的国际治理，因为东道国的财政不应过于紧张。

DMC 现在可以避免遵循中国原有的以煤炭为基础的发展模式。分散式可再生能源成本的急剧下降意味着，在许多情况下，它们正在成为具有经济吸引力的选择。提升能源效率，规范排放和废物管理是环境保护的其他重要领域。中国经济向"新常态"的重新平衡为其他处于类似发展阶段的 DMC 提供了宝贵榜样。它们不妨考虑施行自己的碳排放权交易计划。中国在发展经济和摆脱贫困方面取得了令人瞩目的成功，但是环境成本已经很高。该区域其他 DMC 将希望实现生活水平的类似改善。通过采用最新的低碳技术并密切关注效率和污染控制，使它们现在有机会以比中国发展对环境的危害更少的方式去发展。

作者：尼尔·赫斯特，英国帝国理工学院葛量洪研究所（气候变化与环境研究所）资深政策研究员。翻译：杨玉峰

经济繁荣的根源是技术进步与
体制机制相互适应的结果

技术创新与制度创新一直是社会进步的源泉,其中技术创新主要解决的是技术进步,使劳动者不断接触最新技术,提高全要素生产率;而制度创新则是给社会一个更加合理的体制机制安排,使大家在劳动过程中能够充分释放活力和积极性,从而确保团队整体协作效率的提高。这两方面都非常重要。回顾近当代全球及中国经济增长的历史,不难看出它们起了非常重要的作用,中国最为典型,其他国家也一样,以及这两大因素是否能够相互适应仍然是发展的关键。

一、过去 20 年的快速发展得益于技术进步,以及体制机制对技术进步的快速适应

21 世纪的前 20 年,是人类社会长足进步、快速发展的两个 10 年。笔者认为,快速发展的动力主要源于两个方面:一是技术进步,二是体制机制对技术进步的快速适应。

技术进步有目共睹,我们都感受深刻。以能源与信息产业为例,太阳能光伏发电转化效率提高了近 10 个百分点,成本下降了 97%,使发电端平价上网成为可能,世界许多地区太阳能成了成本最低的发电技术。

信息技术的发展更是飞跃式的。数据收集、传输与储存能力的大幅提升,算力的突飞猛进和算法的进步使得人类社会从信息化步入了智能社会,移动通信从 2000 年的 3G 开始派生出了许多新的应用,4G 的各种应用软件,

366

加上开始布局的 5G 技术，已经颠覆了许多行业的运营模式。

体制机制的快速适应使技术进步很快能够变成生产力。在中国，电力体制改革释放了电源建设的巨大活力，彻底改变了之前经常拉闸限电的局面，并使电力作为现代生活的必需品在全国得到普及。《可再生能源法》的出台使中国在全球最大的光伏电池与风机制造商的基础上，成为了全球最大的可再生能源投资国。在信息技术领域，三大电信运营商的良性竞争加上国家主导的基础设施投资，不仅使中国快速成为手机用户数最多和互联网普及率最高的国家，更使得像阿里和腾讯这样的互联网高科技公司脱颖而出成为可能。

从全球角度看，最大的制度设计莫过于中国加入 WTO，使全球对创新技术最具吸纳能力的国家充分利用自己的比较优势成为了"世界工厂"（不仅是中国），为全球提供价廉物美的产品与服务。通过这 20 年的发展，中国 GDP 从 2000 年的 1 万亿美元（按当年的汇率折算）达到 2019 年的 14 万亿美元，其间不断超过法国、英国、德国和日本成为世界第二大经济体，并通过"一带一路"倡议，从资本与技术输入国变为输出国。

这期间，中美两国虽有贸易摩擦，但各取所需，求同存异，在反恐、气候变化、和应对经济危机等方面保持一致，相互配合，以至于有学者提出中美共治（ChinAmerica）的概念。

二、当前全球面临的困境主要源自体制机制对技术进步的不适应

这一切，特别是通过制度变革吸纳新技术所产生的红利，在 2019 年走到了尽头。无论是在欧美发达国家，如美国和法国，还是在拉丁美洲新兴经济体，如智利和哥伦比亚，甚至在离我们更近的地方，都有一大批被全球化遗忘的群体，它们更无能力抓住新一轮工业革命的机会，因此通过各种方式，或推选民粹主义领导人，或堵城罢工，或街头暴乱，表达对现状的不满

和对未来的深度焦虑。

特朗普政府在联合国系统的不断"退群"，其所挑起的中美贸易摩擦、科技摩擦以及更广泛的对华围堵，加上中国必将采取的反制措施，不仅使世界经济增长蒙受巨大阴影，更使得第二次世界大战以来的全球治理体系面临重塑。

中国经济也进入了深度调整期，旧的模式难以为继，新的动能尚未到位，市场充满着不确定性。以能源产业为例，不论是化石能源（煤炭、石油、天然气），还是可再生能源或储能产业，几乎没有哪个行业的人能如从前一样，对自己的行业充满信心。传统能源的守成者担心很快被颠覆，而以新能源为主力的颠覆者却前所未有地缺乏必胜的信心。新旧技术并存、新老利益博弈和新旧体制交替是这些不确定性的根源。

世界正面临着百年未有之大变局。今天，当我们又一次站在了迷雾重围的十字路口时，如何解释人们心中的这些疑问？按照生产力和生产关系、经济基础和上层建筑的关系逻辑，笔者认为仍然可以从技术和体制两个角度来透过现象看本质。

技术一直在进步，并且在加速进步，但相对于任何社会或企业社团，技术进步都是中性的，不偏不倚。而一个社会或一个企业能否以开放的心态接纳技术进步，并使之成为生产力，则是这个社会盛衰的关键要素。

第一次工业革命发源于英国，但法国和德国都以开放的心态很快地接纳了新技术，故很快成为工业强国。第二次工业革命发源于美国，但日本则以开放的心态全面拥抱新技术，产业与创新能力也得以在第二次世界大战后快速兴起。清朝的闭关锁国使中华民族错失了这两次工业革命的机遇，而中国的改革开放则使我们抓住了第三次工业革命的尾巴。

技术进步使铁路工人与电力职工的工作在今天没什么差别，100多年前法国给42个不同工种所制定的各具特色的退休制度也就失去了意义。马克龙政府对这些不同的退休制度进行统一化改革合乎时代的潮流，但遇到了空前的反对。托克维尔《旧制度与大革命》的逻辑似乎还在今天的法国继续推演。

国家制度对外部变革的隔绝或者内部制度对技术进步的不适应成了当今社会动荡的主要根源之一。同理，第二次世界大战以后形成的全球治理体系也因为无法适应已经发生巨变的世界格局而面临各种困境。

三、未来体制机制创新必须跟上以人工智能为特征的数字技术革命的步伐

未来我们对技术进步充满憧憬。工业革命以来，影响人类进程的四大领域（能源、材料、生物医学和信息技术）中，信息技术的发展最为迅猛。

信息本身的非物质属性，其传播的边际成本近零，加上数字技术的摩尔定律（微处理器速度每 18 个月翻一番）、吉尔德定律（主干网的带宽每 6 个月增加一倍）和梅特卡夫定律（网络的价值同网络用户节点数量的平方成正比），使得信息技术成为自第三次工业革命以来，驱动人类进程的最大科技力量。更重要的是，这股力量还在加大。

基于互联网的社交软件、移动技术、数据分析、云计算等技术组合已经颠覆了零售、金融、交通、餐饮、住宿和旅游等诸多行业，推动了迄今最大规模的企业和市场转型。而大数据、人工智能、区块链、虚拟现实、量子计算等新兴的数字智能技术组合必将引领下一阶段变革，重塑各个行业。

能源不同于信息，无法实现零边际成本复制，更需要物理连接和能量交割才能实现价值转让。能源设施构成了社会庞大的基础设施，有其刚性与惰性，无法在转瞬间实现升级换代。然而，我们期待未来能源技术在以下几个领域能够实现进一步发展。

（1）储能领域：随着新材料的应用和技术的出现，期待动力电池容量（即续航里程）在目前的基础上翻番，度电储放成本在目前的基础上降低50%。电力系统储能的度电成本在目前的基础上下降 30%。

（2）氢能技术：氢能发展或许从化工副产氢（灰氢）的利用起步，逐步

向可再生能源制氢的"绿氢"过渡。期待常温液态储氢技术的成熟与推广，因为它大大降低了氢能的储运成本并可充分利用现有的加油基础设施。中国科学院甲醇燃料电池驱动的无人机技术令人振奋。甲醇可以通过非燃烧技术提供动力，为其他碳氢化合物也提供了非燃烧提供动力的技术路径。

（3）热泵技术：一般楼宇的冷热需求完全可以通过冷热的时空搬运和低品位热能的高品位利用来得到满足，因此也期待着热泵技术在更大的范围内得到推广。

（4）可再生能源技术：期待现有技术的进一步完善，新技术和新材料的应用，使得太阳能光伏发电成本在目前的基础上下降30%，风力发电成本下降20%。

（5）节能技术：无论是在楼宇建筑还是在工业流程领域，都存在巨大的节能空间。随着数字技术的广泛应用和多种技术的整合优化，期待这些领域的能耗水分逐步被挤掉，加上供给侧结构性改革带来的产业结构持续调整，中国单位GDP能耗在2020年的基础上还可以降低30%。

（6）跨界融合：先进材料技术的应用将大幅度改善储能、太阳能等技术的性能。数字技术，包括区块链技术，在能源领域的应用将日趋成熟，创造出许多能源行业新业态。

在这些期待中，没有提及核电，特别是可控核聚变。大型托克马克装置如国际热核聚变实验堆（ITER）即使在2030年前实现长期持续的净能量输出，其商业化运营亦因经济性问题而受到限制。小型模块化可控核聚变技术的研究才刚刚起步，很难确定能否在2030年前实现商业化运营。

传统化石能源煤炭、石油和天然气在这里并没有提及。因为能源转型需要时间，光是从量与规模的角度看，风光等可再生能源资源很难在短期内代替化石能源。化石能源不会在2030年前退出历史舞台，相反，它们对于未来10年的中国能源安全至关重要。从长期看，化石能源的非燃烧利用，包括从燃料到原料的转变，是不可逆转的大趋势。

未来环境和气候变化对能源发展的制约和引导作用将更加强烈。2018

年 8 月，15 岁的瑞典中学生 Greta Thunberg 选择每周五不去上学，而在瑞典国会门口静坐，抗议政府在气候变化问题上没有花费足够的精力，由此发起了"星期五为未来"的学生运动。一年以后，这位 16 岁的中学生则以全球环保领袖的称誉登上了《时代》杂志的封面。2019 年 11 月 14 日，欧洲投资银行颁布了新的能源领域贷款政策，决定从 2021 年开始停止包括传统天然气应用在内的所有化石能源项目的贷款工作。

这些都是风向标，预示着化石能源领域将面临着越来越大的气候变化压力，为能源低碳转型提供更加强劲的动力。

如果上述这些期待得以实现或者超越，那么这些技术进步对于全球能源格局的影响是革命性的：

可再生能源、储能、节能和氢能在数字技术的整合下，可以形成无数个围绕着客户需求的安全、高效、清洁、低碳的终端能源供应网络，将颠覆目前的冷热气电供应格局。

目前的电力与天然气供应网络将成为备用而非首选，其商业模式亦将彻底改变。

动力电池性能的改善和成本下降，加上 5G 技术的应用，使得自动驾驶变成可能，进一步颠覆人类的出行与物流运输方式。

所以，未来即使 2030 年实现不了，2035 年或 2050 年也为时不晚，更何况这些时间节点都不是历史的终点。

与美国页岩气改变了全球能源地缘政治格局相类似，2030 年的这些技术进步亦将进一步改变这一全球格局。今后改变沙特命运的，可能不是与其争夺地区霸权的伊朗，而是全球对化石能源需求的大幅减少。

在我们憧憬未来技术进步给全球能源格局带来变化的时候，我们也应担心能源管理体制机制因无法适应而制约这些发展，如电力体制能否实现输配分开，并在配电侧实现网销分离？能源行业冷热气电的行业竖井能否在消费侧得到整合而实现整体优化？工业与建筑领域巨大的节能潜力如何通过体制机制的创新来得到全面开发？

技术进步永远处于进行时，而将技术进步转变为生产力的体制机制则是决定国家盛衰和企业兴落的关键。在技术革命时代，成功国家的共性包括能够充分吸纳技术革命成果的开放型制度和文化。对于不再适应的体制机制，要勇于改革创新。对于企业来说，成功者的共性在于及时调整内部组织结构来拥抱技术革命，并在外围打造共赢生态圈。

未来 10 年将是第四次工业革命的爆发期，我们要做的不仅是技术创新和引领，更需要在体制机制方面作出及时调整，真正把技术革命的成果转变为经济增长和社会进步的生产力。

作者：陈新华，北京国际能源专家俱乐部总裁，IEA 前署长特别助理

世界需要更多能源和更低的碳减排

2019 年 4 月新一年的《BP 能源展望》（以下简称《展望》）发布，考察了塑造世界能源转型的力量，以及围绕能源转型的一系列不确定因素。《展望》以 2017 年的数据为基准点，2040 年为中止节点，作出了一系列的情景分析。情景分析目的并不是为了预测未来可能发生的情况，而是希望通过假设推论的方法探讨在不同判断和假设情况下可能产生的结果，帮助大家了解能源市场的不确定因素，为制定相应的战略做参考。所有的情景都反映了世界正面临的双重挑战，即世界需要更多能源但是更低的碳排放。

2019 年的《展望》大部分是以"渐进转型"（Evolving Transition，ET）情景为基础进行分析的。这个情景假设政策、技术和社会偏好的发展方式和速度与过去几年类似的情况下，能源系统未来发展的可能性，《展望》的分析跨度为 2017—2040 年。在这个情景下，全球一次能源需求到 2040 年将增长约 1/3，低于过去 20 年左右的增长速度，驱动力主要来自发展中经济体，尤其是印度、中国和其他亚洲经济增长速度快的国家或地区。发展中经济体随着生活水平的提高对能源需求增加，大约贡献 2/3 的增量；形成对比的是 OECD 成员国的能源需求基本上持平甚至略有下降。接下来讨论增长的能源需求将如何得到满足？根据我们的分析，按照能源种类看供应变化情况，可再生能源增长最快（年均增速 7.1%），占一次能源的比重将从 2017 年的 4% 增长到 2040 年的 15%，有望贡献全球能源供应一半的增量。另外，增长比较快的还有天然气，预计天然气将在 2025 年左右超过煤炭成为第二大能源；到 2040 年，石油将仍是世界第一大能源。总体上，未来 20 年新增的能源需求大多数将由可再生能源和天然气这样的清洁能源满足，比例大概占到一次能源供应增量的 85%。

随着清洁能源的迅速发展，全球能源系统正在发生本质上的变化，2019 年的《展望》具体关注五个方面的问题：

第一个方面的问题，全球需要增加多少能源供应？这对于分析能源转型非常重要。《展望》中强调的双重挑战，在"渐进转型"的情景下并没有得到解决：一方面，二氧化碳的排放还在不断上升，预计到 2040 年增长 10%，并不足以实现《巴黎协定》的减排目标；另一方面，《展望》特别强调全球仍然需要更多能源，预计能源需求到 2040 年将增加 1/3，主要是满足发展中经济体的发展需求。

为了更好解释能源需求增长趋势，《展望》分析了联合国人类发展指数和人均用能的关系，认为两者有着密切的关联。随着人均能源消费的增长，人类发展指数也在提高。100 吉焦 / 人是一个重要的节点，当人均能源消耗低于 100 吉焦时，人类发展指数增长速度最快，超过 100 吉焦后，人类发展指数增速明显放缓。当前中国、印度和美国的人均能耗水平分别是 95 吉焦、25 吉焦和 280 吉焦，而全球 80% 的人口人均能源消耗仍然低于 100 吉焦。即使是在"渐进转型"的情景中假设能源需求增长 1/3 的情况下，2040 年全球仍有大约 2/3 的人口人均能源消耗低于 100 吉焦，这个预测还没有考虑发展中经济体相对较低的能效水平。如果要将 2040 年人均能源消费低于 100GJ 的人口比例降低至 1/3，那么能源需求要增长 65%。全球如果要实现繁荣和发展，就需要更多的能源作为支撑，但同时仍然需要减少碳排放。

第二个方面的问题，贸易争端升级会带来怎样的影响？《展望》中的"逆全球化"情景分析了未来贸易争端发展的趋势之下，能源系统会发生什么变化，这里并不针对特定的贸易摩擦。"逆全球化"情景分析认为如果经济体开放性降低或者贸易总量减少的话，GDP 增长会受到影响，因此，对"渐进转型"情景的两个关键指标进行了微调。一是把全球 GDP 预计的年均增速从 3.2%降低到 2.9%，与"渐进转型"情景相比，在"逆全球化"情景下 2040 年全球 GDP 降低 6%，能源需求降低 4%，相当于减少了目前印度全国的能源消耗量。二是贸易摩擦会导致对能源安全的顾虑增加，根据过去一年与中国的交流，《展望》预测各国将为进口能源支付小幅（10%）的风险溢价。两个指标的微调对能源系统产生很大影响，使全球能源贸易量锐减，各国更倾向于鼓励本地能源包括可再生能源的生产，而减少对石油和天然气的进口。以中国为例，石油和天然气进口比"渐进转型"情景分别低 12%和 40%，而会更多消纳本国的煤炭和可再生能源。美国 2040 年的油气出口量会比"渐进转型"情景降低 2/3。在这个情景下，贸易争端对减排可能还有正面影响，而最大的输家恐怕是油气出口大国。一个重要的经验教训是对于能源安全的顾虑会给整个能源系统带来深远影响。

第三个方面的问题，可再生能源增长有多快？文中开头提到可再生能源在"渐进转型"情景下是增长最快的一次能源。我们分析了历史上新的能源品种在全球能源体系中渗透的速度，从能源品类在整个能源结构中占比为 1%开始，通过描绘其 50 年的发展，发现占比 10%是一个里程碑。达到 10%的比例被认为是该能源类型在能源结构中达到相当规模。石油从 1877 年开始大概用了 45 年的时间达到 10%的比重；天然气则经过了 50 年的发展仍没有达到 10%的比重；核能还没有完成 50 年的发展；新的能源快速发展受到限制的潜在原因之一可能是由于能源行业属于资本密集型行业，相关的设备和厂房需要大量的资金投入，其寿命也较长。

可再生能源发展的速度从 2006 年开始到目前为止速度与核能相似，根据"渐进转型"情景的预测，可再生能源将用 25 年的时间达到能源结构占比 10%，并在 2040 年上升到 15%。这个增长速度使得可再生能源成为历史上渗透速度最快的能源品类。然而这个速度还是不能满足减排需求，在渐进转型情景下，碳排放仍然持续在增长。为了要和《巴黎协定》的减排目标一致，《展望》中设立了一个比较乐观的"快速转型"情景，假设建筑、交通、工业和电力部门都实施低碳政策，碳排放到 2040 年减少 45%，可再生能源发展更快，缩短到用 15 年达到 10% 的比例。一个问题值得关注，目前大部分的可再生能源都部署在 OECD 成员国和金砖国家，在其他地区的发展还很慢，比如在非洲可再生能源领域的投资非常有限。如果要推动可再生能源快速发展，需要在这些地区发力并加速推广。

另外，分析还发现，可再生能源即使在相对可行的"渐进转型"情景下也是超过了其他任何一个能源品种渗透速度，因此所有的企业和利益相关方都应该要采取一系列综合的战略来适应和推动可再生能源快速甚至是达到"快速转型"情景下的飞跃发展。

第四个方面的问题，为了实现低碳能源系统还需要做什么？"渐进转型"情景中，碳排放预计到 2040 年增长 7%，虽然增长速度比过去 20 年有明显放缓，然而如前所述，为了达到《巴黎协定》的减排目标，碳排放必须下降。对比各个机构针对《巴黎协定》减排目标做的情景分析，我们发现没有任何一个固定路径保证能够实现减排目标。根据"快速转型"情景的分析，电力行业是目前最大的单一碳排放源，将可能承担 2/3 的减排量，电力行业多种能源品类竞争的局面使减排政策的实施能够有明显效果。工业和建筑领域将成为剩余减排量的主力，交通行业减排潜力有限，尽管很多政府都在积极关注交通领域的减排。在能源供应方面，"快速转型"情景假设未来 20 年能源需求仅增长的 20%，并且这些增量需求全部由可再生能源满足，到了 2040 年，可再生能源在一次能源的比例要占到约 1/3，其余的 2/3 中油气仍然占到将近 50%，意味着仍需要大量的投资，煤炭则被大量的压减。

即使社会能够实现快速转型，到 2040 年碳排放下降 40%—50%，《巴黎协定》的目标只是起点，到 21 世纪末期仍然有另外一半的碳减排量需要应对。这一部分的碳排放被认为是很难实现减掉的，主要集中在交通和工业领域。这部分的减排需要多个领域共同努力而不是寄希望于一种能源品类或某项技术。首先，电力行业需要完全脱碳，并尽可能实现终端用能电气化。这就要求大力发展可再生能源和解决其波动性问题的储能，利用更多天然气发电以及把发展碳捕捉与封存技术与火力发电结合。其次，IEA 预测未来只有 2/3 的终端能源消费可以实现电气化，余下的 1/3 的能源消费比如远距离运输、工业高温用能可能需要其他低碳能源来实现脱碳。因此提高对其他形式低碳能有的需求，比如氢能、生物质能源、碳捕捉与封存结合化石能源。再次，提高资源的利用效率也有巨大潜力，比如通过推广循环经济来减少对新材料和产品的需求以及提高能效等。最后，还需要加大鼓励发展碳捕捉和封存和负排放等技术，如地表固碳、生物能源与碳捕获与储存。

最后一个方面的问题，《展望》对中国能源发展有什么启示？在"渐进转型"情景下，中国的一次能源需求增长将明显放缓，年均增长率为 1% 左右，与过去 20 年年均 6% 以上的增长率对比鲜明，部分原因可能是经济增长放缓和能源强度降低。2040 年中国的能源强度预计会比 2017 年下降 50%，达到世界平均水平，年均降速 3.4%，略快于历史降速。另外，中国以煤炭为主导的能源结构将发生巨大变化，未来所有新增的能源需求都将由非化石能源满足，其中 2/3 来自可再生能源。2030 年中国非化石能源所占的比例将达到 25%，2040 年虽然煤炭依然是中国第一大能源，但占比将大幅度下降到 35%，可再生能源的比例将会从目前的 3% 提高到 18%，天然气和核能的比例也将持续上升。

电力行业也有类似的发展趋势，电力需求的增速也会有所放缓。因为中国经济对电气化的需求不断增长，电力的需求增速仍将超过一次能源增长速度，其中大部分电力都将来自可再生能源。2040 年，可再生能源和天然气发电的比例将会提高，其中可再生能源将生产大概 30% 的电力，煤电比例会下降。在能源进口方面，由于对石油和天然气的需求会持续增长，中国未来对石油进口的依赖程度会提高，由于本地天然气产量也在增加，所以对天然气的进口依赖程度基本持平。

在"渐进转型"情景下，中国已经实现了《巴黎协定》中做出的减排承诺，碳排放将在 21 世纪 20 年代初期达峰，并在 2040 年减排 15%，而在"快速转型"情景下有望减排 65%。由于煤炭消耗的大量减少,电力行业在减排方面将发挥更大作用。

作者:戴思攀(Spencer Dale),BP 集团首席经济学家,本文所有数据和描述是根据戴思攀先生 2019 年 4 月 10 日在北京的发言速记稿以及《BP 世界能源展望》2019 年版原文整理。翻译:苏丽娅

中国能源国际合作正在向平等多赢方向发展

新中国成立初期，中国通过与能源资源产出国建立和加强双边合作关系，以提高自身能源供给的安全系数，对能源国际合作机制参与较少，以中国对合作对象国的不对称依赖为主。随着 70 多年来中国能源工业的飞速发展、能源国际合作的深入开展，中国的能源实力与能源权力逐步提高，中国开始以更加主动的姿态参与能源国际合作与能源国际治理机制的建设，在实践中深化全产业链合作，拓展合作对象国范围。同时，合作对象国也更加依赖中国的庞大市场、先进技术与设备、能源转型的管理理念，探索与中国开展更多合作的可能性，加深了对中国的依赖，加深了中国与合作对象国之间平等的相互依赖。

一、合作动力发生根本转变，化"被动"为"主动"

1949 年新中国成立以来，70 多年间中国能源国际合作进程不断发展前进，至今已经成熟，中国全球能源战略已初步建立。总结起来，中国能源国际合作经历了四个时期：萌芽期、过渡期、发展期和成熟期。

新中国成立之初到改革开放前是中国能源国际合作的萌芽期，这一时期，中国能源国际合作目标以追求能源独立和自给自足为主，并在合作中获得外汇收入。新中国刚成立时，工业技术落后，能源供应缺乏，又面临西方一些国家的封锁。因此，新中国能源国际合作主要是与社会主义阵营的合作，以苏联为首的苏东国家出于意识形态和地缘战略的考虑也给予了中国一定的帮助。20 世纪 50 年代与社会主义阵营的能源合作开启了新中国能源国际合作的征程，也为未来的能源国际合作打下基础。中苏关系破裂后，中国与社会主义阵营的能源国际合作减少，以加大能源开发生产来减少对外依赖。随着一大批油气资源的开发，到 1973 年，中国开始向日本出口原油并且成为石油净出口国。石油出口使中国获取了大笔宝贵的外汇，也重启了中国能源国际合作进程。

改革开放后到 1992 年是中国能源国际合作的过渡期，中国能源国际合作动力为通过原油出口换取资金、技术和设备。能源国际合作范围逐渐从以原油出口为主扩大到更加全面深入的合作。从美国西方石油公司投资平朔煤矿开始，中国能源国际合作开始全方位发展。中国能源开发合作经验和能力不断增长，合作领域逐渐丰富，合作对象国趋向多元。中国能源国际合作进程不断推进。但这一时期中国仍然以"引进来"为主，大多数合作仍然停留在双边针对具体项目的合作上。

1993 年中国成为成品油净进口国后，中国油气公司开始"走出去"，能源国际合作进入发展期。中国能源国际合作动力以实现供应安全为核心，从油气自给自足过渡到利用好"国内国际两种资源"的能源供应安全。其特点是充分运用能源外交手段，由国家主导、能源企业及其他行为主体参与，利用外交资源保障国家能源安全所进行的各种与能源相关的活动。在这一时期的具体实践中，产油国的"油权"在国际市场中发挥关键作用，中国虽逐渐参与到国际能源市场中，但尚未成为主要"买家"，国有企业在合作中发挥主导地位，话语权和主动权偏弱。

2008 年金融危机之后，中国能源国际合作进入成熟期。合作动力从石油天然气为主的能源供给安全转变为多种能源均衡发展的能源消费安全。在传统煤炭领域的国际合作明显下降，而在相对清洁的天然气领域的合作则有所上升。这一时期，高企的油价回落，消费国在国际能源市场的影响力不断增强，中国在合作过程中的主动权不断提升。中国开始寻求主导合作模式的转型，寻找合作领域与主体对象的替代品，并更加强调合作内容与主体模式的转型。

党的十八大以来，能源安全逐渐与社会生态文明发展结合在一起，能源安全成为一种综合安全需求。尤其是在 2013 年"一带一路"倡议提出后，中国能源国际合作逐渐从单纯地获取能源、保证能源安全扩展到实现经济与环境的双重效益。这一时期，能源权力被重新建构，不再以"油权"为唯一核心，还包含"能源供应权""能源需求权""能源技术权""能源金融权"以及相应的"能源碳权"等。中国因具有巨大的消费量而拥有提供能源资源需求的强大市场权力。中国既是规模庞大、潜力巨大的能源市场，又是世界第一大能源生产国；既具有"战略买家"的优势，又在某些种类能源方面拥有资源优势和技术优势。中国开始在能源国际合作实践中拥有话语权。在供给侧，中国重视与能源生产国的合作，也关注与能源消费国的协调性；在需求侧，中国清洁能源技术的输出与合作为中国能源转型带来外驱力，增强了中国在全球能源结构转型中的治理权力。因此，中国的"能源权力"内涵变得更加丰富。中国可以根据自己的需求进行合作内容、方式和主体的选择，拥有更大的主动权，逐渐形成与合作对象国平等的相互依赖关系。

二、形成了全产业链参与的国际合作良好态势

从新中国成立之初到 2013 年中国全球能源战略正式确立，中国对外能源合作实践取得了非常巨大的成就，这得益于中国完整的能源工业体系。完整的能源工业体系是一个在外部联系全部切断时，仍然能够自我维持、自我复制、自我升级的能源生产与发展体系，为中国能源安全提供了基本的保证。中国企业也在国际合作中学习总结了丰富的行业经验，培育了较强的国际竞争力，在国际合作中更加主动。体现在中国的海外能源投资效益不断提高，各国对中国能源企业的认可度越来越高，在注重经济效益的同时取得了较高的社会环境效益，实现了可持续发展的目标。

在能源国际合作初期，中国在技术、设备等关键问题上受制于其他国家，能源企业的"走出去"任务之一是为国家外交战略"铺路"。合作方式

以单纯的国际贸易为主,合作领域集中在产业链下游,合作内容主要为传统能源,中国在国际能源市场上扮演的是"买家"角色。而这一时期的能源国际市场以"卖家市场"为主,中国的市场参与度有限。

随着中国能源国际合作的深入开展,合作动力和认知均发生了改变,"低油价"时期的到来也为中国提供了机会。中国能源企业开始探索在产业链中上游开展合作。2009年可以被称为中国的资源投资年。中国在多个地区,以收购能源企业股份、"贷款换石油"等多种方式,大力进行资源投资。中国逐渐从"买家"向"合作者"的身份转变。

"一带一路"建设的开展,使中国与合作对象国拥有更大的合作空间和机遇。在政策的推动下,包括国有企业和民营企业在内的中国投资企业,开始在一些能源合作对象国探索扩大其在全产业链合作中的参与度。国内金融机构在能源合作项目全周期的深度参与,形成了良好的能源"产业+金融"投资方式,实现了投资稳定性的提升和良性循环。因此,在"一带一路"倡议背景下,中资企业获得合作平台和良好的融资环境,能源合作得到进一步深入,进行资源的优化配置。

三、合作对象和合作方式均实现多元化发展

近年来,通过政府高层互访和各种首脑峰会等方式,中国与世界多个国家签订了政府间能源合作协议,并与多个国际组织签署了能源合作框架协定,为中国开展对外能源双边与多边国际合作奠定了扎实的基础。"一带一路"倡议为中国能源国际合作搭建了更为有效的对话平台,创造了更加良好的国际合作环境,开辟了新的全球能源治理模式探索路径;而能源国际合作作为"一带一路"倡议的重要组成部分,增进了中国与"一带一路"沿线国家和地区的合作深度与广度,推动各国间的"五通"进程,实现战略对接,构建了"一带一路"能源伙伴关系。

中国能源国际合作的发展,一方面使得中国与能源产出国的合作范围

进一步扩大，另一方面也使得中国与能源进口国开展多样合作，合作的可能性进一步增加。在与能源产出国的合作中，当前中国在全球 33 个国家执行着 100 多个国际油气合作项目，建成了包括中亚—俄罗斯、中东、非洲、美洲和亚太在内的五大国际油气合作区，这不仅满足了中国经济发展带来的能源需求，让中国的能源供给更加多元化，避免对个别国家区域过度依赖带来的政治经济风险，还提升了中国在能源领域的话语权。尤其在当前积极推进"一带一路"建设的背景之下，中国开展国际油气合作的深度和广度都得到了拓展。中国已建立了多个油气国际合作区域，获得了相当规模的权益油气资源，形成了中国开展国际油气资源合作的全球性区域格局。

在与能源进口国的合作中，清洁能源合作、能源技术合作与能源金融合作等成为新的合作领域。在 2014 年 6 月召开的中央财经领导小组第六次会议上，习近平总书记明确提出，要推动能源消费革命、能源供给革命、能源技术革命、能源体制革命，并全方位加强国际合作，实现开放条件下的能源安全。[1]"四个革命、一个合作"能源安全新战略成为中国能源改革发展的根本遵循。在中国经济增长放缓、增长模式向消费导向转变、政府寻求削减产能过剩和控制污染的背景下，中国在传统煤炭领域的国际合作明显减少。中国能源国际合作已经从最初的以石油和天然气为主，逐步扩展到包括致密油气、页岩油气、煤层气等在内的非常规油气领域，以及包括核能和太阳能、风能、潮汐能等各类可再生能源在内的新能源领域。

同时，合作主体也出现国有企业与民营企业共同发展的新局面。能源企业加大了全产业链的参与，合作企业所有制性质不再单一，在与对象国开展合作的过程中，也更加灵活和高效。中国能源企业极大地提高了自身的国际竞争力。经过多年发展，能源企业掌握了国际能源合作项目运作模式，积累

---

[1] 习近平：《积极推动我国能源生产和消费革命》，2014 年 6 月 13 日，见 www. xinhua-net. com/politics/2014–06/13/c_1111139161. htm。

了丰富的资本运作、合同谈判等方面的经验，海外投资效益不断提高，实力不断壮大，国际影响力显著增强。

四、创新合作机制展示出中国的责任与担当

随着能源国际合作实践的开展和合作动力的转变，中国已从最初的能源独立观转向能源相互依赖观，从对能源供给安全的关注转向对能源需求安全的关注，进而使中国参与能源国际合作的模式产生相应变化。中国开始感知自己在全球能源治理中的地位与未来作用，并积极承担相应的国际责任。在能源国际合作机制参与方面，中国完成了从跟随到融合再到主动的蜕变过程。

在能源合作的早期阶段，中国参与全球能源合作程度比较低，主要是一般性和对话性的"点对点"合作，虽然拥有广阔市场，但参与国际能源合作的能力较弱。中国虽逐渐尝试与主要能源合作组织建立联系，但由于关乎到国家安全与经济发展，也采取了更为审慎的态度。1990—2000 年，中国开始逐渐接触区域多边合作组织，广泛参与亚太经济合作组织（Asia-Pacific Economic Cooperation, APEC）能源工作组活动，在亚太地区扮演重要角色，但对其他区域的能源合作组织鲜有涉足。

从 21 世纪初到 2013 年，中国开始探索推动区域国际能源组织的建立，并参与创立了上海合作组织"能源合作国家间专门工作组"。而到了 2013 年，"一带一路"倡议的提出与实施，大量丰富的投资实践和成功案例使中国能够有实力确立自己的全球能源国际战略，并引导逐渐建立符合自身利益和能源发展需求的能源国际合作机制。中国开始更加积极地参与到全球能源治理框架中，积极承担国际责任。不论是在气候变化、碳排放交易还是清洁能源使用上，中国都发出了自己的声音。在与对象国开展合作的过程中，对国际机制的依托和国际责任的承担，使得中国在国际合作开展过程中拥有了更多的可能性和话语权。

随着中国对国际能源市场中双边和多边关系的拓展与加深，中国能源实力显著提高，对于能源国际市场不再是"被动跟随"，而是更加主动、积极地参与其中，提升了中国与合作对象国的相互依赖程度。中国已经建立了自己的对外能源贸易体系。初步建立起以石油、液化天然气、天然气、煤炭、铀矿为主的能源进出口贸易体系，在运输方式上以油轮为主、辅以管道和少量铁路，在国际市场上以现货、期货及长期购买协议等多种方式相结合。而"一带一路"建设的开展，将帮助中国在相关地区形成一个更加安全、开放、绿色的合作体系，提升中国在国际能源市场中的话语权与影响力，维护中国的综合能源安全，同时实现从地区到全球的良性合作与参与体系。

五、结语

纵观新中国成立 70 多年来中国能源国际合作历程，中国与合作对象国的能源关系从被动型不对称依赖发展成为平等型对称依赖，形成了相互尊重、合作共赢的良好局面。随着中国与合作对象国之间相互依赖的逐步加深，中国在世界不同区域与不同类型能源国家（资源国、途经国和消费国）建立起能源安全共同体，提升了不同区域乃至全球的能源安全。

作者：许勤华，中国人民大学国际关系学院教授、国家发展与战略研究院副院长、国际能源战略研究中心主任；王际杰，国家应对气候变化战略研究和国际合作中心 CDM 和碳市场管理部助理研究员；袁淼、李坤泽，中国人民大学国际关系学院博士生。本文原载《能源情报研究》2019 年第 8、9 期

中国应深度参与全球能源治理体系

伴随着中国成为世界第二大经济体，在全球能源格局发生重大变化的背景下，中国参与全球能源治理越来越被提上议事日程。全球能源格局在过去几十年中发生了巨大变化。一是能源供求格局发生了新变化。全球页岩油气展现出了巨大的发展潜力，北美地区能源对外依存度大幅降低，全球能源供应格局正朝着多极化趋势发展，国际能源资源供应相对宽松，全球能源治理处于变革期。二是全球变暖和应对气候变化成为众所认同的共同挑战，低碳技术对全球和地区环境治理的重要性日益凸显，消费结构正在更加绿色化，天然气可能成为近中期重要能源消费品种，将是未来从化石能源时代到绿色可再生能源时代跨越的桥梁。三是全球复杂的能源地缘政治（如中东、北非、伊朗、朝鲜、俄罗斯等国家和地区面临的能源地缘政治问题）关系和以中美贸易摩擦为诱因的复杂经济金融形势给全球能源市场增加了更大的不稳定性、不确定性。

一、全球能源治理处于变革期

当前的全球能源治理架构主要以 20 世纪 70 年代为基础，全球能源经济格局的巨大改变使原有能源治理框架已经不适应形势的发展。当前全球能源治理架构存在的主要缺陷促使全球能源治理正在经历一场变革。

（一）现有主要治理构架无法代表新兴国家和发展中国家

现有治理架构主要由美国和其他发达国家主导，没有包括也无法代表新兴国家和发展中国家。例如，IEA 与其成立之初相比，能源安全机制的有效性在降低。发达国家认为自身担负了维护全球市场安全义务中较大的部分责任，认为新兴国家没有负担起与快速增长的能源需求相适应的义务，尤其是在应对供应危机、气候变化和消除能源贫困等领域；而新兴国家在能源开发、技术转移等方面缺乏平等的权利，相对而言，只能在政治动荡、偏远、高成本的地区进行能源开发，也在期待更大的话语权。

（二）没有建立能源生产国和消费国之间的有效对话

国际能源市场全球化的特征增强，生产国和消费国之间不再是对立关系，而需要建立更多合作和对话。能源政策目标的达成需要所有主要市场参与者的广泛合作，能源技术的传播也需要更大程度的全球合作。但是，主流能源治理机构源于西方，由 OECD 国家主导，还没完全摆脱成立时的初衷，即仍然存在与传统能源生产国的对立关系，生产国和消费国的合作仍存在障碍。IEA 是代表需求国家的主要治理机构，OPEC 是代表供应国家的主要治理机构。目前缺乏真正意义上具有国际性且能够兼顾生产国和消费国共同利益的机构。虽然国际能源论坛（IEF）包括了生产国和消费国，但是目前 IEF 秘书处的功能在广度和深度上还远不能符合一个真正意义上的国际能源机构所应达到的标准，其讨论与决策机制也相对不够有效。

（三）无法应对能源供应多极化带来的新风险

旧有针对能源安全设计的治理机制主要针对石油供应安全。20 世纪 70 年代 OPEC 的石油供应占全球约 40%，IEA 的战略石油储备应急响应机制在当时对此提供了良好的抗衡作用。但是，随着国际能源市场的发展，出现了更多生产国与消费国，呈现多极化的特点。由此，全球能源市场的主要风险从供应中断变成价格波动。同时，北美地区页岩气革命带来了一系列连锁反应，从能源价格到煤炭需求，再到全球能源贸易流向的改变。日本福岛核事故对核电供应政策和对全球能源市场产生了冲击。与此同时，能源需求不断增加的新兴国家在能源价格上缺乏话语权；而能源产量较大的新兴国家对价格的理解也与传统生产国不同。这些变化都需要全球能源治理框架作出及时分析、调整和响应，并提前对可能引起的市场变化作出准备。然而，到目前为止，全球能源治理机制的表现不容乐观。

（四）治理功能不健全，无法满足多元化治理目标，存在治理"盲点"

当前全球能源治理机构的功能存在一定程度的缺位与错位。这些治理盲点包括：缺少发展中大国的声音，缺少对能源市场的金融监管机制，缺乏既能实现能源领域知识产权保护又能促进技术传播的平衡机制，对能源贫困问题缺乏足够的认识和应对机制，缺乏针对气候变化和低碳政策的强制性国际治理。虽然有联合国气候变化框架公约（United Nations Framework Convention on Climate Change, UNFCCC）等气候变化相关的国际公约，但没有任何一个国际机构被赋予国际法地位推动低碳政策的发展与落实。能源运输是能源价格以外另一个对能源供应形成重要影响的因素，全球能源运输通道主要被美国控制，即使通道不被切断，各种矛盾也会对全球能源市场带来负面影响；缺乏解决能源贸易争议的有效机制。由于经济危机，发达国家能源投资下降，新兴国家的投资意愿却总是受到政治原因的干扰。不当的贸易保护正在给全球化带来威胁。虽然有能源宪章组织、WTO 等相关机构，但是在全球范围内解决能源贸易争端的功能尚不健全。

由于存在以上问题，IEA、能源宪章组织、国际可再生能源署、国际能源论坛、石油输出国组织等多边国际组织正在开始经历一场变革。其中，IEA 的核心变革任务是如何改革使其能够扩大非成员国功能，进而使其更具代表性，近年来 IEA 提出针对金砖国家的联盟倡议（Association Partnership），表明其正在酝酿如何突破现有治理架构，扩大与非成员国的合作。能源宪章组织也正在经历其现代化改革进程，2015 年 5 月 20 日在荷兰海牙举行的国际能源宪章大会已经证明其迈出了改革的第一步，中国也签署了国际能源宪章宣言，由受邀观察员国变为签约观察员国。目前，能源宪章组织正在进一步吸引包括中国、美国、印度在内的大国和东南亚国家、非洲国家、南美国家成为其成员国。国际可再生能源署和国际能源论坛则是应发达国家和发展中国家共同倡议成立的相对较新的国际能源治理机构，目前国际可再生能源署在推进全球可再生能源发展和信息技术共享起到一定作用，其功能正在扩大。相比之下，国际能源论坛的作用则非常有限，需要进一步改革。OPEC 也正在处于分化，成员国之间越来越无法团结达成控制产能的一致步调。

二、国际能源供需结构多元化

从供应看，全球能源格局正在经历一场巨变，能源版图正在由传统以 OPEC 为能源供应安全的重心向美国、俄罗斯、OPEC、中亚地区多个重心转变。而能源供应品种正在以传统化石能源为主导，向新能源、可再生能源与常规、非常规化石能源共同成为能源供应来源转变。化石燃料的长期主导地位还未结束，尤其伴随着非常规油气资源的迅猛发展，石油峰值论变得更加难以揣测，而天然气开发步伐正在加快，在能源需求市场普遍低迷，能源供应相对过剩的条件下，煤炭仍将占一席之地。总体上讲，未来传统化石燃料石油、天然气、煤炭供应处于相对过剩状态，而能源企业面临的生产开发环境更加复杂，成本风险也在增加。过去几十年来油气储采比不降反升，油气探明储量也在增加。技术进步和高油价刺激了投资，自 2000 年以来，全球油气上游投资保持了多年的增长态势，世界油气产能基本上处于供大于求的状态。近年来，推升页岩油气产量快速增长的一个重要原因是在页岩气勘探开发和相关技术突破的背景下，美国风险投资和私募股权投资大举进入页岩油气风险勘探市场。2000—2019 年，美国页岩气年产量由约 120 亿立方米上升至超过 7000 亿立方米。页岩气水平井和水力压裂技术的广泛应用，也令页岩气伴生的页岩油产量极大增加。自 2004 年以来，美国本土原油产量增长超过 60%，在美国传统油田正常产量外，每天新增产量超过 300 万桶。而这也令目前美国对 OPEC 原油的依赖度大幅削减。进口原油占美国国内消费的比重已从 2005 年的 60% 大幅降至 2018 年的约 30%；同时，OPEC 原油占美国原油进口总量的比例也在 2013 年大幅降至 38%，而 1980 年这一数据为 62%。这场能源格局巨变更为惊人的是美国已超越沙特和俄罗斯成为最大产油国；加上天然气领域的新发展，美国已经成为全球能源供应市场的主要玩家。

从需求看，全球能源格局也在经历一场大变革。能源需求重心正在从传统的以美、欧、日等 OECD 经济体为主要消费国向以中国、印度为首的金砖国家、新兴经济体国家转变。而能源需求品种正在从传统化石能源为主向新能源、可再生能源转变，而且伴随着低碳、清洁、绿色发展的需求，去煤炭化趋势开始越来越明显。过去几十年间，全球能源需求版图发生了很大变化，原来世界能源需求增长主要依靠发达国家，而近年来，发展中国家对能源需求日益攀升。根据相关预测，2040 年前世界能源需求增量的一半将来自中国和印度。与此同时，发展中国家对世界能源价格的影响也越来越大，未来这一趋势将更加明显。主要原因是绝大部分发达国家的能源需求总量已经达到峰值，全球能源需求增长主要源于发展中国家。根据美国能源信息署的《国际能源展望分析报告》，到 2040 年，清洁能源将满足美国 16% 的能源需求，比 2011 年高出 3%。从现在到 2040 年，太阳能将发挥核心作用，提升美国能源结构中可再生能源比例。随着太阳能光伏发电成本的下降，预计太阳能、风能将会在推动美国可再生能源发展方面扮演核心角色。太阳能光伏发电是可再生能源领域发展最快的能源之一，除水电外，到 2040 年，太阳能将占到可再生能源发电量的 17%。由于消费者喜好的变化与技术进步、经济环境的改变，美国的能源正日益国产化，电器的效率正在增加，清洁能源的使用越来越多，进口能源越来越少。而且，伴随着这几种情况出现的同时，预期能源相关的二氧化碳排放将大大降低。预计在未来的全球能源需求增量中，中国和印度将超过一半，因为这两个发展中国家在人口规模和增长速度方面将引领世界。由于人口增长和生活水平的提高，预计有 10 个国家将占全球能源市场增长的主要份额。这一组国家包括南美地区的巴西和墨西哥；非洲的南非和尼日利亚；北非 / 地中海地区的埃及和土耳其；中东地区的沙特和伊朗；以及亚洲的泰国和印度尼西亚。而 OECD 34 个成员国中的两个（墨西哥和土耳其）也包含在关键增长国家类别中，因为它们的能源和经济增长更类似于发展中经济体。另外，全球运输对能源需求将因国家而有很大不同。到 2040 年，OECD 32 个成员国的运输能源需求将下降至少约10%，而在世界其他地方的需求预计将翻番。重型货车、船舶、航空和铁路的商业运输，在每一个地区均会继续驱动运输能源需求的增长。另外，提高运输燃料效率将有助于未来抑制全球液体燃料（石油产品和生物燃料）需求增长。

三、全球能源发展正在由高碳向低碳、清洁、绿色转型

目前，包括中国在内的许多国家正在加速发展绿色、低碳、新能源和可再生能源，这一趋势已经成为全球共识。在全球温室气体减排和绿色、清洁能源发展需求的驱动下，绿色、低碳、新能源和可再生能源在全球范围正在快速发展。近年来，全球化石能源累计装机容量占比持续下降，而新能源、可再生能源装机不断上升。根据国际可再生能源署（IRENA）报告，2019年全球可再生能源发电装机容量增长了 176 吉瓦，略低于 2018 年的 179 吉瓦，延续了过去 11 年以来的强劲增长态势。截至 2019 年年底，全球可再生能源累计装机容量达到 2536.8 吉瓦，占全球发电装机总容量的 34.7%，比2018 年提高了 1.4 个百分点。其中，水电累计装机容量达 1310.3 吉瓦，占比最高，为 51.7%；风能和太阳能占据其余主要份额，装机容量分别为 622.7吉瓦（占比 24.5%）和 586.4 吉瓦（占比 23.1%）；剩余 0.7% 份额的可再生能源主要包括：生物质能 123.8 吉瓦、地热能 13.9 吉瓦和海洋能（潮汐、波浪能等）531 兆瓦。统计数据显示，2019 年尽管全球各地区增速不同，但

可再生能源电力装机容量在全球各地区都有所增长，其中大洋洲装机容量增长最快。亚洲可再生能源新增装机容量最多，为 95.5 吉瓦，占全球新增总量的 54%，增幅达 9.3%。欧洲紧随其后，新增装机 35.3 吉瓦，同比增长 6.6%。北美和南美地区分别以 22.3 吉瓦（+6.0%）和 8.4 吉瓦（+4.0%）位列第三、四位。同期，大洋洲、欧亚大陆、中东、中美洲及加勒比海地区的可再生能源也取得良好的发展，分别新增装机容量 6.2 吉瓦（+18.4%）、3.1 吉瓦（+3.0%）、2.5 吉瓦（+12.6%）和 0.6 吉瓦（+4.1%）。总体而言，2019 年 72% 的新增装机容量来自可再生能源。

根据英国石油公司（BP）的数据，在供应方面，全球可再生能源发电量同比增长 14%，继续成为发电量增长的主要贡献能源，其次是天然气，虽然全球发电量增速放缓到 1.3%。2019 年可再生能源首次超过核电，在全球发电量的比重上升到 10.4%，而煤电比重下降到自 1985 年以来最低水平。中国继续领先可再生能源增长的方式，虽然增速较前两年有所放缓，但消费仍超过其他国家。中国同样引领全球水电和核电消费。

另外，低碳经济是发达国家为应对全球气候变化而提出的新的经济发展模式，它强调以较少温室气体排放获得较大经济产出。目前正成为一种新的国际潮流，影响着各国的经济社会发展进程。中国作为发展中的温室气体排放大国，在向低碳经济转型的过程中，虽然面临着特定的制约因素，但同时也具备一定的潜在优势，中国需要在复杂的国际政治经济环境中，建设性地参与应对气候变化的进程，在发展战略、政策机制、技术创新等方面，积极做好向低碳经济转型的准备。

气候变化问题对中国能源的影响是深远的，影响到能源如何实现转型，如何实现从高碳能源向低碳甚至零碳能源的转型，从而适应应对气候变化的需要。发达国家走的是一条先高碳、再低碳，先污染、后治理的道路。中国要走的途径是一边发展、一边降低碳排放，一边发展、一边治理污染，彼此发展的过程不一样。从能源消耗的角度看有两个趋势，第一个趋势就是发达国家虽然在过去的工业化过程中排放了大量的温室气体，但现在它们基本上处于排放不增长的阶段，很多发达国家的石油消费量甚至是负增长。中国一次能源消费量增长很快，现在平均每年增加 1.5 亿吨标准煤左右。第二个趋势是，2020 年以后，世界温室气体排放达到峰值，此后就不再增长了，但根据中国的能源消耗和经济发展态势，2020—2030 年，中国温室气体的排放量开始下降并将达峰，意味着中国正在加速向低碳经济转型。从长远来讲，中国必须把二氧化碳排放控制下来。到 2050 年，如果中国人均累计二氧化碳排放量处于比较低的水平或者实现"碳中和"，则中国就可以营造比较好的国际环境。

四、"一带一路"倡议将成为全球能源合作发展的新引擎

当前正值全球经济深度调整和转型时期，中国及世界主要经济体急需找到新的经济增长点。中国提出的"一路一带"倡议得到了多数国家支持。其中能源既是中国海外投资的重点，也是互联互通的重要领域。所以，"一带一路"倡议将有望成为全球及中国能源发展的新引擎。中国传统的海外能源投资主要以石油、天然气等自然资源为主，根据中国海外能源投资统计，截止到"一带一路"明确提出的 2013 年，与石油相关的投资累计达 1477 亿美元，与天然气相关的投资累计达 285 亿美元，对电源和煤炭的投资累计约 170 亿美元，电网投资累计约 60 亿美元，这些投资大多是在"一带一路"沿线国家和地区。其中，油气两者合计占到中国海外能源总投资的约 78%。这与中国经济社会发展对石油、天然气的客观需求息息相关。2013 年中国首次超过美国成为全球最大的石油进口国，日均石油进口量达到 630 万桶。预计未来中国石油、天然气进口依存度会进一步增大，这种供求关系决定了中国在全球对石油天然气的投资和国际合作将进一步加快。而且，现在海外可再生能源投资是电力行业一个相对比较朝阳的投资方向。不但美国、加拿大、欧盟及澳大利亚等发达经济体政府对可再生能源的发展都持鼓励支持态度，而且多数化石能源丰富的其他中东、中亚地区也非常重视可再生能源的

发展。可再生能源行业在许多国家发展很快，目前仍然处于发展的上升期。由于可再生能源市场相对活跃，交易市场成熟，交易频繁，所以并购投资机会较多，投资回报率一般比较稳定。由于可再生能源项目相对于其他能源项目敏感性较低，对其投资容易通过国家安全审查，交易受到政治干预的概率较低，所以未来可再生能源也将是中国"一带一路"建设实施的重要海外投资领域。目前，中国一些具有国际化战略和实力的能源企业已经初步进入了海外市场，如国家电网、华能、国电龙源、大唐、华润等都已经在海外成功投资可再生能源项目。中国在海外进行能源投资的公司相对比较集中，2004年以后海外能源投资额超过 1 亿美元的公司有 40 多家，其中累计投资前几名的依次是中国石油化工集团公司、中国石油天然气集团公司、中国海洋石油总公司、中国化工进出口总公司及中国投资有限责任公司，这 5 家公司海外能源投资额累计达到 1747 亿美元，占中国海外能源投资总额的 77%。未来随着"一带一路"建设的实施，能源投资将更多依赖中国倡议设立的亚洲基础设施投资银行（简称"亚投行"），根据亚投行的发展理念和发展方向，亚投行将以最大的灵活度极大支撑"一路一带"沿线国家和地区能源国际合作所需要的投资。

根据统计分析，"一带一路"沿线能源资源存在巨大潜力，将极大刺激沿线国家和地区的能源国际合作，既可以充分发挥沿线资源国的能源供应优势，也可以极大满足沿线消费国的能源需求。而且，在节约全球能源供应总成本的同时，可以大大缓减全球能源安全形势。在新能源、可再生能源及化石能源（石油、天然气、煤炭）领域，中国对"一带一路"沿线许多资源国家和地区存在巨大需求潜力。其中沿线国家和地区石油、天然气、煤炭资源潜力占全球的比例分别超过了 60.3%、70.5%、43.6%，中国对绝大部分国家存在较大的合作潜力。

综上所述，中国在新的全球能源格局形势下，在积极参与全球能源治理活动时，应与国际社会一道做好两方面的工作。一是在与"一带一路"沿线国家和地区合作过程中，要注重传统能源项目的环境标准，以免被国际上认为是在输出污染、输出落后产能,要切实根据东道国的实际需求,参与共建绿色矿山、绿色电厂,形成绿色产能;二是要加大清洁能源、可再生能源在"一带一路"建设中的合作机遇。另外,尤其是还可以将"一带一路"与"南南合作"框架结合起来,不但与东道国合作,也可以引入参与"南南合作"的国际机构,如联合国相关机构、世界银行、亚行与亚投行、金砖银行等一起合作,构建互利多赢的国际合作新局面。

作者:杨玉峰,亚洲开发银行能源政策顾问、帝国理工学院葛量洪研究所(气候变化与环境研究所)荣誉研究员

核心指标国际比较——
中国正处于绿色转型关键时期

本文主要选择了 10 个核心指标对绿色转型中的中国与世界主要经济体，尤其是与美国进行了比较，基本结论是：中国仍然需要在完成经济社会发展第二个百年目标的同时，提高能源资源利用效率。虽然中国有发展权和排放权，但不能走美国等发达国家走过的先污染、先排放的老路，需要降低能源消费和碳排放强度。相比之下，油气安全依然是能源地缘安全的核心，作为实现联合国能源可及性的重要衡量指标，终端清洁用能（包括厨房清洁用能）整体水平亟待提高。在终端电气化方面，随着人工智能、大数据、物联网、5G 等技术的进一步应用，终端用电水平将迎来新一波增长的高峰期。可再生能源成本的不断下降和绿色投融资的不断增长预示着未来中国绿色、低碳、清洁能源方面的发展仍然潜力巨大。所以，中国目前正处于绿色转型的关键时期，需要在今后的"十四五""十五五""十六五"等若干五年规划中早做谋划、合理布局。

一、GDP 的历史变迁

对标目的：主要通过观察 GDP 在历史上的变化规律，来看中国在全球经济格局中角色的变化，并作为这一跨时段能源相关指标对标的基础。

数据选择：较大经济体的 GDP 份额，如图 16 所示。

从以上公元 1—2050 年全球主要经济体变迁可以看出：在 1850 年前，中国占世界主要经济体经济总量约 1/3，处于非常强盛时期。但从 1849 年鸦片

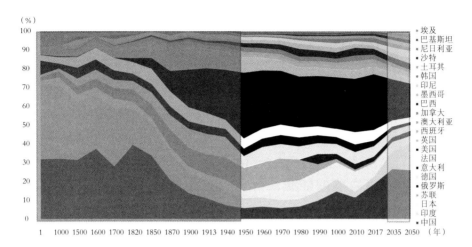

图 16　较大经济体 GDP 份额

数据来源：Maddison Project Database，WB

战争后，中国经济开始走下坡路，在世界经济总量占比不断下降，经过 100
多年的连续下降，中国经济总量在世界占比不到 5%，直到 1949 年新中国
成立时跌入谷底。新中国成立后的 30 年间，中国经济占比也基本维持不变，
这也印证了新中国成立后处于探索发展时期的经济特征。直至 1978 年，中
国改革开放后，中国经济进入了快速增长的 30 年。从 1978 年居世界第 11
位，到 2000 年超过意大利居世界第 6 位，再到 2005 年超过英国和法国居世
界第 4 位，以及 2008 年超过德国跃居世界第 3 位，又到 2010 年超过日本跃
居世界第 2 位保持到现在。中国在改革开放的 40 年里，GDP 以年均约 9.4%
的速度增长。虽然受亚洲金融危机影响，2000 后中国经济总量在世界经济
总量中的占比有短暂的下降，但从 2010 年到 2019 年又缓步上升，截至 2019
年，中国经济总量在世界经济总量中占比约为 16.6%，是美国经济总量的
67% 左右，据保守估计，中国经济总量将在 2030 年左右超越美国。从长时
段看，随着全球技术水平和劳动生产率的提高及人工智能、大数据、5G 通
信、物联网、互联网等技术的普及，某些发展中的人口大国或经济体借助其
相对低成本的劳动力优势和后发追赶潜力将依然有机会实现 GDP 超越，如

印度、巴西、印度尼西亚、巴基斯坦等。由于能源是经济增长的动力支撑，故从这一历史长时段的角度我们可以看到未来能源需求增长一定源于这些后发的经济增长型国家或经济体。与此同时，二氧化碳的排放增长也将主要源于这些后发经济增长国家，中国作为全球最大的发展中国家，显然提前迈出了一步。

二、经济发展的能源代价——能源消费弹性系数

对标目的：主要观察经济增长与能源需求增长的内在规律，选择不同类型国家观察其经济发展的能源代价大小。

数据选择：选择了 9 个二十国集团成员国，涵盖了有代表意义的发达国家和发展中国家，分析处于不同发展阶段这些国家的差异，如图 17 所示。

从这些国家能源消费弹性系数的整体变化规律看，全球经济波动是影响能源消费弹性系数的一个重要因素。从图 17 中可以明显看出，几乎所有国家的能源消费弹性系数都受到了 2008 年金融危机的影响而剧烈波动。其中波动的步调并不一致，这反映了各国对金融危机承受韧性不同，发达国

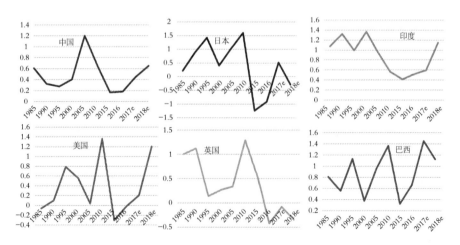

图 17　1985—2018 年 9 个二十国集团成员国的能源消费弹性系数变化对比

家通常比发展中国家更为滞后一段时间。而受影响持续的时间又与本国经济结构和对外贸易结构密不可分。从图中可以看到，南非和巴西的能源消费弹性系数处于更为明显的波动状态，反映出这两个发展中大国经济发展的不稳定性；发达国家中美国的能源消费弹性系数变化明显，也间接说明这一时期美国作为全球金融危机的源头其经济增长和能源消费波动的程度较高。其中，经济增长对能源消费弹性系数的影响是主要的。发达国家中英国、法国、德国的波动规律基本一致，总体上随着能源结构的清洁、低碳化，能源消费弹性系数处于下降的状态。而且，发达国家在经济增长和能源消费变化过程中，大都出现了弹性系数为负值的情况，说明与发展中国家相比，这些发达国家经济增长过程中对能源的依赖在一定程度上不像发展中国家那么敏感。从中国能源消费弹性系数的变化规律可以看出，中国已经历了一轮典型的依靠能源资源实现高速增长的历史，尤其是 2000—2010 年，能源消费弹性系数均逼近或超过 1，说明这一时期的能源资源代价非常高，也为后续环境治理和碳减排增加了难度。目前，中国的能源消费弹性系数虽有反弹但仍回归到了较为合理的区间值，看得出经济增长质量总体在改善。

三、化石能源的依赖程度

对标目的：主要通过数据观察世界主要的典型国家或经济体在经济发展过程中对化石能源的依赖程度，或者说化石能源对其经济的贡献程度。

数据选择：典型经济体人均化石能源消费量与人均 GDP，如图 18 所示，能源数据来源于 BP，其中的化石能源消费量是石油、煤炭、天然气以标油单位计的和，经济数据来源于世界银行。

总体来看，可以将图中所选择的国家分为三个组群。第一组群为美国、加拿大、澳大利亚，处于最上端区域，在相同人均 GDP 条件下，这三个国家的化石能源消费量最多，例如：在人均 GDP 为 10000 美元时，美国约 7

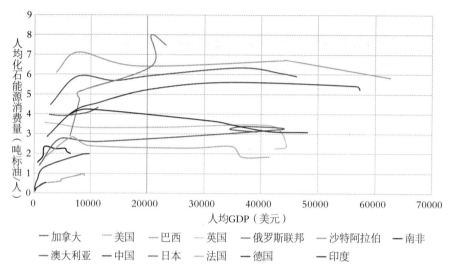

图 18　典型经济体人均化石能源消费量与人均 GDP 的"S"形规律图
数据来源：BP、世界银行。

吨标油／人，加拿大为 7 吨标油／人，澳大利亚为 5 吨标油／人。这三个国
家的共同特征是：均属发达国家、国土面积大、能源资源丰富且人口居住
密度低，因而显然人均耗费的化石能源水平非常高。第二组群，德国、英
国、日本、法国，处于中间部位，在相同人均 GDP 条件下化石能源消费量
比上面三个发达国家约少 1/2。这四个国家与第一组群的三个国家相比，虽
然同属发达国家，但国土面积较小、能源资源缺乏、人口密度较大，故相
对节约能源。第三组群有代表性，主要是发展中国家，中国、巴西和南非。
在中国人均GDP接近 10000 美元时，人均化石能源消费仅约为 2 吨标油／人，
与以上发达国家比，在人均 10000 美元 GDP 时中国消耗的化石能源相对较
低，仅为美国的 1/3，但中国由于总人口基数大，加上长期以煤炭为主的能
源结构，消费的化石能源总量依然最高。未来中国即使向第二组群方向靠
拢，人均化石能源消耗应尽量控制在较低水平。从未来中国人均 GDP 增长
趋势看，中国必须走出经济严重依赖化石能源的发展路径，因为大趋势告
诉我们即使在经济高增长前景，中国的人均化石能源消费水平也无法达到

长期人均化石能源依赖较低的发达国家中英国的水平。所以，从未来中国人均化石能源消费的角度看，达到峰值是必然的，而且峰值水平应该尽量考虑要控制在人均约 2 吨标油的水平，才能为 2030 年前实现达峰留有更大空间。

四、发展权与排放权

对标目的：通过数据看中国与世界主要典型国家或经济体人均 GDP 与人均温室气体排放大小，以此反映和比较中国与主要经济体发展权与排放权的关系。

数据选择：典型经济体人均二氧化碳排放量与人均 GDP，如图 19 所示。

我们比较的基本方法是将中国在 2019 年人均 GDP 突破 10000 美元关口下，在图 19 中找到相应的坐标位置，然后在其横向和纵向分别找到在横纵轴上的国家进行比较。从图中可以清楚地看到：在纵轴上，当人均 GDP 接近 10000 美元时，中国的人均碳排放为 8 吨，美国、英国、日本的人均碳排放都高于中国，但美国的人均碳排放为 21.53 吨，高出中国接近 3 倍。再

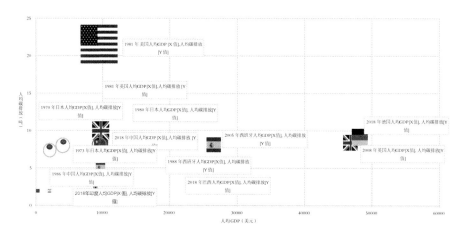

图 19　典型经济体人均二氧化碳排放量与人均 GDP

能源数据来源：BP。

来看横轴，当人均二氧化碳排放量达到临近 8 吨时：中国的人均 GDP 接近 10000 美元，日本与中国接近，但西班牙人均 GDP 接近 26000 美元，英国人均 GDP 接近 46000 美元，德国人均 GDP 接近 48000 美元。从图中我们可以看出，西班牙、德国、英国的单位二氧化碳排放的生产效率高于中国，德国和英国高出中国 4 倍。说明美国是排放大国，在发达国家中排放的经济代价相对要远高于日本和其他欧洲发达国家。印度因 GDP 水平较低还没有明显暴露出其二氧化碳排放的经济代价高低，未来应该密切关注人均 GDP 正在迅速增长的国家。我们追踪原因可以得知的基本逻辑是：以美国为首的发达国家经济发展是建立在过度碳排放为代价的基础上的。从数据可以看出，相对同一数量级的人均 GDP，美国无论是历史上还是现在，人均二氧化碳排放量一直处于相对高点，而美国作为拥有全世界最先进技术的国家，不缺少清洁技术的使用，而且能源结构中仅化石能源的比例中天然气的比例远远高于中国。这一事实说明，美国应该在终端能源消费系统（更加节能的建筑和社区管理）、交通系统优化（发展和更新更多的公共交通系统，减少私人交通工具的过度使用）、可再生能源开发等方面应该做更多工作。而中国则应在提高经济增长质量的同时，继续增加清洁能源比例，其中包括在新阶段扩大天然气的消费比例，进一步发展可再生能源。

五、经济发展的碳排放代价

对标目的：通过数据看中国与世界主要典型国家或经济体经济发展所带来的温室气体排放贡献大小，也间接说明排放的经济代价或经济效率大小。

数据选择：选择 2018 年全球二氧化碳排放前 20 个国家，然后再选择部分国家和中国的碳排放强度比较，如图 20 所示。

根据 Global Carbon Atlas 数据，截至 2018 年，全球碳排放排在前 20 位的国家分别为中国、美国、印度、俄罗斯、日本、德国、伊朗、韩国、沙特、印度尼西亚、加拿大、墨西哥、南非、巴西、土耳其、澳大利亚、英

（千克CO2/美元）

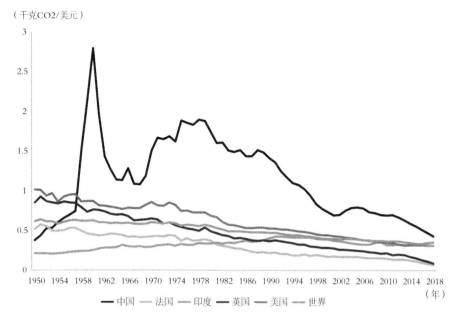

图 20　2018 年全球二氧化碳排放前 20 个国家与部分国家碳排放强度趋势比较

数据来源：Our World in Data、Global Carbon Atlas 以及 BP。

国、波兰、意大利、法国。其中，2006 年中国超越美国成为全球第一排放大国。从历史数据看，从新中国成立以来到改革开放前，尤其是在"大跃进"和"文化大革命"期间中国的二氧化碳排放量曲线经历了异常波动，经济增长几乎处于停滞状态，那时的碳排放代价也非常高。而其他主要经济体，包括发展中国家印度在内，碳排放轨迹没有经历像中国那样的波动。自 1978 年改革开放以来，虽然中国的二氧化碳排放强度明显高于其他所选国家，但总体趋势一直在下降中，尤其是 1990 年后，中国的二氧化碳排放强度快速下降。其中，2005—2017 年下降了约 46%，已提前 3 年完成了第一阶段到 2020 年二氧化碳排放强度下降 40%—45% 的自主碳减排目标。另外，中国的二氧化碳排放强度高也说明了两个事实，一是中国是以煤炭能源消耗为主的人口大国，煤炭需求总量一直非常高，尤其是改革开放以来支撑国民经济快速发展过程中，供给侧的重化结构性问题一直非常严重；二是中国在对外开放过程中，在世界产业分工中，中低端制造业快速崛起，成为世界加工厂，多年来消费了大量的能源资源，因而碳排放强度相对较高。另外，技术进步和社会相对稳定以及良好的国际贸易关系都是经济增长的基石，直接决定二氧化碳排放强度是否可以稳定下降。而且，供给侧结构性改革也有利于平衡出口贸易，避免与美国等国家产生贸易纠纷。

六、石油与天然气作为全球能源安全的载体

对标目的：主要通过油气数据识别对油气需求脆弱的世界典型国家或经济体，从而判断中国未来因油气所引发的安全形势。

数据选择：典型经济体的油气产量和油气进口量，如表 4、表 5 所示。

表 4　2018 年、2019 年主要石油进口国家和地区

单位：百万吨

	2018 年 原油进口	2018 年 成品油进口	2019 年 原油进口	2019 年 成品油进口
美国	386.8	104.0	338.4	109.9
中、南美地区	24.4	105.9	21.3	110.2
欧洲	514.4	218.4	522.5	209.2
中国	463.8	81.8	507.2	78.4
印度	226.1	31.3	221.7	44.4
日本	150.7	43.7	146.9	39.7
新加坡	51.8	120.4	49.6	112.4
其他亚太地区	300.0	209.0	290.4	212.7
全球	2249.3	1242.9	2239.0	1241.9

数据来源：《BP 2020 世界能源统计》。

表5 主要天然气进口国家和地区（LNG 数据）

	2018 年（十亿立方米）	2019 年（十亿立方米）	增幅（%）	2019 年占全球比例（%）
墨西哥	6.9	6.6	-4.4	1.4
其他中、南美地区	3.7	4.8	29.5	1.0
比利时	3.3	7.2	117.9	1.5
法国	12.7	22.9	79.8	4.7
意大利	8.2	13.5	64.2	2.8
西班牙	15.0	21.9	46.0	4.5
土耳其	11.4	12.9	12.4	2.7
英国	7.2	18.0	151.9	3.7
其他欧盟国家	13.4	23.4	74.7	4.8
中国	73.5	84.8	15.4	17.5
印度	30.6	32.9	7.4	6.8
日本	113.0	105.5	-6.6	21.7
巴基斯坦	9.4	11.8	25.6	2.4
新加坡	4.5	5.0	10.1	1.0
韩国	60.2	55.6	-7.6	11.5
中国台湾	22.9	22.8	-0.5	4.7
泰国	6.0	6.7	11.5	1.4
其他亚太地区	0.8	5.7	576.6	1.2

数据来源：《BP 2020 世界能源统计》。

油气安全最为脆弱的区域均是亚太地区和欧洲经济相对发达的国家或地区，日本和韩国的油气几乎 100% 依赖进口，其中发展中国家中国和印度的石油安全形势最为严峻。其中，中国在东南亚地区石油的净进口量超过了日本，安全形势越来越不乐观，印度也一样。天然气的情况是类似的，西欧主要发达经济体的天然气对外依赖度较高，尤其是长期从俄罗斯进口天然气，并过境乌克兰，受到来自俄乌紧张地缘形势的影响。而美国依仗其本土丰富的油气资源，已经完全摆脱了历史上依赖中东地区石油的历史。显然，从油气安全形势看，未来亚太地区随着其他发展中国家如印度、印度尼西亚、巴基斯坦等人口大国的经济增长，油气净进口需求量还会不断增加，形势将更为严峻，这些国家应该在维护地区能源安全方面团结一致抵御可能的风险。

七、终端用能电气化趋势

对标目的：主要通过终端能源消费中的用电比例来得出全球电气化趋势和规律，揭示终端电气化与技术进步的关系，分析未来随着人工智能、新一代通信技术发展电力在终端用能结构中的角色变化。

数据选择：选择了 12 个二十国集团成员国，涵盖了有代表意义的发达国家和发展中国家，区分了能源资源丰富与能源资源短缺的不同国家。数据时段是 1990—2018 年，如图 21 所示。

从图 22 中可以看出，终端用电水平的高低随着现代终端电气化技术（包括工业和制造业用电替代其他燃料的机会越来越多，居民厨房、取暖电气化水平随电气设备的普及也越来越高）的进步，发达国家和发展中国家终端用能电气化水平差距已在缩小，尤其是典型发展中国家（中国和印度）的追赶速度惊人，终端用能电气化水平似乎与人均 GDP 的关系在弱化，这进一步说明技术进步和技术扩散与分享的重要作用。未来，随着人工智能、大数据、物联网、5G 等技术的进一步应用，终端用电水平将迎来新一波增长的高峰期。例如，随着电动交通和无人驾驶、大数据中心、5G 为核心的通信基础设施和物联网系统等不断迎来商业化布局和普及，这些领域都将成为耗电大户，必将成为终端用能电气化水平增长的推动力，这对电力电网系统的柔性、灵活性、安全性将提出更高要求，反过来也有利于推动可再生能源的进一步发展。最终，终端用能电气化水平的高低将成为检验人类是否进入低

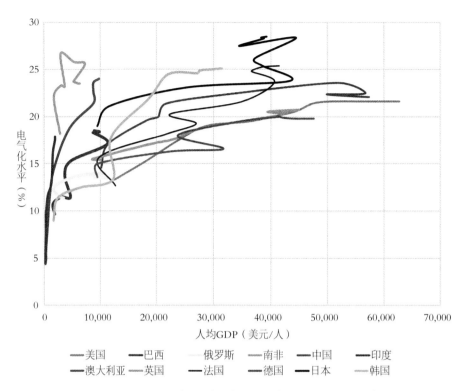

图21 1990—2018年12个二十国集团成员国电气化水平比较
数据来源：国际能源署、国网能源研究院。

碳发展通道的重要标志，也是联合国可持续发展目标中第七项——确保人人获可负担、可靠和可持续的现代能源（SD7）目标实现与否的重要衡量指标。另外，终端用能电气化率的提高将对缓解气候变化作出巨大贡献。中国由于在电动交通、5G通信技术、大数据等方面与发达国家差距较小，甚至有的方面处于世界领先水平，故终端用能电气化水平有望在不久的将来得到进一步的提升，提升的速度应该与主要发达国家保持同步，甚至超过部分发达国家。这将意味着，中国作为全球最大的二氧化碳排放国，必将为全球二氧化碳减排作出重要贡献，也可以为后发高速增长的其他发展中国家树立榜样。尤其是包括那些对气候变化应对能力薄弱、相对缺乏能源和电力的小岛国、边远地区，直接提高它们的终端用能电气化水平意义更大。

八、厨用清洁能源比例作为能源可及性标杆的重要性

对标目的：主要通过厨用清洁能源比例来衡量一下哪些国家或经济体还缺少清洁能源，看看哪些国家的居民能源利用方式还主要依赖传统的高碳能源甚至是原始能源。

数据选择：选择世界上缺少清洁厨用燃料的 20 个发展中国家，如表 6 所示。

表 6　世界上缺少清洁厨用燃料的 20 个发展中国家

国家	缺少清洁厨用燃料的人口（亿）	清洁炊事普及率（%）	清洁炊事年均增长率（%）
印度	7.27	45	2
中国	5.44	61	1.3
尼日利亚	1.73	7	1.6
孟加拉国	1.3	20	1.8
巴基斯坦	1.13	42	1.1
埃塞俄比亚	0.98	5	0.5
刚果	0.76	4	0
印度尼西亚	0.74	71	4.3
菲律宾	0.58	44	1.2
坦桑尼亚	0.54	3	0.2
肯尼亚	0.44	10	0.4
缅甸	0.41	1	−0.1
乌干达	0.41	23	2.4
越南	0.37	61	1.6
莫桑比克	0.28	4	0.2

国家	缺少清洁厨用燃料的人口 (亿)	清洁炊事普及率 (%)	清洁炊事年均增长率 (%)
马达加斯加	0.25	1	0
阿富汗	0.24	32	2.3
朝鲜	0.23	10	0.6
加纳	0.21	24	1.5
苏丹	0.21	46	2.1
全球	28(2018 年数据)	63(2018 年数据)	小于 1(2010—2018 年)

数据来源：IEA、IRENA、UNSD、WB、WHO 的联合机构报告 "Tracking SDG 7: The Energy Progress Report 2020"。

根据 IEA、IRERA、UNSD、WB、WHO 的联合研究报告显示，全球目前还有 8.4 亿人口无电可用，全球电力普及率已经达到 89%，而中国在 2015 年已实现了 100% 人口村村通电。故对标能源可及性更具代表意义的指标应该选择"清洁能源"的使用比例，这也符合全球以应对气候变化为导向的低碳、清洁、绿色、可持续发展理念。故选择了联合国 SDG7 目标下反映清洁能源使用比例有代表性意义的指标"厨用清洁能源比例"，而且也可以间接关注到女性（因为全球多数国家的家庭厨房炊事多由妇女完成，她们因长期使用非清洁燃料而患肺癌等呼吸系统疾病的概率更高）。报告显示，到 2017 年，世界尚有 29 亿人口无法获得厨用清洁燃料和清洁技术，其中亚太地区占了 60% 以上。虽然中国 100% 解决了农村用电问题，但中国仍有 5.97 亿人在炊事中使用非清洁燃料和非清洁能源技术，占世界缺少厨用清洁燃料和清洁技术总人口的 20%，高居第二位（印度为 7.32 亿人，占 25%）。也就是说，中国和印度两个国家加起来就占了全球 45%，未来进一步推进清洁能源比例的任务依然任重道远，尤其是亚太地区包括中国、印度在内的广大发展中国家。这也是亚太地区能源可持续发展的重点工作内容。而且对中国而言，在逐步步入高收入国家行列过程中，这是一个代表高质量增长非常重要的指标，尤其是在实现百年目标之际，这一基础性问题必须得到高度重视而尽快得以解决。目前，中国正在通过供给侧结构性改革，在工业领域率先开始淘汰高污染、高耗能产品和产业，这是高质量增长在工业端发力。但同时在需求端，包括在居民领域，也要通过增加清洁能源的消费比例来解决用户侧的清洁低碳化问题，这也是高质量增长的一个重要方面。也是未来其他发展中国家必将面临的普遍性问题。

九、可再生能源成本下降趋势

对标目的：主要通过数据看世界主要的典型国家或经济体可再生能源发电方面的成本下降趋势，观察中国的下降幅度。

数据选择：选择典型经济体的陆上风电和光伏发电，如图 22 所示。

从数据看，2010—2019 年，全球并网陆上风电发电成本下降了 38%，其中中国下降了 36%。中国目前已成为陆上风电发电成本最低的国家，2019 年平准化成本为 0.046 美元／千瓦时，分别低于世界平均水平 13%、印度 6% 和亚洲其他国家 54%。2010—2019 年，全球和中国并网光伏发电成本都平均下降了 82%。2019 年中国并网太阳能光伏发电平准化成本为 0.054 美元／千瓦时，低于世界平均水平 21%，高于印度发电成本 20%（印度发电成本为全球最低）。目前，全球风电和光伏发电是最为成熟的可再生能源，商业化布局已经遍布全球，包括最不发达的地区也有越来越多的装机。根据 IEA 报告，到 2024 年，可再生能源有望增加 50%，其中贡献最大的将是光伏发电，约占所增加的全部可再生能源的 60%，其中分布式光伏就超过 25%。其他可再生能源成本也将处于进一步下降趋势，而且随着储能技术和新一轮 5G 通信、物联网、大数据等技术在电力系统中的应用，可再生能源在能源及电力系统中的地位将进一步提高，有望被电网更大规模接纳。

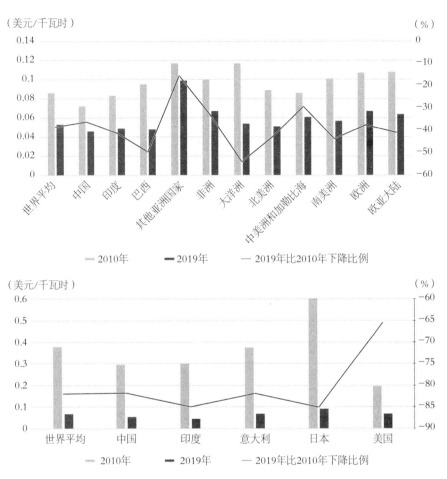

图 22　典型经济体陆上风电和光伏发电平准化成本变化情况

数据来源：IRENA。

十、绿色投融资趋势

对标目的：主要通过数据看世界主要国家近年来市场对绿色金融的反应，观察未来全球投融资是否会向使用更多绿色金融工具的方向变化。

数据选择：部分国家发行的绿色债券额度。

中国绿色债券（符合国际标准）发行从几乎为零增长到 2016 年的 236 亿美元。2017—2019 年中国绿色债券发行量继续增长，分别为 229 亿美元、

（亿美元）

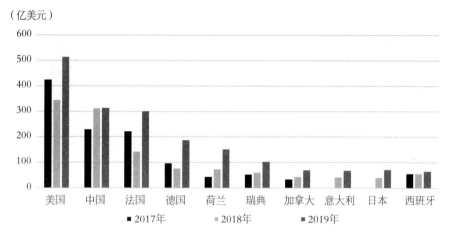

图 23   2017—2019 年部分国家发行的绿色债券额度

数据来源：气候债券组织、中央国债登记结算有限责任公司。

312 美元和 313 美元，成为仅次于美国的全球第二大绿色债券发行国，如图 23 所示。按照中国人民银行《绿色债券支持项目目录》中的六个领域划分，在中国发行的绿色债券中，清洁能源一直是绿色债券募集资金投放的主要领域，其占比处于上升的趋势。绿色债券募集资金投向清洁能源占比在 2017—2019 年分别为 27%、20% 和 27%，处于世界第二位，投向清洁交通的绿色债券占比最大。而投向生态保护和气候变化适应的占比则处于下降趋势，在 2017—2019 年分别为 13%、12% 和 6%。2019 年 4 月，第二届"一带一路"国际合作高峰论坛召开之际，中国工商银行还成功发行首笔等值 22 亿美元的绿色"一带一路"银行间常态化合作债券，包括人民币、美元及欧元三个币种。该笔债券同时符合国际绿色债券准则和中国绿色债券准则，发行不仅着眼于支持发展绿色项目，还进一步发挥金融服务"一带一路"建设的作用，促进沿线国家和地区金融市场的共同繁荣，有利于推动"一带一路"倡议与绿色发展理念有机融合。可以看出，虽然绿色债券作为新兴的金融工具是近年来刚刚兴起，但从各国的重视程度来看有望成为未来投融资的一个重要风向标。中国的绿色债券应该更多投向生态环境保护和气候变化适应性领域，因为环境与气候变化既是未来经济社会发展的制约因素，又会正面倒逼改革使中国金融体系向着绿色、环保、低碳方向发展，也可为其他发展中国家提供投融资经验。

作者：杨玉峰，亚洲开发银行能源政策顾问、帝国理工学院葛量洪研究所（气候变化与环境研究所）荣誉研究员；莫凌水，亚洲开发银行气候变化与能源政策顾问

参考文献

张宝明：《中国煤炭工业改革与发展》，煤炭工业出版社 2002 年版。

濮洪九等：《中国电力与煤炭》，煤炭工业出版社 2004 年版。

中国煤炭工业协会：《2009 中国煤炭发展报告》，中国矿业大学出版社 2009 年版。

贺佑国等：《全国煤矿安全发展战略研究》，煤炭工业出版社 2015 年版。

张抗：《中国和世界地缘油气》，地质出版社 2009 年版。

吴力斌：《中外沼气发展史略》，《四川环境》1991 年第 1 期。

黄邦汉、李泉临《中国沼气利用之嚆矢——罗国瑞及其瓦斯"神灯"明灭的启示》，《中国农史》1999 年第 1 期。

刘天齐：《环境保护通论》，中国环境科学出版社 1997 年版。

刘天齐等：《环境保护》（第二版），化学工业出版社 2010 年版。

杨玉峰、尼尔·赫斯特：《全球能源治理改革与中国的参与》，清华大学出版社 2017 年版。

中国电力企业联合会：《中国电力行业年度发展报告 2019》，中国建材工业出版社 2019 年版。

程钧培：《中国重大技术装备史话：中国火力发电设备制造》，中国电力出版社 2012 年版。

国家电网公司编著：《中国三峡输变电工程（综合卷）》，中国电力出版社 2008 年版。

古清生、黄传会：《走进特高压》，中国电力出版社 2008 年版。

中国电业史志编辑委员会：《中国电力工业志》，当代中国出版社 1998 年版。

孟庆顺、雷强：《广东省志·粤港澳关系志》，广东人民出版社 2004 年版。

马骏等：《中国绿色金融发展与案例研究》，中国金融出版社 2016 年版。

马中等：《中国绿色金融发展研究报告（2018）》，中国绿色金融出版社 2018

年版。

亚洲开发银行：《亚洲的贫困，收入差距与包容性增长》，中国财政经济出版社 2010 年版。

Andrews-Speed, Philip, *Energy Policy and Regulation in the People's Republic of China*, London: Kluwer Law International, 2004.

Andrews-Speed, Philip& Sufang, Zhang, "Renewable Energy Finance in China", in *Renewable Energy Finance*, Charles W. Donovan（ed.）, London: Imperial College Press,2015,pp.175–194.

Barnett, A. Doak, *China's Economy in Global Perspective*, Washington D.C.: The Brookings Institution,1981.

Carin, Robert, "Power Industry in Communist China", in *Communist China Problem Research Series EC44*, Union Research Institute, Hong Kong, 1969.

Davidson, Michael R., et al., "Towards a Political Economy Framework for Wind Power: Does China Break the Mould?", in *The Political Economy of Clean Energy Transitions*, Douglas Arent, et al.（ed.）, Oxford: Oxford University Press, 2017, pp.250–270.

Downs, Erica S.,"The Energy Security Series: China, The Brookings Foreign Policy Studies", Washington D.C.: The Brookings Institution, 2006.

Hardy, Randall W., *China's Oil Future: A Case of Modest Expectations*, Colorado: Westview Press, 1978.

Kambara, Tatsu &Howe,Christopher, *China and the Global Energy Crisis: Development and Prospects for China's Oil and Natural Gas*, Cheltenham: Edward Elgar, 2007.

Keith, Ronald C., "China's Resource Diplomacy and National Energy Policy", in *Energy, Security and Economic Development in East Asia*, Keith,Ronald C.（ed.）, New York: St Martin's Press,1986, pp.1–78.

Matthews, John A. &Tan, Hao, *China's Renewable Energy Revolution*, Basingstoke: Palgrave Macmillan, 2005.

Nolan, Peter, *China and the Global Business Revolution*, Basingstoke: Palgrave, 2001.

Shi, Xunpeng & Hari Malamakkavu Padinjare Varium, "China's Gas Market Liberalisation: The Impact on China-Australia Gas Trade", in *China's Domestic Transformation in a Global Context*, Song, Ligang, et al. (eds.), Acton ACT: ANU Press,2015,pp.137–174.

Smil, Vaclav, *China's Past China's Future: Energy Food, Environment*, New York: Routledge Curzon, 2004.

Thomson, Elspeth, *The Chinese Coal Industry: An Economic History*, London: Routledge Curzon, 2003.

Toke, David, *China's Role in Reducing Carbon Emissions: The Stabilisation of Energy Consumption and the Deployment of Renewable Energy*, London: Routledge, 2017.

Wang, Haijiang H., *China's Oil Industry and Market*. Amsterdam: Elsevier, 1999.

Wright, Tim, *The Political Economy of the Chinese Coal Industry: Black Gold and Blood-Stained Coal*, London: Routledge, 2012.

Xu, Yi-chong, *Powering China: Reforming the Electrical Power Sector in China*, Aldershot: Ashgate, 2002.

Xu, Yi-chong, *The Politics of Nuclear Energy in China*, Basingstoke: Palgrave Macmillan, 2010.

Zhang, Chi& Heller, Thomas C.,"Reform of the Chinese Electrical Power Market: Economics and Institutions", in *The Political Economy of Power Sector Reform: The Experiences of Five Major Developing Countries*, Victor, David& Heller, Thomas C. (eds.) Cambridge: Cambridge University Press, 2007 pp.76–108.

Zhang, Jin, *Catch-up and Competitiveness in China: The Case of Large Firms in the Oil Industry*, London: Routledge Curzon, 2004.

Zhang, Zhongxiang, *Energy and Environmental Policy in China: Towards a Low-Carbon Economy*, Cheltenham: Edward Elgar, 2011.

Yu,Yanrui,"Service Sector Growth and the Middle- Income Trap: The Case of the People's Republic of China", *Chapter of Avoiding the Middle Income Trap in Asia*, Brookings Institution, 2018.

《煤炭人精神永放光芒》,《煤炭企业管理》2005 年第 1 期。

薛毅:《近代中国煤矿发展述论》,《河南理工大学学报（社会科学版)》2008

年第 2 期。

张立宽：《改革开放 40 年我国煤炭工业实现三大科技革命》，《中国能源》2018 年第 12 期。

王显政：《深化煤炭供给侧结构性改革建设现代化煤炭经济体系》，《中国煤炭工业》2017 年第 12 期。

张立宽：《我国煤炭工业未来发展的六大方向》，《新能源经贸观察》2018 年第 10 期。

谢和平等：《煤炭革命新理念与煤炭科技发展构想》，《煤炭学报》2018 年第 5 期。

张光斗、覃修典：《抗战八年来之水力发电事业》，《资源委员会季刊》1946 年第 1—2 期。

中央党部国民经济计划委员会：《十年来之中国经济建设（1927 年至 1937 年）》，文海出版社 1937 年版。

郑晓光：《民国时期水电开发的历史考察》，《华北电力大学学报（社会科学版）》2015 年第 6 期。

方圆等：《我国能源资源现状与发展趋势》，《矿产保护与利用》2018 年第 4 期。

《改革开放 40 年我国能源行业发展成就》，《能源情报研究》2018 年第 8 期。

王玉庆：《中国环境保护政策的历史变迁》，《生态环境与保护》2018 年第 11 期。

王金南等：《中国环境保护战略政策 70 年历史变迁与改革方向》，《环境科学研究》2019 年第 9 期。

谢振华：《中国改革开放 40 年生态环境保护的历史变革——从"三废"治理走向生态文明建设》，《中国环境管理》2019 年第 4 期。

朱彤：《中国能源工业七十年回顾与展望》，《中国经济学人（英文版）》2019 年第 1 期。

黄斌等：《燃煤电厂 CO_2 捕集系统的技术与经济分析》，《动力工程》2009 年第 9 期。

牛红伟等：《燃煤烟气全流程 CCUS 系统的技术经济分析》，《中国电力》2014 年第 8 期。

叶云云等：《我国燃煤发电 CCS/CCUS 技术发展方向及发展路线图研究》，《中国工程科学》2018 年第 3 期。

陈倩倩等：《以二氧化碳规模化利用技术为核心的碳减排方案》，《中国科学院院刊》2019 年第 4 期。

董占峰等：《"一带一路"绿色发展的战略实施框架》，《中国环境管理》2016 年第 2 期。

柴麒敏等：《推动"一带一路"沿线国家共建低碳共同体》，《中国发展观察》2017 年第 Z2 期。

Peng, Wuyuan & Pan, Jiahua, "Rural Electrification in China:History and Institution", *China & World Economy*, Vol. 14, No. 1, 2006, pp. 71–84.

Williamson, John, "What Should the World Bank Think About the Washington Consensus?", *World Bank Research Observer*, Vol. 15, No. 2（2000）.

Andrews-Speed, Philip, "China's Ongoing Energy Efficiency Drive: Origins, Progress and Prospects", *Energy Policy*, Vol. 37, No. 4（2009）, pp. 1331–1344.

Davidson, Michael R., et al., "Modelling the Potential for Wind Energy Integration on China's Coal-Heavy Electricity Grid", *Nature Energy*, Vol.1, Article No.16086, 2016.

Deemer, Paul& Song, Nicholas, 2014. "China's 'Long March' to Shale Gas Production-Exciting Potential and Lost Opportunities", *Journal of World Energy Law and Business*,Vol.7, No. 5（2014）, pp. 448–467.

Engels, Anita, "Understanding How China is Championing Climate Change Mitigation", *Palgrave Communications*,Vol.4, Article No.101, 2018, p.6.

Fisher-Vanden, Karen, et al.,"What is Driving China's Decline in Energy Intensity?", *Resource and Energy Economics*,Vol.26, No. 1（2004）, pp.77–97.

Gao, Fan, "Will There be a Shale Gas Revolution in China by 2020?", Oxford Institute for Energy Studies,2012.

Houser, Trevor& Bo, Beibei, "Charting China's Natural Gas Future", *James A. Baker III Institute for Public Policy*, Rice University, 2013.

Kayser, Dirk, 2016. "Solar Photovoltaic Projects in China: High Investment Risks and the Need for Institutional Response", *Applied Energy*, Vol.174, 2016, pp.144–152.

Ladislaw, Sarah O.& Nakano,Jane, "China – Leader or Laggard on the Path to a Secure, Low-Carbon Energy Future", Washington D.C.: Center for Strategic and

International Studies,2011.

Lo, Kevin & Wang,Mark Y., "Energy Conservation in China's Twelfth Five-Year Plan Period: Continuation or Paradigm Shift", *Renewable and Sustainable Energy Reviews*,Vol.18,2013, pp. 499–507.

Ma, Chunbo&Stern,David I., "China's Changing Energy Intensity Trend: A Decomposition Analysis", *Energy Economics*,Vol.30, No. 3（2007）, pp.1037–1053.

Meidan, Michal, et al., "Shaping China's Energy Policy: Actors and Processes", *Journal of Contemporary China*, Vol.18,No. 61（2009）, pp.591–616.

Regan, Tony & Chao, Zhu, "Twenty Five Years of Coal Bed Methane Development in China", *Journal of World Energy Law and Business*, Vol.7, No. 5（2014）, pp.423–447.

Schreifels, Jeremy J., et al., "Sulfur Dioxide Control in China: Policy Evolution During the 10th and 11th Five-Year Plans and Lessons for the Future", *Energy Policy*, Vol.48, 2012, pp.779–789.

Sinton, Jonathan E., et al., "Energy Efficiency in China: Accomplishments and Challenges", *Energy Policy*, Vol.26, No.11（1998）, pp.813–829.

Swartz, Jeff, "China's National Emissions Trading System:Implications for Carbon Markets and Trade", International Centre for Trade and Sustainable Development, Series on Climate Change Architecture, Issue Paper No. 6,2016.

Yang, Chi-Jen, "China's Precarious Synthetic Natural Gas Demonstration", *Energy Policy*, Vol.76, 2015, pp.158–160.

Zhang, Sufang, et al., "To What Extent will China's Ongoing Electricity Market Reforms Assist the Integration of Renewable Energy?", *Energy Policy*, Vol.114, 2018, pp.165–172.

Arruda, M.E., et al.,"China's Energy Sector: Development, Structure, and Future", *China Law and Practice*, Vol.17, No.9（2003）, pp. 12–27.

Pollitt,Michael, et al.,"Restructuring the Chinese Electricity Supply Sector: An Assessment of the Market Pilot in Guangdong Province", Cambridge University, Energy Policy Research Group, 2017.

何建坤:《中国低碳发展战略与转型路径研究》，清华大学气候变化与可持续发展研究院，2020 年。

Adair Turner：《可完成的使命——在 2050 年实现零碳排放目标》，能源转型委员会，2020 年。

陈济：《中国 2060 碳中和目标下的零碳图景》，洛基山研究所，2020 年。

贺佑国等：《煤炭工业发展战略研究》，2002 年。

李莉：《中国共产党领导中国石油工业发展历程研究（1949—1978)》，硕士学位论文，东北石油大学，2016 年。

石丽华：《简论中国近现代环境保护政策的发展》，硕士学位论文，内蒙古师范大学，2007 年。

国家能源局：《能源技术创新"十三五"规划》，2016 年。

国家统计局能源统计司编：《中国能源统计年鉴 2018》，中国统计出版社 2019 年版。

广东省统计局：《广东统计年鉴（2019)》。

摩根士丹利：《中国城市化 2.0：大湾区向低碳能源转型的受益者们》，2019 年。

能源基金会：《深圳市碳排放达峰、空气质量达标、经济高质量增长协同"三达"研究报告》，2019 年 10 月 15 日，见 https://www.efchina.org/Reports-zh/report-lccp-20191015-zh。

IPCC,"AR5 Synthesis Report: Climate Change 2014", 2014.

联合国：《气候变化框架公约》，2015 年。

彭斯震：《国内外碳捕集、利用与封存（CCUS）项目开展及相关政策发展》，《低碳世界》2013 年第 1 期。

IEA, "Roadmap of Carbon Capture and Storage", Paris, 2010.

国家能源局：《能源发展"十三五"规划》，2016 年。

英国石油公司：《BP 世界能源统计年鉴》，2018 年。

Bank Asian Development, "Roadmap for Carbon Capture and Storage Demonstration and Deployment in the People's Republic of China", Manila, 2015.

国家发展改革委、国家能源局：《能源技术革命创新行动计划（2016—2030 年)》，2016 年。

李广宇：《传承丝路精神共建"一带一路"》，麦肯锡中国，2015 年。

清华大学国家金融研究院金融与发展研究中心、气候政策研究中心：《"一带一路"气候风险研究报告（初稿)》，2018 年。

中国发展研究基金会、中国对外承包工程商会：《"一带一路"国际基础设施合作白皮书：让发展可及》，2018 年。

中国水泥协会：《水泥行业"一带一路"绿色产能合作发展报告》，2018 年。

中国钢铁工业协会：《钢铁行业"一带一路"绿色产能合作发展报告》，2018 年。

煤炭科学研究总院：《中国煤炭行业供给侧改革关键问题研究》，2018 年。

中国石油和化学工业联合会：《"一带一路"油气绿色开发与利用》，2019 年。

中国水泥协会：《水泥工业"十三五"发展规划》，2017 年。

工业和信息化部：《关于印发钢铁工业调整升级规划（2016—2020 年）的通知》，2016 年。

国家发展改革委、国家能源局：《关于印发煤炭工业发展"十三五"规划的通知》，2016 年。

商务部：《中国对外投资发展报告 2018》，2019 年。

商务部、中国对外承包工程商会：《中国对外承包工程发展报告 2017—2018》，2019 年。

自然资源保护协会等：《中国高耗能行业"一带一路"绿色产能合作发展报告》，2018 年。

冶金工业规划研究院：《全球钢铁需求预测工作报告》，2018 年。

Oxford Economics, Global Infrastructure Hub, "Global Infrastructure Outlook", 2017.

中国水泥协会：《关于"一带一路"重点国家水泥需求的估算》，2018 年。

IEA：《煤炭市场报告 2017》，2018 年。

国家经贸委：《煤炭工业"十五"规划》，2001 年 1 月 1 日。

"China 2050 Pathway, Energy", http://2050pathway.chinaenergyoutlook.org.cn/.

IEA, "Renewables In Global Energy Supply", 2007, https//webstore.iea.org/download/direct/943.

IEA, "World Energy Outlook", 2020.

Energy Transitions Commission, "Making Mission Possible, Delivering a Net-Zero Economy", 2020.

IRENA, "Global Renewables Outlook", 2020

Union of Concerned Scientists, "Each Country's Share of CO_2 Emission", 2020.

"Toward a New Asian Development Bank in a New Asia: Report of the Eminent Persons Group to the President of the Asian Development Bank", March 2007,https://www.adb.org/sites/default/files/publication/29715/new-adb-new-asia-epg-report.pdf.

Asian Development Bank,"Strategy 2020: Working for an Asia and Pacific Free of Poverty", 2008, https://www.adb.org/documents/strategy-2020-working-asia-and-pacific-free-poverty.

Asian Development Bank, "Strategy 2030: Achieving a Prosperous, Inclusive, Resilient, and Sustainable Asia and the Pacific", July 2018, https://www.adb.org/documents/strategy-2030-prosperous-inclusive-resilient-sustainable-asia-pacific.

Asian Development Bank, "Guidelines for the Economic Analysis of Projects", 2017, https://www.adb.org/documents/guidelines-economic-analysis-projects.

IEA,"Tracking SDG7: the Energy Progress Report, 2019", https://www.iea.org/reports/tracking-sdg7-the-energy-progress-report-2019.

IEA,"Energy Access Outlook 2017", 2017, https://www.iea.org/reports/energy-access-outlook-2017.

World Bank,"Doing Business 2018 - Reforming to Create Jobs", 2018, https://www.doingbusiness.org/content/dam/doingBusiness/media/Annual-Reports/English/DB2018-Full-Report.pdf.

World Bank Development Indicators, Online Database, http://databank.worldbank.org/data/reports.aspx?source=world-development-indicators&

林毅夫:《华盛顿共识的重新审视——新结构经济学视角》，2016 年 11 月，http://nsd.pku.edu.cn/attachments/4a8b55c7a33442bda596a7d785dada50.pdf。

Climate Policy Initiative,"Annual Review of Low-Carbon Development in China (2011–2012)", Beijing: Climate Policy Initiative.

Dupuy, Max,"China Power Sector Reform: Key Issues for the World's Largest Power Sector", Beijing: Regulatory Assistance Project.

Geall, Sam, Adrian, Ely,"Innovation for Sustainability in a Changing China: Exploring Narratives and Pathways", STEPS Working Paper 86, STEPS Centre, Brighton.

Lin, Boqiang,"China is a Renewable Energy Champion. But it's Time for a New Approach", World Economic Forum, Agenda, 22 May 2018.

Paltsev, Sergey, Zhang Danwei,"Natural Gas Pricing Reform in China: Getting Closer to a market System?", MIT Joint Program on the Science Policy of Global Change, Report No. 282.

Qi, Ye, et al.,"Fixing Wind Curtailment with Electric Power System Reform in China", China's Energy in Transition Series, Brooking-Tsinghua Center for Public Policy, Beijing.

Wang, Xinnan, et al.,"Implementation of China's 13th Five-year Plan for Power Sector Development (2016-2020): First-Year Review", German Energy Transition Expertise for China, Deutsche Gesellschaft fur Internationale Zusammenarbeit (GIZ) GmbH, Berlin.

World Bank,"Systematic Country Diagnostic", 2017.

IEA,"World Energy Outlook", 2017.

J.Sinton, et al, China Energy Databook, 1992, Lawrence Berkeley Laboratory, University of California.

IEA, Key World Energy Statistics 2017.

IEA,"World Energy Outlook", 2018.

China Statistical Year Book 2015.

World Bank National Account Data.

国家统计局：《中国统计年鉴 1990—2018》。

国家统计局：《中国能源统计年鉴 1996—2018》。

国家统计局：《【新中国 70 年】沧桑巨变七十载，"民族复兴铸辉煌系列报告"》，2019 年。

ADB, "Strategy 2030, Achiving a Prosperious, Inclusive, Resilient, and Sustainable Asia and the Pacific", 2018.

UN-ESCAP, ADB, UNDP, "Accelerating Progress: An Empowered, Inclusive and Asia and the Pacific", 2019.

UN-Water, "Natural-Based Solutions for Water", 2018.

UN, "Accelerating SDG7 Achievement", Policy Brief, 2018.

"China 2050 Pathway", http://2050pathway-en.chinaenergyoutlook.org.cn/.

IPCC, "Global Warming of 1.5℃", Sepcial Report,https://www.ipcc.ch/sr15/.

BP, "Energy Statistics", 2019.

"Blue Green Solutions", Report, Imperial College London, 2017

Napp, Tamaryn, "A Survey of Key Technological Innovations for the Low-carbon Economy", Grantham Institute, Imperial College London, 2018.

George Washington University Central Asia Programme, "China's Belt and Road Initiative and its Impact in Central Asia", 2018.

NDRC , NEA, "Vision and Actions on Energy Cooperation in Jointly Building Silk Road Economic Belt and 21st Century Maritime Silk Road", 2017.

China Development Bank, UNDP, and Peking University, "Economic Development along the Belt and Road 2017", 2017.

IEA, "Southeast Asia Outlook", 2017.

Yoshino,Naoyuki, et al., "Avoiding the Middle Income Trap in Asia", Brookings Institution, October 2018.

World Bank, "Ending Poverty, Investing in Opportunity", 2019.

IEA, IRENA, UN, WB, WHO, "Tracking SDG7, The Energy Progress Report",2019.

UN, "Climate Action and Support Trends", 2019.

McKinsey & Company, "Peak Energy, Peak Oil, and the Rise of Renewables: An Executive's Guide to the Global Energy System", 2019.

Rocky Mountain Institute, "China 2050: A Fully Developed Rich Zero", 2019.

IPCC, "AR5 Synthesis Report: Climate Change", 2014.

IEA, "Putting CO_2 to Use", 2019.

IEA, "Status of Power System Transformation", 2019.

IEA, "Global Review 2020: The Impacts of the Covid-19 Crisis on Global Energy Demand and CO_2 Emissions", 2020.

IRENA,"Global Renewable Outlook: Energy Transformation 2050", 2020.

ADB,"Asian Development Outlook 2020: What Drives Innovation in Asia? Special Topic: The Impact of the Coronavirus Outbreak—An Update", 2020.

ICAP (International Carbon Action Partnership), "Emission Trading Worldwide, Status Report 2020", March 2020.

吴吟：《改革开放 40 年我国煤炭工业实现十大历史性转变》，《中国电力报》

2018 年 7 月 31 日。

吴吟、吴璘:《40 年煤炭工业历史性事件》,《中国煤炭报》2018 年 12 月 11 日。

徐亮:《从"计划"走入"市场"迈向高质量发展——改革开放 40 年煤炭改革观察》,http://www.cpnn.com.cn/zdyw/201807/t20180723_1080994.html。

《描绘煤炭工业高质量发展新图景》,《中国煤炭报》2018 年 12 月 18 日。

张所续、马伯永:《世界能源发展趋势与中国能源未来发展方向》,《中国国土资源经济》2019 年 6 月 10 日。

孙贤胜:《国家石油公司在能源转型中需承担五大重任》,第 38 届剑桥能源周(CERAWeek),2019 年。

《改革开放四十年油气产业发展回顾与展望》,http://www.sohu.com/a/271967250_825950。

《油气改革开放简史》,http://news.ifeng.com/a/20181222/60206383_0.shtml。

胡森林:《油气行业改革开放再出发》,中国石油新闻中心,http://news.cnpc.com.cn/system/2018/11/13/001710430.shtml。

《改革开放 40 年之油气篇:从 3.2% 到 7.0%》,中电新闻网,http://www.cec.org.cn/xiangguanhangye/2018-12-18/187436.html。

《追忆柒零电流足迹,逐梦齐立电网蓝图(一)》,http://www.sohu.com/a/308980503_99941458。

《为什么新中国自行设计施工首条 220kV 输电线路在东北?》,《国家电网报》,http://www.sohu.com/a/308204201_100024156。

《全梳理:原电力工业部规划计划司司长对改革开放 40 年来我国电力规划回顾与展望》,https://mp.weixin.qq.com/s/hhLCnga0UM5qYpanyrdImQ。

《中国电力工业 70 年发展成就:电力体制机制日趋完善。》

吴敬儒:《投资体制改革、集资办电促进了电力工业的发展》。

南方能源观察:《电改激荡三十年(上)》,www.china-nengyuan.com/news/122846.html。

《从零起步 铸就国之重器——改革开放 40 年我国核电发展成就综述》,https://mp.weixin.qq.com/s/aTdBMuNlZi62-J4lwdCIjQ。

《中国特高压》,https://www.geidco.org/aboutgei/uhv/。

《〈中华人民共和国可再生能源法〉实施情况,电力体制改革亮成绩单,3 年释放红利超 1800 亿》，http://baijiahao.baidu.com/s?id=1641997060726840278&wfr=spider&for=pc。

《央企高质量参加"一带一路"建设意义重大》，http://www.jjckb.cn/2019-04/22/c_137997047.htm。

《中国特高压国外首秀，这条"电力高速路"让 1600 万人受益》，http://dy.163.com/v2/article/detail/EHCDC5H40511DTU9.html。

寇伟：《"三型两网"知识读本》，中国电力出版社 2019 年版。

北极星电力网：《新中国成立 70 周年能源、电力发展成就》，http://news.bjx.com.cn/html/20190726/995529.shtml。

《广东亚行能效电厂项目技术推广助力推进全省能源高质量发展》，2019 年 9 月 29 日，http://www.chinadevelopment.com.cn/news/ny/2019/09/1569359.shtml。

《深圳奇迹：改革开放焕发巨大生命力》，http://www.takungpao.com/special/239157/2018/0822/206409.html。

《透视广东单位 GDP 能耗全国最低》，http://stats.gd.gov.cn/ckxx/content/post_1425010.html。

《数字见证伟大飞跃——省局发布系列报告展示新中国成立 70 周年广东经济社会发展成就》，http://stats.gd.gov.cn/gzys/content/post_2595801.html。

李继峰、刘明：《中国能源发展：改革开放四十年回顾与未来三十年展望》，http://www.chinapower.com.cn/shendu/20190329/1271401.html。

《深圳高科技产业崛起的制度创新密码》，https://m.thepaper.cn/yidian_promDetail.jsp?contid=2568573&from=yidian。

《砥砺奋进 70 载　辉煌引领新时代——新中国成立 70 周年广东经济社会发展成就系列报告之一》，https://www.thepaper.cn/newsDetail_forward_4311479。

《能源开发利用成绩斐然——新中国成立 70 周年广东经济社会发展成就系列报告之六》，https://m.thepaper.cn/newsDetail_forward_4439239。

《广东繁荣之路：70 年 GDP 增长 600 倍，桑基鱼塘变科创高地》，http://www.21jingji.com/2019/10-1/1NMDEzNzlfMTUxMDQ1NQ.html。

《改革开放 30 年广东能源开发利用成效显著》，http://fzgg.tj.gov.cn:81/fzgggz/xhjjyjnjp/201306/t20130628_21250.shtml。

张思平：《深圳在改革开放中创造的奇迹》，http://finance.sina.com.cn/roll/2018-

05-22/doc-ihawmauc0401883. shtml。

杨元辰：《十年转型　深圳做对了什么?》，http://opinion.jrj.com.cn/2017/11/140 82723379566. shtml。

叶初升：《世界经济中的中国：开放与发展》，https://www.dses.gov.mo/big5/ act_new/88/ppt2.pdf。

云中歌：《深圳 1979》，https://www.huxiu.com/article/314957. html。

张思平：《深圳改革开放实践的基本经验》，https://www.yicai.com/ news/5425998. html。

章建华：《大力推进新时代能源改革开放》，http://www.geta.org.cn/html/2019/ zxlw_0318/2899. html。

章百家：《改革开放与中国的变迁》，http://www.qstheory.cn/llqikan/2019-07/22/ c_1124784704. htm。

肖新建：《改革开放 40 年能源发展成就报告》，https://www.china5e.com/ energy/news-1044510-1. html。

新闻办就广东改革开放和创新发展情况举行发布会，http://www.gov.cn/ xinwen/2019-06/03/content_5397104. htm。

Global CCS Institute, https://CO_2re.co/FacilityData.

《亚行预计：到 2030 年亚洲基础设施需求将超过 26 万亿美元》2017 年 3 月 1 日，http://www.myzaker.com/article/58b5b1591bc8e04a2700004d。

《2018 年 1—12 月我对"一带一路"沿线国家投资合作情况》，2019 年 1 月 22 日，http://fec.mofcom.gov.cn/article/fwydyl/tjsj/201901/20190102829089.shtml。

银保监会国新办新闻发布会答问实录，2019 年 7 月 4 日，www.greenfinance. org.cn。

《银监会发文严控"两高一剩"行业贷款》，2012 年 2 月 24 日，http://finance. sina.com.cn/china/bwdt/20120224/110111446959.shtml?from=wap。

于南：《2016 年全球清洁能源总投资下滑 18％海上风电投资成热门》，2017 年 1 月 20 日，http://news.bjx.com.cn/html/20170120/804733.shtml。

《投资增长！彭博 2017 全球清洁能源投资数据一览》，2018 年 1 月 17 日，http://news.bjx.com.cn/html/20180117/874691.shtml。

《CHUEE 十年铸绿成金》，2016 年 11 月 15 日，http://www.imsia.cn/index.php。

耿立宏:《改革开放40年我国农村电力发展历程回顾》, 2018年11月, http://www.chinapower.com.cn/guandian/20181113/1254810.html。

冯来法:《持续改革电价形成机制, 助力经济社会高质量发展——电价改革40年回顾与展望》, 2018年12月7日, https://mp.weixin.qq.com/s/bKEebhBr0uO_7GNh8ASukw。

President Xi Jinping's Address to the 19th National Congress of the Communist Party of China, October 18 2017.

国家统计局, 国家数据, http://data.stats.gov.cn/。

Whitehouse Press Release, "US-China Joint Announcement on Climate Change", 12 November 2014.

WorldOMeters, https://www.worldometers.info/world-population/china-population/.

Climate Action Tracker, https://climateactiontracker.org

Donna Barne, Divyanshi Wadhwa, "2019 the Year in Data", 2019年12月20日, https://www.worldbank.org/en/news/feature/2019/12/20/year-in-review-2019-in-charts。

致谢名单

（按姓氏笔画排名）

王小博	中国能源建设集团广东省电力设计研究院氢能技术中心主任
王　文	中国人民大学重阳金融研究院院长
王伟化	国家开发银行贷款委员会专职委员
王际杰	国家应对气候变化战略研究和国际合作中心CDM和碳市场管理部助理研究员
王金南	生态环境部环境规划院院长、中国工程院院长
王志轩	中国电力企业联合会副理事长
王斯成	国家发展改革委能源研究所研究员
王　韬	美国气候工作基金会中国战略官
田智宇	国家发展改革委能源研究所效率中心副主任
白荣春	原国家能源专家咨询委员会副主任
吕　彤	嘉澍咨询总裁
吕学都	亚洲开发银行东亚局首席气候变化专家
朱　彤	中国社科院工业经济研究所能源经济研究室主任
刘天齐	中国环境管理干部学院原常务副院长
刘文强	中国电子信息产业发展研究院副院长
刘年来	湖南省发展改革委副主任、省能源局局长

续表

刘鸿鹏	联合国亚太经济与合作理事会能源处处长
陈巧玲	BP 中国区首席经济学家
刘　玮	中国核能行业协会战略研究部主任助理
刘　强	中国国家应对气候变化战略和国际合作中心战略规划处处长
许勤华	中国人民大学国际关系学院教授、国家发展与战略研究院副院长、国际能源战略研究中心主任
严晋跃	瑞典皇家理工学院和梅拉达伦大学教授、国际应用能源技术主编
孙贤胜	国际能源论坛秘书长
苏丽娅	亚洲开发银行清洁能源顾问
李长明	重庆市西南大学洁净能源与先进材料研究院院长
李坤泽	中国人民大学国际关系学院博士生
李　佳	上海交通大学副教授
李俊峰	国家应对气候变化中心原主任
李继峰	国家信息中心经济预测部副处长
李　霞	深圳市诚信诺科技有限公司创始人
杨玉峰	亚洲开发银行能源政策顾问、帝国理工学院葛量洪研究所（气候变化与环境研究所）荣誉研究员
杨　昆	中国电力企业联合会常务副理事长
杨富强	自然资源保护协会能源、环境与气候变化高级顾问
吴建斌	太湖能谷董事长
何建坤	清华大学教授、原清华大学常务副校长
邹　骥	能源基金会（美国）北京办事处总裁

沈一扬	绿道资本管理合伙人
宋忠奎	中国节能协会秘书长
宋彦勤	世界银行中国局高级能源专家
张中祥	天津大学马寅初学院院长
张东晓	北京大学教授、北京大学工学院院长、美国国家工程院院士
张红振	中国环境规划研究院研究员
张　跃	远大科技集团董事长兼总裁
陆　军	生态环境部环境规划院研究员
陈　勇	国际可再生能源署城市可持续能源项目主管
陈海生	中关村储能产业技术联盟理事长、中国能源研究会储能专委会主任委员
陈新华	北京国际能源专家俱乐部总裁、IEA 前署长特别助理
林兆木	中国宏观经济研究院研究员
林　辉	上海环境能源交易所董事长
周大地	国家发展改革委能源研究所原所长
郑玉辉	中国核能行业协会专家委员会委员
郑　平	自然资源保护协会油控研究项目经理
单卫国	中石油经济技术研究院油气所所长
单　明	清华大学建筑技术科学系研究助理教授
单葆国	国网能源研究院研究员
赵勇强	国家发展改革委能源研究所可再生能源中心副主任

续表

洪　涛	国务院发展研究中心资源与环境政策研究所能源政策研究室主任
祝宝良	国家信息中心首席经济师
贺佑国	煤炭信息研究院院长
张天柱	清华大学环境学院教授
秦海岩	中国可再生能源学会风能专业委员会秘书长、鉴衡认证中心主任
袁　淼	中国人民大学国际关系学院博士生
莫凌水	亚洲开发银行气候变化与能源政策顾问
夏文波	广东省电力设计研究院有限公司党委副书记、副总经理
徐生恒	恒有源科技发展集团有限公司董事长
陶文娣	自然资源保护协会项目分析师
陶光远	中德可再生能源合作中心执行主任
曹明弟	中国人民大学重阳金融研究院研究员
曹　静	广东省电力设计研究院有限公司能源咨询规划院总经理助理、高级工程师、注册电气工程师
梁　希	英国爱丁堡大学副教授
彭　继	远大科技集团副总裁
高　虎	国家发展改革委能源研究所研究员
蒋洪强	国家环境规划与政策模拟重点实验室研究员
蒋莉萍	国网能源研究院副院长
韩文科	国家发展改革委能源研究所原所长
韩彦彬	太湖能谷合伙人

解振华	中国气候变化事务特别代表、清华大学气候变化与可持续发展研究院院长
管清友	如是研究院院长、首席经济学家
廖紫薇	亚洲基础设施投资银行高级投资运营专家
翟永平	亚洲开发银行能源技术总监
菲利普·安德鲁斯 – 斯皮德 （Philip Andrews-Speed）	新加坡国立大学能源研究所首席研究员
班庞·苏山多诺 （Susantono Bambang）	亚洲开发银行副行长
戴思攀 （Spencer Dale）	英国石油集团首席经济学家
苏珈塔·古普塔 （Sujata Gupta）	亚洲开发银行东亚局可持续基础设施处处长
尼尔·赫斯特 （Neil Hirst）	英国帝国理工学院葛量洪研究所资深政策研究员
戴维·尚德路 （David Sandalow）	哥伦比亚大学全球能源政策中心创始研究员
Charity Lao Torregosa	亚洲开发银行高级能源官员

责任编辑：曹　春
装帧设计：汪　莹
责任校对：白　玥

图书在版编目（CIP）数据

迈向绿色发展之路 / 翟永平，王文 主编 . —北京：人民出版社，2021.6
ISBN 978－7－01－023284－3

I.①迈…　II.①翟…②王…　III.①能源工业－绿色经济－研究－中国
　IV.① F426.2

中国版本图书馆 CIP 数据核字（2021）第 058199 号

迈向绿色发展之路
MAI XIANG LÜSE FAZHAN ZHI LU

翟永平　王文　主编

人民出版社 出版发行
（100706　北京市东城区隆福寺街 99 号）

北京盛通印刷股份有限公司印刷　新华书店经销

2021 年 6 月第 1 版　2021 年 6 月北京第 1 次印刷
开本：710 毫米 ×1000 毫米 1/16　印张：28.25
字数：400 千字

ISBN 978－7－01－023284－3　定价：128.00 元

邮购地址 100706　北京市东城区隆福寺街 99 号
人民东方图书销售中心　电话（010）65250042　65289539

中国人民大学重阳金融研究院图书出版系列

一、智库新锐作品系列

王文、贾晋京、刘玉书、王鹏：《百年变局》，北京师范大学出版社 2020 年版。

王文、刘玉书：《数字中国：区块链、智能革命与国家治理的未来》，中信出版集团 2020 年版。

二、智库作品系列

达尼洛·图尔克：《转型的世界：对国际体系、中国及全球发展的思考》，2020 年 12 月。

刘元春主编：《战疫——让世界更了解中国》（中、英文版），外文出版社 2020 年版。

石俊志：《世界古国货币漫谈》，经济管理出版社 2020 年版。

王文、贾晋京、刘英等：《负利率陷阱：西方金融强国之鉴》，中国金融出版社 2020 年版。

吴晓求等著，王文主持：《探讨中国发展之路——吴晓求对话九位国际顶级专家》，中国经济出版社 2020 年版

庄毓敏主编，王文执行主编：《成就、思考、展望——名家解读新中国 70 年辉煌成就》，中国经济出版社 2020 年版。

王文、周洛华等：《货币主权：金融强国之基石》，中国金融出版社 2020 年版。

王文、[俄] 谢尔盖·格拉济耶夫主编：《开启亚欧新时代：中俄智库联合研究两国共同复兴的新增量》，人民出版社 2019 年版。

王文、贾晋京、卞永祖等：《大金融时代——走向金融强国之路》，人民出版社 2019 年版。

吴晓求主编：《中国改革开放 40 年与中国金融学科发展》，中国经济出版社 2019 年版。

格拉济耶夫：《最后一场世界大战：美国挑起与输掉的战争》，世界知识出版社 2019 年版。

中国人民大学重阳金融研究院主编：《强国与富民》，中国人民大学出版社 2019 年版。

王文：《强国长征路：百国调研归来看中华复兴与世界未来》，中共中央党校出版社 2019 年版。

刘伟主编：《"一带一路"这五年的故事》（7 本六大语种），外文出版社 2019 年版。

周洛华：《货币起源》，上海财经大学出版社 2019 年版。

罗思义：《别误读中国经济》，天津人民出版社 2019 年版。

王文：《看好中国》英文版，英国莱斯出版社 2018 年版。

刘伟主编：《中国改革大趋势》，人民出版社 2018 年版。

程诚：《造血金融与一带一路：中非发展合作新模式》中国人民大学出版社 2018 年版。

王利明主编：《新丝路、新格局——全球治理变革的中国智慧》，新世界出版社 2018 年版。

陈晨晨：《富豪政治的悖论与悲喜》，世界知识出版社 2018 年版。

郭业洲主编：《"一带一路"民心相通》，人民出版社 2018 年版。

王文：《看好中国：一位智库学者的全球演讲》，人民出版社 2017 年版。

何亚非：《风云激荡的世界》，人民出版社 2017 年版。

刘伟主编：《读懂"一带一路"蓝图》，商务印书馆 2017 年版。

王文、刘英：《金砖国家：新全球化发动机》，新世界出版社 2017 年版。

费伊楠、人大重阳：《全球治理新格局——G20 的中国贡献于未来展望》，新世界出版社 2017 年版。

刘伟主编：《"一带一路"故事系列丛书》（7 本 6 大语种），外文出版社 2017 年版。

何伟文：《世界新平庸　中国新思虑》，科学出版社 2017 年版。

王义桅：《一带一路：中国崛起的天下担当》，人民出版社 2017 年版。

刘戈：《在危机中崛起：美国如何实现经济转型》，中信出版集团 2017 年版。

中国人民大学重阳金融研究院、中国人民大学生态金融研究中心：《绿色金融与"一带一路"》，中国金融出版社 2017 年版。

中国人民大学重阳金融研究院：《破解中国经济十大难题》，人民出版社 2017 年版。

王文：《伐谋：中国智库影响世界之道》，人民出版社 2016 年版。

王文、贾晋京编著：《人民币为什么行》，中信出版集团 2016 年版。

中国人民大学重阳金融研究院：《中国—G20（大型画册）》，五洲传播出版社 2016 年版。

中国人民大学重阳金融研究院：《G20 问与答》，五洲传播出版社 2016 年版。

辛本健编著：《全球治理的中国方案》，机械工业出版社 2016 年版。

中国人民大学重阳金融研究院：《"一带一路"国际贸易支点城市研究》（英文版），新世界出版社 2016 年版。

中国人民大学重阳金融研究院：《2016：G20 与中国》（英文版）新世界出版社 2016 年版。

王义桅：《世界是通的——"一带一路"的逻辑》，商务印书馆 2016 年版。

罗思义：《一盘大棋——中国新命运的解析》，江苏凤凰文艺出版社 2016 年版。

王文：《美国的焦虑：一位智库学者调研美国手记》，人民出版社 2016 年版。

中国人民大学重阳金融研究院：《2016：G20 与中国》，中信出版集团 2016 年版。

中国人民大学重阳金融研究院主编：《"一带一路"国际贸易新格局："一带一路"智库研究蓝皮书 2015—2016》，中信出版集团 2016 年版。

中国人民大学重阳金融研究院主编：《G20 与全球治理：G20 智库蓝皮书 2015—2016》，中信出版集团 2015 年版。

中国人民大学重阳金融研究院：《"一带一路"国际贸易支点城市研究》，中信出版集团

2015 年版。

黑尔佳·策普－拉鲁什、威廉·琼斯主编：《从丝绸之路到欧亚大陆桥》，江苏人民出版社 2015 年版。

王永昌主笔 & 主编：《财富新时代——如何激活百姓的钱》，中国经济出版社 2015 年版。

陈雨露主编：《生态金融的发展与未来》，人民出版社 2015 年版。

绿色金融工作小组：《构建中国绿色金融体系》，中国金融出版社 2015 年版。

王义桅：《"一带一路"机遇与挑战》，人民出版社 2015 年版。

庞中英：《重塑全球治理——关于全球治理的理论与实践》，中国经济出版社 2015 年版。

徐以升：《金融制裁——美国新型全球不对称权力》，中国经济出版社 2015 年版。

陈雨露主编：《大金融与综合增长的世界——G20 智库蓝皮书 2014—2015》，中国经济出版社 2014 年版。

中国人民大学重阳金融研究院主编：《欧亚时代——丝绸之路经济带研究蓝皮书 2014—2015》，中国经济出版社 2014 年版。

中国人民大学重阳金融研究院主编：《重新发现中国优势》，中国经济出版社 2014 年版。

中国人民大学重阳金融研究院主编：《谁来治理新世界——关于 G20 的现状与未来》，社会科学文献出版社 2014 年版。

三、学术作品系列

刘庭竹：《经济政策不确定性与微观企业行为研究》，中国人民大学出版社 2020 年版。

刘伟主编，王文执行主编：《"一带一路"大百科》，崇文书局 2019 年版。

马中、周月秋、王文主编：《中国绿色金融发展报告 2019》，中国金融出版社 2019 年版。

吕冰洋：《轻与重：中国税收负担全景透视》，中国金融出版社 2019 年版。

马中、周月秋、王文主编：《中国绿色金融发展报告 2018》，中国金融出版社 2018 年版。

吴晓求主编：《全球视野下的金融学科发展》，中国金融出版社 2018 年版。

王文、翟永平主编：《"一带一路"投资绿色标尺》，人民出版社 2018 年版。

王文、翟永平主编：《"一带一路"投资绿色成本与收益核算》，人民出版社 2018 年版。

马中、周月秋、王文主编：《中国绿色金融发展报告 2017》，中国金融出版社 2018 年版。

刘志洋、宋玉颖：《互联网金融风险与监管研究》，中国金融出版社 2017 年版。

郑志刚：《从万科到阿里——分散股权时代的公司治理》，北京大学出版社 2017 年版。

中国人民大学重阳金融研究院：《金融杠杆与宏观经济：全球经验及对中国的启示》，中国金融出版社 2017 年版。

马勇：《DSGE 宏观金融建模及政策模拟分析》，中国金融出版社 2017 年版。

朱澄：《金融杠杆水平的适度性研究》，中国金融出版社 2016 年版。

马勇：《金融监管与宏观审慎》，中国金融出版社 2016 年版。

庄毓敏、陆华强、黄隽主编：《中国艺术品金融 2015 年度研究报告》，中国金融出版社 2016 年版。

四、金融下午茶系列

董希淼：《有趣的金融》，中信出版集团 2016 年版。

刘志勤：《插嘴集》，九州出版社 2016 年版。

刘志勤：《多嘴集》，九州出版社 2014 年版。

中国人民大学重阳金融研究院主编：《金融是杯下午茶》，东方出版社 2014 年版。